무력신앙과 악몽의 재현 우려

2차 세계대전 후 노동법을 공부한
육군장교생도가 미수를 맞이하여

佐藤昭夫 저 / 송강직 역

pnc
publishing and culture
피엔씨미디어

역자서문

저자인 사토 아키오(佐藤昭夫) 와세다대학 교수는 1999년 3월로 정년퇴임을 하고, 그 후 비교적 최근까지 역서에 나오는 의견서 등에서 알 수 있는 것과 같이 사회적 약자, 평화헌법 수호 등을 위하여 활동하여 왔다. 작년부터 병원에서 수술을 받거나 입원을 하는 등 노환이라고 볼 수 있는 건강상의 문제를 겪으면서 현재 자택에서 출입을 삼가하고 가료 중에 있다.

역자가 저자를 만난 것은 와세다대학 대학원 석사과정에 합격한 직후인 1986년 7월이었다. 그 때에 저자는 역자에게 "합격을 하였으니 수업에 참가하여도 좋다"고 하였고, 이에 역자는 저자의 대학원 강좌에 출석하여 노동법 공부를 시작하여 그 후 지금까지 30여년에 걸쳐 저자로부터 가르침을 받아 오고 있다.

역자가 본 역서를 출간하게 된 이유는 크게는 다음과 같은 저자의 삶의 모습을 소개하고자 함에 있다고 말할 수 있다.

첫째, 자신의 본연의 모습을 지켜나간다는 것이다.

우리는 일본사람들에 대하여 "자신의 일에 철저하다", "장인정신을 갖고 매진한다"는 등의 평가를 하곤 한다. 역자는, 저자가 학자로서 연구와 가르침, 실천을 중심으로 한 학자의 본연의 자세를 일관하여 지켜오고 있다는 것에 대하여 마음속 깊이 존경하고 있다. 학자로서의 삶, 나아가 변호사로서의 삶에서 학자의 본연의 모습을 일관되게 견지하고 있다. 여기서 역자는 독자가 삶을 영위하여 가면서 어떠한 모습으로 자신의 삶의 길을 걸어갈 것인가 하는 문제를 생각함에 있어서, 저자의 삶의 모습이 참고가 될 수 있을 것으로 생각하기 때문이다.

둘째, 흔들림이 없는 뚜렷한 목적의식을 갖는다는 것이다.

저자는 역자에게 “왜 학문의 길을 택하였는가?”, “왜 노동법을 택하였는가?”하는 목적의식에 대하여 수없이 질문을 한다. 저자는 전쟁의 참화를 체험하면서 전후에 제정된 일본국헌법의 해석론, 특히 노동기본권에 대하여 매우 중요시하고, 역사적 경험위에서 해석론을 전개하는 것을 법학자로서 사명으로 여기고 있다. 역자는, 저자의 과학으로서의 법률학에 대한 강조에 대하여, 지금도 계속하여 생각을 하고 있다. 저자는 변호사로서의 활동, 사건들과 관련한 의견서 등에서 엿볼 수 있듯이, 역사적 경험, 특히 전쟁 체험과 일본의 군국주의에 대한 반성 등으로부터 자신의 행동에 있어서 항상 목적의식을 뚜렷이 갖고 있음을 쉽게 알 수 있다. 여기서 저자의 목적의식 위의 삶의 한 모습이 독자에게 자신의 삶 가운데 목적의식을 갖게 하거나 그 목적의식을 더욱 공고히 다져나가게 하는데 참고가 될 수 있다고 생각하기 때문이다.

셋째, 감사한 마음의 실천이다.

저자는 패전 후 와세다대학 교수가 되어 노동법을 전공하면서 학자로서의 본연의 모습을 견지하면서, 목적의식을 갖고 삶을 살 수 있게 된 것에 대하여, 와세다대학에 매우 감사하게 생각한다고 종종 말하였다. 여기에는 저자가 법학자로서 위와 같은 삶을 영위할 수 있도록 한 훌륭한 선생님으로부터 가르침에 대한 감사도 포함되어 있다. 저서 가운데서도 소개되고 있는 와세다대학 정년기념최종강의에서 제자들에게 와세다대학에 대한 감사한 마음을 표하고 있는 것은 그러한 의미로 이해할 수 있다. 그리고 저자가 노동사건을 포함한 사회적 문제에 대한 소송에서 변호인단 등의 활동을 하는 것도, 법학자로서, 변호사로서 자신의 삶의 감사함을 사회에 실천하는 것이다. 또한 저자의 은사인 노무라 헤이지(野村平爾) 교수의 사망일이면 항상 자신의 은사의 댁을 방문한다. 저자는 역자와 역자의 처, 장녀에게 고인이 된 노무라 헤이지 교수의 고향집과 그 곁에 위치한 고인의 산소를 안내하고, 우리 일행은 그 고향집에서 노무라 헤이지 교수 부인으로부터 요리를 대접받으며 숙박한 적이 있다. 이러한 저자의 삶의 모습은 역자에 대한 무언의 가르침임과 동시에, 노무라 헤이지 교수에 대한 감사한 마음의 하나의 실천일 것이다. 그런데 자신의 본연의 모습의 견지와 목적의식을 갖고 살아가면서 그 무엇을 실천하기 위해서는 자신을 둘러싸고 있는 주변 환경 또한 중요한 요건이 될 것이다. 여기서 독자가 자신의 영역에서 삶의 본연의 모습으로, 나아가 목적의식을 갖고 이를 실천함에 있어서, 자신의 주변 환경이 부족하다고 생각한다면, 저자와 같이 자신의 환경적 역경들을 강건한 정신으로 극복하기 위하여 노력하고, 그 환경이 부족하다고까지는 생각하지 않는다면 감사한 마음을 실천하면서 살아가게 하는 하나의 안내가 될 수 있기를 기대하기 때문이다.

역서를 출간함에 있어서, 저자의 사생활 영역을 본 저서를 통하여 비로소 알게 된 사실들이 있다. 예컨대 누님이 일본의 군국주의에 의한 전쟁 중에 강제근로에 동원되어 패전 후 곧 사망하였다는 것, 부인의 여동생 부부가 후쿠시마(福島) 원자력 발전소 사고로 사망하였다는 것 등이 그 대표적인 예라고 할 수 있다. 이러한 슬픔을 겪은 저자와 부인께 지면을 빌어 따듯한 위로를 전한다. 그리고 저자와 부인 두 분의 행복을 빈다.

끝으로 동경대학 대학원 법학정치학연구과에서 2년 6개월 동안 연수생으로서 소정의 과정을 수료한 조일윤(趙日允) 법학박사로부터 번역 및 교정과정에서 큰 도움을 받은 것에 대하여 감사를 표한다. 그리고 번역서 출판을 흔쾌히 승낙해 준 피앤씨미디어 박노일 사장님께 심심한 감사를 드린다.

2016년 2월 29일

역자

※ "이 번역서는 동아대학교 교내 번역과제로 선정되어 동아대학교 번역총서 제139호로 출간되었음"

서문 — 전쟁의 참화를 반복하여서는 안된다

1945년 패전·항복에 의하여 죽음의 직전에 살아남아 70년, 나도 미수(88세)를 맞았다. 지금까지 가혹한 연령의 한 단락을 맞으면서 『60년의 단장편과 연보·저작목록(60年の断章篇と年譜·著作目録)』, 『고희기념, 노동법학과 노동운동(古稀記念 労働法学と労働運動)』(1999年, 佐藤昭夫先生古稀記念文集編纂委員会), 『희수를 맞으며, 명치헌법하의 17년과 전후 헌법하의 60년(喜寿を向かえて, 明治憲法下の17年と戦後憲法下の60年)』(2005年, 悠々社) 등 전문영역에 한정하지 않고, 그때그때의 생각을 포함한 작은 책(小書)을 써왔다. 이번에도 그 속편으로 이 책을 엮었다.

군국주의 일색이었던 소년시대를 거쳐, 생애를 통한 강열한 생각, 특히 현재 상황에서의 그것은 두 번 다시 전쟁의 참화를 반복하여서는 안된다는 것이며, 그것을 위하여 무엇이 필요한가라고 하는 문제의식이다. 그 근저에는 다음과 같은 전시 중의 체험이 있었다.

13세로 자진하여 나간 군대에

아시아·태평양전쟁 개시의 다음해인 1942년 4월, 나는 13세로 부모 곁을 떠나 센다이(仙台)육군유년학교(육군장교양성기관의 하나. 장교란 당시 계급으로, 병, 하사관의 위인 소위이상을 말함)에 입교하였다. “천황을 위한 전쟁은 나를 부른다 / 쇼와(昭和)의 아들들(이 해에 입교한 것은 13, 14세의 쇼와(昭和)생)의 붉은 피는 / 보라 독립깃발이 나부낀다 / 세계유신에 바치자 / 용감하게 모이자 / 미카미네(三神峰)에”(유년학교 46기생노래)(미카미네(三神峰)라 함은 동 학교의 소재지명). 이와 같은 것을 믿어 의심하지 않았기 때문이다. 그렇기 때문에 종전 해에는 육군예과사관학교를 마치고, 병과결정 때에도 당연하다고 생각하면서 항공과를 지원하였다. 그것은 반드시 특공대(특별공격대로 불린 것으로 몸으로 자폭하는 군대) 대장이 되겠다는 것을 의미하고 있었다.

전쟁의 현실

그러나 이러한 생각은 현실을 알지 못했던 일방적인 굳은 믿음에 지나지 않은 것이었다. 일본 전쟁은 자존자위, 동양평화, 구미의 식민지지배로부터의 해방, 그리고 최후에서는 국체보전(国体護持) 등의 목적을 내걸고 있었고, 그 이름은 자신이 구미를 대신하여 막대한 희생을 강요하면서 패전을 할 수밖에 없었지만 최후의 조건인 국체(国体)로 불리는(마치 그것을 잃으면 일본이 일본으로 남을 수 없는 것처럼 생각하게 하는 말) 천황지배권력의 유지를 도모한 것이다.

권력에 의한 가치관의 강요와 그에 대한 비판

우리또래 보다 조금 위인 대정(大正)민주주의의 공기를 마신 세대는 전쟁에 대한 비판도 유언 속에 남기고 있다. 또한 나의 동기생 중에도 기시와진덴(魏志倭人伝. 삼국지 가운데 당시 일본열도의 일본인의 관습이나 지리 등을 쓴 부분—역자 주)을 인용하여, 황국사관의 역사교관에게 질문한 자도 있었다(패전 후에 안 사실이지만 그는 그 이후에 사상불량으로 요주의 인물로 취급되고 있었다고 한다). 그러나 나는 역사나 현실을 보고, 자신의 머리로 생각하는 것을 알지 못하였다. 그 때문에 유년 시에 심어진 권력에 의한 가치관의 주술 속박으로부터 빠져나오는 데는 복귀 후 3여년의 시간을 필요로 하였다. 그것이 가능하였던 것은 노무라 헤이지(野村平爾), 카이노 미치타카(戒能通孝) 두 분의 선생을 만나고 나서이다(지금의 와세다대학은 소수의 개별 양심적인 교수가 있기는 하지만 조직으로서는 당시의 그림자도 볼 수 없다. 제10장 등 참조).

그 후의 나

그 후 나는 1999년 퇴직까지 와세다대학에서 노동법 담당교수로서 경제적·시간적으로 가족에게 고생을 시키면서 좋은 연구·교육 환경에서 생활을 보낼 수 있었다. 또한 재직 중 국유철도 민영화 비판에 관하여, 퇴직 후에 변호사로서 관여하여 왔다(철건공단소송변호단장(鉄建公団訴訟弁護団長)). 그 외 국철노동조합 5.27 임시대회투쟁탄압사건, 오사카(大阪) 항합동(港合同)노동조합의 많은 사건, 와다(和田)투쟁, 와세다(早稲田)대학연금재판 등 변호단에 참가하였고, 또한 재판소에 대한 의견서 작성, 사용자의 노동조합법, 노동기준법 위반 등에 대하여 고발하는 등을 하였다. 현재는 도쿄도(東京都)교육위원회의 고등학교 일본사교과서의 선정에 대한 권력적 개입의 위법을 호소하는 재판의 원고단장을 맡아, 경제산업성(経済産業省) 앞의 텐트광장에서의 원자력발전사고, 원자력발전 정책에 대한 분노와 비판·항의에 대한 국가의 퇴거와 손해배상청구에 대한 변호단 활동에 참가하고 있다.

이러한 가운데 몇 번의 실패를 거듭하면서 대학재직 중에서부터 지금까지의 변호사 시대를 통하여 크게 양심적으로 부끄러운 일은 없도록 할 생각으로 임하여 왔다. 1982년 3월의 노트에, "찾아 와 / 이 길 외 / 나에게 없고 / 이 길을 간다 / 의식이 사라질 때까지"라고 쓰여 있다.

본서의 구성

이러한 나의 행동은 국내외에 많은 재앙을 초래한 전쟁에 대한 반성에서부터 생겨난 주권재민, 비무장평화, 기본적 인권 존중의 헌법이 교묘한 말과 선한 얼굴모습(巧言令色)에 의하여 붕괴되려고 하는 상황과의 투쟁이었다. 그리고 새롭게 전쟁에 대한 반성과 역사가 본래 있어야 것의 변화된 모습(改竄)에 대한 비판, 교육이나 사상·표현에 대한 권력통제의 무서움에 대한 소론을 모은 것이다(제1장~제4장).

그리고 현재, 앞에서 서술한 전전의 상태와 닮은 권력에 의한 국론통일을 위한 움직임이 강화되고 있다. 그 일례로서 도쿄도(東京都)교육위원회는 고등학교 일본사교과서 선정에 관하여, 짓쿄(実教)출판사의 교과서에 대하여, "일부 자치단체에서는 공무원에게 일장기(日の丸)·일본국가(君が代)를 강제하는 움직임이 있다"는 주에서의 서술 내용이, "도쿄도(東京都)교육위원회의 생각과 다르기 때문에 정당하지 않다"고 하는 지시를 각 고등학교 교장 앞으로 보냈다. 또한 후쿠시마(福島)원자력 발전소 대재해 이후, 원자력발전 폐지를 호소하는 사람들은, 경제산업성 앞의 공개된 공터에 텐트광장(텐트 3개)을 설치하여 그곳을 거점으로 원자력발전 폐지를 호소하면서 오늘에 이르고 있다. 국가

는 이 호소에 귀를 기울이지 않을 뿐만 아니라 퇴거를 요구함과 함께 1,1000만엔의 손해배상까지 청구하였다. 제2부 "권력에 의한 사실은폐 · 비판봉쇄 · 의식유도의 위험성"(제5장~제6장)은 이 문제를 다루고 있다.

나아가 나의 전공인 노동법의 분야에서도 군국주의와 연결된 신자유주의의 풍조가 확대되어 왔다. 아베(安部)내각은 다수여당의 입법권을 이용하여, 근로자파견법이나 근로시간의 제한을 철폐하는 등으로 전후 노동법의 이념을 파괴하고, 세계에서 가장 가업활동이 용이한 국가를 추구한다고 한다. 또한 그 뿐만이 아니라 현행 노동법무시가 의료나 대학의 분야에까지 미치고 있다. 제3부 "노동기본권의 법리의 주장"은 이러한 현상에 대한 비판의 고발 내지 재판소 등에 제출한 의견서를 모았다. 그들이 노리는 다수전제에 대한 저항의 법리의 일부(一端)로서 조금이나마 참고가 되었으면 한다.

종장은 이들 문제를 포함하여 지금까지 경험을 뒤 돌아보면서 나의 현재의 생각을 서술하였다(書き綴った).

다음으로 급격한 시대의 변천의 일부를 나타내기 위하여 그것에 대한 짧은 감상을 쓴 와세다대학 퇴직 후의 근래 십여 년의 연하장을 모았다.

은사가 돌아가신 후 해를 거듭하였고, 은혜를 입은 조부모나 부모, 형제 · 자매, 장남을 포함한 많은 가까운 사람들을 잃은 가운데 지금까지 내가 살아온 미수를 기념하여 읽어 주면 다행이다.

목 차

제 1 부

"국가를 위하여", "자존자위(自存自衛)"라는 것이 무엇을 의미하는가
— 전전(戰前)·전시(戰時) 중 경험과 현상황 비판

먼저 왜 이러한 문제를 다루었는가에 대하여 보기로 한다.

전후 헌법은 어떻게 하여 제정되었는가.

천황이 통치하는 대일본제국이 행한 침략전쟁은 침략받은 지역의 사람들과 그러한 전쟁에 내몰린 사람들을 포함한 일본 국민에게도 말로 형언할 수 없는 희생을 강요하였으며 전쟁이 상흔을 남기고 패전으로 끝났다. 1945년 패전으로부터 올해로 70년을 맞이한다.

패전 다음 해인 1946년, 국민주권, 전쟁포기·전력불소유, 인권보장을 선언한 현행 헌법이 제정되었지만, 당시 "헛된 죽음을 당한 자, 증거는 없다고 하지만, 신헌법의 어딘가에는 그들의 피가 통하고 있다"는 말들이 회자되고 있었다. 전쟁의 참화를 몸소 체험한 많은 사람들에게 있어서 전후 제정된 헌법은 그야말로 전쟁으로 인하여 잃어버린 모든 희생의 대가로서 획득된 것이라고 느끼고 있다고 할 것이다.

역사와 현실을 알 필요가 있다.

그렇지만 그 이후 70년이 지난 오늘날 "전쟁의 피의 색이 엷어지는 시점에서 또 다시 전쟁이 발발할 수도 있겠구나" 하는 우려가 현실화될 수밖에 없는 상황으로 치닫고 있다. 이러한 사회적 원인은 상호 복잡하게 연계되어 있어서 면밀한 사회과학적 분석이 필요함은 물론이다. 그러나 적어도 전쟁을 정당화하고 이에 역행하는 것에 대하여 냉소적 사회적 분위기를 조성해가는 것이 전쟁이나 군대 내지는 군수산업의 비대화를 이익으로 삼는 세력에게 있어서 일상적인 수단이라는 것은 틀림없다고 할 것이다.

그렇기 때문에 권력은 전쟁의 비참함과 불합리에 대하여 이를 외면하는 방향으로 눈을 돌리게 하여, 역사적 경험을 없었던 것으로 하고(자국의 과오를 인식하는 것을 "자학사관"이라고 비난하고, 자의적으로 자유로이 역사를 위조하는 "자유주의사관"을 제창한다), 그 교훈을 잊게 하려고 한다. 그리고 이러한 권력의 가치관을 교육을 통하여 사회에 전개해 나가려고 한다. 이에 대항하기 위해서는 전쟁으로 치닫게 된 과정을 분명히 상기하고 이를 반복하지 않도록 하는 것이 필요하다.

제1부에서 쓴 것

제1부는 모두 스스로 과거에 대한 반성과 사회 및 교육의 현상에 대한 비판 글이다. 제1장 "생존한 육군장교생의 반성"은 "부전(不戰)병사·시민의 모임"의 기관기지인 『부전(不戰)』(2011년 가을호 제59호)에 게재한 것이고, 제2장 "역사는 『굳은 마음(思い込み)』 그런 것이 아니다 — 전쟁의 희생자를 『헛된 죽음』으로 하지 않기 위하여"는 유년학교 모임인 센요회(仙幼会) 회보인 『아마무라사키에 맑은 물(山紫に水清き)』 제47호(1998)에 기고한 것을, 그리고 "『진정한 평화』란 어떠한 것인가?" 및 "『국가를 위하여』란 무엇인가"라는 제목을 붙인 제3장 및 제4장은 이러한 반성 위에 니가타(新潟)현의 케이와(敬和)학원고교와 아이치(愛知)현의 오카자키(岡崎)시립 류카이(竜海)중학교 학생들에게 평화교육의 일환으로 이야기한 것(『부전(不戰)』(2012년 겨울호 제5164호, 2013년 여름호 제166호)을 가필한 것이다.

아베(安部)수상과 대부분의 각료 및 국회의원들이 국가를 위하여 고귀한 생명을 바친 영령에게 감사와 존경의 뜻을 바친다는 등의 이름으로 야스쿠니

(靖国)신사를 참배하고, 나아가 정부의 헌법해석으로 집단적 자위권 행사까지 허용되도록 하려고 하는 작금의 현실에 대하여, 그것이 과거의 역사에 비추어 볼 때 단순히 "말"로서가 아니라 실제로 무엇을 의미하는 것인지를 알아주었으면 하는 생각이 든다.

나아가 제1부 표제를 이와 같이 한 것은 어떤 전사자가 남긴 "국가를 위하여 생명을 버릴 만큼의 국가인가 의문을 가지며 담배꽁초를 버린다"라는 말이 떠올랐기 때문이다. 권력 입장에서 서민의 생명이라는 것은 한낱 담배꽁초와 닮은꼴일 것이다. 그들이 내거는 미사여구에 넘어가지 않을 것을 빈다.

제2부 제5장은 고등학교 일본사교과서 선정과 관련하여 발생한 권력의 개입(동경도교육위원회가 "일장기(日の丸), 국가(君が代)"에 관한 사실을 기재한 짓쿄(実教)출판사의 교과서 배제)에 대한 비판(취소 등 청구소송에서 저자가 의견진술을 한 것)이며, 제6장은 정부가 얼마나 윤리성을 상실하고 있는지, 이론·비판의 봉쇄와 묵살(封殺)을 위하여 권력을 남용하고 있는가를 원자력발전사고 문제와 관련하여 서술한 것(원전폐지요구를 위한 경제통산성 앞의 "텐트광장"에 대한 국가의 퇴거조치·손해배상청구소송에서 저가가 한 의견진술)이다.

이들 모두는 이전에 내가 강요당하였던 것처럼 개인의 자주적 사고를 잘라 내고 비판을 허용하지 않으며 국민의 의식을 권력이 바라는 방향으로 "교화"하려고 하는 것으로서 방치할 수 없는 문제들인 것이다.

제 1 장 생존한 육군장교생도의 반성

1. 전쟁에 대한 가치관의 대립

많은 사람들의 생활을 산산조각 낸 그 전쟁의 체험에서 또 다시 이와 같은 심각한 범죄, 우매한 전쟁을 반복하여서는 안된다고 생각한다. 다만 동시대를 살아 온 자의 생각에도 똑같은 것만은 결코 아니다. 전시 중에도 특권적 지위에 있던 자가 꿈속에라도 다시 한번이라고 하는 생각을 하는 것은 이상한 것도 아닐 것이다. 아니면 너무나도 궁핍하여 군대에서 소박한 식사라도 할 수 있었던 것을 다행스럽게 생각한 자도 있었다고 들었다. 다른 한편 억압을 아랫사람, 약자에게 전가하고 권력자로서 권위를 떨치는 것을 즐긴 자도 있었다. 동행의 고향에서는 만주(중국동북부)에서 일시 귀환한 하급장교가 "만주는 참 좋은 곳이다. 여자를 데리고 오라고 하면 곧장 데리고 왔다"고 자만적인 이야기를 하고 있었다고 한다. 그러한 전쟁지의 경험이 있는 자는 패전으로 점령군이 진주한 때에 서둘러 여자를 숨겨야 한다고 말하였다고 한다. 자신이 한 것이 생각났기 때문일 것이다.

나아가 현재, 역사문제에 관하여도 전시 중의 슬로건 그대로 그 전쟁을 자위전쟁, 식민지 해방전쟁이었다고 하고, 스스로 "자유주의사관"으로 칭하면서 침략전쟁이었다고 하는 반성을 "자학사관, 동경재판사관"으로 비난하는 움직임도 강화되고 있다. 그리고 그러한 입장에서 "새로운 교과서를 만드는 모임"이나 "교과서개선 모임"이 편찬한 역사·공민의 교과서 채택을 둘러싸고 각지의 교육위원회에서 격한 공방이 일고 있는 상태에 있다.

2. 역사의 사실을 알고 판단하자

가치관은 어떻게 형성되었든지 그것을 신봉하는 사람에게는 자기의 존재의의이고, 따라서 가치관의 대립은 이른바 신들의 다툼인 것이다. 그렇지만 다툼이 공정하기 위해서는 지적인 염치, 사실에 충실할 필요가 있는 것이다. 사실을 감추고 주장되는 가치관은 그 자체 신뢰할만한 것이 아니라는 것의 증명인 것이다. "자유주의사관"은 자신의 주장의 정당화를 위하여 역사적 사실을 "자유롭게"(자의적으로) 바꾸는 것이 아니겠는가. "부전(不戰)"모임이[1] 전쟁 체험을 계속하여 얘기하는 운동도 전시 중의 비참한 기억이 희박화되는—희박화시켰다—것을 이용한 역사은폐·변조를 용서하지 않는다는 양심의 증표일 것이다.

3. 우리 시대와 군국주의의 풍조

나는 1928년생으로 조금이나마 철이 들었던 시기는, 초등학교 1년 때에 2월 26일 사건(1936년 타카하시 코레키요(高橋是清) 재정대신(大蔵大臣) 등을 암살한 육군청년장교들의 쿠데타 사건)이 발생하였고, 다음 해에는 노구교(盧溝橋)사건으로 중일전쟁(당시에는 "지나사변"이라고 하였음)이 개시되는 등 사회가 온통 군국주의 일색으로 물들어 가는 시기였다. "들어라 바다신의 소리" 등 전몰학생의 수기를 보더라도 그 직전 대정(大正)민주주의의[2] 여운이 남아있던 시대를 체험한 사람들은 자신의 유서에 전쟁과 당시의 체제에 대하여 비판석인 사고의 글을 쓰고 있다. 그런데 나의 시절은 신문에 "폭지응징(暴支膺懲)"(난폭한 중국을 응징한다)이라는 글귀가 뒤흔들던 분위기였다.

그리고 민중에게 큰 희생을 강요하던 선생을 상행하기 위하여 권력은 필연적으로 아름다운 말, 기치를 내건다. 진주만 공격으로 시작된 1941년의 "영미 양국에 대한 선전포고(米英両国に対する宣戦の詔勅)"(천황의 말)에서도 "동아시아의 안정을 확보하여 세계평화에 기여한다"고 한 것이나, 현재로서는 불행

1) 역자 주: 부전의 모임은 세계 제2차 대전에 일본 참전용사들 가운데 봄, 여름, 가을, 겨울호 등 4회에 걸쳐 "부전병사·시민의 모임"에서 전쟁에 대한 역사적 진실, 경험, 평가, 강연 등을 행하며, 그 내용들을 게재한 책자를 발간하고 있다. 저자인 사토 아키오(佐藤昭夫) 명예교수는 그 핵심 회원 중 한사람이다. 역자가 동 명예교수를 뵈올 때면 꼭 건네주는 책자 가운데 하나이다.

2) 역자 주: 대정민주주의란, 일본에서 1910년대부터 1920년대에 걸쳐서 일어난 정치·사회·문화의 각 방면에서의 민주주의의 발전, 자유주의적인 운동, 풍조, 사조(思潮)의 총칭이다. 정치면에서는 보통선거제도를 요구하는 운동이나 언론·집회·결사의 자유에 관한 운동, 외교면에서는 국민에게 부담이 큰 해외파병의 정지를 요구한 운동, 사회면에서는 남녀평등, 부락차별해방운동, 단결권, 파업권 등의 획득운동, 문화면에서는 자유교육의 획득, 대학의 자치권획득운동, 미술단체의 문부성지배로부터의 독립 등 다양한 방면에서 다양한 자주적 집단에 의한 운동이 전개되었다. 이 용어는 시노부 세이자부로(信夫清三郎), 『대정민주주의역사(大正デモクラシー史)』, 1954年에서 처음 사용되었다.

하게도 영미 양국과 전쟁을 개시하지만 그것은 "참으로 불가피한 것"이며, "어찌 짐이 바라는 바이겠는가", 그러나 이렇게 되어 제국은 더 이상 "자존자위"를 위하여 결연히 일어나 일체의 장애를 타파할 수밖에 없다고 하고 있었다.

또한 구미제국에 의한 식민지지배로부터 해방이라든가, "만주국" 건국에서는 5족(일본족, 만주족, 한족, 조선족, 몽고족) 화합과 협력의 지름길을 만드는 주체(王道楽土) 등이 제창되었다. 그렇지만 현실은 어떠하였는가.

실로 구미의 비도덕적인 아시아 침략은 용서될 수 없는 것이다. 그러나 식민지해방을 주창하면서 일본은 대만이나, 특히 조선에서는 최악의 식민지 지배를 계속한 것뿐이었다. 그리고 중국으로의 수렁(泥沼)에 빠지는 침략에 더하여 남방각지에서 구미를 대신하여 식민지 지배, 자원획득을 위한 전행을 개시하지 않았던가. 일본군이 남방을 점령한 당시 국가의 최고의사결정기관인 대본영(大本營)·정부연락회의의 결정(1943.5.29.)·어전회의(쇼와(昭和)천황이 출석한 회의) 결정(1943.5.31.)의 "대동아정략지도대강"(大東亞政略指導大綱)에서는, 6(2)의 "『말레이시아』『수마트라』『자바』『보르네오』『셀레베스(Celebes)』는 제국영토로 결정하고, 중요자원의 공급지로서 힘껏 이를 개발하고, 동시에 민심을 파악하도록 노력한다"고 규정하고, 이 항은 "당분간 발표하지 않는다"라고 하였다(외무성편찬, 『일본외교년표 및 주요문서(하권)(日本外交年表並主要文書(下巻))』, 1966, 原書房, 584면). 만주국에서도 정치, 경제의 모든 실권은 일본이 가지며, 개척이라는 이름하에 주민의 토지를 취하여 깊은 원성을 들었다고 들었다. "천하가 한 칸의 집이 된다(八紘一宇)"는 말을 들먹이며, 전쟁이 어찌하여 지신들이 바라는 바이겠는가라고 말하지만, 그 실제는 전쟁을 하지 않더라도 동아시의 여러 나라나 지역이 천황 하에서 일본을 맹주로 숭배하고, 그 지배하에 복종하는 것이 가장 좋은 것이 되지만, 그렇게 하지 않으면 무력으로 강제하겠다는 것이 아니었는가.

4. 센다이육군유년학교(仙台陸軍幼年学校) 시대의 나와 육군

(1) 유년학교의 교육

나는 1941년 전쟁 직전에 육군유년학교(소년시절부터 육군의 기간(基幹)이 되는 장교를 양성하기 위한 학교)에 시험을 보고 개전 다음 해인 1942년 4월에 센다이육군유년학교에 입교하였다(제46기생). 3년간 교육을 받고 1945년에 졸업하고 4월에 육군예과사관학교에 입교하여, 8월에 육군항공사관학교에 입교가 결정된 단계에서 패전으로 복귀(復員)[3]하였다. 육군최후의 장교생도라고 불리는 기수이다(육사 제61기을).

그 사이 실제 전투피해에 관하여는 유년학교는 시가지와 떨어진 미카미네(三神峰)라는 곳에 있었지만, 센다이 공습으로 시가지의 하늘에 화염으로 붉게 물들어 있던 것을 바라본 것, 예과사관생도(予科士)로서 인근 생도기숙사의 방공호가 폭력으로 매몰되어 교관과 생도 여러 명의 사망자를 낸 것을 목격한 것뿐이다. 하지만 여기에서 유년학교 및 예과사관생도로서의 나의 느낌이나 경험을 보자.

내가 유년학교를 지망한 것은 중국에서의 전쟁이 답보상태에 있었지만 아직은 전시상황이 악화되어 소모품으로 소년병이 대량으로 필요하였던 시기는 아니었다. 그러나 천황이 "신의 후손"으로서 인간의 모습을 한 신(現人神)으로 되어 신의 국가인 일본에 의하여 동아시아의 신질서가 건설된다고 하는 이념이 설파되고 있었다. 유년학교에서는 동기생가(동기생노래)가 있었는데, 그 가운데 다음과 같은 가사가 있었던 것으로 기억된다. "천황 전쟁은 / 우리들을 부른다. / 쇼와(昭和)의 자녀들의 / 붉은 피는 / 보라 독립깃발이 / 나부낀다 / 세계유신에 / 바치자 / 용감하게 모이자 / 삼신봉에". 쇼와(昭和)천황시절에 태어난 자녀들이 입교 연령에 도달하는 시기였던 것이다.

그 후 소년병이 대대적으로 모집되어 애국의 정으로 불타고 있던 소년들이 부모의 반대에도 불구하고 지원을 하여 입대하였다. 그러나 입대초일부터 폭력 등 비인간적인 취급을 당하면서 애초의 꿈은 허황된 꿈으로 바뀌었다는 것이 많은 사람들의 얘기였다.

그러나 우리들에 대한 취급은 그것과는 전혀 다른 것이었다. 당시 6학교(센다이(仙台), 도쿄(東京), 나고야(名古屋), 오사카(大阪), 히로시마(広島), 쿠마모토(熊本))의 유년학교에서 각각의 차이는 있었지만, 센다이에서의 나는 상급생에게

3) 역자 주: 복귀(復員)이란 군대를 전시 동원 체제에서 평시 체제로 되돌리거나 병역에서 해제되어 귀향함.

맞은 적은 거의 없었다. 2년생 때 저녁 점호 후에 딱 한번 광신적인 지도생도(제45기)에게 훈육반(50명으로 1학년 3훈육반편성) 전원이 따귀를 맞은 기억이 있을 정도이다.

그 이유는 유년학교의 생도는 장차 국군의 중심이 될 자들로서 황실의 특수한 처우를 받으며, 장교생도로서 자부심을 갖고, "지조가 굳건하고, 품성이 고결하며, 학술적 재능이 우수할" 것이 요구되고 있었기 때문이다. 무관인 교관의 교육에서는 부조리한 것은 없었다고 기억된다. 유년학교에서는 중학교육에 상당하는 보통교과의 교육도 있었다. 그러나 오히려 역사나 국어 기타과목을 담당하던 문관으로서 식견이 넓어야 할 이들이 시대에 아첨하고, 전후에는 반성도 사죄도 없이 입장을 바꾼 자들이 있었다는 것은 경멸할만하다.

생도사감(훈육반의 담당교관, 통상 대위 또는 소위)의 교육은 예외는 있었다고 하지만, 인격적으로 볼 때 대체로 훌륭한 자들이었다고 생각된다. 지위를 문제삼지 말라, 어떠한 지위에 있던 항상 천하제일의 인물이 되도록 마음을 돈독히 하라, 장교로서 먼저 부하를 생각하고 그 이후에 즐기는 마음을 가져라 하는 등이 그것이다. 이야기 중에 병사라는 말을 함에 있어서도 단순히 "병사"라고 하지 않고 "병사씨"라고 불렀다. 생도에 대하여는 전원에게 공평한 자비심을 갖고 대하는 태도였고, 그러한 훈육을 받은 동기생에게는 지금도 당시의 생도사감에게 존경의 마음을 갖고 있는 자가 많다.

그런데 이러한 생도사감은 육군대학교 등 출세코스를 달리지 않고 사지(死地)인 필리핀으로 추방되어 교장이었던 센다 사다스에(千田貞季)대좌는 이오지마(硫黃島)에서 전멸(장렬히 죽은 것으로 미화되었음)한 육군부대지도관이었다.[4)]

(2) 군대의 겉과 속

나는 이러한 교육을 솔직하게 말하면 받아들이고 있었다. 그러나 전후 안 사실에 따르면 군대에는 겉과 속이 달랐다. 군인칙유(軍人勅諭. 1885.1.4. 천황이 군인에게 5개조의 가르침을 깨우쳐 준 "육해군인에게 내리는 칙유(陸海軍人に賜りたる勅諭)")는 군대에서의 최고의 성전이었다. 그리고 고참병들은 칙유의 "예의"

---

4) 역자 주: 전사 후 1945년 3월 17일 중장으로 진급함.

항목에 “상관의 명령을 따르는 것은 실제로는 곧 내가 명령을 따르는 의(義)가 되는 것임을 새겨라”고 되어 있는 것을 남용하여 불합리한 명령을 내리고 하급자에게는 마음대로 제재를 가하는 것으로 보았다고 한다. 그런데 군인칙유의 위 문구 바로 뒤에는, “또한 상급자는 하급자에게 그 어떠한 경멸·교만(軽侮驕傲)의 언행을 하여서는 아니된다. (공무를 위하여 위엄을 갖추어야 할 때에는 별개이지만) 그 외에는 역할을 다하여 공손하게 대하고, 오로지 자애로운 마음으로, 상하 일치하여 큰일에 힘쓰라”고 되어 있었던 것이다.

또한 5개조의 가르침 가운데 제1은 “군인은 충절을 다할 것을 본분으로 하여야 하고”라는 항목에서, “의(義)는 산악보다도 중하고, 죽음은 거위의 깃털보다도 가볍다는 것을 기억하라”고 되어 있는 부분이 특히 강조되었지만, 그 말의 앞에는 “군인들은……여론에 휩쓸리지 말고 정치에 무관하게 오로지 하나의 길에 자신이 본분의 충절을 지키고”라고 하고 있고, “의(義)는……” 라는 부분은 그 뒤에 이어지고 있다. 그런데 천황은 육해군대신(大臣)의 현역무관제를 재가하고, 육군대장인 도조 히테키(東条英機)를 총리에 임명하였던 것이다. 이는 천황 스스로 칙유에 반하는 명령을 한 것이고, 도조(東条)는 칙유에 반하여 전면적으로 정치에 관여하고 지신의 뜻대로 하였다는 것이 된다. 이정도로 말의 표리, 편의주의의 모순이 스스럼없이 통용되고 있었다.

5. 의식의 지배의 위험성

(1) 전시 중의 사상통제

앞에서 본 바와 같이 나는 칙유도 유년학교의 교육도 겉과 속의 다름을 모르고 그대로 받아들였다. “짐은 그대들 군인의 대원수가 될 것이다, 그러므로 짐은 그대들을 수족으로 믿을 것이고, 그대들은 짐을 우두머리로 받들어야 할 것이다. 그 친밀함은 특히 깊어질 것이다”, “우리나라의 능위(稜威, 천자의 위광(威光))를 휘두르지(振るわざる) 못한다면 그대들이 능히 짐과 그 근심을 함께 하라. 우리 용맹(武維)이 알려져 그 영광을 빛낸다면 짐은 그대들과 그 명예를 함께 할 것이다”라고. 따라서 나는 패전 후에도 수년간은 천황과 “그 근심을 함께” 할 생각으로 있었다. 그와 같은 의식은 어디에서 생겨난 것일까.

그것은 일본 통치자인 천황은 절대선인 하늘의 길의 체현자이고, 이 세상의 가치의 근원이다. 이 천황에게 절대순종하여 신명을 바치는 것이 일본인으로서 무엇보다도 명예로운 것이라고 하는 설명("국체명징(国体明徵)". 국체라고 하는 것은 국가의 근본적인 방향, 나라의 형태)이 이론(異論)을 허용하지 않고 세상을 뒤덮고 있었다. 이에 조금이라도 의심을 나타내는 자는 "특고(特高)"(특별고등경찰, 사상취조경찰을 말함)가 용서치 않고 덤벼들었다. 국가의 적은 죽여도 좋다고 하는 고문이 기다리고 있었다. 이는 이전의 옴진리교의 약물에 의한 세뇌에 비할 바가 아니다.

(2) 전후의 신헌법과 강요 헌법론

쇼와(昭和) 천황이 개시한 전쟁은 1945년에 패전으로 끝나고, 일본은 연합국(실질은 미국)의 점령 하에서, 1946년 전쟁과 무력에 의한 위협 또는 무력행사의 포기, 전력불소유, 전세계의 여러 국민이 평화롭게 살 권리와 기본적 인권보장을 앞세운 신헌법을 제정하였다(1947.5 시행). 그러나 이는 이전의 전쟁지도자들이 바라던 바가 아니었다. 1945년 8월의 종전선포(終戦の詔勅)에는 "시운(時運)에 따르는 바, 감내하기 어려운 것을 감내하고, 참기 어려운 것을 참고, 이로써 만 세대를 위하여 태평을 열고자 한다"는 것이 있다. 포츠담선언의 수락, 전쟁범죄인의 처벌, 기본적 인권존중 등은 참기가 어려우나, 지금은 이와 같은 시대이기에 방법이 없다고 하는 본심을 드러낸 것이다. 따라서 시대의 운의 풍향이 변하게 되면 상실한 것을 다시 되돌리려고 하게 되는 것이다. 그리고 동서냉전이 공공연화되고 있기 때문에 그 풍향이 바뀌었다. 이른바 역방향인 것이다.

이리하여 전후 헌법을 폄하하기 위하여 그것은 점령군에 의하여 강요된 것이라고 하는 논의가 주창되고, 자주헌법을 제정하여야 한다고 하는 주장이 나왔다. 그 당시 오쿠노 세이스케(奥野誠亮) 문부대신은 국회에서 "강요 헌법론"을 피력하면서 눈물을 보였다. 그는 전시 중에 가고시마(鹿児島)의 특고과장이었다. 그 눈물은 이전과 같이 자기의 뜻에 따르지 않는 자를 마음대로 탄압할 수 없게 된 것에 대한 슬픈 눈물이 아니었겠는가. 따라서 강요라고 말하기 위해서는 누구에게, 무엇을, 어떻게 강요하였는가 하는 것은 분명히 할 필요가 있다.

우리들은 전시 중 천황절대의 가치관을 강요받아, 침략전쟁 사실을 알지도 못하고 "특공(特攻)"(특별공격기에 의한 부딪침)의 죽음을 "유구한 대의로 사는 호국의 길"이라고 배우고 이를 믿고 있었다. 예과사로서 병과를 결정하기 위해서 항공 적성검사를 받을 때에 시력이 약한 동기생 중 한사람은 당시 항공으로 가게 되면 확실하게 특공이 된다고 알고 있으면서도, 조종적격이 되기 위하여 검사 전날 검사장에 몰래 들어가 시력검사표를 복사하여 암기할 정도였다.

전후에 일본 수상은 전쟁으로 인하여 어쩔 수 없이 생명을 잃은 분들에게 감사와 경의를 표한다고 하였지만, 우리들은 "어쩔 수 없이"가 아니라 한발 더 나아가 마음속에 죽으러 가자고 하는 생각이 각인되어 있었다.

당시 우리들은 권력을 위하여 자기희생을 강요하고, 이를 미화하는 가치관을 강요받고 있었다. 사람을 의심하는 것을 알지 못하였던 순진한, 솔직히 말하면 무지한 소년시대에 이러한 가치관을 강요받고, 사실을 알지 못하고, 자신의 머리로 생각할 능력도, 인간적인 성장도 빼앗겼던 것이다. 그렇기 때문에 국민이 그 멍에를 벗어버리기 위해서는 그것을 혐오하는 권력에 대하여 인간해방, 평화와 인권의 새로운 가치관에 기초한 헌법을 강요할 수밖에 없었다. 그런데 이러한 생각은 일부 국민 사이에 살아있었다고는 하지만 내 자신도 아직 종래의 사상으로부터 벗어날 수 없었던 것과 같이 그 힘은 약하였고, 이전에 강요된 가치관을 완전히 떨쳐버리는 단계까지 이르지 못하였다. 이러한 의미에서 헌법은 전쟁으로 잃은 모든 것에 대한 대가로서 약속수표와 같은 것이다. 이를 실제로 실현할 수 있을까. 아니면 공수표로 끝낼 것인가 하는 것은 역사의 교훈을 살릴 수 있을 것인가의 여부에 달려 있다고 할 것이다.

6. 전쟁책임과 전후책임, 그리고 전쟁을 반복하지 않기 위하여

(1) 전쟁책임을 반성, 자각하였는가

유년학교에서는 지휘관으로서 책임감의 소중함을 배웠다고 생각된다. 권한의 행사에 책임이 수반되지 않는다면 명령에 대한 신뢰는 성립할 수 없으며, 정상적인 조직운영은 불가능하게 될 것이다. 그렇다면 전쟁의 책임은 어디에 있으며, 그것은 자각되었는가.

전쟁돌입과 최악의 순간까지 전쟁의 계속을 승인하고, 그 이름으로 명령하고 지도 및 격려를 한 자는 쇼와(昭和) 천황이었다. 그는 많은 국민의 눈, 귀, 그리고 입을 막은 상태로 생명, 생활의 모든 것을 비참한 침략전쟁에 동원하고 있었다. 그리고 침략한 지역의 수천만의 사람들과 300만을 초과하는 국민을 죽였다. 통치권의 총책임자이고 군의 통수자였던 천황에게 가장 큰 책임이 있다는 것은 군의 규율에서 보면 당연한 것이다. 그런데 쇼와(昭和) 천황은 이후에 기자회견에서 전쟁책임에 관하여 어떻게 생각하느냐는 질문에, "문학방면은 별로 연구하지 않았기 때문에 잘 모르므로 그러한 문제에 대하여는 대답하기 어렵다"고 하였다.

패전과 항복을 결정한 때에, 육군대신 아나미 코래치카(阿南維幾)는 한 죽음으로써 대죄를 사죄한다고 하는 유서를 남기고 자결하였다. 하물며 최고지휘관이었던 쇼와(昭和) 천황이 한 죽음으로써 만민에게 사죄를 하려고 하는 생각이 들었다고 하여 이상할 것은 없다. 그런데 그는 그렇게 하지 않았을 뿐만 아니라 스스로 법정에 서서 사실을 명확히 밝히려고도 하지 않았다. 이는 앞에서 말한 말의 묘미 그 자체이다. 자신의 명령에 의한 전쟁에 관한 아픈 마음은 어디에도 없다. 천황은 입헌군주이기 때문에 정부의 결정에 반대할 수 없었다고 하는 변명은 면책의 이유가 되지 않는다. 그런 수상 이하 정부나 군부의 책임자를 임명한 것은 천황 자신이기 때문이다. 내가 육군에서 받은 교육으로부터 보면 대원수는 분명히 신이 아니었지만 장군에 걸맞지 않고 품성이 뒤떨어지는 인간이었다는 것이 된다.

(2) 독선과 무책임, 자기보신의 체계

그런데 사실은 쇼와(昭和) 천황만의 문제는 아니다. 분명하게 밝혀진 바에 따르면 개전의 경위는, 국가의 정책결정에 임한 책임자들은 전쟁은 도저히 승산이 없다는 것을 알면서도 스스로 전쟁회피를 말하면 겁쟁이로서 주전론자들로부터 공격을 받을 것이 두려워, 결정을 연기하면서 결국에는 어쩔 수 없이 개전으로 치닫게 된 것이다. 그리고 군의 예산이나 현실의 작전결정에 이른 각 성부(省部)(육·해 양성, 육군참모본부, 해군군령부)의 엘리트들은 자신들은 안전한 장소에서 있으면서 전장의 현실을 보려고는 하지 않았다. 그들은 "병사들의 죽음은 거위의 깃털보다도 가볍다"는 것이었다.

육군을 보면 이들 엘리트는 거의 대부분 유년학교에 이은 육군대학교 졸업생으로서 성적이 우수한 자들로 지배되고 있었고, 그리고 파벌다툼(황도파(皇道派)와 통제파(統制派)와의 다툼)의 승자였다.[5] 예과사관학교에는 유년학교 출신자와 함께 중학교출신자도 입교하였지만 여기서 먼저 유년학교출신자는 중학교출신자를 "D코로(Dコロ)"라고 하면서 경멸하였다.[6]

그리고 유년학교에서는 13~14세부터의 어린 뇌척수(脳髄)에 군인교육이 감응되어 군사우선의 편협한 사상에다가[7] 자신이 국가를 책임진다는 독선적 엘리트 의식이 더하여져 자신 내지 자신이 속한 집단의 이익과 국가의 이익의 동일시, 그리고 보신을 도모하는 파벌투쟁과 다른 희생을 고려하지 않는 무책임한 체계로 귀착하였다. 그것이 주전파의 발호(跋扈)를 억제할 수 없는 상태를 낳은 것은 아닐까.

---

5) 1936.2.26. 사건은 황도파의 청년장교들이 일으킨 쿠데타였다. 그들은 생활의 어려움으로 인한 자녀 매매라는 농촌의 피폐 등, 당시의 여러 악습의 원흉이던 원로, 중신, 군벌, 관료, 정당 등의 군주 측의 간신(君側の奸)을 제거하고 천황친정을 실현하려고 병사를 움직인 것으로 알려지고 있다. 처음에는 궐기부대(蹶起部隊)로 칭하여, 대신(大臣)의 고시에서도 "궐기 취지에 관하여는 천황께서 들으시다" 등이 보도되었다. 그런데 중신들이 살해된 쇼와(昭和) 천황이 자신의 명령 없이 병사를 움직인 것에 노하여, 이를 반란부대라고 하여 진압명령을 내렸다. 사건의 사상적 지도자였던 키타 잇키(北一輝)가 쓴 글이지만, "어린 주군에게 / 투구를 받고 / 패한 전쟁"이라는 글귀가 남아 있다. 그런데 천황은 1931년 만주사변에 즈음해서는 칙령 없이 조선에 있던 군을 만주로 국경을 넘게 하고 침공하게 한 사령관인 하야시 센주로(林銑十郎)는 벌하지 않고 그의 행동은 추인되었다. 그리고 2.26 사건의 끝은 황도파가 배제되고 도조 히데키(東条英機) 등의 통제파가 육군을 지배하게 된다. 그 이전에도 이누카이 츠요시(犬養毅) 수상 등을 암살한 1932.5.15.사건이 있고, 연이어 발생한 직접적인 무력행동에 대한 공포로부터 군부에 대한 비판은 점점 어려워지고 있었다.

6) 어원에 관하여는 나는 유년학교의 선배로부터 유년학교생도를 독일어로 카데트(Kadett)라고 하는데, 중학교출신자는 이 K(털?)가 모자라기 때문에 "D코로"라고 한다고 들었다. 또 "P코로"는 영어의 preparatory military school에서 유래한 것일까.

7) 장교교육의 기본전령(基本典令)인 작전요무령(作戦要務令) 강령 제1에는 "군이 주로 하는 곳은 전투이다. 따라서 모두 함께 싸우는 전투(百事皆戦闘)를 기준으로 삼을 것이다"라고 하고 있었다. 이 관점에서 보면 전투에서 도움이 되는 것은 민간인 보다 군대이다. 노인, 여자나 어린아이, 병자 등의 약자는 방해물에 지나지 않는다. 따라서 예컨대 오키나와(沖縄)전투에서 군이 자신이 숨기 위하여 주민을 가마(がま)라고 하는 자연적인 호(壕)로부터 쫓아내고 극히 미미한 식량을 취한 것도 사실은 자기보신을 위한 것이라고 하지만 전투력을 온전하게 보전하기 위한 군의 윤리에서 보더라도 훌륭히 정당화된다. 스파이로 의심되는 주민에 대한 사살, 집단자살의 강제도 군의 기밀유지의 관점에서 보면 시인될 수 있을 것이다.

(3) 역사의 경험을 살렸는가

그렇다면 현재는 어떠한가. 후쿠시마(福島) 제1원자력발전소의 대참사와 그 이후의 정부의 대응에서 알 수 있듯이 독선과 보신, 은폐와 무책임의 체계는 여전히 강고하다. 전쟁의 최후의 단계에서의 전쟁목적은 국가의 국체보전(国体護持)이었지만, 이는 천황이라는 지위를 남겨두는 것만은 아니다. 천황을 불가침으로 함으로써 이를 책임지는 지배체제, 지배세력의 이권을 온전히 보존하는데 있었다. 그리고 언론의 자유가 인정되고, 천황의 권위는 이전보다 쇠퇴하였다고는 하지만 현재에도 암묵적으로 천황비판에는 우익의 폭력이 위협을 주고 있는 것이 아닌가. 이를 보충하기 하기 위하여 국기나 국가(君が代)라고 하는, 이전에 전쟁국가의 상징이었던 국기와 국가의 숭앙강요에 의하여, 일본 국가로의 귀속과 배외의식을 강화하는 풍조가 만들어지고 있다. 그러나 그들은 위안부(군대용의 여성 노예)인 한국부인의 "일본국기가 우리들의 인생을 망가뜨렸다"고 비통하게 부르짖는 것을 어떻게 듣고 있는가.

그리고 예컨대 안전보장 문제에서는 북한의 원자폭탄의 위협이 크게 얘기되고 있다. 일본 권력은 미국과 동맹으로 우승마에 탄 것같이 보이지만 식량자급율 40% 이하, 또한 긴 해안선에 위험한 원자력발전소를 줄지어 건설한 상황에서 어떻게 전쟁으로 국가를 지킬 수 있을 것인가. 그럼에도 불구하고 권력측은 방송에 대한 감독권이나 광고료라고 하는 금전적 힘으로 여전히 독선적이고 편협한 국가주의를 선동하여 원자력발전소의 안전신화나 에너지 부족의 불안을 여기저기 퍼드리고 있다.

이는 전쟁이나 원자력발전소 대화재를 경험하면서 아무런 것도 배우지 못하고, 이전에 한 것과 같은 좋은 맛을 잊지 못한다고 하는 것이 아니겠는가. 이러한 상태를 변화시키기 위해서는 전쟁의 비참함, 우매함을 계속해서 이야기함과 동시에 그 책임과 원인을 명확히 하여 또다시 이것을 반복하지 않도록 목소리를 높여 나갈 필요가 있다. 작지만 이에 저항을 시작하는 것은 보다 비참한 상황이 되는 것을 막는 힘이 될 것이다.

"긴 것에 말린다"는 식의 체제순응의 체질로 있다거나 권력에 대한 소극적 지지, 국책이라는 것에 무관심하는 것은 재차 전쟁의 죄를 반복하게 된다. 이것이 나의 반성이다.

제 2 장 역사는 굳게 믿는 것은 아니다 — 전쟁의 희생자를 헛된 죽음으로 하지 않도록 하기 위하여

서설

전후 50년을 맞이하여 내가 최종 졸업한 센다이(仙台)육군유년학교 제46기 · 제2훈육반이 기념지인 선유46기2훈지(仙幼四十六期二訓誌)(1995년 발간)를 낼 때에, 나는 "역사관의 차이와 사실의 인식 — 유년학교 졸업 · 폐교, 종전 50년에 생각한다"라는 글을 기고하였다. 이는 전후 50년 국회결의를 둘러싼 움직임 등과 관련하여 나의 생각을 쓴 것이다.

그 후 "자유주의사관연구회"(회장, 니시오 칸지(西尾幹二))를 조직한 동경대학 교수인 후지오카 노부카츠(藤岡信勝)는 "문부대신에 보내는 공개서한 — 『위안부』 기술의 삭제를 요구한다(文部大臣への公開書簡 — 『慰安婦』記述の削除を要求する)"(『자학사관』의 병리(『自虐史観』の病理), 1997, 문예춘추, 12면 이하)를 내놓기에 이른다. 구육군장교회(旧陸軍将校の組織する会)의 기관기인 "카이코(偕行)"(偕行社)는 이러한 움직임에 호응하여 이에 찬성하는 논설을 게재하였는데, 유년학교 회보인 『야마무라사키에 맑은 물(山紫に水清き)』은 다양한 입장으로부터 역사문제에 대한 인식을 심화시켜보고자 하는 편집방향에서, "자유주의사관" 문제를 특집으로 다루었다. 나도 집필의뢰를 받아 쓴 것이 이하의 내용이다(기념호의 분량은 상당히 많았으나 그 일부에서 특집내용을 다룸). 이 원고는 400자 기준으로 8매로 한정하여 충분한 의견을 개진할 수 없었으나 편집자로부터 전체의 의견을 정리할 필요가 있는 협의가 있어 그에 대한 회답도 하였지만(『희수를 맞이하여』, 27면 이하), 본서에서는 그 일부 요점만을 본문에 정리한 것이다.

1. 아름다운 말에 무엇이 감추어져 있었던가

패전까지의 자신을 뒤돌아보면, 그 전쟁은 "자존자위", "동아시아 안정", "세계평화"를 위한 전쟁이었다고 마음속에 믿고 있었다. 천황폐하의 말이었기 때문에 그것은 진실이라고 믿었던 것이다.

그러나 사실은 일본 자신이 자존자위나 평화의 미명에 감추어져 있지는 않았는지.

그 전쟁은 식민지해방을 위한 싸움이라고 하였다. 물론 아시아에 대한 구미의 비도덕적인 식민지화를 용서할 수 없는 것은 당연하지만, 일본도 대만, 한국을 합병하고 있었다. 식민지해방이라는 깃발을 내걸었지만, 실제로는 자신이 독선적으로 그때까지의 지배자를 바꾸려고 한 것이 아니었는가. 일례로 1943년 5월 29일 대본영정부연락회의결정(大本営政府連絡会議決定), 같은 해 5월 31일 어전회의(御前会議, 천황이 출석한 회의) 결정, "대동아정략지도대강"(大東亜政略指導大綱)의 6(2)에는 "『말레이시아』『수마트라』『자바』『보르네오』『셀레베스(Celebes)』는 제국영토로 결정하고, 중요자원의 공급지로서 힘껏 이를 개발하고, 동시에 민심을 파악하도록 노력한다"고 규정하고, 이 항은 "당분간 발표하지 않는다"고 하였다(외무성편찬, 『일본외교년표 및 주요문서(하권)(日本外交年表並主要文書(下巻))』, 1966, 原書房, 584면). 그리고 일본은 전쟁으로 보다 더 넓은 해외 지배영역을 팽창시킨 후에 전쟁에 패하였다. 그 결과가 지금까지의 식민지지배체제를 동요시키고 국내에서 메이지헌법(明治憲法)으로부터 신헌법으로 지배구조의 변화를 불러일으킨 것이 아니었는가.

그러나 당시 사실을 보는 것도, 생각하는 것조차도 하지 않았던 나는 참으로 마차를 끄는 말(馬車馬)과 같이 "승조필근(承詔必謹, 천황의 조직을 받들어 삼가고 조심한다는 뜻 — 역자 주)"을 자기 자신의 것으로 삼고 있었다. 생도집합소 2층에서 스기모토 고로(杉本五郎) 중좌의 유작인 『대의(大義)』를 읽고, "천황은 아마테라스오오미카미(天照大御神)과 동일한 것으로 계시고, 우주 최고의 유일신"이라는 것으로 시작하는 열렬한 천황숭배에 감화되고 있었던 것으로 기억된다. 당시 이러한 천황숭배, 천황에 맹목적인 충절심에는 천황은 절대선이고 황도(皇道)의 체현자(体現者)이며, 이 세상의 가치의 근원이라고 결심하여 굳게 믿어, 관념적 미화가 되어 있었다. 사실에 근거하지 않은 교조적 설명을 아름다운 것으로 받아들이는 독선적인 믿음은 이것이야 말로 국가를 잘못되게 하는 것이다.

2. 역사의 진실과 자유주의사관

자유주의사관이라는 이름은 아름답다. 그러나 그 이름에 어울리는 실체가 되기 위해서는 인간의 자유가 역사적으로 어떠한 조건, 어떠한 움직임의 축적위에서 쌓여진 것인가를 역사의 진실의 총체적인 것에서 분명히 하지 않으면 아니된다.

인간의 자유라는 관점에서 보면, 어떠한 시대에도 아름다운 면과 밝은 면이 있는가 하면, 부끄러운 면과 어두운 면도 있었지 않는가. 메이지시대를 아름답게 그리는 이야기들은 그것을 믿는 사람들에게는 즐거운 이야기가 될 것이고, 또한 일부의 진실이 있다고 하더라도 역사의 총체적인 면을 간파한 것을 아닐 것이다. 메이지(明治)가 타이쇼(大正), 쇼와(昭和)를 낳은 것이다. 일본의 근현대사의 어두운 면을 보는 것을 자학사관이라고 경멸하고, 그것을 직시하지 않으면 결국은 역사를 잘못하는 것이 된다.

한국합병에 관하여 말하면 조약이라고 하는 형식을 취한 점에서는 그 한도 내에서 합법일 것이다(물론 이 점에서도 그것이 조약으로서 실질적으로 유효한 요건을 갖추었는가는 의문이 있지만). 그러나 그것은 일본이 구미의 충실한 생도였기 때문이며, 인간의 자유의 관점에서 보면 반일저항의 존재, 그 의미를 간과하여서는 아니될 것이다.

남경대학살이나 종군위안부 문제만 하더라도 자신의 굳은 생각이나 결론에 도움이 되는 독선적인 해석에 의하는 것이 아니라 지금까지의 자료의 누적 등에 의하여 명확해진 역사학, 법률학의 성과를 심도 있게 검토하여야 할 것이다(지면의 관계로 더 이상 이야기할 수 없다. 예컨대 남경대학살 문제에 관하여 라베(John Heinrich Detlef Rabe)의 일기로 알려진, 존 라베(著)(에르빈 비케르트(Erwin Wickert)편/히라노 사토코(平野郷子)역, 『남경의 진실(南京の真実)』,[1] 1997, 講談社. 종군위안부 문제에 관하여 『R. 쿠마라스와미(Radhika Coomaraswamy)국제연합보고서

1) 자유주의사관의 입장에서는 극동국제군사재판에서 들고 있는 수가 너무 많다고 하여, 남경대학살의 존재 그 자체에 대하여 부정적이지만 당시 상황에서 희생자의 정확한 수 등을 알 리가 없다. 오늘날 그 수를 근거로 삼는 일본 연구자는 아무도 없다고 생각한다. 이전에 피해자측의 사람이 들고 있는 숫자가 부정확하기 때문에 대량학살 그 자체의 존재를 처음부터 부정하는 것은 단순히 양적인 수의 문제가 아니다. 질적으로 결정적인 잘못을 범하는 것이다.

(R・クマラスワミ国連報告書)』[2]("일본의 전쟁책임자료센터(日本の戦争責任資料センター)"에서 나온 일본어전역, 영문 붙임, 1996 등 참조). 특히 교과서검증에 그 문제의 기술을 삭제할 것을 요청하는 등은 자유주의의 이름이 눈물을 흘리게 하는 것이다.

3. 잘못을 알고, 반복을 피하는 것이 혼령을 달래는 길

일본은 제2차 세계대전에서 아시아의 여러 국민을 비롯하여 많은 사람들에게 용서받을 수 없는 가해행위를 하였다. 이전에 내가 감화를 받은 것으로 유작을 든 스기모토(杉本) 중좌(만주사변 초기인 1937.9.14., 山西省에서 전사)는 당시 군의 검열이 두려워 복자(伏字)를 이용하였지만, 그 유작 "제17장 전쟁" 가운데 다음과 같이 기술하고 있다. "한번 적지를 점령하면 적국 민족이라는 이유로 살상하여도 성이 차지 아니하고, 약탈이 그치지 않는다. 슬퍼할 일이고 갖가지의 수단 모두(万端悉く) 황군(皇軍)의 체면이 서지 않는 것이다. 황도(皇道)는 번뇌로 떠오르는 여러 가지 망상(空華), 보시(布施)는 본당에 있어야 할 선(禅)이 절 부엌(庫裏)에 있는 선(禅), 현재의 황군이 황화(皇化) 제일선의 사도라는 것은 멀고도 멀어, 참으로 백운만리(白雲万里)이다". (중략)

"세계의 흥망의 족적을 잘 살펴보세, 그 멸망의 최대원인은 항상 성이 차지 않는 이기심, 멈출 줄 모르는 자기보존이 될 수 없다. 이리하여 이번 전쟁은 제국주의 전투로 하여 망국의 서전이라고 말하더라도 누구가 그 어떤 항변을 할 수 있을 것"(후에 몰래 복자를 넣었다. 미야타 츠요시(宮武剛), 『장군의 유언(将軍の遺言 ー 遠藤三朗日記)』, 1986, 毎日新聞社, 116면 이하)이라고 하였다.

그는 천황의 관념적 미화와 함께 현실을 보는 것을 잊지 않았다. 그 양자

---

2) 그들은 『R. 쿠마라스와미(Radhika Coomaraswamy)국제연합보고서(R・クマラスワミ国連報告書)』에 관하여도 그 논거로 들고 있는 요시다 세이지(吉田清治)의 책이 허위이기 때문에 국제연합 보고서에 대하여 부정적이다.

물론 보고서에는 부정확한 사실오인의 점이 몇 곳 있는 것 같다. 그러나 앞에서 든 "일본전쟁책임자료센터"의 역서에 첨부된 아라이 신이치(新井信一)씨의 해설에서 요시미 요시아키(吉見義明)씨가 쿠마라스와미씨에게 보낸 서한에 의하면 요시다 세이지(吉田清治)와 관련된 부분의 삭제를 권고하고, 요시다 세이지(吉田清治)의 책에 의하지 않더라도 강제의 사실은 증명된다고 서술하고 있는 것을 지적하고 있다.

이러한 점에서도 그들의 주장은 일부의 잘못을 논거로 많은 진실을 포함하고 있는 전체를 부정하는 그들의 논리의 법칙에 반하는 공통의 논법이 사용되고 있는 것은 아닐까.

의 차이가 큰 것에 놀랍다. 그러나 현실을 모르는 일본의 많은 국민도 "영구히 대의에 산다"고 믿고 나아가거나 계속하여 그것에 얽매여 가면서 죽어 갔다. 유년학교 제41기, 제42기의 명부에도 전사자가 많이 보인다. 그 죽음은 헛된 죽음이었고, 또한 전쟁의 희생은 무의미한 것인가. 이 물음에 대하여 적어도 그것이 헛된 죽음이고 무의미한 것으로 보는 것은 그 전쟁의 어두운 면을 보는 것에서 비롯된 것은 아니다. 그것을 헛된 죽음으로 치부할 것인가 하는 것은 남은 자, 이후의 세대가 그 진실에 어떻게 대처하는가에 달려있다고 할 것이다.

서독의 대통령인 리차드 본 바이츠제커(Richard von Weizsäcker)씨는 다음과 같이 이야기 하였다. "대부분의 독일인은 스스로 국가의 대의를 위하여 싸우고 이를 감내하고 있는 것으로 알고 있었다. 그러나 그 모두가 부질없고 무의미하였을 뿐만 아니라, 범죄적인 지도자들의 비인도적인 목적 때문이었다는 것이 분명하여졌다", "과거에 눈을 감는 자는 결국 현재에도 맹목적이게 된다. 비인도적인 행위를 마음에 새기려고 하지 않는 자는 또 다시 그러한 위험에 빠지기 쉽다". 그러나 그는 "우리들의 특별한 경험과 기억은 단지 우리들의 무거운 짐이 되고 있을 뿐만이 아니다. 우리를 지키는 유익한 통찰도 주고 있다"고도 하였다. 독일인은 상처를 입었을 뿐만 아니라 배우고 있다는 것이다(나가이 키요히코(永井清彦)편역, 『바이츠제커 대통령연설집(ヴァイツゼッカー(Richard von Weizsäcker)大統領演説集)』,[3] 1995, 岩波書店, 10면, 246면). 스스로 원한 것의 실현에 도움이 되었는가에 대하여 모두가 헛된 것이었고 무의미한 것이었다는 것

3) 그들은 리차드 본 바이츠제커(Richard von Weizsäcker)씨의 연설에 대해서도 기만이라고 말한다. 그러나 이에 대해서는 예컨대 카지무라 타이치로(梶村太一郎), "『역사수정주의』는 지성의 모독이다 — 니시오 칸지씨 비판(『歴史改竄主義』は知性の冒涜である — 西尾幹二氏批判)", 世界 1997년 7월호, 72면 이하)가 구체적으로 상세하게 비판하고 있고 매우 설득력 있다고 생각한다. 일부를 인용하여 둔다.

이 연설은 "죄가 있는 것은 나치당간부인가, 실행범만 있고 자신에게는 관계가 없다고 하는 주장을 논외에 숨기고 있다", "이는 독일민족이 살아남는 전략의 뒷모습을 대변하고 있다" 등 완전한 추리소설같이 사실이 아니고, 주관적 추정에 기초한 해설을 계속하고서는, 결론으로서 『독일 전후사는 일부의 눈에 띄는 인간에게 죄를 씌우고 자신은 무죄라고 하는 자기기만의 역사다』라고 해버린다. 즉 『대통령 이하 독일국민은 죄를 인정하지 않고 부끄러움도 모르는 거짓말쟁이집단이다』고 말하고 있는 것과 같다", "니시오(西尾)의 주장의 목적은 『독일의 단죄와 일본의 면죄』를 위한 것이다"라고.

실제로 내가 연설을 읽어도 어떻게 하여 니시오(西尾)씨와 같은 결론이 나오는가 알 수가 없다. 그의 목적에 맞추어 논리를 무시하였다고밖에 볼 수 없다.

이다. 그러나 남은 자, 이후의 세대의 자가 그러한 잔혹한 과거에서 배우고, 현재, 미래로의 눈을 뜰 수 있다면 비로소 그 희생은 역사의 교훈으로 살아 갈 수 있게 될 것이다. 그렇지 않고 앞의 전쟁이 어떠한 것이었는가에 대한 사실에 눈을 감는다면 그와 반대의 결과가 될 것임은 피할 수 없을 것이다. 과거에 일어났던 사회적 현실을 그대로 답습하고, 그 무엇도 배우지 않고, 보다 더 비참한 반복의 위험을 범할 뿐인 것이다. 혼령을 달래주고자 한다면 사람은 예컨대 무력에 의하여 국민을 보호하고 평화를 유지할 수 있다고 생각하던 자신의 굳은 사고 — 그것은 사실이 아니라는 것은 역사적으로 경험하고 있다 — 외에도 다른 사실과 다른 선택이 있을 수 있다(헌법 제9조를 보라).[4] 사물을 배우고 그 어느 것이 진실이고, 선택할만한 것인지를 판단할 필요가 있다.

(1997.11.25.『山紫に水清き』, 仙幼会会報 제47호, 1998.2.28. 발행)

---

4) 그들은 또한 전후민주주의, 평화주의를 멍청한 평화로 보고 공격대상으로 삼고 있다. 그러나 그들의 멍청한 평화라는 욕질(惡罵)은 평화헌법에 대한 적대심에서 왜곡하는 그 이상도 아니다. 예컨대 헌법전문은 "우리들은 전세계의 국민이 동등하게 공포와 결핍으로부터 벗어나 평화 속에서 생존할 권리를 가짐을 확인한다"고 하고 있다. 이것이 어떻게 하여 그들이 말하는 일국의 평화주의인가. 미일안보조약 하에서 "일국의 평화"(미군은 일본의 기지에서 다른 나라로 군사행동을 위하여 출격하고 있음에도)에 젖어 거기에 만족하고 있는 것이야말로, "멍청한 평화"라고 말하는 것에 부합하지 않는가. 그들은 여기서도 자신이 비판의 대상이 되는 상대방의 글을 성실하게 읽지 않고 이를 오히려 왜곡하여 나쁜 말로 잡스런 말을 열거하는 그들의 공통된 폐해를 발휘하고 있는 것이다.

부언하면 이러한 견해의 차이가 가치관의 대립에 근거하는 한 그 대립은 이른바 신들의 다툼으로서 화해할 방법이 없다. 그러나 그 다툼이 성립하기 위해서는 지적인 염치가 있어야 한다. 그리고 그 견해의 차이가 무엇에 근거한 차이인가를 명확히 할 필요가 있다. 자신의 가치관이 어떠한 것이고, 그것이 어떠한 사실에 기초한 것인가 하는 것을 명확히 나타내는 것이다. 자신의 가치관을 숨기고, 다른 아름다운 가면을 쓰고 나타난다든지 사실을 위장하고, 사실인식의 잘못된 지적에 대하여 성실하게 대응하지 않는 것은 그 가치관 자체가 가치를 지닐 수 없다는 것을 의미한다(1998.1.28).

제 3 장 진정한 평화란 어떤 것인가?
— 그 실현을 위하여 무엇이 필요한가

1. 서설 — 현재, 왜 평화를 문제삼는가

(1) 1945년 8월까지의 일본, 현재의 일본

평화의 반대개념은 전쟁일 것이다. 1945년 8월 패전까지 일본은 미국, 영국, 중국, 소련연방을 필두로 하는 연합국과 전쟁상태에 있어(당시 대동아전쟁이라고 불리었고, 현재는 태평양전쟁, 15년전쟁, 아시아태평양전쟁 등으로 불리고 있다), 그 의미에서 분명히 평화는 아니었다. 그러나 현재 일본은 그와 같은 전쟁을 하고 있지는 않다.

그러나 현재 케이와(敬和)학원 고등학교 3년생에 의하여 제기된 토론의 테마가 되기도 한 원자력발전소의 참사가 있었고, 센카쿠열도(尖閣諸島, 釣漁島)나 독도(竹島)를 둘러싼 긴장이 텔레비전이나 신문 등을 장식하고, 핵무장까지 포함한 무력증강, 국방군이나 징병제 등으로부터 전후의 평화헌법의 개정이 논의되고, 나아가 이들 문제가 중의원총선거의 쟁점이 되고 있다. 이러한 상황에서 현재 진정한 평화라고 말할 수 있는가 하는 의문이 들고, 생각하지 않으면 안되는 정황에 있다(나의 이야기는 반별 학생들의 토론 이후에 하였다).

(2) 진정한 평화란

그렇다면 진정한 평화란 실제로 단순히 일본이 무력에 의한 전쟁을 하지 않는다고 하는 것이 아니라, 자신이 추구하는 평화로운 상태라는 것인데 현실은 그것이 위협받고 있다. 이대로 좋은 것인가, 이를 어떻게 바꿀 것인가 하는 실천적 의향에서 나오는 문제제기일 것이다.

"과거에 눈을 감는 자는 결국 현재에도 맹목적으로 된다. 비인간적인 행위를 마음속에 새기려고 하지 않는 자는 또다시 그러한 위험에 빠지기 쉽다"(나가이 키요히코(永井清彦)편역, 『리차드 본 바이제커(ヴァイツゼッカー, Richard von Weizsäcker)大統領演説集』, 10면). 나는 전시 중에 육군 장교생도였다. 그런 사람으로서 그 전쟁이 왜 일어났는가, 그 체험을, 그리고 그 후의 반성을 이야기하고 싶다.

2. 평화의 이념은 제2차 세계대전 중과 종결 시점에서 어떻게 이야기 되고 있었는가

(1) 4개의 자유—연합국이 내세운 전쟁목적

1945년 미국의 루즈벨트 대통령이 연두연설에서 세계질서의 축으로서 제창한 것이 4개의 자유였다. 즉 언론의 자유, 종교의 자유, 궁핍으로부터의 해방, 공포로부터의 해방인데, 제2차 세계대전에서 연합국의 전쟁목적이기도 하였다.

(2) 포츠담선언(1945.7.26. 미국, 중국, 영국의 수뇌부가 포츠담에서 한 공동선언. 소련연방은 일본과 개전 후 이에 참가)

그 중요한 항목은, ① 군국주의의 영구한 제거, ② 전쟁범죄인의 엄중한 처벌, ③ 민주주의적 경향의 부활강화에 대한 일체의 장애 제거, ④ 언론, 종교 및 사상의 자유 및 기본적 기본권존중의 확립이었다. 쇼와(昭和) 천황은 8월 14일 "시운(時運)에 따르는 바, 감내하기 어려운 것을 감내하고, 참기 어려운 것을 참고" 이를 수락하였다.

(3) 전후 일본국헌법에 나타난 이상과 서약, 그리고 그 실현을 위한 수단

① 이상과 결의

패전을 거쳐 일본은 그때까지의 잘못을 공식적으로 인정하고, 새로운 헌법에 따라 다음과 같이 선언하였다.

"우리들과 우리들의 자손을 위하여 여러 국민과의 화해와 협력에 의한 성과와, 우리나라 전국토에 걸쳐 자유를 초래하는 혜택을 확보하고, 정부의 행위에 의하여 두 번 다시 전쟁의 참화가 일어나지 않도록 할 것을 결의하며, 주권이 국민에게 있다는 것을 여기에 선언하며, 이 헌법을 확정한다", "일본국민은 영구한 평화를 염두에 두고 인간상호 관계를 지배하는 숭고한 이상을 깊이 자각하며, 평화를 사랑하는 여러 국민의 공정과 신의에 신뢰하여 우리의 안전과 생존을 유지하려고 결의하였다. 우리들은 평화를 유지하고 전제와 노예적 복종, 억압과 편협을 지상으로부터 영원히 제거하기 위하여 노력하는 국제사회에서 명예로운 지위를 점유하고자 한다. 우리들은 전세계의 국민이 동등하게 공포와 궁핍으로부터 벗어나 평화 속에서 생존할 권리를 갖는다는 것을 확인한다"(헌법 전문).

② 그 실현의 수단—전쟁이나 무력행사, 무력에 의한 위협의 포기, 전력의 불소유, 교전권 부인

그리고 그 실현을 위한 수단으로서 전쟁포기, 비무장, 교전권의 부인을 규정하였다. "일본 국민은 정의와 질서를 기조로 하는 국제평화를 성실하게 희구하고, 국권의 발동으로서 전쟁과 무력에 의한 위협 또는 무력행사는 국제분쟁을 해결하는 수단으로서는 영구히 이를 포기한다.

전항의 목적을 달성하기 위해서 육해공군 기타 전력은 이를 보유하지 아니한다. 국가의 교전권은 이를 인정하지 아니한다"(헌법 제9조).

3. 지금까지의 국제적인 평화에 대한 지향

이러한 평화지향은 제2차 세계대전 후에 처음으로 나타난 것은 아니다. 세계각국의 인민은 제1차 대전의 참상을 경험한 후 다음과 같은 평화를 위한 노력을 계속하였다.

(1) "부전조약"(전쟁의 포기에 관한 조약, 일본은 1929.6.27. 비준)

"인류의 복지를 증진하여야 할 것이고 그 엄숙한 책무를 깊이 새기고, 인민 간에 현존하는 평화 및 우호 관계를 영구하게 하기 위하여, 국가정책의 수단으로서 전쟁을 솔직하게 포기하여야 할 시기가 도래하였다는 것을 확신하여"(전문), "체결국은 국제분쟁해결을 위하여 전쟁에 기대는 것을 부정하고, 동시에 상호관계에 있어서 국가정책의 수단으로서 전쟁을 포기할 것을 각자의 인민의 이름으로 엄숙히 선언한다"(제1조).

(2) 국제노동기구(ILO) 헌장

ILO는 제1차 세계대전 후 베르사이유(Versailles)조약 제13편에 ILO헌장이 포함되어 발족하였고, 그것은 1946년에 새롭게 설립된 국제연합과 협정을 체

결하여 전문기관으로 오늘에 이르고 있다. ILO헌장 전문에는 다음과 같은 목적을 선언하고 있다.

"세계의 영속하는 평화는 사회주의를 기초로 하여서만 확립할 수 있기 때문에", "그리고 세계평화 및 협조를 위험하게 할 정도로 큰 사회불안을 야기하는 부정, 곤궁 및 궁핍을 다수의 인민에게 초래하는 근로조건이 존재하고, 이들 조건을, 예컨대 1일 및 1주의 최장근로시간의 설정을 포함하는 근로시간규제,……결사의 자유의 승인……다른 조치에 의하여 개선하는 것이 급선무이기 때문에,……체결국은 정의 및 인도적 감정과 세계의 영구평화를 확보하는 희망에 재촉되어, 동시에 이 전문에서 들고 있는 목적을 달성하기 위해서 다음의 헌장에 동의한다".

(3) 인민의 복지조건으로서 영속하는 평화

이와 같이 인민의 복지를 증진하기 위해서는 평화가 필요하고, 그것은 영속하는 것이어야 한다. 그리고 그 실현을 위해서는 전쟁을 포기함과 더불어 전쟁의 원인이 될 수도 있는 사회적 불안을 제거하려고 하는 것이 국제적으로 승인되어 왔다. 그것은 두 번의 세계대전을 일으킨 경험적 사실에 기초하고 있다. 그에 대하여 일본은 어떠했는가.

4. 패전까지의 일본은 천황절대의 전쟁국가·군사국가이고, 전쟁을 지지하고 있었다 — 이론을 허용하지 않는 법제, 사상, 권력과 폭력 등에 의한 지배구조

일본의 이러한 구조는 어떻게 하여 만들어졌는가. 어떠한 상태였는가. 재차 그 잘못을 반복하지 않기 위해서는 이 점을 알고 반성할 필요가 있을 것이다.

(1) 천황지배의 법제

① 대일본제국헌법(메이지헌법, 1890년 시행)

가. "국가통치의 대권은 짐이 선조(祖宗)로부터 이어받아 이를 자손에게 전해주는 것인 바"(헌법전문)

그렇다면 어떻게 하여 그 "대권"이 천황에게 있는가 하면, "짐이 선조(祖

宗)로부터 이어받아"라고 하는 것이기 때문에, 그 근거는 아마테라스오오미카미(천황의 "선조", 天照大神)의 신칙(神勅)[1]이라고 하는 일본서기의 제1절, "갈대밭의 긴 세월의 싱싱한 벼이삭과 같은 일본은, 내가 자손의 왕이 될 땅이다"에 있을 것이다. 그러나 이것은 일방적 지배 선언이 아닌가. 무력에 의한 정복 국가라고 하는 것이다("군인칙론"에 관해서 후술함).

나. 제1장은 "천황"의 규정

"대일본제국은 만세에 걸쳐 일계(一系)의 천황이 통치한다"(제1조) → 실태는 최근의 대하드라마 "다이라노키요모리"(平清盛)에서도 볼 수 있는 권력투쟁(전부가 진실하지는 않다고 하더라도)

"천황은 신성시 하여 침범하지 말 것"(제3조) → 무책임

"천황은……문무관을 임면한다"(제10조) → 도조(東条) 수상 등의 임명책임

"천황은 육해군을 통수한다"(제11조) →군의 최고지휘관인 천황

"천황은 전쟁을 포고하고, 화해를 강구하며, 제반의 조약을 체결한다"(제13조) → 침략전쟁의 개전 책임

다. 이렇게 하여 메이지헌법에서는 신화에 기초하여 천황이 절대적 존재가 되었다. 이 헌법에는 국민이라고 하는 말도 없다. 인민은 모두 천황의 가신으로서의 일본신민이며, 신민 권리 의무(제2장)는 "법률의 범위 내"에서 인정된 것에 지나지 않는다. 그 법률은 천황통치를 국체로 하고, 사유재산제를 포함하여 치안의 관점에서 그것에 반하는 움직임(사회주의나 공산주의, 나아가 자유주의 등)을 철저하게 단속하였다.

② 치안유지법(1925년)

"국체를 변혁하는 것을 목적"으로 하는 결사의 조직자, "결사의 목적수행을 위한 행위를 하는 자"의 처벌을 규정하고(제1조), "사유재산제도를 부인하는 것을 목적"으로 하는 결사에 대해서도 같은 규정을 두었다(제10조. 전자에는 사형도 가능).

③ 그 외 치안경찰법, 경찰범처벌령, 사상범보호관찰법, 언론·출판·집회결사 등 임시조치법 등

---

1) 역자 주: 신이 내린 명령이나 그 문서를 말함.

(2) 사상적 지배

나아가 천황지배를 지탱하는 것으로 "메이지유신"(明治維新) 후, 국민의 의식·사상, 교육에 대한 통제가 강력하게 추진되었다.

① 육해군인에게 내리는 칙유(1982년, 군인칙유)

가. 이것은 천황이 육해군인에게 5개조(충절, 예의, 무용, 신의, 검소)의 교훈을 논한 것이지만, 그 전문에서는 "옛날 진무천황(神武天皇)이 스스로 오오토모노노베(大伴物部)의 병사들을 인솔하여 나카츠쿠니(中国)의 따르지 않는 자모두를 토벌하시어(討ち平げ給い) 천황의 지위에 즉위하게 되어 천하를 통치하시어 2500여년을 지났다"고 한다.

즉 천황에 의한 천하통치의 선언이지만, 그것은 동시에 무력정복에 의한 지배권 확립을 스스로 인정한 것이기도 하다. 그렇기 때문에, "짐은 그대들 군인의 대원수가 될 것이다. 그러므로 짐은 그대들을 수족으로 믿고 그대들은 짐을 우두머리로 추앙하여야 한다. 그 친근함은 특히 돈독히 하여야 할 것이다"고 하여, 군인과의 관계를 특히 중시하였다.[2)]

나. "충절"의 항에서는 "의는 산악보다 무겁고, 죽음은 기러기의 깃털보다도 가볍다는 것을 각오하라", "예의"의 항에서는 "하급자는 상관의 명을 받들 것, 실은 곧 짐이 명을 내리는 의가 됨을 명심하라"라고 가르치고 있다.

이 칙유는 군대교육의 성전이 되었다. 그리고 그 "충절"의 항에서는 군인에 대하여 "여론에 유혹되지 말고 정치에 관계없이, 오로지 하나의 길에 본인이 충절을 지키고"(이후에 "의는 산악보다 무겁고"가 이어진다)라고 논하면서, 쇼와(昭和) 천황은 이 칙유에 반하여 육군대장인 도조 히데키(東条英機)를 수상으로 임명하고, 전면적으로 정치에 관계하게 하여 실질적으로 독재정치를 허락하였다. 또한 군의 고급간부가 자신은 안전한 곳에 있고, 실로 "기러기의 깃털보다 가볍다"고 하여 얼마나 부하의 생명을 함부로 취급하였던가. 필리핀 마닐라의 특별공격대의 출격기지에서 "자네들만을 가게 하지는 않는다. 마지막에는 나도 쿠마베(隈部) 참모장이 조종하는 비행기로 자네들에 이어 가겠네"라

---

2) 역자 주: 이들은 육해군 군인에게 내리는 칙서(陸海軍軍人に賜はりたる勅諭, 陸軍省. 1885년 1월 4일 御名)로 내린 내용의 일부임.

고 하여, 부하를 특공기로 사지로의 배웅을 하고 있던 토미나가(富永)군사령관은, 미군이 마닐라로 향하여 진군해 오자 재빨리 대만으로 적을 앞에 두고 도망쳤다(당시 그 사령부에 근무하고 있던 오가타 켄(尾形憲)씨에 의한 증언. 본지 제160호 33면). 그리고 상관이 "짐이 명령"이라고 하는 것을 높이 받들어, 얼마나 논리 부족한 명령에 복종을 강요하였는가 하는 것은 많은 체험자가 말하고 있다.

② 교육에 관한 칙어(1990.10.30)

이 칙어는 헌법의 시행과 동시기에 나왔다. 교육의 힘에 의해 국민에게 천황의 고귀함을 설명하고 그 지배에 복종하는 마음을 만들어 내려 하고 있었다.

"짐이 생각해 보니 우리 조상들이 나라를 개국한 것은 지극히 광원(宏遠)하고, 덕을 세우신 것은 지극히 깊고 두텁다. 우리 신민은 능히 충성하고 능히 효도를 다하여 억조창생의 마음을 하나로 하여 대대로 미풍을 만들어 왔다. 이것을 우리나라 모습의 정화(精華)로 하여 교육의 연원 또한 실로 여기에 있다. <중략·개개의 덕목을 든 후> 항상 국헌을 준수하고 국법을 존중하며, 만일 위급한 일이 있으면 대의로써 용감하게 국가를 위해 봉사한다. 이렇게 하여 천양무궁(天壤無窮)의 황운(皇運, 천황의 위세)을 보필하라".

이것은 천황지배를 덕에 의한 국가로서 과시하고, "신민"에게 천황을 위하여 목숨을 바치라고 하는 훈시이다.

③ 현인신(現人神)[3] 사상을 어릴 때부터 주입

"천황폐하, 천황폐하, 신의 후손(御裔)인 천황폐하

우리 국민 9천만은, 신으로 추앙하고 시중들겠다.

천황폐하, 천황폐하, 우리 국민 9천만을 내 자식과 같이, 가엽게 여기신다.

천황폐하, 천황폐하, 우리 국민 9천만은, 부모라고 생각하며 사모한다"(소학교부독본)

하지만 이 또한 천황을 칭송하는 추상적인 말의 나열뿐이며, "가엽게 여기신다"는 현실이 어떠한 것인가에 대하여는 눈을 가리고 있다.

---

3) 역자 주: 이 세상에 인간의 모습으로 나타난 신을 의미. 제2차 세계대전 중에는 특히 천황의 신격화가 강화되었다. 그러나 쇼와(昭和)천황은 1946년 조서(詔書, 이른바 "인간선언")에서 자신의 신격성을 부정하였다.

④ 야스쿠니 신사(靖国神社, 한탄과 명예와 낮은 보상)

가. 천황을 위하여 죽은 자들에 대하여 "현인신(現人神)"으로 여겨지는 천황이 친히 참배하는 영예

나. "21년 동안 우리 손으로 길러 3개월 못 본 사이에 국가의 신"(국민문화회의편집·발행 "아느냐 『야스쿠니』, 알지 못하는 『영령』("知るや『靖国』知らずや『英霊』)", 15면).

이 노래는 청일·러일 전쟁 무렵부터 민중 사이에 퍼진 것이라고 한다. 겉으로는 "나라에 바친" 것으로 되어 영예가 부여되었다고 하더라도, 육성으로 여기에 우리 아이를 빼앗긴 부모의 한탄이 보인다.

다. 명목은 똑같이 "신"이라고 하면서, 현실의 보상으로서 전사자의 처에 대한 보조금은 1등졸병은 연 50엔, 소장은 1050엔이라고 하는 20배의 차이가 있었다((위 "知るや『靖国』知らずや『英霊』"), 15면).

⑤ 정보통제와 전의를 북돋우기 위한 선동

정부에 의한 출판물의 검열, 발행금지나 용지할당을 통한 억압이 있어, 군의 마음에 들지 않는 기사를 쓴 기자에게는 징벌적인 징병조차 행하여졌다. 신문사도 전쟁기사에 의한 판매 부수의 증가를 도모하는 등의 사정과도 결부되어 있었다. 마침내는 "대본영발표"는 "거짓말"의 대명사까지도 되었다.

(3) 권력에 의한 억압(경찰, 헌병)과 암살이나 쿠데타 등의 직접 행동에 의한 위협

① 비국민은 살인하여도 개의치 않는다는 경찰의 고문, 학살

② 국수주의자나 청년장교들에 의한 직접행동. 1921년의 하라다카시(原敬) 수상 암살 사건, 1932년의 5.15 사건(이누카이(犬養) 수상 암살), 1936년의 무장부대를 동원한 2.26 사건(다카하시 고레키요(高橋是清) 재무대신(大蔵相) 등 암살). 그 효과는 군에 대한 비판의 위축으로 이어졌다.

(4) 내세운 전쟁목적

전쟁목적으로 내세운 것도 현실과 떨어진 미사여구라고 할까, 비장감을 선동하는 것이었다.

① 미영 양국에 대한 선전 조칙(1941.12.8)

"동아시아의 안정을 확보함으로써 세계의 평화에 기여하는 것은……짐이 마음에 새기지 않을 수 없는 바, 열국과의 교분을 다져, 만방공영의 영광을 함께 하는 것은 이 또한 제국이 항상 국교의 요의(要義)로 하는 바이다. 지금은 불행하게도 영미 양국과 전쟁을 개시하기에 이르렀다. 참으로 불가피한 것이다. 짐이 바라는 바가 아니다.……영미양국은 잔존정권을 지원하여 동아시아의 화란을 조장하여 평화의 미명하에 숨어 동양패권이라는 분에 넘치는 모습을 드러내려고 하고 있다.……제국의 존립 또한 정말로 위태한 지경에 있다. 이미 이러한 상황이 이르렀다. 제국은 이제 자존자위를 위하여, 결연히 궐기하여 일체의 장애를 분쇄할 수밖에 없다".

이렇게 하여 동아시아의 안정, 구미에 의한 아시아 침략으로부터의 해방 등의 "미명"을 내걸어 국민을 전쟁에 동원하였지만, 사실은 국제적인 부전조약 등의 흐름에 역행하여, 전쟁에 의하여 구미에 의한 식민지지배를 대신하려고 한 것이다 이는 전후에 알려지게 된 다음의 공식문서에서 뷴명하다.

② 대동아정략지도대강(大東亜政略指導大綱)(1943.5)

1943년 5월 29일 일본대본영정부연락회의결정·같은 해 5월 31일 어전회의결정의 "대동아정략지도대강"에서는, 6(2)의 "『말레이시아』『수마트라』『자바』『보르네오』『셀레베스(Celebes)』는 제국영토로 결정하고, 중요자원의 공급지로서 힘껏 이를 개발하고, 동시에 민심을 파악하도록 노력한다"고 규정하고, 게다가 이 항은 "당분간 발표하지 않는다"라고 하였다(외무성편찬, 『일본외교년표 및 주요문서(하권)(日本外交年表並主要文書(下巻))』, 1966, 原書房, 584면).

③ 전쟁목적의 변화

가. 전국(戰局)의 악화에 따라 내세운 전쟁목적도 변화하였다. "대동아공영권의 확립"이라든가, "만주국" 건국에서는 "5족(일본족, 만주족, 한족, 조선족, 몽골족)과의 화합과 협력의 왕도 낙토건설" 등이 등장하였지만, 1943년의 "학도출진(学徒出陣[4])"의 무렵에는 도조(東条) 수상의 연설에도 있듯이, "국가존망

4) 역자 주: 제2차 세계대전 말기인 1943년 12월부터 병력보충을 위하여 학생에게 주어졌던 징집 유예특권을 폐지하고 학생이 군대에 입대하여 출정하던 것을 말한다.

의 위기", "황토(皇土)방위", "신주(神洲)불멸"(이 말은 다음의 종전의 조칙에서도 사용되고 있다) 등 자기희생을 미화하는 것이 되어, 마지막에는 "국체보전"으로 변경되었다.

그렇다면 "국체보전(国体護持)"이란 무엇이었는가. 천황 스스로, 후에 공표된 "쇼와(昭和)천황의 독백 8시간"에서는, 포츠담 선언 수락에 대해서 "적이 이세만(伊勢湾) 부근에 상륙하면, 이세아츠타라(伊勢熱田良) 신궁은 곧장 적의 제압 하에 들어가, 신기(神器, 신궁내의 기구들 — 역자 주)들을 옮길 여유가 없고, 달리 확보할만한 전망이 서지 않는다. 이렇게 되면 국체보전은 어렵다. 그리하여 이 때에 나의 한 몸을 희생하더라도 강화를 하지 않으면 안된다고 생각하였다"라고 말하고 있다(『문예춘추(文芸春秋)』, 1990년 12월호, 141면). 국체보전이란 신화에 근거하는 천황제 권력의 유지라고 하는 것으로, 그에게 있어서는 침략당한 지역 사람들의 고난은 말하지 않고, 국민의 고난이나, 천황이 "수족이라고 믿고 친밀감이 특히 돈독히" 하였을 군인의 희생(전몰자는 230만, 그 과반수는 아사한 것으로 알려지고 있다. 후지와라 아키라(藤原彰), 『아사한 영령들(餓死した英霊たち)』, 3면) 보다도 국체보전이 제일 먼저였던 것이다.

나. 종전의 조칙(1945.8.15)

종전의 조칙에서는 앞의 어전회의의 결정은 뒷전이었다.

"먼저 영미양국에게 선전포고한 이유도 실제로는 제국의 자존과 동아시아의 안정을 도모하기 위한 것으로, 다른 나라의 주권을 배제하고 영토를 침범하는 것과 같은 것은 결코 짐이 의도한 바가 아니다".

"적은 또다시 잔학한 폭탄을 사용하여 빈번하게 무고(無辜)한 살상을 하여, 그 참상과 해를 헤아릴 수가 없는 지경에 이르렀다. 게다가 지금도 교전을 계속하게 되면 결국 우리 민족의 멸망을 초래하게 될 뿐만 아니라 그것은 인류 문명을 파괴하여 사라지게 할 것이다".

"짐은 시운(時運)에 따르는 바, 감내하기 어려운 것을 감내하고, 참기 어려운 것을 참고, 이로써 만 세대를 위하여 태평을 열고자 한다", "짐은 여기에 국체를 수호할 수 있고, 충성스러운 그대들 신민의 충성(赤誠)을 믿고(信倚), 항상 그대들 신민과 함께 있어", "신주(神州. 일본 — 역자 주)의 불멸을 굳게 믿으며, ……맹세코 국체의 정화(精華)를 앙양(発揚)하여 세계의 앞서가는 운세에

뒤처지지 않을 것을 기약하여야(期すべし) 할 것이다".

그리고 여기서 원자폭탄의 출현에 의한 "우리 민족의 멸망", "인류문명의 파괴와 사라짐"을 말한 것은, 스스로 시작한 전쟁이 비참한 결말에 봉착하게 된 것에 대한 책임회피의 의미도 있었을 것이지만, 역사에 의해서 강요된 올바른 인식이었다고 생각한다. 하지만 후술하는 바와 같이 그들의 본심은 다른 것이었다. "기본적 인권의 확립" 등을 요구한 포츠담선언도, "감내하기 어려운 것을 감내하고, 참기 어려운 것을 참고"라고 하여 수락한 것으로, "시운(時運)에 따르는 바"의 변화와 함께 권력에 의해서 내던져졌다.

5. 일본이 일으킨 전쟁에 대한 반성은 있었는가, 전쟁책임은 어떻게 되었는가

(1) 책임의 확산·희석

종전 후, 스즈키(鈴木) 내각을 계승한 히가시쿠니노미야 나루히코(東久邇宮稔彦)수상은, "1억 국민이 모두 참회하지 않으면 아니 된다(1億總懺悔)"를 수창해, 전쟁책임의 확산·희석화를 도모하였다. 그러나 개전을 결정하고 전쟁을 명령한 사람과 거기에 따른 사람(마지못하여 앞으로 나아감)과의 책임의 경중은 명확히 존재할 것이다.

(2) 천황의 책임

전쟁을 일으킨 최대의 책임은 일본의 "통치자"이며, "대원수"로서 육해군의 "통수자"인 쇼와(昭和) 천황에게 있었다는 것은 분명할 것이다. 그가 입헌군주이기 때문에 정부의 결정에 반대할 수 없었다고 하는 변명은 통용되지 않는다. 헌법상 정부의 문무관을 임면하는 권한을 가지고 있던 자는 그 자신에게만 있었기 때문이다.

천황은 그 이름으로 명한 전쟁으로 인하여 아시아에서 2천만, 일본국민도 310만을 넘는 사람을 죽였다. "바다를 정복하면 물에 빠진 시체, 산을 정복하면 풀에 찐(蒸す) 시체, 천황 옆에서 죽으리라, 후회하지 않는다"라고 노래하게 해 두고, 자신은 진두에 서지도 않았다. 황궁내의 방공설비는 1941년 4월에 착공하여 "1톤 폭탄이 떨어지더라도 천정을 관통할 수 없도록 천정을 콘크리트

두께가 1미터, 그 위에 모래 1미터, 또 콘크리트 1미터의 두께를 깔아 합계 3미터의 지붕"을 하고 있었다고 한다("아카하타(赤旗)", 2005.8.26).

그리고 방미로부터 귀국 후 기자회견에서(1975.10.31) 전쟁 책임에 대한 생각을 질문받았을 때에, "그러한 말의 의미에 대하여는, 나는 그러한 문학방면은 별로 연구하지 않았기 때문에 잘 모르므로 그러한 문제에 대하여는 대답하기 어렵다"고 태연하게 말하였다. 또한 히로시마(広島)에 원자폭탄이 떨어진 것에 대해서는, "원자폭탄이 투하된 것에 대하여 유감스럽게는 생각하지만, 지금 전쟁 중에 있기 때문에, 히로시마(広島) 시민에게는 슬픈 일이지만, 어쩔 수 없는 일이라고 생각한다"라고 대답하고 있다(쿠로다 카츠히코(黒田勝彦)·하타 요시히데(畑義秀)편, 『昭和天皇語録』, 331~332면).

내가 센다이(仙台)육군유년학교에서 장교 학생으로서 받은 교육에서는 책임감의 중요함이 강조되었다. 명령권을 가지는 자가 자기의 명령에 대해서 책임을 가지지 않고서는 군대의 조직은 성립될 수 없다. 그렇다면 절대적인 명령권을 가지고 전쟁을 명령한 천황이 절대적 책임을 지는 것은 당연하다. 전국시대의 무장에서도 항복·개성(開城)이 되었을 때 성주(城主)는 할복자살로 대신하면서 부하들의 목숨을 살려주길 부탁하지 않았던가.

그 책임을 "말의 의미"로서 얼버무리는 것은 천황은 확실히 "신"은 아니었다는 것뿐만 아니라 실로 수장이라는 자의 축에도 끼지 못한다고 하겠다. 품성이 떨어지는 인간이었다고 하겠다. 또한 그는 미국의 점령정책(천황에 대한 국민의 복종심을 이용하는 것)에 의해서 전쟁범죄인을 면하였다. 그리고 원자폭탄에 대해서, 종전의 조칙에서는 "적은 또다시 잔학한 폭탄을 사용하여 빈번하게 무고(無辜)한 살상을 하여, 그 참상과 해를 헤아릴 수가 없는 지경에 이르렀다"고 하면서, 이번에는 "슬픈" 것으로 끝내고 있다. 자신이 통치하고 있던 국민에게 참을 수 없는 고통을 말에 의한 동정으로 끝내는 것이야말로 참으로 무서운 것이며, 용서할 수 없는 군주였다고 생각한다.

(3) 천황을 등에 업은 무책임, 독선

그리고 이 쇼와(昭和) 천황의 무책임함은 그만의 문제는 아니다. 도조(東条) 수상은 천황의 신임을 얻고 있다는 것으로 독재권력을 휘두르고 있었다.

또한 천황의 책임이 추궁되지 않고 끝난 무책임체제, 정치적 풍토는 형태를 바꾸면서 오늘날까지 이어지고 있는 것은 아닌가. 비참한 원자력발전사고를 일으키면서, 원자력집단의 누구하나 책임을 지지 않는 현상이 이를 나타내고 있다(고소·고발자는 현재 1만 수천 명에 이르고 있는데도).

6. 전후의 변혁과 미국의 대일정책, 변화, 이른바 역행

(1) 전후의 변혁

① 전쟁책임에 대해서 그것을 추궁하는 극동국제군사재판(도쿄(東京)재판)이 있었지만, 국내문제로서는 그러한 과정도 없이 끝났다. 그러나 전후의 변혁은 급속히 진행되어, 종전 다음 해인 11월 3일에는 전쟁포기를 담은 신헌법이 제정되었다. 이 헌법이나 그 외의 변혁은 국제적·국내적으로 대립하는 여러 세력의 당시의 결착점이었지만 그 가운데 최대의 요소는 GHQ(연합국 총사령부, 맥아더사령관)의 사고(GHQ 내부에도 진보파와 보수파와의 대립은 있었지만)였다는 것은 말할 필요도 없다.

그러므로 이 평화헌법에 반대하는 측에서는 이것을 "강요헌법"이라고 비난하고, "자주헌법제정"을 주장하는 목소리가 오늘까지 계속되고 있다. 하지만 그것은 누구에게, 무엇을, 왜, 강요하였던 것인가. GHQ로부터 헌법개정을 요청받은 일본정부는 메이지헌법을 약간의 자구의 수정("신성(神聖)"을 "지존(至尊)"으로 변경하는 등)으로 존속시키려고 하였다.

그에 대하여 일본의 민주화 실현이라고 하는 목적을 위하여 GHQ가 스스로의 초안을 내놓았다. 그리고 그 내용은 전쟁의 참화를 알고 있는 많은 일본국민의 환영을 받았다. 국회에서 수명의 반대는 있었지만 거의 전원일치로 성립시켰던 것이다.

② 그 헌법은 어떠한 비판도 허락하지 않고, 국민의 눈과 귀를 막아 전쟁에 동원하였던 체제에 대하여 단절하는 의도도 있었다. "사상 및 양심의 자유"(헌법 제19조), "신교의 자유"(동 제20조), "집회, 결사 및 언론, 출판 그 외 일체의 표현의 자유"(동 제21조) 등이 법률의 유보 없이 기본적 인권으로서 보장되기에 이르렀다(4개의 자유 요구).

③ 전쟁에 의한 피해를 가장 많이 받는 자는 근로자나 여성 등 권력으로부터 먼 위치에 있는 사람들이다. 그러한 사람들이 사실을 알고 자유롭게 의사를 표명할 수 있게 된다면 권력이 무모한 전쟁을 일으키는 것도 곤란하게 될 것이다. 그렇기 때문에 ILO도 평화를 위협하는 사회불안을 제거하기 위하여 단결의 자유를 보장할 필요가 있다고 생각하였고, GHQ의 근로자문위원회 최종보고(1946.7.26)도, "종래는 자기의 주장을 표명하는 것이 허용되지 않았던 근로자 및 그 외의 여러 계급의 향상이야말로 군국주의와 침략이 장래 부활하는 것을 방지하기 위한 최선의 보장의 하나이다"라고 하였다.

그리고 이러한 역사의 흐름 속에서 헌법은 "생존권"(제25조), "노동권"(제27조), "근로자의 단결할 권리 및 단체교섭 그 외에 단체행동을 할 권리"(제28조)의 보장도, 종래의 자유권의 보장에 더하여 규정하였다. 또한 노동조합법은, "단결권의 보장 및 단체교섭권의 보호와 조성에 의하여 근로자의 지위의 향상을 도모하여, 경제발전에 기여하는 것을 목적으로 한다"(제1조 제1항)고 하고, 부국강병의 슬로건 하에, 근로자에게 열악한 조건에서의 노동을 강요해 온 경제방식을 시정하는 방침을 내걸었다. 나아가 노동기준법은, "근로조건은 근로자가 인간다운 생활을 영위하기 위한 필요를 충족시키는 것이어야 한다"(제1조 제1항)고 하는 원칙을 규정한 것이다.

(2) 미국의 대일정책의 전환과 역행

① 미국의 점령정책은 그 이익이 되는 한도 내에서의 민주화의 촉진에 있었다. 그렇기 때문에 초기에는 일본은 동양의 스위스로서 중립국가를 목표로 하면서, 동서냉전이 노골화되면서 일본을 미국의 전략하에 반공의 벽으로 삼았다. 경찰예비대에서 보안대, 그 다음에는 자위대로 사실상의 군대화를 요구하였다(아시아인에게는 아시아인으로 싸워라, 나아가 집단적 자위권에 장해가 되는 평화헌법의 개변도). 따라서 "자주헌법제정"론은 실은 변화한 미국의 요구에 응하는 것이다.

② 나카소네 야스히로(中曽根康弘) 내각(1982~87)은 "전후정치의 총결산"을 주창하였지만, 그 내실은 "전후민주주의의 총파산"이라고도 말할 것이다("시운(時運)"의 변화). 그는 수상 취임 후, 방미한 기자회견에서 "개헌의 프로그

램은 내 가슴 속에 있다", "일본을 불침공모(空母)화한다" 등을 이야기하였다.

"공모(空母)"란 전쟁무기이다. 내가 받은 유년학교 장교교육에 "작전요무령"이라고 하는 것이 있었는데, 그 강령 제1은 "군이 주로 하는 곳은 전투이다. 따라서 모두 함께 싸우는 전투(百事皆戦闘)를 기준으로 삼을 것이다"라고 하고 있었다. 전투에 있어서는 노인, 환자, 여자, 어린이 등의 약자는 방해물에 지나지 않는다. 그것들은 가차 없이 버려질 수 있다. 또한 전력으로서는 군인이 민간인보다 위에 있고, 군인의 온존을 위해서는 민간인을 희생해도 좋다고 하는 논리로도 이어진다. 그리고 하급장교나 병사들은 모두 소모품으로서 특공에 사용되었다. 그러한 사상 위에 그는 군사 예산을 증대하고 야스쿠니 신사에 참배하였다.

또한 그는 "행정개혁으로 바닥을 깨끗하게 하고, 방바닥 사이에 훌륭한 헌법을 안치한다"라고도 말하여, 행정개혁의 중핵으로 여겨진 것이 국유철도의 민영화였다. 그 숨은 목적에 관하여 이후에 NHK TV의 일요토론(당설립(立党) 50년 자민당을 알아본다. 2005.11.20)에서 캐스터 야마모토 타카시(山本孝)씨의 질문에 이렇게 답하고 있다.

"나는 간사장시절부터 줄 곳 국철노동조합이라고 하는 것이 일본노동조합총평의회의 중심세력이니까, 언젠가 붕괴시키지 않으면 않되겠다고. 그래서 총리대신이 되었을 때, 이번은 국유철도의 민영하라는 것을 진지하게 진행하였다. 여러분 덕분에 이것을 할 수 있었다. 그리고 국철민영화가 되고난 이후에 이를 제일 반대하고 있던 국철노동조합은 붕괴되었기에 일본노동조합총평의회(日本労働組合総評議会)가 붕괴되었다. 일본노동조합총평의회가 붕괴되니 사회당이 붕괴되고, 현재와 같은 사회당이 되었다".

이리하여 단결권을 보장하여야 할 정부가 입법으로 헌법 개편에 장해가 되는 국철노동조합차별에 의한 단결파괴, 사회당 죽이기를 하였다고 하는 것을 당시 수상이 자랑스럽게 공공연히 말을 한 것이다. 그리고 그는 군사대국을 목표로 하고 핵무장을 고려하면서 원자력발전 도입을 도모하였다. 헌법의 형해화(形骸化)를 여기에까지 진행한 것이다. 이러한 나카소네(中曽根) 노선은 근로자파견법(1985.12) 등 근로자를 일회용으로 전락시키고 신자유주의 정책을 추진하여 오늘날 격차확대의 원인을 만들었다.

7. 현재의 정황

(1) 나카소네 야스히로(中曽根康弘) 노선의 계속, 첨예화

이 노선은 계속하여 진행되고 있다. 자민당 아베 신조(安部晋三) 내각은 "일본국헌법의 개정 절차에 관한 법률"(2007.5)로 헌법개정 준비를 하고, 교육기본법의 개정(2006.12)으로 "전통과 문화를 존중하여 그것들을 육성하여 온 우리나라와 고향을 사랑한다(제2조 제1항 제5호)를 삽입하여, "전통과 문화"의 내용의 선악을 불문하고 자의적으로 전통이라고 칭함으로써 그 존중을 요구하는 것을 가능하게 하였다.

또한 "학습지도요령"에서는 "천황에 관한 이해와 경애의 생각을 깊게 할 것" 등이 쓰여져 있다. "경애" 란 마음의 문제이다. 인간으로서 존경에 적합한지 아닌지 묻지 않고, 천황이라고 하는 것만으로 경애하게 하려는 것은 인간의 심정의 독립을 부정하는 것이다.

(2) 교원에 대한 국기(일장기)·국가(국가)에 대한 존경의 강제 등

일장기, 국가는 침략전쟁의 상징이었다. 그것이 다시 학교행사에서 경례나 기립하여 제창하도록 징계로 위협하며 교원에게 강제하고 있다. 그것은 개인의 사상·신조, 전쟁에 대한 반성을 부정하고, 국가, 즉 그것을 대표하는 정부에 대한 무조건적 복종을 강요한다고 하는, 편협·독선적 내셔널리즘의 강조와 아이들에게 그러한 교육을 강화하는 것을 의미한다. 그리고 이러한 풍조는 센카쿠열도를 둘러싼 위기감의 선동, 평화국가로부터 군사대국으로의 헌법개정을 노리는 세력의 증대를 의미하고 있다.

(3) 격차의 확대·폐쇄감—희망은 전쟁

게다가 국철분할민영화로 나타난 국책에 의하여 노동조합의 힘이 약화되고, 취직난이나 비정규직근로자의 증대, 격차의 확대가 발생하여, 근로자는 상호의 경쟁과 과로사에까지 내몰리고 있다. 이러한 상황은 그것을 뒤집기 위한 "희망은 전쟁"이라는 의식마저 만들어 내는 것이다. 참으로 전쟁으로 치달을 수밖에 없는 사회불안의 온상이 만들어지고 있는 상태이다.

그렇다면 이에 어떻게 대처해야 할 것인가.

8. 나의 반성과 여러분에게 바라는 것

(1) 아름다운 말에 넘어가지 말라

① 나는 "평화의 미명"에 숨겨진 침략전쟁을 일으킨 쇼와(昭和) 천황 등의 말에 넘어갔다. 전쟁에 기꺼이 나가 신명을 바치려고 하고, 그것이 가장 정의로운 가치의 삶을 사는 것이라고 마음속에 굳게 믿고 있었다. 천황제 국가의 가치관에 의심을 품는 것도 몰랐다(금지되고 있었다). 그 결과가 어리석고 비참한 전쟁이었던 것이다.

따라서 무엇보다도 여러분에게 바라고 싶은 것은, 자신의 머리로 생각하는 것, 전쟁의 실제(전체상)를 포함하여 폭넓은 정보를 얻으면서 그 진위 여부를 판별하는 힘을 기르는 것, 아름다운 말이 누구의, 어떤 이익을 위한 것인지를 잘 살필 것, 그리고 그들의 주장이 실현되었을 경우 현실에 어떠한 작용을 할 것인가를 살펴야 한다는 것이다.

② 예컨대 오늘날 토론의 테마가 된 "징병제"를 보더라도, 실제로 위험한 전선에 누가 나가는가. 유럽의 어느 사람은, "전쟁을 없애는 가장 확실한 방법은 전쟁을 결정한 정치가나 장군과 그 일족의 남자를, 위험한 최전선에 가장 먼저 나가게 하는 법률을 만드는 것이다"고 말하였다. 또한 징병제를 "평등"이라고 하는 주장은 전사자, 다치거나 병자에 대한 무소가 계급에 따라 차별 없이 행하여지는지도, 고려한 것일까(앞의 "야스쿠니"의 예).

앞에서 든 리차드 본 바이츠제커(ヴァイツゼッカー(Richard von Weizsäcker)) 대통령의 연설 가운데 다음과 같은 말이 있다. "대부분의 독일인은 스스로 국가의 대의를 위하여 싸우고 이를 감내하고 있는 것으로 알고 있었다. 그러나 그 모두가 부질없고 무의미하였을 뿐만 아니라, 범죄적인 지도자들의 비인도적인 목적 때문이었다는 것이 분명하여졌다. 피곤에 지쳐 어찌할 바를 알지 못하며, 새로운 불안에 내몰리고 있다는 것이 대부분의 사람들의 마음이었다"(앞의 책 4면).

③ 원자력 발전의 문제에 대해서도 같다. 법학의 세계에서는 판단의 기준으로서 자주 "비교교량"이라고 하는 것이 사용된다. 권리 상호 간의 충돌의 경우, 어느 쪽의 권리(이익)가 보다 중요한가를 비교하는 것이다. 원자력 발전은

자연재해에 의해서 일으켜지는 것이든, 인위적 잘못이든 일단 중대사고가 일어나면 돌이킬 수 없다.

사람의 생명, 방사능오염의 공포로부터 벗어난 생활이 소중한가, 아니면 원자력 발전에 의한 전기의 공급이 소중한가. 과학자, 전문가라고 하는 사람들의 의견에 대해서도 이러한 판별을 게을리해서는 안된다.5) 니가타 미나마타병(新潟水俣病) 소송에서 기업측의 원인을 부정하는 피고측이 제출한 감정서를 본 원고는 "과학은 중립이어도, 과학자는 중립이 아니다"라고 지적하고 있다. 독일에서는 정부도 에너지 공급에 관한 윤리위원회의 제언에 따라 10년 후 원자력 발전을 전부 폐지하는 결정을 하였다.

게다가 코스트 면에서도 원자력발전 존속론자는 핵폐기물 처리의 수단이나 비용, 사고 시의 배상비용을 계산에 넣고 있는지에 대한 검토가 필요하다.

그리고 자연 에너지가 갖는 잠재적 가능성을 찾아내는 문제에 관해서도, 종래의 타성을 전제로 할 것인가, 전지·전능을 갖고 볼 것인가에 따라 큰 차이가 있을 것이다. 나는 전시 중 천황을 정점으로 하는 질서 이외의 질서를 상상할 수 없었다. "모든 것은 의심할 수 있다". 이 과학적 정신을 잊어서는 안된다. 그리고 학문은 무엇을 위해서 있는가 하는 것도 생각하여야 할 것이다.

④ "무력에 의하여 유지되고 있는 평화"에 관하여 말한다면, 그것은 결코 영속하는 것이 아니다. 특히 침략전쟁을 범하고, 권력자가 그 책임을 진지하게 반성하지 않는 일본이 무력에 의지하려고 한다면, 피해를 입은 나라들의 사람들이 얼마나 반감과 많은 의심을 가질 것인가. 무력의 증강은 가상적국으로 여겨진 나라의 대항적 무력증강을 초래하고, 끝없는 군비 확장의 스파이럴이 될 것이다. "정치"에는 상대가 있다. 자신의 행동이 어떠한 효과, 반응을 가져올 것인가에 대한 상상력을 가지지 않으면 안된다. 전쟁이 어떤 비참한 결과를 가져올 것인가 하는 것은 경험이 이미 끝나 있는 상태이다. 헌법전문은, "평화를 사랑하는 여러 국민의 공정과 신의에 신뢰하고, 우리들의 안전과 생존을 유지하려고 결의하였다"고 그 각오를 서술하고 있다. 그것은 "여러 나

5) 나중의 일이지만 2014년 6월 21일의 후쿠이(福井) 지방재판소 민사 제2부(재판장 히구치 히데아키(樋口英明) 판결은, 오오이(大飯) 원자력 발전의 운전을 금지하는 판결을 내렸다. "생존을 기초로 하는 인격권"이 "최고의 가치를 지닌다"는 것을 인정한 것이다.

라”(권력자)가 아니고, “여러 국민”에 대한 장기적인 신뢰이다.

⑤ “배우고 생각하지 않으면 얻는 것이 없고, 생각하고 배우지 아니하면 위태롭다”(논어).

오늘날 행하여지고 있는 케이와(敬和)학원의 교육은 참으로 이러한 것이라고 생각한다. 이것을 확실히 살려 몸에 익혀 주었으면 한다.

(2) 파시즘은 민주주의의 가면을 쓰고 나타나는 것에 주의하자

제2차 대전은 파시즘과 민주주의의 투쟁이라고 하였다. 그리고 민주주의가 승리한 뒤에는, 파시즘은 파시즘 자체의 완연한 모습으로는 지지를 얻기 어렵다. 여기서 민주주의를 가장하는 수단을 강구한다. 시장들은 선거에서 다수의 신임을 얻었으니까 모두 자신에 따르는 것이 민주주의라고 주장한다. 하지만 그것은 다수의 전제(專制)에 지나지 않는다. 히틀러도 형식적으로 의회의 다수의 찬성에 의하여(수권법) 독재권력을 얻은 것이었다. 역사적으로 민주주의는 다수에 의하더라도 침범할 수 없는 기본적 인권을 인정함으로써 성립해 온 것이다.

(3) “진정한 평화”는 바란 것만으로는 얻을 수 없다

“진정한 평화” 또는 자신이 바라는 평화는 포화를 주고받는 것과 같은 전쟁이 없는 것뿐만이 아니라 세계의 많은 사람들이 “공포와 결핍으로부터 벗어나 생활할 수 있는” 상태가 영속하는 것이 아니겠는가. 하지만 그러한 평화보다도 눈앞의 이익을 우선시하는 사람들도 있다(원자력집단, 군사대국집단, 죽음의 상인).[6] 이러한 사람들의 정치적 목소리는 크다. 그들은 대외적으로 적을 만들어 내어 편협한 내셔널리즘을 선동함으로써 구심력을 회복하려고 한다. 예컨대 자신들은 무수한 로켓(인공위성)을 쏘아 올리면서 북한에 대해서는 인공위성의 발사를 사실상의 장거리 미사일이라고 비난을 한다. 원자력발전 추진으로 후쿠시마의 몇 십만명의 사람들의 고향, 생활, 생명을 잃게 하여 실제로 국토를 상실하면서 무인의 작은 섬의 소란정도로 보는 것은 도대체 어떠한 이유일까. 이러한 “평화”나 “국가” 등의 말을 갖고 노는 가치관이 대립하는 사람들의 세력이 있는 한 평화는 원하는 것만으로는 얻을 수 없다.

---

6) 역자 주: 죽음의 상인이란 무기 등 살상에 사용되는 것은 판매하는 상인을 말함.

전력불소유, 교전권부인의 규정은 역사적 경험으로부터 배운 군산(軍産)공동체[7]의 출현에 대한 저지조항이다. 기다란 해안선에 여러 개의 원자력발전소를 건설하고, 식량자급율도 40% 이하에서, 어떻게 하여 무력으로 국민이나 평화를 지킬 수 있는 것인가. 헌법 제9조는 전쟁으로 잃은 모든 것의 대가이다. "헛된 죽음이 아니라 신헌법의 어딘가에는 그 자(子)들의 피가 흐른다"(도쿄(東京)신문 2012.12.5.에서 인용. 패전 후 헌법제정 과정에서 헌법보급회가 동경신문과 공동으로 모집한 속요(都々逸)의 입선작). 헌법은 피로 속죄한 역사의 교훈이며, 이것을 살리지 않고 공수표로 끝내게 하면 전쟁의 희생자는 정말로 헛된 죽음이 된다.

헌법 제9조는 현재 상당히 형해화(形骸化)되고는 있지만, 개정론이 강해지고 있다는 것은, 역으로 제9조의 존재가 그들이 바라는 것에 장애가 되고 있다는 것의 증명이기도 하다. 사실이 숨겨지고 정치적으로 목소리가 큰 권력자의 국책에 반대하기 힘든 정황도 만들어지고 있다. 그러나 대세에 휩쓸려가게 되면 정황은 더욱 더 악화될 뿐이다. 평화의 실현을 막는 원인을 철저하게 분석하여 그것을 없애는 행동에 연대하고 싶다. 이것이 나의 반성이기도 하다.

『철의 폭풍(鉄の暴風)』으로 불린 오키나와(沖縄)전투에서 히메유리(姫ゆり)학도[8]들을 전장으로 인솔하였고, 전후에 류큐(琉球)대학 교수가 된 나카소네마사요시(仲宗根政善)씨는 1970년 일기에 이러한 하나의 문장을 남겼다. "헌법에서 피의 색이 엷어지는 때에 국민은 또다시 전쟁에 나갈게 되겠지"(앞의 도쿄(東京)신문(東京新聞)). 기억을 계승하고 마음에 새겨 언제까지나 헌법으로 피가 흐르게 할 것을 희망한다.

"징병은 생명을 걸어서라도 막아야 한다. 할머니, 어머니, 여자(おみな), 감옥에 가더라도"(병사의 어머니, 전후작). "그들이 정당하게 이기는 것이 아니라, 우리가 연대하지 못하여 진 것이다"(한국의 근로자, 김진석).

---

7) 역자 주: 군부와 군수산업이 밀접하게 결부되어 국내의 산업경제에 큰 영향력을 가지는 체제. 군산복합체(産軍複合体)와 동의어.

8) 역자 주: 히메유리(姫ゆり)학도란 1944년 12월에 오키나와현(沖縄県)에서 일본군이 중심이 되어 행한 간호훈련에 의해서 만들어진 여자학도대 중, 오키나와(沖縄)사범학교여자부와 오키나와(沖縄)현립제일고등여학교의 교사·생도로 구성된 것의 통칭.

제 4 장 “국가를 위한” 것이란 어떤 의미인가
— 나의 체험에서

1. 나의 체험에서 이야기하고 싶은 것

(1) 현재의 상황

류카이(竜海)중학 여러분에게 이야기할 수 있어 기쁘다.

이 앞의 도로를 나가면 야스쿠니 신사의 기둥문(鳥居)이 보인다. 근래 아베(安倍) 수상은 야스쿠니 신사에 진신(真榊[1])을 바치고, 아소(麻生) 부수상 이하의 많은 각료와 의원들이 정렬하여 참배하여, 한국·중국 등으로부터 강한 비판이 있었다. 이에 대하여 아베 수상은, “나라를 위하여 고귀한 목숨을 잃은 분들께 존경의 뜻을 표하는 것은 당연한 것이고, 우리 각료는 어떠한 위협에도 굴하지 않는다”고 하였다(2013.5.24. 참의원예산위원회). 나도 전쟁이 조금만 길어져도 야스쿠니 신사에 묻힐 상황이었다. 제2차 세계대전이 먼 옛 일이 된 세대의 여러분은 이것을 어떻게 생각하는지.

또한 2013년 7월의 참의원 선거를 앞두고 헌법을 바꿀 것인가 하는 것이 현실의 문제가 되었다. 현재의 헌법은 종전 다음 해인 1946년 11월에 만들어져 일반적으로 평화헌법이라고 불리고 있다. 그 전문에는, “일본국민은……정부의 행위에 의하여 또다시 전쟁의 참화가 일어나지 않도록 하는 것을 결의하여, 여기에 주권이 국민에게 있다는 것을 선언하며 이 헌법을 확정한다” “우리들은 전세계의 국민이 동등하게 공포와 결핍으로부터 벗어나 평화 속에서 생존할 권리를 갖는다는 것을 확인한다”고 하고, 제9조에서 “전쟁과 무력에 의한 위협 또는 무력의 행사”의 포기, 전력의 불소유, 교전권의 부인을 규정하고 있기 때문이다.

그런데 자민당 그 외 몇 개의 정당과 아베 수상들은 이 헌법을 바꾸려 하고 있다. 그러한 사람들은 센카쿠열도(尖閣諸島, 釣魚島) 부근의 긴장관계나 북한(조선민주주의인민공화국)의 핵개발 문제 등을 순풍으로 여기면서, 개헌의 이

---

1) 역자 주: 진신(真榊)이란 신사(神事)의 장에서 제단의 좌우에 세우는 제사도구.

유로 현재의 헌법은 점령 하에서 미국에 강요된 헌법이다, 주권을 회복하였으니 자주적인 헌법을 만들지 않으면 안된다고 말하고 있다. 또한 그것과 관련하여 야스쿠니 문제 외에 일본이 일으킨 전쟁이 침략전쟁이었는지, 전쟁책임의 문제, 전시 중의 이른바 위안부문제 등이 크게 다루어지게 된 것은 여러분도 아는 바라고 생각한다.

이러한 일 특히 "강요 헌법"론에 대하여 여러분은 어떻게 생각하는가. "강요"라고 말하려면 누가, 누구에게, 무엇을, 어떻게 하여 강요한 것인가 하는 것을 생각하지 않으면 안된다.

어쨌든 이러한 문제에 어떻게 대처할 것인가 하는 것은 여러분의 현재나 장래에 대해서도 큰 것이거나 결정적인 영향을 미치는 사안이다. 지금부터 이야기하는 나의 전시 중의 체험과 그것에 대한 반성이, 이러한 일을 생각함에 있어서 얼마라도 도움이 될 수 있으면 한다.

(2) 전시 중의 체험

좀 더 자기소개를 하고자 한다. 나는 1928년 출생으로 초등학교 1학년 때 2·26 사건이 있었고, 3학년 때에 노구교(盧溝橋)사건[2)]으로 중국과의 전쟁이 되는 시기에 자라, 1942년 4월 중학교 1학년을 마친 13세 때에 센다이(仙台)육군 유년학교에 들어갔다. 유년학교라고 하는 것은 육군의 핵심이 되는 장교를 양성하는 학교이다. 중학교 3학년인 여러분보다는 한살 연하의 시기이다. 전년인 1941년 12월에는 아시아·태평양전쟁이 시작되어 있어 종전인 1945년 8월에는 아사카(朝霞)의 육군예과사관학교에 재학하여, 육군항공사관학교에 진학하기 직전이었다. 패전에 의해 복귀(復員)하여 다행히 다음 해부터 와세다에서 배울 수 있어 교수생활을 거쳐 변호사로서 오늘에 이르고 있다.

직접적인 전투에 관한 기억으로서 예과사관생도(予科士) 때 공습을 받아 근처의 막사 앞의 방공호가 폭탄의 직격으로 교관과 학생의 몇 사람이 생매장이 되어 사망한 것, 그 경험에서 방공호를 막사로부터 떨어진 연병장에 만들어, 매일 밤에 있었던 공습으로 거기에 대피하여 미국의 폭격기가 나는 하늘

2) 역자 주: 노구교(盧溝橋)사건은 1937년 7월 7일에 북경(北京) 서남방향의 노구교(盧溝橋)에서 일어난 일본군과 중국국민혁명군 제29군과의 충돌사건이다. 중국에서는 일반적으로 77사변이라고 한다. 이 사건 후에 몇몇의 화평교섭이 있었지만, 중일전쟁(支那事変)의 발단이 되었다.

을 바라보고 있었고, 또한 센다이(仙台)의 유년학교는 시가지로부터 멀리 떨어진 곳에 있었지만, 공습으로 인한 화재로 시가지의 하늘이 빨갛게 된(숙모의 집도 불에 탔다) 것을 본 정도이다. 개인적인 가정의 사정은 당시 일본여자대학에 있던 누나가 학도근로동원으로 카마타(蒲田) 공장에서 일하게 되면서 과로로 종전의 다음 달에 돌아가셨다. 그리고 초등학생 때부터 자란 도쿄(東京)의 집은 건물이 강제적으로 소개되어(공습에 의한 화재의 연소를 막기 위한 것으로 알려졌다), 복귀(復員)하였을 때에는 해체되어 있었다. 또한 육군에서의 훈련은 힘들었고, 성장이 가장 활발한 시기에 식량도 부족하여 공복 상태였지만, 천황폐하는 대원수로 떠받들고 있었으며, 훌륭한 장교가 되어 국가에 목숨을 바치겠다고 굳게 믿고 있어서 그다지 고통이라고는 느끼지 않았다. 따라서 이러한 점에 관하여는 오늘은 이야기하지 않기로 한다.

(3) 이야기 하고 싶은 것

내가 이야기 하고 싶은 것은 당시 어떻게 하여 우리들이 전쟁의 피해를 당하더라도, 전쟁이니까 희생은 당연하다고 밖에 생각하지 않았고, 나라를 위하여 스스로 목숨을 바치는 것을 당연한 일이라고 생각하였는지, 그리고 이에 대한 반성으로 그것이 반복되어서는 안된다는 생각이다.

2. 이론(異論)을 허락하지 않는 “국체”론 — 국민의식 속에 각인

(1) 아이들에 대한 교육

지금 생각하면 왜라는 의문이 들겠지만 당시의 아이들에 대한 교육은, 천황은 신의 자손으로서 현인신(現人神)이며, 일본은 그 천황이 다스리는 세계에서 하나밖에 없는 고마운 나라라는 것이었다. 천황에게 모든 것을 바쳐 받드는 것이 일본인으로서 가장 올바르고 명예로운 것이라는 것을 반복하여 가르치는 것이었다. 당시 교육의 기본으로 여겨졌던 것은 메이지헌법과 동시기에 나온 “교육칙어”(1990.10.23)라는 것이었는데, 그 가운데 다음과 같이 말하고 있다.

“짐이 생각해 보니 우리 조상들이 나라를 개국한 것은 지극히 광원(宏遠)하고, 덕을 세우신 것은 지극히 깊고 두텁다. 우리 신민은 능히 충성하고 능히 효도를 다하여 억조창생의 마음을 하나로 하여 대대로 미풍을 만들어 왔다.

이것을 우리나라 모습의 정화(精華)로 하여 교육의 연원 또한 실로 여기에 있다. 그대 신민은 부모에게 효를, 형제에게 우애를,……"라고 하고 이하에서 유교의 개별적 덕목을 들고, 그리고 끝으로 "만일 위급한 일이 있으면 대의로써 용감하게 국가를 위해 봉사한다. 이렇게 하여 천양무궁(天壤無窮)의 황운(皇運, 천황의 위세)을 보필하라. 이와 같이 하는 것은 다만 짐은, 충성스럽고 선량한 신민이 될 뿐만 아니라 또한 이로써 그대 선조의 유풍을 나타내는 것으로 족하다"고.

또한 부독본이었지만 보다 알기 쉽게,

"천황폐하, 천황폐하, 신의 후손(御裔)인 천황폐하

우리 국민 9천만은, 신으로 추앙하고 시중들겠다.

천황폐하, 천황폐하, 우리 국민 9천만을 내 자식과 같이, 가엽게 여기신다.

천황폐하, 천황폐하, 우리 국민 9천만은, 부모라고 생각하며 사모한다"

등 그럴듯한 말로 이야기 되고 있었다.

당시는 공황이나 군사비의 증대, 흉작 등으로 특히 동북지방 농촌의 곤궁은 극심하여, 자녀를 매매하는 것이 잇따르는 상황에서 천황은 이것을 어떻게 구제하려고 하였는가. 그와 같은 현실에는 아랑곳하지 않고 관념적으로 천황의 고마움이 어린아이들 마음에 심어졌다.

(2) 권력에 의한 법적, 법외적 강제

이러한 천황 신화는 사물을 잘 몰랐던 우리 아이에게 있어서는 통용되었다고 하지만, 외국의 사정을 알고, 타이쇼(大正)데모크러시의 공기를 들이마신 세대의 사람들이나, 마르크스주의 등 사회과학의 세례를 받은 사람들의 비판을 감내할 수 있는 것은 아니었다. 권력은 이러한 비판을 억제하기 위하여 강력한 법적·법외적 강제력을 마련하였다. 치안유지법은 "국체의 변혁"이나 "사유재산제도의 부인"을 목적으로 활동하는 사람이나 그 지원자에 대하여 죄가 무거운 사람에게는 사형으로 위협하였다.

그리고 이러한 사람들을 "비국민" "국적(国賊)"으로 매도하여 국적은 살해하여도 좋다고 하였을 뿐만 아니라 실제로 경찰에서 고문·학살마저 행하여졌다("카니코센(蟹工船)[3]"을 쓴 고바야시 다키지(小林多喜二)의 츠키지(築地)경찰서에서의 예가 두드러진 예이다). 그리고 "비국민"에 대한 사회적 비난은 일가, 친척에게도 영향을 미쳤다. 그러니까 천황신화에 대한 비판의 목소리를 내는 것은 매우 곤란하여, 그러한 상황에서 우리들은 그것에 대하여 의심을 품는 것조차도 몰랐다.

3. 내세운 전쟁목적 — 전쟁의 미화와 현실

(1) 구미의 아시아식민지 지배로부터의 해방, 대동아공영권의 확립, 자존자위

이러한 사회적 분위기 속에서 중일전쟁이 수렁에 빠지면서 천황의 명령으로 미국, 영국에 대한 전쟁이 시작된 것이다. 그 선전의 조칙(1941.12.8)에서는 "동아시아의 안정을 확보함으로써 세계의 평화에 기여한다"든가 "미영양국은 중경(重慶)의 잔존정권을 지원하여 동아시아의 화란(禍亂)을 조장하며, 평화의 미명에 숨겨진 동양제패라는 분에 넘치는 생각을 드러내고 있다"라든가, "이제는 자존자위를 위하여 홀연히 궐기하여 모든 장애를 걷어치우는 것밖에 없다"는 등이 이야기 되고 있었다. 요컨대 그 전쟁목적을 아시아를 구미의 식민지지배로부터 해방하여 공존공영의 신질서를 수립하는 성전이며 정의의 싸움이라는 것, 그리고 그것은 일본의 존립에 있어서도 필요한 "자위"의 싸움이라고 부르짖었다. 나는 진정으로 그것을 믿고 여러분들보다 어린 연령에 부모의 슬하를 떠나 국가에 목숨을 바치려고 하였던 것이다.

(2) 현실

그러나 전후에 안 사실은 이것과 완전히 달랐다. 예컨대 1943년의 대본영정부연락회의(5.29)·어전회의(5.31)에서 결정된, "대동아정략지도대강"의 6(2)의 "『말레이시아』『수마트라』『자바』『보르네오』『셀레베스(Celebes)』는 제국영토로 결정하고, 중요자원의 공급지로서 힘껏 이를 개발하고, 동시에 민심을 파악하도록 노력한다"고 하고, 게다가 신중하게 "이 항은 당분간 발표하지 않는다"라고 하였다(외무성편찬, 『일본외교년표 및 주요문서(하권)(日本外交年表並主要文書(下巻))』, 1966, 原書房, 584면).

3) 역자 주: 카니코센(蟹工船)이란 게를 잡아 그 자리에서 가공하며 통조림할 수 있는 설비를 갖춘 모선.

구미의 비도적인 식민지지배는 처음부터 용서될 수 있는 것이 아니다. 그러나 일본은 그 해방을 부르짖으면서 실제로는 의문을 몰랐던 사람들을 이용하여 자신이 그것을 대신하려고 하였던 것이다.

(3) 황토(皇土)방위, 국체보전

그러나 전국(戰局)이 악화되어 미국의 공격이 본토에 들어오자, 전쟁목적은 황토방위라고 하는 비장감을 감돌게 하는 것으로 변화하여, 마지막에는 "국체보전"이라는 것으로 되었다. 그리고 사람의 목숨을 대포총알과 같은 소모품으로 하는 특공병기, 특공공격이 채택되게 되었다.

우리는 이기기 위해서 필요하면 기꺼이 그렇게 하자라고 생각하였다. 전후 어느 총리대신은 나라를 위해 본의 아니게 목숨이 버려진 분들에게 경의와 애도의 뜻을 바친다고 말하였다. 하지만 당시의 우리들은 "본의 아니게"가 아니다. 나는 예과사관생도(予科士)로 병과를 결정할 때에, 항공과가 되면 반드시 특공요원이 된다는 것은 알고, 당연한 것으로 항공과를 지원하였다. 그뿐만 아니라 시력이 약간 약했던 동기생의 한 명은 신체검사의 전날 검사장에 잠입하여 시력표를 복사하여 암기하면서까지 항공조종에 합격하려고 하였을 정도이다.

하지만 그렇게까지 하여 "국가에 봉사하자"고 한 국가의 전쟁목적은 거짓이었다. 서독의 리차드 본 바이츠제커(ヴァイツゼッカー, Richard von Weizsäcker) 대통령(당시)은 패전으로부터 40년 후인 1985년 5월 8일, 국회에서의 연설에서 당시를 회상하면서 이렇게 말하였다.

"대부분의 독일인은 스스로 국가의 대의를 위하여 싸우고 이를 감내하고 있는 것으로 알고 있었다. 그러나 그 모두가 부질없고 무의미하였을 뿐만 아니라, 범죄적인 지도자들의 비인도적인 목적 때문이었다는 것이 분명하여졌다". "이후에 과거를 바꾸거나 일어나지 않았던 것으로 할 수는 없다. 그러나 과거에 눈을 감는 자는 결국 현재에도 맹목적이게 된다. 비인도적인 행위를 마음에 새기려고 하지 않는 자는 또 다시 그러한 위험에 빠지기 쉽다".

그리고 또한 그 직후의 연설에서 그는 이렇게도 말한다. "우리들의 특별한 경험과 기억은 단지 우리들의 무거운 짐이 되고 있을 뿐만이 아니다. 우리

를 지키는 유익한 통찰도 주고 있다". 독일인은 "상처를 입었을 뿐만 아니라 배우고 있다"라고(나가이 키요히코(永井清彦)編訳, 『ヴァイツゼッカー(Richard von Weizsäcker)大統領演説集』, 4, 10~11, 242면).

이것은 참으로 우리들도 마음에 새겨야 할 것이 아닐까. 그런데 아베 수상은 "침략이라고 하는 정의에 대해서는 이것은 학계에서도 국제적으로도 정해져 있지 않다고 하여도 좋다고 할 것이라고 생각하는 바이며, 그것은 국가와 국가와의 관계에 있어서 어느 편에서 볼 것인가에 따라 다른 것이다"(2013. 4.23. 참의원예산위원회). "역사는 역사가에게 맡겨야 한다"(2013.5.15)고 말하였다. 장래의 역사가의 판단까지 아무것도 하지 않고 그대로 기다리고 있다면 그것도 좋을 것이다. 그러나 현실의 정치는 전쟁을 잘못이라고 생각하고 그것을 반복하지 않는다고 하거나 정의가 힘에 굴복하였다고 하여 와신상담, 재기를 도모할 것인가, 그 어느 것이든, 과거의 전쟁에 대한 평가를 하여 현재의 정책을 결정하고, 실행에 옮기는 것일 것이다. 장래의 역사가에게 맡긴다고 하는 것은 정치가 또는 정치집단으로서 본심을 숨기고 발뺌하는 것에 지나지 않는다.

4. 국가를 위한 죽음의 의미의 바꿔치기 — 야스쿠니 신사에 의한 의미부여

(1) 일본군의 행위와 전몰자

아베 수상은 국제적으로도 침략의 정의는 없다고 말하였다. 1974년의 국제연합총회결의 3314는 "침략"을 "다른 국가의 주권, 영토보전, 정치적 독립에 대한 무력행사" 등이라고 정의하고 있다. 이것을 아베 수상과 같이 단지 안전보장이사회가 참고하는 것에 지나지 않는다고 볼 것인가는 별론으로 하더라도, 문제는 말로서가 아니라 다른 국가에 대한 무력행사라는 사실이다.

일본은 중국 그 외의 아시아제국에 쳐들어가 수도 난징(南京)을 점령하고, 중경(重慶)에 무차별적 폭격을 가하였고, 난징 그 외에서의 대학살, 방화, 약탈, 살해라고 하는 이른바 "산코(三光) 작전" 등을 자행하였다.

예컨대 쇼와(昭和) 천황의 남동생인 미카사노 미야(三笠宮)는, "중국(支那) 파견군"의 참모로서 중국에 갔지만, 그의 저서인 『제왕의 무덤과 민중(帝王の墓と民衆)』과 『고대오리엔트사와 나(古代オリエント史と私)』의 2권의 책에서, 자신이 왜 역사를 배우게 되었는가 하는 추억을 쓰고 있다. 거기에서 중국에 가보고 처음으로 지금까지 듣고 있던 것과 현실과의 차이에 놀랐다고 쓰고 있다. 일본군이 성전의 이름 하에서 매우 잔학한 행위를 중국에서 하고 있다. 예컨대 어느 참모는 진지한 표정을 하면서 아무래도 팔로군(八路軍) 병사는 일본병사와 남성으로서의 기능이 다른 것 같다고 말하였다. 즉 팔로군은 강간하지 않는다고 하는 것이다. 또는 어느 부대장이 자랑스럽게 자신은 후방에서 보고 있어도 우리 부대가 어디로 나아가고 있는지 바로 안다. 그것은 불길이 솟아오르기 때문이다. 즉 마을을 태우면서 가고 있기 때문이라고 말하였다. 이러한 일로 큰 쇼크를 받아 전쟁에 의문을 가졌다"라고 쓰고 있다(후지와라 아키라(藤原彰), 『천황의 군대와 중일 전쟁(天皇の軍隊と日中戦争)』, 2006, 大月書店, 72면).

다른 한편 일본군 전몰자는 약 230만명이었는데 그 반수 이상은 보급을 무시한 작전에 의하여 아사자라고 한다(후지와라 아키라(藤原彰), 『아사한 영령들(餓死した英霊たち)』, 2001, 青木書店, 3~4면). 또한 특공을 명령받은 사람들은 대부분이 그 죽음을 사랑하는 가족을 지키고 국난에 목숨을 바치는 것으로 무리하게 의미를 부여하였다고 생각한다.

(2) 현실의 의미 — 전사자의 소원은 성취되었는가

하지만 현실적으로는 특공대원의 죽음도 가족이나 국민을 지키는 것에 거의 도움이 되지 않았다. 여러분이 지금까지 배워 온 도쿄(東京) 그 외의 도시에 대한 무차별적인 대공습, 오키나와(沖縄)전쟁, 거기에 히로시마(広島), 나가사키(長崎)의 원폭의 피폭 등이 그것을 나타내고 있다. 그럼에도 불구하고 전후의 번영은 그 희생자의 덕분이라고 말하기도 한다. 그렇게 말하면 내가 어렸을 적에 이런 노래가 불려지고 있었다.

"어깨를 나란히 형과 / 오늘도 학교에 갈 수 있는 것은 / 군인의 덕분이다. / 국가를 위하여 / 국가를 위하여 싸운 / 군인들의 덕분이다", "국가를 위하여 다친 / 군인들의 덕분이다", "국가를 위하여 전사한 / 군인들의 덕분이

다. 군인들 고마워요. / 군인들 고마워요"(하시모토 젠자부로(橋本善三郎 작사, "군인들 고마워요(兵隊さんよありがとう)", 1939).

그렇지 않을 것이다. 무익한 전쟁을 하지 않으면, 아버지나 남편, 형 등이 군에 끌려가 전사하거나 다치거나 하는 것은 없었을 것이기 때문이다.

(3) 야스쿠니(靖国) 신사—사후까지의 지배, 영혼의 납치

그러나 국가적으로 그 죽음에 의미를 부여함으로써 당사자나 유족에게 그것을 받아들이게 하려고 한 것이 야스쿠니 신사이다. 전사자를 영령으로서 기리고, 현인신(現人神)인 천황이 친히 참배하는 "영예"를 부여하는 것이 거기에 도움이 된다고 생각하였을 것입니다. 또 이런 노래가 있었다.

"하늘을 찌르네 큰 기둥 / 이런 훌륭한 신사(神社)에 / 신으로 모셔져 과분하구나 / 어머니는 기쁨에 눈물이 나온다(이시마츠 아키지(石松秋二), "구단의 어머니(九段の母)", 1939).

"친구야 우리 아이야 고마워요 / 명예의 상처의 이야기 / 아무리 들어도 눈이 촉촉하나 / 그 날의 싸움에 떨어진 아이도 / 오늘은 구단(九段[4])의 벚꽃 / 잘 피어 주었구나"(후쿠다 타카시(福田節) 작사, "아버지 당신은 강했다(父よ貴方は強かった)", 1939).

"21년 우리 손으로 키워 / 3개월간 못 본 사이에 / 국가의 신"

처음에 언급한 바와 같이 아베 수상은 각료들의 야스쿠니 신사 참배에 중국이나 한국으로부터의 비판을 받으면, "나라를 위하여 고귀한 목숨을 잃은 분들께 존경의 뜻을 표하는 것은 당연한 것이고, 우리 각료는 어떠한 위협에도 굴하지 않는다. 그 자유는 확보하고 있다"고 말하였다. 어떤 나라에서도 전몰자 위령의 시설은 있다는 등을 그럴듯하게 말을 하고 있다. 그러나 야스쿠니 신사는 단순한 전몰자 위령의 시설이 아니다. 천황을 위해서 죽은 자만을 "신"으로 숭배하는 것이다.

나는 나라를 위한 죽음이라면, 어디서 죽든지 누구에게도 알려지지 않든지 상관없이 그것으로 좋다고 생각하고 있었다. 하지만 야스쿠니는 사망자를

---

4) 역자 주: 야스쿠니 신사에 가까이 있는 도쿄도(東京都) 치요다구(千代田区)에 걸친 지명으로 언덕길이 유명함.

애도하는 것이 아니라, 뭔가 정당하지 않은 전쟁으로 죽은 자, 다른 국가의 민중에게 어떤 잔혹한 행동을 한 자라 하더라도, "천황을 위하여, 국가를 위하여" 죽은 것으로 칭송하는 것이다. 그렇기 때문에 이전에 "전후(戰後)정치의 총결산"을 주창하여, 야스쿠니 신사에 수상으로서 공식참배를 한 나카소네 야스히로(中曽根康弘)는 국가를 위하여 죽은 사람을 정부가 기리지 않으면 누가 죽으러 가겠는가라고 말하였다. 야스쿠니의 기능은 여기에는 잘 나타나고 있다. 그리고 야스쿠니 신사에는, 1978년에는 도쿄(東京)재판에서 전쟁범죄인으로서 처형된 지도자도 "쇼와(昭和) 순난자(殉難者)"로서 합사되어 있다. 전쟁의 피해자가 각료들과 같은 정치가의 참배를 비판하는 것은 당연하고, 그것을 "위협"이라고 받아들이는 것은 참으로 사람의 아픔에 둔한 독선은 아니겠는가.

그것만은 아니다. 야스쿠니는 그와 같은 기리는 것을 거부하는 자의 의사도 인정하려고 하지 않는다. 그리스도교, 이전에 일본에 병합되고 있던 한국인·대만인의 유족의 합사의 취소를 청구하는 것마저 인정하지 않는다. 이것은 생전에 충성을 맹세하게 하였을 뿐만 아니라, 사후에 있어서까지 지배하려고 하는 영혼의 납치라고도 말하여야 할 것이다. 야스쿠니 사상은 여기까지 지배력을 가지고 있다.

(4) "국체보전"은 천황제 권력의 유지

그렇다면 절망적인 전국(戰局)에 이것만은 이라고 하는 전쟁목적으로 여겨져, 포츠담선언 수락에 임하면서도 일본정부가 끝까지 고집한 "국체보전"이라는 것은 무엇이었을까. 그 내용을 엿볼 수 있는 것으로서 쇼와(昭和) 천황은 전후에 다음과 같이 말하고 있다.

"적이 이세만(伊勢湾) 부근에 상륙하면, 이세아츠타라(伊勢熱田良) 신궁은 곧장 적의 제압 하에 들어가, 신기(神器, 신궁내의 기구들 — 역자 주)들을 옮길 여유가 없고, 달리 확보할만한 전망이 서지 않는다. 이렇게 되면 국체보전은 어렵다. 그리하여 이 때에 나의 한 몸을 희생하더라도 강화를 하지 않으면 안된다고 생각하였다"라고 말하고 있다(『문예춘추(文芸春秋)』, 1990년 12월호, 141면).

즉 쇼와(昭和) 천황이 항복을 결의한 것은 증대하기만 하는 국민의 피해에 대한 우려가 아니라 신화에 기초한 천황의 권력, 그 지배체제의 유지였던 것이다. 메이지헌법은, "대일본제국은 만세일계(万世一系)의 천황이 이를 통치한다"(제1조)고 하고, 그리고 그 전문에서는 "원래 통치의 대권은 짐이 이것을 선조(祖宗)로부터 이어받아 이를 자손에게 전해주는 것인 바"(헌법공포의 칙어)라고 하고 있었다. "선조(祖宗)로부터 이어받아"라고 하는 것은, 일본서기에서 "갈대밭의 긴 세월의 싱싱한 벼이삭과 같은 일본은, 내가 자손의 왕이 될 땅이다"고 하고 있다. 아마테라스오오미카미(천황의 "선조", 天照大神)의 "신칙(神勅)"을 그 근거로 하고 있는 것이다. 그 메이지헌법에는 "국민"이라고 하는 말도 없다. 일본인은 모두 천황의 "신민(臣民)"이라고 되어 있었다.

(5) 나라를 위하여 죽은 것이 아니라 정부에 의하여 목숨을 빼앗겼다

이렇게 해 보면 전사자들은 그 소원이나 의식이 어떤 것이었던 간에, 국가를 위하여 죽은 것이 아니라 "국체론"을 내세운 "정부"에 의해서 목숨을 빼앗겼다고 하는 것이 진실이었다고 생각한다.

5. 평화헌법 — 선생의 희생사는 헛된 죽음이었는가

(1) 신헌법은 지배권력에 대한 강요

이에 대하여 신헌법은 주권이 국민에게 있다는 것을 명언하고, 전쟁포기·전력불소유, 기본적 인권의 보장을 확인하였다. 그러므로 그것이 "국체" 유지파에게는 그 뜻에 반하는 "강요"였음은 틀린 것이 아니다. 1945년 8월 15일의 종전의 조칙에서도, "감내하기 어려운 것을 감내하고, 참기 어려운 것을 참고"라고 말하고 있었기 때문에, "시운(時運)에 따르는 바"라고 하여 강요를 부득이 하게 받아 들였다고 하는 것이다.

실은 정부는 메이지헌법을, 예컨대 "천황은 신성시하여 범할 수 없다"(제3조)의 "신성시하여"를 "지존으로 하고"라고 하는 것과 같이 몇 곳의 수정을 한 헌법개정 초안을 만들고 있었는데, 그것이 신문보도에 의해서 GHQ(연합국최고사령부)에 알려지게 되었다(후에 일본정부도 이것을 제출). GHQ는 이것으로는 포츠담선언이 요구하는 민주화는 불가능하다고 보아, 스스로 초안을 기초하여 그것을 기본으로 하는 헌법개정을 정부에 요구하였다. 그리고 만약 일본정부가 그것을 받아들이지 않으면, 이것을 국민에게 공표한다고 압박하였다. 이것은 분명히 그 안이 국민에게 알려지는 것을 바라지 않았던 정부로서는 "강요"인 것이다. 그러나 그것은 전쟁의 참화를 가슴에 사무쳐 경험한 많은 국민에게는 완전히 다른 의미를 가지고 있었다.

(2) 다수의 국민에게 있어서는 강요되고 있던 국체론으로부터의 해방

정부와 달리 많은 국민은 이 헌법 초안을 반겨 맞이하였다. 더 이상 전쟁은 하지 않는다. 특히 가족제도 하에서 오랫동안 남성지배에 힘들어 하고 있던 여성들은 양성의 평등을 내건 헌법에 대하여 눈물을 흘리며 기뻐하였다고 한다.

다만 나는 당시에는 그 의미를 이해할 수 없었다. 전후 몇 년간은 유년학교에서 주입된 군인칙유 중의, "우리나라의 능위(稜威, 천자의 위광(威光))를 휘두르지(振るわざる) 못한다면 그대들이 능히 짐과 그 근심을 함께 하라. 우리 용맹(武維)이 알려져 그 영광을 빛낸다면 짐은 그대들과 그 명예를 함께 할 것이다"라고 하는, 그 "근심을 함께 하라"라고 하는 상태였다. 후에 그 멍에로부터 벗어나 보니 이러한 국체론의 강요는 그것을 믿은 사람의 인간적 지성, 감정, 이 모두가 인간으로서의 성장을 빼앗고 있었다. 그렇기 때문에 신헌법은 나에게 있어서 인간회복의 것이었다.

(3) 전쟁의 희생의 대가로서 맞이한 신헌법

국민은 법제도로서는 주권자로서 국체로부터 해방되었다. 그리고 개인의 존엄, 기본적 인권의 보장을 얻을 수 있었다. 정부가 명하는 전쟁에 의하여 다른 국가의 사람들의 가해자가 되어, 또한 피해자로서 힘들어 하는 일도 없어지게 되었다. 게다가 "육해공군 그 외의 전력은 소유하지 않는다"로 되었다. 이것은 군사산업 등이 군과 연계되어 비대화 하고, 정치 그 자체를 그 방향으로 향하게 하는 괴로웠던 경험을 반복하지 않기 위한 보장도 되어야 할 것이다.

이 신헌법제정 당시에 만들어진 속요(都々逸)로 이런 것이 있었다.

"헛된 죽음이 아니라 신헌법의 어딘가에는 그 자(子)들의 피가 흐른다".

6. 개헌론과 그것이 초래하는 것

(1) 국체론으로의 접근

가. 이 헌법에 대하여 자민당 그 외 몇 개의 정당, 특히 아베 수상 등이 이것을 바꾸려고 하는 집념을 태우고 있다는 것은 여러분도 잘 아는 바라고 생각한다.

우선, 자민당의 개헌안(2013.4.27)에 관하여 언급하면, ① 천황을 현재의 "상징"규정에 더하여 "원수"라고 하는 것, ② "국방군"을 유지하여 자위권 발동을 인정하는 것, ③ 인권규정에 대하여 "공익 및 공공의 질서에 반하여서는 아니된다"라고 하는 제약을 설정하는 것, ④ 헌법개정 발의요건을, 의원의 3분의 2 이상의 찬성을 과반수로 완화하는 것 등이다.

이것이 실현되면 어떻게 될까. ①은 메이지헌법 제4조의 "천황은 나라의 원수로 하고"가 부활한다. 이것은 천황의 권위를 높이는 것을 의미한다. 그리고 그 권위 하에서 행하여지는 정부의 행위를 정통화(正統化)하는 것이 된다. 앞에서 든 나카소네 야스히로(中曽根康弘)는 "천황은 중천에 빛나는 태양과 같은 존재로, 천황만큼 고마운 것은 없다"라고 말한 적이 있다. 정부는 천황의 권위에 숨고 그 책임이 어딘가로 가버리기 때문이다.

②는 "자위권" 의 이름으로 무엇을 하였는지를 생각해 볼 필요가 있다. 1941년의 미영 양국에 대한 선전의 조칙에서도, "지금 우리나라는 자존자위를 위하여"라고 하고 있었다. 내가 배운 "보병의 노래(歩兵の歌)"에는 "천리 동서를 넘어 나에게 원수가 되는 국가가 있다면 출정하는 수송선"이라는 것이 있다. 그 뜻은 천리 먼 곳에 가더라도 "자위"가 된다. 그렇기 때문에 신헌법심의를 한 의회에서 요시다 시게루(吉田茂. 당시 수상)는 지금까지의 전쟁은 모두 자위의 이름으로 행하여져왔기 때문에 그 자위의 전쟁도 포기하는 것이라고 분명히 답하고 있다.

③은 메이지헌법이 "신민의 권리"에 대하여, "법률의 범위 내에서", "질서 안녕을 방해하지 않고, 신민으로서의 의무에 등을 돌리지 않는 범위 내에서"라는 유보조항을 붙여, 치안유지법 그 외의 법률에 의하여 일체의 비판을 억압한 사실을 다시 오게 하는 것이다.

④의 주장자는 국회의 3분의 2에 1명이라도 부족하면 국민이 헌법의 시시비비에 대한 의사를 나타낼 수 없다고 하는 것은 이상한 것이 아닌가라고 말한다. 그러나 바르게 문제를 이해하고, 국민의 다수가 개헌을 바란다면, 3분의 2를 초과하는 그러한 국회의원이 선출되게 되어 있다. 이러한 주장은 자신이 하고 싶은 개헌을 용이하게 하려고 하는 것 이외의 그 무엇도 아니다.

나. 그 외에 정당에 따라서는 환경권 등의 규정이 없기 때문에, 이것을 더하려고 하는 주장(加憲論)도 있다. 그러나 이것들은 어떠한 법률을 제정할 것인가의 문제이다. 현재의 헌법에는 개인의 존엄, 행복추구의 권리 등이 명기되어 있어, 법률로 환경에 관한 권리를 규정하는데 아무런 문제가 없다. 그러한 법률을 만들려고도 하지는 않고 개헌(加憲論)을 주장하는 것은 무엇 때문일까. 그것은 헌법에 "생존권"의 규정이 있으면서, 사회보장비의 삭감 등 그 내용을 무너뜨리는 법률이나 조치가 집행되고 있는 현실을 보면 알 수 있지 않은가.

(2) 개헌에 의하여 이익을 얻는 자는 누구인가

크게 보면 현재의 개헌론은 이전의 산군복합(産軍複合)·군사대국화의 방향, 구지배체제에 가까이 가려고 하는 것이다. 앞의 전시 하에서도 국민의 괴로움은 뒷전으로 하고, 군사예산으로 막대한 이익을 얻은 기업도 있었다. 예컨대 중국 그 외로부터 납치, 연행한 많은 사람들에게 노예적 노동을 강제한 사실, 또는 일본국민 가운데도 근로에 동원된 사람들에게 가혹한 노동을 시켰다는 사실이다.

나의 누나가 남긴 편지에도, "잔업이 계속되어 13시간의 근로, 약간 피곤하다.……시간이 부족해서 참을 수 없다. 아침 5시부터 밤 10시까지, 그 다음은 자는 것뿐이다", "공장에서 하반신 물속에 있는 것과 같은 추위, 그리고 병이 든 것은 나 혼자만이 아니다", "공장에서 무리를 한 것이 후회된다" 등이 쓰여 있다.

전시 중 사람을 일회용 취급을 하는 단물을 빨아먹은 체험으로부터, 꿈이여 다시한번이라고 생각하는 사람들이 있다고 해도 이상한 것은 아니다.

7. 자신의 머리로 생각하자

내의 지금까지의 경험을 통하여 현재의 상황을 볼 때에 여러분이 생각해 주었으면 하는 것은 다음과 같은 것이다.

(1) 파시즘은 민주주의의 가면을 쓰고 출현한다

제2차 세계대전은 파시즘(일본·독일·이탈리아의 추축국(枢軸国))과 민주주의(미국·영국·소련 등의 연합국)와의 전쟁이라고 한다. 그리고 이들 추축국(枢軸国)의 완패로 끝났지만, 형태는 바뀌어도 파시즘이 배양되는 토양이 없어진 것은 아니다. 그러나 그 파시즘은 더 이상 스스로의 본래의 모습을 띄는 것이 아니라 민주주의의 가면을 쓰고 나타나게 될 것이다. 많은 사람들의 생명이나 인권·평화보다 글로벌자본의 경제적 자유·이익을 추구하여, 그것이 마치 자유 그 자체, 자기책임의 이름으로 정당화된다고 하는 풍조이다.

(2) 이론(異論)을 허락하지 않는 분위기의 위험

게다가 그것은 자수 다수결의 형태를 취한다. 개인의 존엄, 다수결에 의하여도 침해하여서는 아니되는 기본적 인권을 어딘가에 두고 잊어버리는 것이다. 선거로 다수의 신임을 얻었으니까, 자신이 말하는 대로 하라고 하고, 교육에까지 개입하려고 하는 어딘가의 시장도 나타났다. 이것은 국회의 다수로 "수권법"을 성립시켜, 독재로 나아간 이전의 히틀러의 방식과 같다. 이렇게 하여 이론을 허락하지 않는 분위기가 만들어진다. 전시 중은 "거국일치", "1억이 한마음, 불덩어리" 등이 이야기 되고 있었다. 전쟁에 의문을 가지는 것조차 "비국민(非国民)"으로서 배격되었다.

조금 전 이야기한 것처럼 당시는 교육을 통하여 상부에 대한 자발적 복종 습성을 만들어 내었을 뿐만 아니라, 치안유지법 그 외의 폭력을 포함하는 수단에 의하여 사상통제, 권력지배를 관철시켜 나갔다. 또한 동아시아의 식민지로부터의 해방, 대동아공영권, 세계평화 등 아름다운 대의(大義)를 내걸고 전국(戰局)이 악화되면 조국방위 등 비장한 "애국심"으로의 결집, 그리고 종국적으로는 마치 그것이 일본이 일본으로 존속하는 유일한 길인 것처럼 "국체보전"이 부르짖어졌던 것이다.

그러나 그것이 완전한 허위였다는 사실은 전후에 판명되었다. 나아가 국민을 그러한 전쟁에 내몰아낸 그 누구도 국내에서는 책임을 지려고 하지 않았다. 최고의 책임자이어야 할 쇼와(昭和) 천황은 방미로부터 귀국 후 기자회견(1975.10.31)에서 전쟁책임에 관하여 어떻게 생각하는가 하는 기자의 질문에 대하여, "그 말의 의미에 대하여, 나는 그러한 문학방면은 별로 연구하지 않았기 때문에 잘 모르므로 그러한 문제에 대하여는 대답하기 어렵다"고 말하였다(쿠로다 카츠히코(黒田勝彦)·하타 요시히데(畑義秀)편, 『쇼와천황어록(昭和天皇語録)』, 331~332면).

이러한 무책임한 지배자의 행위에 의하여 전쟁의 참화가 불러일으킨 과거로부터 배우는 것, 그리고 그러한 사태를 두 번 다시 일으키지 않도록 하는 것, 이것이 전쟁의 희생자를 위로하는 유일한 길이며 남겨진 사람의 책임이 아니겠는가.

(3) 국책으로 흘러가지 않는 비판적 정신을

현재 개헌을 주창하는 세력은 그 재력을 갖고 여러 가지 선전수단을 지배하고 있다. 그것은 지배자의 의향, 국책에 따라서 사회의 분위기를 만들어 내려고 한다. 그러므로 어떤 사람은 사회의 의식은 지배자의 의식이라고 말하였다.

그러나 이전과는 달리 아직은 그에 대한 비판의 소리를 낼 수 있다. "그 때문에 목숨을 버릴 정도의 국가다"라고 말한 사람이 있었다. 그러나 현재 노동현장에서는 생활의 불안정, 가혹한 근로조건으로 뭔가를 생각할 시간마저 빼앗기고 있는 상황도 많이 볼 수 있다. 지금부터 여러분이 "평화학습"을 심화시켜 사회에 대한 비판적 정신, 아름다운 말에 넘어가지 말고, 떠도는 정보에 관하여 비판적으로 처리하는 방법을 몸에 익히고, 그리고 옳은 것은 옳고, 틀린 것은 틀렸다고 말하는 용기를 가질 것을 기대한다는 것으로 나의 말을 끝맺고자 한다.

제 2 부

권력에 의한 사실은폐, 비판봉쇄, 의식유도의 위험성

— 교과서선정에 대한 개입, 원자력발전추진 비판의 배제

현재 앞에서 말한 전시 중의 상태와 닮은꼴로 권력에 의한 "국론통일"을 위한 움직임이 강해지고 있다. 그 일례로 도쿄(東京)도교육위원회(東京都教育委員)는 2014년도의 고교 일본사교과서 선정에 대하여 짓쿄(実教)출판사의 교과서를 도교육위원회의 생각과 다르다고 하여, "교과서로서 부적절하다"고 하는 통지를 각 고교의 장에게 보내, 그 교과서를 배제시켰다. 동교과서에는 일장기·국가(일본국가) 문제에 대하여 "일부 자치체에서는 공무원에게 강제하는 움직임이 있다"라는 사실을 주의 형태로 표기한 것을 혐오한 결과이다.

또한 후쿠시마 원자력 발전 재해 후, 고향과 생활을 빼앗긴 피해자들, 원자력 발전의 완전폐기를 요구하는 사람들이, 그 책임관청인 경제산업성(経済産業省) 앞의 공개된 빈터에 텐트 3개를 설치하여(텐트광장), 전국으로의 발신과 교류의 거점으로 삼음과 동시에, 항의의 의사를 계속 표명하면서 오늘에 이르고 있다. 그런데 국가는 그 소리에 귀를 기울이기는커녕, 퇴거요구와 함께 천백만엔에 이르는 손해배상을 청구하였다. 이것은 공공적 문제에 관한 의견표명·표현의 자유를 부정하는 입막음 소송이다.

이들 어느 것도 이전에 내가 강요당하였던 것처럼 개인의 자주적 사고를 뺏고, 비판을 허락하지 않으며, 국민의 의식을 권력이 바라는 방향으로 "교화"하려고 하는 것으로서 방치할 수 없다. 제2부는 이러한 권력의 행동에 대한 저항의 기록이다. 도쿄(東京)도교육위원회의 개입에 대하여는 약 100명의 사람들이 "도쿄(東京)도교육위원회를 고소하는 회"를 결성하여, 도민 67명이 원고로서 1967년 2월 7일 도쿄(東京)지방재판소에 그 책임을 추궁하는 소송을 제기하였다. "제5장 도쿄(東京)도교육위원회에 의하여 짓쿄(実教)출판의 일본사교과서 배제는, 진실을 숨기고 교육을 파괴하는 것"이라는 부분은 그 제1회 법정에서 원고가 진술한 의견이다.

그리고 "제6장 원자력발전 재해를 일으킨 국가에 의한 텐트 및 광장퇴거·손해배상청구 재판"은 변호단으로서 법정에서 진술한 의견이다. 이들 모두 앞에서 본 전시 중의 체험에 기초한 것이다.

제 5 장 도쿄도(東京都)교육위원회에 의한 짓쿄(実教)출판의 일본사교과서 배제는 진실을 숨겨 교육을 파괴하는 것(2014년 5월 29일, 도쿄(東京)지방재판소에서의 진술)

이번 도쿄(東京)도교육위원회가 짓쿄출판의 일본사교과서를 배제한 행위가 얼마나 교육을 파괴하고, 위험한 결과를 가져오는지, 내가 받은 전쟁 전·전시의 교육의 체험에 근거하여 진술한다.

1. 나의 경력과 받은 교육

(1) 나의 경력, 그 시대

나는 1928년생으로 그 후 얼마 되지 않아 만주사변(1931년), 사물을 보는 정도의 초등학교 1년 때에 육군장교들의 무력반란(2·26 사건)이 있었고, 3년 때에 중일전쟁이 시작되어(노구교(蘆溝橋)사건), 중학 1년 때 아시아·태평양전쟁이 일어난 시대에 자랐다. 그리고 다음 해 13세에 부모 곁을 떠나 육군장교 양성기관인 센다이(仙台)육군유년학교에 입교하여, 3년 후인 1945년 4월에 육군예과사관학교에 입교하였고, 패전인 8월에는 육군항공사관학교에 진학하기 직전이었다.

(2) 당시의 교육

당시 교육의 기본으로 여겨진 것은 교육칙어(1890년 "교육에 관한 칙어(教育に関する勅語))" 였다. 거기에는 다음과 같이 기술되어 있다. "우리 조상들이 나라를 개국한 것은 지극히 광원(宏遠)하고, 덕을 세우신 것은 지극히 깊고 두텁다. 우리 신민은 능히 충성하고 능히 효도를 다하여 억조창생의 마음을 하나로 하여 대대로 미풍을 만들어 왔다. 이것을 우리나라 모습의 정화(精華)로 하여 교육의 연원 또한 실로 여기에 있다"라고.

즉 일본은 신의 후손이며, 현인신(現人神)인 천황폐하가 다스리는 세계에서 단하나의 고마운 국가이다. 그 폐하에게 심신을 바치는 것이 일본인으로서 가장 올바르고, 명예로운 삶의 방식이라고 하는 가르침이다. 그리고 아마테라스오오미카미(天照大神)의 신칙(神勅)으로, 천황이 일본의 통치자로 정하여졌다는 신화를 역사로 가르쳐 거기에 의문을 갖지 못하도록 하는 지도요강이 있었다고 한다.

2. 그 악영향 — 침략전쟁으로의 동원

이러한 교육을 어린이들 마음에 심어 둔 결과는 어떻게 되었는가. 스스로 사물을 생각할 수 없고, 오로지 "위(お上)"에서 말하는 것을 무조건 따른다고 하는 습성이 만들어졌다.

그러므로 전쟁에 관하여도 "자존자위"의 싸움이며, 구미의 식민지지배로부터 아시아를 해방하는 "성전"이라고 굳게 믿고 있었다. 당시 항공과에 지원하는 것은 특공요원으로서 죽는 것이었음에도 우리들은 그것을 솔선하여 지원하였다. 하지만 내세웠던 전쟁목적과 사실은 달랐다. 1943년 5월 29일 대본영정부연락회의 결정·동 5월 31일 어전회의 결정의 "대동아정략지도대강"에서는 6(2)의 "『말레이시아』『수마트라』『자바』『보르네오』『셀레베스(Celebes)』는 제국영토로 결정하고, 중요자원의 공급지로서 힘껏 이를 개발하고, 동시에 민심을 파악하도록 노력한다"고 규정하고, 게다가 이 항은 "당분간 발표하지 않는다"라고 하였다(외무성편찬, 『일본외교년표 및 주요문서(하권)(日本外交年表並主要文書(下巻))』, 1966, 原書房, 584면). 그리고 이러한 결정을 하면서도 종전의 조칙에서는 염치도 없이 "다른 국가의 주권을 배제하고 영토를 침범하는 것은 결코 짐이 의도하는 것은 아니다"라고 말하고 있다.

요컨대 권력은 아름다운 "말"로 아이들을 속여, 진실을 알지 못하게 하고, 자진하여 침략전쟁으로 내몰리는 인간이 되는 "국책교육"을 행하였다고 하는 것이다. 그 결과 국내외에 이루 말할 수 없는 희생을 초래한 것이 그 전쟁의 참화였던 것이다.

3. 진실은폐, 교육파괴는 용서되지 않는다

(1) 도쿄(東京)도교육위원회가 이 교과서를 부적절하다고 하는 이유는 무엇인가.

학생들에게 있어서 "부적절"한 것으로 본 교과서의 기술을 보면, 왜 일부 지자체가 "일장기·국가(君が代)"를 강제하려고 하는지, 그것에 저항하는 교사가 있다는 것은 무슨 이유인지, "국기·국가"란 어떤 의미를 가진 것일까 등등에 관하여 사실을 알고 스스로 생각하는 계기가 된다. 이 교과서를 적절하지 않다고 하는 도쿄(東京)도교육위원회는 진실을 두려워하고 학생에게 스스로 생각하게 하는 교육을 싫다고 하는 것이다.

(2) 침략전쟁으로 치달은 길로의 회귀

이전에 일본정부는 무모한 침략전쟁에 대하여 이론(異論)을 봉쇄하고 교육을 권력으로 지배하여, 국민에게 그 전쟁을 동양평화를 위한 "성전"이라고 믿게 하려고 하였다. 그러한 결과가 국내외에 큰 참화를 낳은 그 전쟁이었다. 그리고 그 심볼이라고 하여야 할 것이 "일장기·국가"였다는 것이다.

예컨대 당시 만들어져 널리 불려진 노래에 다음과 같은 것이 있다.

"어머니의 등에서 작은 손으로 / 흔들었던 그 날의 일장기의 / 희미한 추억이 가슴에 타오르는 애국의 / 피 속에 아직 남아 있다(『일장기 행진곡(日の丸行進曲)』 1937년, 아리모토 켄지(有本憲治) 작사, 호소카와 타케오(細川武夫) 작곡).

"흙도 초목도 사람도 불타는(燃ゆる) / 끝없는 광야를 헤치고 / 나아가는 일장기 철모 / 말의 갈기를 쓰다듬으면서 / 내일의 생명을 누가 알랴" "싸우는 몸은 이전부터 / 죽을 각오를 하고 있는 것을 / 울지마라 풀벌레 / 동양평화를 위해서라면 / 생명인들 뭐 아까우랴"(『야영의 노래(露営の歌)』 1937년, 야부우치 키이치로(薮内喜一郎) 작사, 코세키 유지(古関裕而) 작곡).

또한 전시 중 종군위안부(실태는 일본군용 성노예)였던 한국여성의 "일장기가 나의 인생을 망쳤다"라고 하는 절규에 귀를 닫을 수는 없다.

이러한 일장기·국가에 관한 사실을 기재한 역사교과서를 배제하는 것은,

다음 세대의 학생이 사실을 알고, 스스로 문제를 생각할 기회를 빼앗는 것이다. 그것은 역사의 교훈, 희생을 없는 것으로 하고, 이전의 국책교육을 부활시키는 한 걸음이며, 주권자를 기르는 교육의 파괴이다. 이전의 전쟁으로의 길의 반성에 의하여 만들어진 전후의 일본국헌법에 비추어 결코 용서될 수 있는 것이 아니다.

제 6 장 원자력발전 재해를 일으킨 국가에 의한 경제산업성(経済産業省) 앞의 텐트광장 퇴거·손해배상청구 재판

Ⅰ. 국책 비판의 봉쇄는 표현의 자유(헌법 제21조)의 침해 (2013년 7월 22일, 도쿄(東京)지방재판소에서의 진술)

1. 이론(異論)의 배제는 권력의 폭주를 초래한다 — 전쟁 참화의 경험

나는 1941년 12월의 진주만공격의 다음 해 4월, 13세에 육군의 간부장교를 양성하는 센다이(仙台)육군 유년학교에 입교하여, 그 이래 패전한 1946년 8월까지 3년 남짓, 전시 중의 장교생도로서 교육을 받았다. 교육에서는 아마테라스오오미카미(天照大神)의 신칙에 근거한 대일본제국의 통치권자, 군의 통수자인 천황에 대한 충성, 구미의 식민지 지배로부터의 아시아해방이라고 하는 아름다운 전쟁목적, 필승의 신념의 강조 등이 있었다.

그것은 지금 생각해 보면 얼마나 허위이며 불합리한 것이라고 하는 것은 별론으로 하더라도, 당시 초등학교의 어린 시절부터 "교육칙어"에 근거하여 철저히 주입되어 그 이외의 생각을 접할 수 없었던 우리들은, 특공기에 의한 죽음도 당연시 하고, 오히려 스스로 그것을 지원하는 심리 상태에 있었다. 이러한 사회분위기가 만들어진 것은 상식적인 사고나 사회과학적 고찰을 허용하지 않고, 치안유지법 등등에 의하여 억압하는 정치체제가 있었기 때문이다. 당시의 표어에는 다음과 같은 것도 있었다. "마귀와 짐승(귀축)인 미국과 영국을 격멸하자(鬼畜米英撃滅)", "거국일치", "1억 한마음, 불덩어리".

요컨대 국책에 반하는 이론(異論)은 모두 배제하는 것이다. 그것이 권력의 폭주를 멈추지 않고, 최악의 사태까지 전쟁을 계속하게 하여 "정부의 행위에 의한 전쟁의 참화"를 증대시킨 원인이 되었다.

2. 표현의 자유 보장은 권력 비판의 보장

이러한 경험의 반성에 서서 전후의 헌법은, "집회, 결사 및 언론, 출판 그 외 일체의 표현의 자유는 이를 보장한다. / 검열은 이를 하여서는 아니 된다. 통신의 비밀은 이를 침해하여서는 아니 된다"(제21조 제1항, 제2항)라고 규정하였다.

메이지헌법에서는 "국민"의 말조차 없었고, 일본인은 모두 천황의 "신민(臣民)"이었다. 그리고 "법률의 범위 내에서 언론 저작 출판(印行) 집회 및 결사의 자유를 갖는다"라고 하고, 물론 그 자유는 국책찬미, 전의(戦意)고양을 위하여 충분히 발휘되었다. 그러나 정부의 뜻에 따르지 않는 기사를 쓴 기자는 징벌적으로 소집되어 위험한 전선으로 보내졌다든가, 정부의 권한이었던 용지할당 등을 통한 압력 등으로 보도기관도 자발적으로 자숙할 수밖에 없는 상태로 내몰렸다. 그렇기 때문에 전후의 헌법은 조건 없이 표현의 자유를 보장하였던 것이다.

헌법이 보장하는 "기본적 인권은 인류의 다년간에 걸친 자유 획득의 성과"(제97조)인 것이다. 그 표현의 자유의 획득의 역사를 보면, 그것이 정부가 싫어하는 견해의 표현의 자유야말로 보장되지 않으면 안되는 것은 명확하다.

3. "실질적인 자유와 평등"에 무엇이 필요한가—관리권의 제약

(1) 경제적 지위와 실질적 자유·평등

그것뿐만이 아니다. 현대의 경제적 양극화사회에 있어서 형식적인 자유·평등만으로는 경제적으로 우위에 있는 자의 일방적 지배를 초래하게 된다. 그 현저한 경우로서 노사관계와 관련하여 근로자의 단결권 등의 노동기본권이 보장되었다(헌법 제28조). 그 의의에 관하여 최고재판소는 다음과 같이 판시하고 있다.

"노동기본권 보장의 목적은 헌법 제25조에서 정하는 이른바 생존권보장을 기본이념으로 하여, 근로자에 대하여 인간다운 생존을 보장하여야 한다고 하는 견지에서, 한편으로 헌법 제27조가 정하는 바에 따라 근로의 권리 및 근로조건을 보장함과 동시에, 다른 한편으로 헌법 제28조가 정하는 바에 따라 경제상 열위(劣位)에 있는 근로자에 대하여 실질적인 자유와 평등을 확보하기 위한 수단으로서 단결권, 단체교섭권, 쟁의권 등을 보장하려고 하는 것이다", "근로자가 하는 쟁의행위는 정당한 한계를 넘지 않는 한 헌법이 보장하는 권리의 행사에 다를 바가 없기 때문에, 정당한 사유에 기초하는 것으로서 채무불이행에 의한 해고, 손해배상 등의 문제를 일으킬 여지가 없고, 또한 위법성을 결여하는 것으로서 불법행위책임을 발생시키는 것도 아니다"(도쿄(東京)우편사건, 1966.10.26 판결, 최고재판소형사판례집 제20권 제8호, 901면).

그렇기 때문에 경제적 우위에 있는 사용자의 "자유권이나 재산권이라고 하여도 절대 무제한의 것이 아니라, 근로자의 단체행동권 등을 위하여 어느 정도 제한을 받는 것은 당연하다"(야마타(山田)강업사건, 1950.11.15 판결, 최고재판소형사판례집 제4권 제11호, 2257면)고 한다. 이렇게 하여 최고재판소는 사용자의 "시설관리권"에 대하여도, "그 이용을 허락하지 않는 것이 해당 시설에 대하여 사용자가 갖는 권리의 남용이라고 인정되는 특별한 사정이 있는 경우에는" 그 행사에 일정한 제약이 있다고 인정하여(콕쿠로삿뽀로찌혼(国労札幌地本)사건, 1979.10.30 판결, 최고재판소민사판례집 제33권 제6호, 647면), 현실적으로 시설 내에 있어서의 허가받지 않은 삐라 배포에 대하여도 이를 이유로 하는 징계처분을 무효라고 하고 있다(메이지(明治)유업사건, 1983.11.1 판결, 判例時報 제1100호, 151면).

(2) 자유·평등의 실질적 보장은 국가의 책무

이것은 사회적 지위가 확연히 구별되는 노사관계에 대하여 말한 것이지만, 실질적 자유와 평등을 확보할 필요는 노사관계에 한정되는 것은 아니다. 헌법은 개인의 존중, 자유 및 행복추구의 권리를 강조하여, 그것에 관하여는 국가의 입법 그 외 국정에 있어서 최대한의 존중을 명하고 있기 때문이다.

(3) 본건의 경우

그렇다면 본건의 경우는 어떠한가.

원자력발전을 추진하는 측, 이른바 원자력 집단은 이 앞전의 회에서 카와이(河合) 대리인의 진술에서 분명히 한 바와 같이 풍부한 자금력과 인맥을 통하여 압도적인 선전력을 가지고 사회에 작용하게 하여 원자력발전 추진의 분위기를 만들어 내어, 정부의 추진정책을 뒤에서 밀고 있다.

이에 대하여 원자력발전 대재해에 의하여 고향과 생활을 잃고, 생명까지 빼앗긴 사람들의 생각은, 본건 경제산업성 앞의 텐트에 의해서 작은 항의나 비판, 표현을 계속하는 것이 가능하게 되었다. 이 텐트는 원자력발전 추진파의 표현력에 대하여 밸런스를 조금이라도 회복하기 위하여 필요한 조건이다. 거기에 있어서의 논의는 국민의 알 권리에 응하여, 호소하기 위하여도 불가결한 것이다. 후쿠시마로부터 피난해 온 사람은 이 텐트를 제2의 고향으로 마음을 달래고 있었다고 조차 말하고 있다.

또한 행위의 정당성은 그 행위로 나온 경위나 목적, 상대가 나오는 태도 등과 상관관계에서 판단되지 않으면 안된다(최고재판소 안자이(安西)우체국사건, 1967.2.7 판결, 최고재판소형사판례집 제21권 제1호, 19면, 최고재판소 삿포로(札幌)교통국사건, 1970.6.23 판결, 최고재판소형사판례집 제24권 제6호, 311면 등).

본건 텐트는 원자력발전 안전신화, 원자력발전 추진정책에 의하여 주민에게 심각한 피해를 주면서, 여전히 원자력발전 재가동을 진행시키는 정부에 대한 항의의 의사표명이다. 그 피해에 대한 사죄와 보상, 원자력발전 완전한 폐기의 표명이라도 있으면, 무거운 부담을 수반하면서 계속하여 온 텐트의 철거도 자발적으로 하게 된다. 그것을 하지 않고 텐트의 퇴거를 압박하는 것은 "원자력발전 국책"에 의하여 최대의 피해를 받은 사람들, 그리고 정부정책에 의해 재차 원자력발전 사고의 참화를 입을 것을 두려워하는 국민의 표현의 자유의 실질적 수단을 뺏는 것이다.

국가는 국유지 관리권을 주장하지만 그것은 국정을 수행함에 있어서 하여야 하는, 행복추구에 대한 국민의 권리에 대한 최대한의 존중은커녕 반대로 최대의 공격인 것이다. 텐트에 작은 등불이 있었다는 것이나, 교통의 지장에 대한 비난이라고 하더라도 이 문제는 주의를 촉구하면 되는 것이다.

또한 표현의 자유라고 하는 정신적 자유의 행사에 대하여는 국민 상호 간의 관용의 정신이야말로 요구되는 것이다. 국가는 이 토지의 사용허가신청에 대하여 특정의 단체에게만 인정할 수 없다고 하는 구실을 대고 있지만, 별도로 다른 사용신청과 경합하는 것도 아니었다. 이를 빌미로 사용허가의 거부,

나아가 공격적인 퇴거청구가 헌법에 위반하는 토지관리권의 남용이라는 것은 명확하다고 말하지 않으면 안된다.

나아가 최근의 국제연합사회권규약위원회가 채택한 제50회기(2013년 4월 29일~5월 27일)의 "일본의 제3회 정기보고서에 대한 총괄 의견" 제24항에서 "위원회는 체결국(일본)이 재해대응, 리스크 경감 및 복원 및 부흥을 위한 대처에 대하여 인권을 기반으로 하는 어프로치를 취하도록 권고한다"(사회권규약 NGO 리포트 연락회의 번역)고 한 것에도 주목할 필요가 있다.

4. 결론 — 본건은 국가에 의한 전형적인 스랍 소송(입막음소송)으로서,[1] 표현의 자유의 침해이다

앞에서 본 바와 같이 텐트의 퇴거청구는 어떠한 합리적 이유 없이, 정부의 마음에 들지 않는 표현을 배제하려고 한 것뿐으로, 헌법위반의 행위로서 무효이다(헌법 제98조 제1항). 하지만 그뿐만이 아니고, 이번 국가의 청구에는 천백만엔의 손해배상청구도 하고 있다. 이는 이선에 오오구씨(大口) 대리인이 상세하게 지적한 것처럼 그와 같은 정부비판의 표현을 위축시키려고 하는 전형적인 스랍소송이다.

스랍소송은 민간 상호 간에서도 허용되는 것이 아니지만, 그것이 정부에 의해서 제기되는 경우에는 그 해악은 한층 더 중대하다. 이 소송은 정부비판을 억제하려고 하는 여론조작의 의미를 가지며 1.에서 서술한 것과 같은 이론(異論)의 배제, 권력의 폭주로 이어지기 때문이다.

부언하면 국가는 청구하는 손해액을 토지사용료 상당액이라고 하여 토지평가액을 기준으로 하여 산출하고 있다. 그러나 여기에서의 토지는 임대용의 토지가 아니다. 그곳에는 휴식용의 벤치도 설치되어 있는 것에서 알 수 있듯이, 국민에게 열려져 있는 토지이다. 그것을 임대료 수입 상당액의 손실을 받

---

1) 스랍소송이란 Strategic Lawsuit Against Public Participation의 첫 자에서 따온 것임. 공공적 문제에 대한 비판적 발언을 억압하여, 위축효과를 노린 소송임. 통상 고액의 손해배상 등을 청구한다. 미국에서는 2010년까지 전미국의 반수를 넘는 주에서는 이를 방지하는 입법이 제정되고 있다고 한다(나이토 미츠히로(内藤光博) "스랍소송과 표현의 자유 — 경제산업성 앞의 『텐트광장』 재판에 관하여(スラップ訴訟と表現の自由 — 経産省前『テントひろば』裁判について)"(法と民主主義, 2014년 11월호).

았다는 등을 주장하는 것은, 얼마나 정부가 비판을 억제하기 위하기 구실을 찾으며 외양 따위는 개의치 않는 악질적인 것인가를 대변한다. 이는 소권남용으로서 조속한 각하 내지 청구기각을 요구한다.

Ⅱ. “텐트광장”의 원자력발전 정책에 대한 분노, 비판의 표명은 공공복리 그 자체[2)]

“텐트광장”의 의의에 대하여 보충하면 다음과 같다.

앞의 회에서도 이야기하였지만 나는 조금만 종전이 늦었더라면 특공기 전사자로서 야스쿠니 신사에 묻힐 상황이었다. 왜 자진하여 특공요원이 될 것을 지원했는가. 그것은 개전(開戰)의 조칙에 있는 바와 같이, 그 전쟁이 구미의 식민지지배로부터 아시아를 해방하는 성전이라고 굳게 믿고 있었기 때문이다.

하지만 사실은 달랐다. 전후 밝혀진 바에 따르면, 예컨대 1943년 대본영정부연락회의(5월 29일)·어전회의(5월 31일)에서 결정된 “대동아정략지도대강(大東亜政略指導大綱)”의 6(2)의 “『말레이시아』『수마트라』『자바』『보르네오』『셀레베스(Celebes)』는 제국영토로 결정하고, 중요자원의 공급지로서 힘껏 이를 개발하고, 동시에 민심을 파악하도록 노력한다”고 하고, 게다가 정중하게 “이 항은 당분간 발표하지 않는다”라고 하고 있었던 것이다(외무성편찬, 『일본외교년표 및 주요문서(하권)(日本外交年表並主要文書(下巻))』, 1966, 原書房, 584면). 구미의 비도덕적인 식민지지배는 당연히 용서되는 것이 아니다. 그러나 일본정부는 그 해방을 강조하면서, 실제로는 의문을 가질 줄 몰랐던 사람들을 속여 자신이 편취하려고 하고 있었다는 것이다.

야스쿠니 신사에 대한 전범합사문제는 여기에서 이야기 하지 않겠다. 그러나 “영령”이라고 말하고 있는 것은, “국가를 위하여”라는 것을 구실로 삼아, 실제로는 정부에 의해서 헛되이 목숨을 빼앗긴 사람들이었다. 국민에게 사실

---

2) 이는 피고 변호단으로서 법정에서 변론준비로서 쓴 것이다. 그러나 재판소(민사 제37부, 무라카미 마사토시(村上正敏) 재판장)는 2013년 12월 3일의 구두변론에서 변호단의 증거조사청구를 각하하고 결심(結審)하려고 하였다. 기피신청, 각하, 결심, 그리고 2014년 2월 26일(1936년에 청년장교들에 의한 무력반란이 있던 날)에 피고들 패소판결이 있었고, 변론의 기회는 없었다. 그리고 이러한 소송지휘의 방식 그 자체, 나의 비판이 옳다는 증거라고 말할 수 있지 않은가.

을 알리지 않고, 반대하는 것을 용서하지 않고, 권력자가 그 목적을 숨겨, 자의적인으로 정치를 하는 것을 가능하게 하는 체제이다. 그것이 그와 같은 비참한 전쟁을 일으켰다는 것이다. 원자력발전소에 관하여도 이번에 강행적으로 제정한 "특정비밀보호법(特定秘密保護法)"에 의하여 같은 사태가 반복되지 않는다고 말할 수 없다. "오염수는 완전하게 컨트롤 되고 있다"는 등등의 정부의 거짓말에 대하여 후쿠시마 사고의 기억을 희미하게 하지 않고, 그 위험을 현재의 문제로서 눈에 보이는 형태로 발신(發信)하고, 교류하고, 연대하여 방사능 피폭자의 피난이나 건강유지의 권리, 생명·재산을 포함하여 고향을 빼앗긴 피해의 보상, 원자력발전 폐지요구 등등의 의사를 표명하는 장소가 되고 있던 것이 "텐트광장"이다. 그것은 참으로 "생명, 자유 및 행복추구에 대한 국민의 권리"(헌법 제13조)로서, "국정을 수행함에 있어서 최대한 존중을 필요로 하는" 공공복리 그 자체이다. 이를 배제하려고 하는 것은 권력의 남용이며, 용서될 수 없는 것이라고 하지 않을 수 없다.

제 3 부

노동기본권의 법리의 주장(고발, 의견서 등) —재판 등의 현실과 포기하지 않는 실천의 필요

이러한 권력 측의 움직임은 전후 헌법이 보장한 노동기본권에의 공격에서도 강화되었다. 이에 대하여 내가 전공하는 노동법 분야에서의 기본권법리를 전개한 것이 제3부이다. 개별 사건에서의 고발이나 의견서 등을 주로 하지만, 그 전체에 걸쳐 통하는 것으로 "제Ⅰ. 기본적 시점"으로 시작하여, 기본적 사고(제7장)와 정세동향의 분석(제8장)을 두었다.

"제7장 노동법학에서 내가 추구한 것"은 와세다대학에서의 최종강의이지만, 전후 헌법하의 법률론은 헌법이 갖는 가치체계를 현실에 입각하여 한층 구체화, 발전시키는 것이어야 하고, 그리고 민중에게 지지받는 학문은 민중에게 보답하는 것이어야 한다는 사고이다.

"제8장 노동기본권의 적대물로서의 규제완화"는 벌써 다른 저작에도 수록되어 있지만, 오늘에 이르는 정세동향의 분석시점으로서 수록하였다.

"제Ⅱ. 검찰청으로의 고발, 검찰심사회로의 심사신청"은 근로자 권리침해에 대한 고발로서 의료법인 난로카이(南労会)(제9장)와 와세다대학을 다루었다(제10장). 노동조합법이나 노동기준법은 매우 불충분하지만 사용자에 의한 근로자 권리침해에 대한 벌칙규정을 두고 있다. 이것을 이용한 반격은 그것을 지지하는 운동은 있었지만 역사의 성과를 발판으로 살리는 길일 것이다.

제9장 의료법인 난로카이(南労会) 사건은 확정된 노동위원회의 구제명령 위반에 관한 것이다. 제10장 와세다대학 사건은 노동기준법 제90조 위반이다. 코멘트는 필요한 경우 각 문장의 서두에 붙인다. 고발을 접수받고도 좀처럼

기소하지 않는 검찰의 태도도 문제이다.

"제Ⅲ. 재판소, 노동위원회 제출 의견서"는 제11장~제21장이지만, 각각 사건이 다양하고, 쟁점도 서로 겹쳐 있다. 따라서 편의상 대략적으로 "A 공서양속, 근로자 개인의 권리, 인격권에 관한 것"(제11~제13장), "B 단결권, 쟁의권에 관한 것"(제14장~제17장), "C 단체교섭권 외의 것에 관한 것"(제18~제21장)으로 나누고, D를 소결론으로 하였다.

제 I . 기본적 시점

제 7 장 노동법학에서 내가 추구한 것
— 와세다대학 최종강의(1999.1.22)

나는 오래전부터 노동법의 강의를 담당하여 왔지만 올해는 몸 상태가 좋지 않아 입원하는 등 참으로 본의가 아닌 수업이 되어 미안하다. 오늘은 최종강의로 지금까지 내가 생각해 온 것이나 감상 등도 포함하면서 여러 가지 이야기를 하고자 한다. 이야기가 여기저기로 넘나들거나 정리가 잘 되지 않을 것 같은데 와세다에 이런 교원도 있었다고 하는 것으로, 들어주길 바란다.

오늘 테마는 "노동법학에서 내가 추구한 것"이다. 이렇게 "내가 추구한다"고 하면, 무엇인가 주관적인 것으로 생각될지도 모른다. 즉 "노동법학"에도 여러 가지 있다는 것을 전제로 설정한 테마이다. 여기에서 그런 것으로 과연 괜찮은 것인가. 그러한 주관적인 것으로, 법률학이 학문으로서 성립되는가 하는 의문이 당연히 생길 것이다. 이 점에 관하여 어떻게 생각해 볼 것인가 하는 것부터 이야기 하고자 한다.

1. 학문의 목적과 입장

(1) 학문의 독립 — 와세다대학 교훈

예컨대 『와세다법학』이라고 하는 잡지가 있는데 1년에 4회 출간되고 있다. 이는 학생제군들도 회원으로 되어 있는 와세다대학 법학회의 기관지로, 발행될 때마다 학생제군들은 자유롭게 가지고 갈 수 있다. 『와세다법학』이라는 이름은 발행, 편집의 주체가 와세다대학 법학회인 것을 나타내고 있지만, 그것뿐일까. 와세다법학이라고 하는 독자적인 법학이 있는 것인지, 없는 것인지 하는 점도 생각해 볼만하지 않는 것인지.

작년 나는 고희의 기회에 『노동법학의 방법 — 역사의 인식과 법의 이해』(労働法学の方法 — 歴史の認識と法の理解)라고 하는 책을 출간하였다. 한정된 시

간이므로, 오늘의 이야기에서 부족한 점이나 문헌에 대해서는 그 책을 봐 주셨으면 한다. 제군의 선배의 한 사람으로서 스도우(須藤忠臣)씨가 경영하고 있는 유유사(悠々社)에서 발간되었다.

부언하면 현재의 출판사정은 좀 어려운 것 같다. 실용서나 해설서는 부수가 나오므로 좋은 것 같지만, 연구서의 경우 구매자가 적은 것이 현실이다. 그 때문에 발행 부수를 줄이면 권당 단가가 비싸진다. 그렇게 되면 더욱 매출이 어렵게 된다. 게다가 세금의 문제도 있다고 한다. 즉 팔리지 않아서 재고가 있게 되면 그 재고의 책이 자산으로 평가되어 그것에 대하여 세금이 부과된다고 한다. 보관하는 창고료도 든다. 그러한 이유로 반년 정도 지나면 자산으로 평가되지 않도록 파쇄하여 버린다. 지금의 출판 사정으로서는 장기적으로 좋은 책을 출판해 나가는 것이 어렵다. 출판문화라고 하는 점에서 생각하더라도 일본에서는 학문을 지키는데 곤란한 상황이 있다는 것이다.

본론에 들어가 유인물에 "과학은 중립적이지만 과학자는 중립적이지 않다"고 하는 말이 쓰여 있다. 이것은 분명히 미나마타병(水俣病)의 원인이 소송으로 다투어졌을 때에 원고인 환자가 한 말로 기억된다. 그것은 무슨 일인가. 의학적인 감정서가 몇 개가 나왔다. 그 가운데는 실은 처음부터 인과관계를 부정하는 결론을 짓고 진실을 처음부터 애매하게 하여, 자신이 결정하고 있는 결론을 학문의 장식으로 얼마나 변명할 것인가, 그러한 감정서를 쓴 사람이 있었다고 하는 것이다. 그 사람은 이후에 본인은 일본의 대기업을 지키는 것이 소중한 일이라고 생각하고 있었다고 말하고 있다. 그러한 "학문"도 있는 것이다.

그에 대하여 와세다대학은 어떠한가. "학문의 독립"이라고 하는 와세다대학의 교훈이 있다. 이것은 이른바 건학의 정신이지만, 먼저 학문의 독립을 도모한다는 것을 말하고 있다. 제군이 교훈을 볼 기회는 적다고 생각되지만, 교가에도 "진취의 정신, 학문의 독립"이라고 하고 있기 때문에 이것은 잘 알 것이다.

그렇다면 무엇으로부터 독립하는 것인가. 이는 외국으로부터의 독립을 비롯하여 여러 가지가 있겠지만 와세다대학은 또한 재야정신이라든가 서민의 대학이라든가 하는 것도 이야기되고 있다. 따라서 적어도 권력으로부터 독립한다는 뜻도 있는 것이다. 오오쿠마(大隈) 후작이 와세다대학을 설립하였을 때에는 모반인(謀反人)의 양성소라고도 하는 말을 들으면서도 그러한 방해를 넘어 온 것이지만, 학문의 독립이라고 하는 것에는 외부로부터의, 특히 권력으로부터의 억압, 의혹, 이익으로 유도라고 하는 것으로부터의 독립이 있고, 그것이 하나의 중요한 내용을 이룬다.

즉 학문은, 학문으로서 진실을 요구한다고 하는 것 외에는 모든 고려를 하지 않는다고 하는 것이다. 다른 것으로 구애받지 않는다. 다만 학문으로서 진실을 추구한다. 그러한 학문의 독립이라고 하는 것이 와세다대학의 교훈의 제1에 주창되고 있는 건학의 정신이라는 사실이다.

물론 이것은 와세다대학에 한정하지 않으며, 학문이 학문으로서 혹은 과학으로서 진실을 추구하는 것이라면 모두 그렇게 되어야 한다. 그러나 진실 이외의 것 "어용들"로 전락하는 사이비 학문도 있다. 그렇기 때문에 와세다는 결코 그러한 것이 되어서는 안된다. 이러한 학문의 본줄기를 스스로의 기본으로서 확인한 것이라고 생각한다.

(2) 학문의 활용

학문 또는 과학이 진실을 추구하는 것은 그 기본적인 본성일 것이지만 그것만으로 좋은 것인가라고 한다면, 또 여기에서 여러 가지 문제가 나온다. 교훈의 제2에는 "학문의 활용을 하여"라고 하는 것도 쓰여 있다. 학문을 실제로 살린다는 것이다.

그런데 여러분은 "학문을 위한 학문"이라고 하는 말도 들은 적이 있을 것이다. 이는 조금 전에 말한 학문 이외의 것은 생각하지 않는다고 하는 것으로, 학문의 독립이라고 하는 것의 일면을 나타내는 것일지도 모른다. 그러나 학문을 위한 학문이라고 하는 것이 나온 것에는 하나의 전제가 있었기 때문이 아니겠는가. 주변의 의혹에 사로잡히지 않고 진실을 추구하는 것이 궁극적으로는 인간의 행복, 인류의 행복에 도움이 된다고 하는, 암묵의, 낙관적인 전제 위에서 학문을 위한 학문이라고 하는 말이 나왔다고 생각한다.

학문을 하는 데는 그것을 뒷받침하는 시간과 돈이 필요하다. 시간이나 돈은 어디서 만들어지는 것인가. 학문을 위한 시간적 여유와 돈은 사회에 의하여 지탱되고 있다. 와세다대학에서도 학생의 수업료나 국고보조에 의하여 학문이 지탱되고 있기 때문에, 사회로부터 받고 있는 혜택에 보답하여야 하는 것이 아니겠는가. 사회에 의해서 지탱되고 있다면, 그 학문이 자신을 지지하고 있는 사회의 많은 사람들을 불행하게 할 권리는 없다고 말할 수 있지 않겠는가.

학문이 진실을 추구하면 된다고 하여 어떻게 되었는가. 예컨대 원자폭탄을 만들었다. 아니면 편리함에 도움이 되는 것을 추구해 온 자연과학이 환경의 파괴나 오염문제를 발생시키는 것으로 이어지기도 한다. 사회과학에서도 경제학으로 노벨상을 받은 인간이 시장원리로 주식의 동향 등을 예측한다. 자금을 어떻게 운용하면 어떤 이익을 얻을 수 있는가 하는 시장의 예측으로 큰 돈벌이를 한다. 그러나 그것이 실은 세계경제를 문란 내지 교란하게 한다. 돈을 벌기 위하여 어느 아시아 국가에 고액의 자금을 투입하고, 시기에 따라 거두거나 움직이게 하여 사람들의 현실 생활을 파괴하는 경우도 있다. 헤지펀드라고 하는 것이 그러하다. 특히 원자폭탄의 예를 들면 그것만으로도 분명하지만, 학문은 어떻게 이용되는지, 무엇을 위한 학문인가라고 하는 것이 문제이다. 그 문제의식이 연구를 하는 경우에는 중요한 의미를 갖는다.

(3) 무엇을 위한 법률학인가

법률학에서 실용법학이라고 하는 분야가 큰 부분을 차지하고 있다. 제군이 배우고 있는 대학의 강의에서도 거기에 많은 시간이 배분되고 있다. 그렇다면 무엇을 위한 실용인가. 실제로 법을 사용하거나 법을 제정하는데 있어서, 입법론이라든가 법의 해석이라는 것이 필요하고 그것이 법률학에 요구되는 것이다. 그런데 어떠한 목적을 위한 입법이며 해석인가 하는 것에 관하여 생각하지 않으면 안된다.

노동법의 문제에서 보면 1998년 9월 25일의 임시국회에서 노동기준법이 개정되었다. 이는 그 이전의 통상국회에 개정안이 제출되었지만, 그러한 것이 나오는 배경에는 이른바 시장원리·경쟁의 방임이라고 하는 규제완화의 흐름이 있다. 이른바 동서의 냉전은 동쪽의 패배, 소련 연방의 붕괴, 동구의 공산당 정권의 퇴패로 끝났다. 그렇게 되면 그것은 자본주의의 승리이며 시장원리

만세라고 하는 것으로, 특히 일본에서는 규제완화, 경쟁이 훌륭한 것이라는 것이 크게 주장되었다.

노동관계에 관하여 보면, 현재 그 하나의 면으로서 노동법에 의한 근로자의 보호가 있다. 근로조건의 최저기준을 보장하기 위하여 노동기준법이 제정되어 있다. 그런데 이 규제완화는 그것을 파괴하는 것이다. 법률에 의한 규제가 경제활동을 저해한다고 하는 이유로 노동기준법의 보호도 후퇴시키려고 한다.

예컨대 여성근로자의 시간외 근로의 제한이나 심야업의 금지가 있는데 올해 4월부터 그것도 제거해 버렸다. 그것을 전제로 하여 이른바 근로시간의 탄력화, 변형근로시간이라는 것이 확장되고 있다. 1일 8시간, 1주 40시간이 노동기준법의 원칙인데, 여기서 말하는 1일 8시간이라고 하는 것은 메이데이(노동절)가 일어난 기원이 되기도 한 것으로, 인간의 생리에 있어서 필요한 최저한의 보호라고 생각되고 있었다. 그런데 근로시간의 탄력화라고 하는 것은 어느 기간을 평균하여 주 40시간으로 된다면 좋다고 하는 것이니까, 인간생리를 무시하고 바쁜 날에 1일 10시간도 일하여야 하는 경우도 있게 된다. 오늘 아침 신문에, 소아과 의사가 과로로 사망하여 산업재해로 인정되었다고 하는 기사가 있었는데, 그러한 인간의 생리의 한계를 초과한 야간근로를 포함하여 법의 범위 내에서 가능하게 된다.

또한 노동기준법 개정에서 중심적인 문제로 여겨진 것이 "재량근로제"이다. 그것은 노동의 시간관리를 근로자의 재량에 맡긴다고 하는 것으로, 자신이 일하기 쉽게 일하는 제도라고 하는 듣기 좋은 의미를 갖는 말이다. 그렇기 때문에 그것은 매우 좋은 제도라고 생각될 수도 있는 것이지만, 내용은 실은 그렇지는 않다. 내용을 보면, 예컨대 노사위원회라고 하는 근로조건에 관하여 협의하는 기관을 만들어, 거기에서 주 40시간이라고 하는 협정을 해 두면, 몇 시간 일하든지 40시간 일한 것으로 본다고 하는 것이다. 예컨대 60시간 일하더라도 협정으로 당해 근로에 대하여 40시간으로 결정하고 있으면 40시간 일한 것으로서 취급한다. 즉 시간외 근로의 수당은 전혀 지불하지 않아도 된다. 그러한 규정을 포함하는 재량근로제라고 하는 것의 확대가 이 개정에 포함되어 있다.

조금 전의 여성 근로자의 보호를 제거하였다고 하는 점에서도 여성만의 보호가 평등에 반하는 것이라고 한다면, 인간의 생리에 적합하도록 남녀를 불문하고 보호규제를 가하는가 하면 그렇지도 않다. 반대로 여성에게도 지금 말한 것처럼 얼마를 일하든지 시간외 근로수당을 지불하지 않아도 된다는 길을 여는 개정을 하였다는 것이다. 이에 관하여는 물론 근로자, 노동조합, 변호사, 학자 등으로부터 비판이 일어난다. 일본변호사연합회의 총회에서는 이에 대한 반대의 결의까지 나왔다. 노동계도 현재는 운동방침이 다르다고 하는 이유로 연합(連合, 일본노동조합연합회), 전노협(전국노동조합연락협의회), 전노련(전국노동조합총연합) 등으로 노동전선이 나뉘어져 있지만, 이 점에 관하여는 그것들이 일치하여 반대하였다. 지금까지 연합(일본노동조합연합회)은 메이데이(노동절)라고 하여도 축제의 메이데이(노동절)였지만, 1998년은 노동기준법 개정 반대를 위하여 투쟁하는 메이데이(노동절)도 겸하여 데모 등도 하였다. 그런 것이 한편에서는 있는 것이다.

그런데 그러한 개정을 추진하려고 하는 측은 아름다운 말로 그것을 옹호한다. 예컨대 노동기준법의 개정에 대하여는 정부가 중앙노동기준심의회(中央労働基準審議会)에 자문을 구하여 답신을 받는다. 거기에 기초하여 개정안이 나오는 것이다. 그 중앙노동기준심의회의 회장인 하나미 타다시(花見忠)씨는 죠오지(上智)대학의 노동법 교수이기도 하다. 그는 근로시간의 상한규제를 풀고, 여성의 근로시간의 상한규제도 철폐하는 것에 대하여, 상한규제는 근로자의 결심에 따라서는 현재에도 충분히 실현가능하다고 말한다. 그리고 "남용의 위험이 있어 재량근로제는 안된다고 하는 것은, 도로교통법을 지킬 수 없기 때문에 자동차를 달리게 하지 말라 는 것과 같은 것"이라고 말한다. 이번 개정안은 규제를 풀고 "자주적, 자율적, 창의적으로 다양하고도 탄력적인 노동"을 추구하는 것이어서, 이를 가능하게 하는 "국가적 규제로부터의 탈피"라고 하는 말로 지금 말한 것 같이 개정을 옹호한다.

그러나 여기에는 문제의 본말전도가 있다. 법률론으로서 비유하는 형태의 이야기는 사태의 정확한 인식을 혼동하게 하여 잘못된 인식으로 정서적인 판단을 시킬 위험이 있어 바람직하지 않다. 하지만 굳이 비유를 사용한다고 하면, 이 경우는 도로교통법 위반이 있으니까 차를 없애라고 말할 것이 아니라, 도로교통법을 어떻게 할 것인가 하는 문제이다. 즉 노동기준법이 문제인 것이다. 비판자 측은 폭주하는 차가 위험하기 때문에 법률로 규제하자는 것이다. 하나미 타다시(花見忠)씨는 노동기준법 개정으로도 근로자의 결의 여하에 따라서는 규제가 가능하다고 말한다. 도로교통법의 예를 갖고 말하면, 실은 운전자의 판단을 신뢰하여 법의 속도규제를 없애라고 말하는 것이다. 비판자는 차를 달리게 하지 말라고 하지 않는다. 폭주하지 않는 운전자의 판단, 노동기준법으로 말하면 적절한 재량이라고 하는 것을 신뢰할 수 있는 조건이 있는가 없는가 하는 것이 문제이다.

근로자의 결의 여하에 따라 상한규제가 가능하다고 하는 것은 운동에 대한 발언으로서는 옳을지 모른다. 운동으로서는 분명히 근로자가 그러한 결의로 근로시간을 단축하고, 자신의 생활을 지키기 위하여 그렇게 하자고 하는 것은 필요하다. 그러나 법률론으로서는 근로자가 그러한 결의를 하여, 실제로 근로시간을 단축할 수 있는 조건이 있는가 하는 것이 문제이다. 그러한 조건이 없는 경우에 결의할 수 있는 조건을 법률로 보장한다. 법률로 만들어 낸다. 또한 그러한 조건이 없는 경우에도 인간으로서 생활을 지킬 수 있는 규제야말로 법률론으로서는 필요하지 않는 것인가. 운동론으로서 근로자의 결의를 요구하는 것은 좋다. 그러나 사실상 그것을 할 수 없는 많은 사람들에게 있어서도 그 생활을 어떻게 지킬 것인가 하는 것이 있는 것이다.

그런데 이는 그러한 것들을 도외시하고, 결의 여하에 따라 가능하다고 하고 자율적, 창의적이라고 하는 아름다운 말로 규제완화, 보호 철폐를 장식하는 하는 것이다. 그리고 중앙노동기준심의회, 즉 정부의 자문위원회의 회장이 그러한 방향으로 개정을 추진하려고 하였다. 그러나 그렇게 하면서 그는 재량근로제의 "대상범위의 확대는 산업의 요구가 있기 때문이다"라고도 쓰고 있다. 그러니까 무엇을 위한 법률학인가 하는 관점으로 말하면, 산업의 요구에 응하는 입법론을 그는 전개하였다고 하는 것이 되는 것이라고 생각한다.

여기에 두 개의 문제가 있다. 하나는 추상적인 법률론 만이라고 한다면 그가 말하는 것도 지당하다고 할 수 있지만 현실은 그것과 다르다는 것이다. 이 말은 현재의 노동기준법에서도 앞에서 이야기한 바와 같이 1일 8시간, 1주 40시간이라고 하는 원칙을 세워, 시간외 근로를 법이 허락하는 것으로 하기 위해서는 노사의 협정이 필요하다고 하고 있다. 노동기준법 제36조에는 그러한 것을 규정하고 있다. 일반적으로 사브로(36의 일본어 — 역자 주) 협정이라고 말하지만 그 직장의 과반수의 근로자를 조직하고 있는 노동조합, 혹은 그것이 없는 경우에도 과반수를 대표하는 근로자와의 협정을 한다. 즉 시간외 근로를 인정하여 40시간을 초과하여 일하는 것을 인정한다고 하는 협정을 하여, 그것을 노동기준감독서(労働基準監督署)에 신고하게 된다. 그 경우에 가산(割増)한 시간외 수당을 지급하여야 하지만, 그렇게 하면 시간외 근로가 허용되는 것이기 때문에, 역으로 말하면 현재에도 그러한 협정을 하지 않고 거부하여, 노동기준법의 기준을 지키려고 한다면, 시간외 근로를 하지 않아도 되는 것이다.

그 협정 없이 시간외 근로를 시키면, 사용자는 노동기준법 위반으로서 처벌된다. 그러한 구조로 되어 있으므로, 추상론적인 법률론으로서 말한다고 하더라도, 현재 근로자 측의 대응에 따라서는 시간외 근로의 상한규제는 가능하다고 하는 것이 옳다. 또한 조금 전에 말한 재량근로제에 대하여도 노사위원회의 결의가 필요하기 때문에, 거기에서 반대한다면 재량근로제는 적용되지 않는다. 노동측에 거부권이 있다는 것이다. 따라서 근로자의 결의 여하에 따라 상한규제가 가능하다고 하는 것은 추상적인 법률의 논리로서는 그러하다고 말할 수 있다.

그러나 현실은 어떤가라고 한다면 그것은 또한 별개의 문제이다. 이는 현재 노동기준법의 적용을 받고 있는 근로자의 몇 퍼센트 정도가 그러한 결의를 실현하는 것이 가능한가. 그러한 사실을 보지 않는 한 법률의 작용은 알 수 없다. 원래 법률의 개정은 현재의 법률에 의한 규제의 방법으로는 만족스러운 결과를 얻을 수 없다는, 부적당하기 때문에 그것을 수정할 필요가 있다는 것으로 진행되어야 하는 것이다. 그러기 위해서는 먼저 현실이 어떤가를 제대로 파악하지 않으면 안된다. 게다가 그러한 법률을 제정하면 현실이 어떻게 움직이는가 하는 예측도 가능한 한 정밀하게 볼 필요가 있다.

그러나 하나미 타다시(花見忠)씨는 어떤 현실이 있고, 근로자의 결의를 방해하고 있는 것이 무엇인가 하는 사실에 대하여 말하고 있지 않다. 현재와 같이 실업이 증대하고 있는 상황에서, 시간외 근로를 거부하거나 하면 실업의 위험과의 관계에서 어떻게 되는가 하는 문제가 당연이 발생한다. 그러나 지금 말하는 바와 같이 입법방향에 맞추어, 그러한 사실마저 정확하게 명시하지 않는 채로, 추상적인 논리로서 시간외 근로의 상한규제가 가능하다고 할 뿐이다. 그리고 “자주적, 자율적, 창의적으로, 다양하고 탄력적인 노동”이라고 하는 아름다운 말로 그것을 장식하고 있는 것이다.

이는 실은 그들이 생각하고 있는 정책목적은 그 말과는 다른 것을 의미하고 있는 것이 아니겠는가. 즉 아름다운 말은 내걸지만, 현실을 보지 않는 것이기 때문에 그 실현에는 실패한다. 의사의 경우로 말하면 오진(誤診)인 것이다. 현상의 진단을 잘못하고, 잘못된 처방을 하는 것은 악화의 길로 가게 되어 있다. 이와 같이 관련하는 현실을 보지 아니하고 새로운 입법을 하는 것이기 때문에, 여기서 내걸 수 있던 아름다운 정책목적을 실현하는 것은 실패한다.

노동기준법의 개정에서 제안이유로서 국회에서 내건 것은 근로자의 복지를 증진하는 등을 위한 것이라고 하는 것이었다. 이러한 아름다운 말을 내걸어 목적을 달성하는 것은 실패한다. 그 말은 실제로 내걸 수 없는 숨겨진 정책목적을 달성하는데 성공하는 것에 지나지 않는다. 즉 시간외 근로수당도 지불하지 아니하고 일하게 한다. 사용자가 시간관리의 책임을 지지 아니하고, 근로자에게 자발적이라고 하는 형태를 취하게 하여, 죽을 때까지 일하게 하는 것을 가능하게 한다. 그것이 산업의 요구이며, 이에 호응하는 입법이라고 하는 것은, 도대체 법률은 무엇을 위하여, 누구를 위한 것인가라고 하는 것을 생각해 둘 필요가 있다고 생각한다.

여성근로자에 대하여도 자신의 능력을 발휘하기 위하여 좀 더 일하고 싶어 하는 사람이 있지 않은가 라고 말한다. 그런 경우도 분명히 있다. 그러나 그것에 의한 부작용은 없는 것인가. 보호규정의 삭제에 의해 전체의 여성 근로자에게 어떤 영향이 일어나는 것인가. 그들은 그러한 총체적인 인식, 장기적인 인식을 하지 아니하거나 그것을 덮은 채로 눈앞의 산업의 요구에 맞추어 입법하려고 한다. 그렇기 때문에 자의적인 사실인식을 지당한 것처럼 내거는 것이다.

다른 하나는 그럼에도 불구하고, 상한규제는 가능하다고 하는 아름다운 말이 필요했던 것이다. 법률의 규정을 없애더라도 그것이 가능하다는 것은, 상한규제가 필요하다고 하는 그 자체는 부정하지 않는 덕이다. 부정은 하지 않지만, 법률로 규제하지 않더라도 그것이 가능하다고 하는 변명을 하고 있는 것이다.

왜 그러한 변명을 하는 것인가. 그것은 잘 아는 바와 같이 최고법규인 헌법에 그렇게 규정되어 있기 때문이다. 인간답게 건강하고 문화적인 생활을 영위할 권리라고 하는 것이 헌법에 규정되어 있는 것이다. 또한 여기서 근로조건의 기준은 법률로 정한다고 되어 있다. 그것과 바로 정반대가 되는 입법을 하는 것은 실은 헌법에 의하여 자신들의 권력의 정당성을 부여받고 있다는 점에서 성질이 좋지 않다. 헌법을 부정하여 새로운 권력기반을 만드는 경우는 별개이지만, 정상적인 상태에서는 헌법에 반하면 자신의 권력의 정당성의 기초를 파괴하게 된다. 그러한 현상을 피하기 위하여 헌법에 맞추는 설명, 변명이 필요하게 된다. 그렇기 때문에 조금 전과 같은 변명을 하고 있다고 할 것이다.

2. 법의 해석

(1) 문헌학적 해석과 실천적 해석

이리하여 입법도 헌법의 가치체계에 따른 것이지 않으면 안된다. 그런데 헌법 자체가 어떤 내용을 갖는가, 그 해석에 관하여 또한 분쟁이 발생할 수 있다. 조금 전 타야마(田山) 학부장이 언급하였지만 법의 해석이 얼마든지 있다고 하는 것이 사실이다.

그 이유는 무엇인가. 법률은 말로 쓰여져 있기 때문에 그 말의 해석이 문제가 된다. 그렇다면 법의 해석이라고 하는 이름으로 나타나는 인간의 행동이란 어떤 것일까. 해석에 관하여 문헌학적 해석과 실천적 해석이라고 하는 것을 발표문에 들고 있다. 문헌학적 해석이란 어떤 말이 과거의 어느 시점에서 어떤 의미로 사용되고 있었는지를 확정하는 작업이다. 그것이 문헌학적 해석이라는 것이다.

국어에는 고문이라는 것이 있다. 입학시험에서도 문제가 출제되기도 한다. 예컨대 『마꾸라노소우시(枕草子)』에서 "이토오카시(いとおかし)[1]"라는 말이

1) 역자 주: 이토오카시(いとおかし)는 『枕草子』을 중심으로 한 헤이안(平安)시대의 고문 등에서

사용되고 있다. "오카시(おかし)"란 어떤 의미인가. 지금은 "재미있는", "웃어버린다"라고 하는 의미 내지는 "이상하다"라는 의미로 사용되지만, 『마꾸라노소우시(枕草子)』가 쓰여졌을 때에는 "정취(趣)가 있다"라고 하는 의미로 사용되고 있었다. 이와 같이 어느 문장이나 말이 사용된 시점에 있어서, 그것이 어떠한 의미를 가지고 있었는지 과거의 어느 시점에서 가지고 있던 의미를 확정한다. 그러한 것이라면 문헌학적으로 여러 가지 방법을 사용하여 어느 정도 객관적으로 분명히 할 수 있을 것이다.

그러나 법률의 해석이라고 하는 이름으로 행하여지는 해석은 문헌학적 해석이 아니라 실천적 해석이다. 이전에 법의 해석론을 둘러싼 논쟁이 있었을 때에, 도쿄(東京)대학 교수였던 카와시마 타케요시(川島武宜)는 다음과 같은 말을 하였다. 실천적 해석이란 어떤 말이 현재 이후에 어떠한 의미를 가져야 하는 것인지를 확정하는 것이라고 하였다. 과거에 지니고 있던 말의 의미를 분명히 한다는 것이 아니라, 여기에서 문제가 되는 것은 현재 이후의 것이다. 예컨대 헌법 제9조의 해석이 다투어지고 있는 것을 들 수 있다. 헌법의 조문을 어떠한 의미를 갖는 것으로 향후 통용시켜 갈 것인가 하는 주장이 대립한다. 여기에서는 해석자의 입장에서 가치의 선택이 있다. 해석자가 헌법 제9조를 어떠한 가치관으로 어떠한 것으로 통용시켜 나가려고 할 것인가. 그러한 실천적, 윤리적 내지는 정치적인 가치체계가 대립하고 있다. 해석이라는 이름을 취하면서 그 근저에는 가치관의 대립이 있다. 법률의 해석이 실천적 해석이라고 하는 것은 여기서 행하여지는 인간의 행동이 이러한 성격을 갖기 때문이다.

그러한 실천적 해석에 있어서 아무런 전제도 없이 옳은 해석이 있을 수 있는가 하는 것인데, 나는 없다고 생각한다. 실천적, 윤리적 내지는 정치적인 가치관의 문제로 되면, 그 논쟁은 말하자면 신들의 논쟁으로서 화해의 길은 없다. 그렇기 때문에 조금 전 말한 실용법학이라고 하는 관점에서, 무엇을 위한 실용인가를 문제삼는다고 한다면, 객관적인 유일한 옳은 해석이라는 것은 있을 수 없다는 것은 당연하다. 해석이라고 하는 인간행동의 성질상 그러한 것은 없다고 하는 것이다. 윤리관, 정치관, 가치관이 대립하는 경우에는 상대

사용된 것으로 가슴 깊숙이 파고드는 정취나 매우 슬프게 느껴지는 일을 말한다. 현재는 사용되고 있지 않다.

에게 있어서의 옳음은 거기에 대립하는 가치관 입장에서 볼 때에 부정하여야 할 것이 된다. 그렇기 때문에 무조건적으로 옳은 해석이 있는가 하는 물음에는 실천적 해석이라고 하는 점에서 보면 그것은 없다고 하는 것이 될 것이다.

(2) 해석의 기준은 무엇인가

그렇다면 그 대립은 법률론으로서는 말하자면 물타기이론(水掛論)[2]인가. 서로 입장이 다르기 때문에 견해의 차이라고 하는 것으로 끝나는 문제인가. 조금 전에 말한 카와시마(川島)씨는 다음과 같이 말하고 있다. 법률해석의 객관성이란 그러한 생각을 지지하는 사회의 사람들이 어느 정도의 폭을 가지고 있는가. 그 폭이 넓으면 그 만큼 객관성이 크다고 한다. "해석학"은 각각 어떠한 사회적 기초로부터 어떠한 해석이 도출되고, 서로 대립하고 있는가, 그것이 어떻게 움직여 가는가 하는 관계를 명확히 하는 것이며, 이것은 과학으로서 할 수 있다. 그러나 "해석론" 그 자체는 그것과 달라 대립하는 것이다.

그러나 해석론의 대립을 견해의 차이라고 하는 것만으로는 법의 해석은 학문으로서는 성립할 수 없게 된다. 즉 법의 해석에서 아름다운 말로 장식하여도, 진실을 추구한다고 하는 의미로의 학문은 있을 수 없는 것인가 하는 것이 문제이다.

이 점에서 그러한 가치판단의 기준으로서, 입법의 경우도 그러하지만, 실은 헌법이 있었다. 그리고 헌법의 내용은, 그 해석은 대립은 있지만, 헌법의 제97조에서 "이 헌법이 일본국민에게 보장하는 기본적 인권은 인류의 다년간에 걸치는 자유획득의 노력의 성과"라고 선언하고 있다. 그것은 말만의 문제가 아니라 역사의 진실일 것이다. 그렇기 때문에 이 헌법의 입장으로서는 그 역사 속에서 어떤 것이 권리로서 생성되어 헌법안에 포함되어 왔는지 하는 것을 명확히 밝힐 필요가 있다. 해석이라고 하는 인간행동의 성질이 앞에서 말한 것 같은 것이라고 하더라도, 학문으로서 진실을 추구하려고 하는 한, 헌법에 자신의 사정에 맞춘 주장을 담아, 권력자의 주문을 변명해 보이는 자의적인 해석이어서는 아니 된다. 역사적으로 무엇이 헌법으로서 구축되어 왔는지를 사실을 갖고 논증하고, 그것을 기준으로 하여 현실의 여러 조건의 정확한 인

---

2) 역자 주: 쌍방이 서로 자기에게 유리한 이론만 내세우고 결말이 나지 않는 논의방식.

식하에서 그 기본원칙을 발전시키는, 그러한 해석이 필요한 것이 아니겠는가.

물론 헌법이라고 하는 것은 결코 통일적인 가치체계에서 논리적 정합성을 가지고 만들어진 것이 아니다. 각각의 정치세력이나 사회적인 힘이 상호 대립하는 다툼 속에서 그 제정 시의 타협의 산물로서 나오는 것이다. 그렇기 때문에 가치체계로서 그 내용이 모두 명확한 것인가 하면 물론 그렇지 않다. 헌법제정을 둘러싸고 상호 대립하는 속에서 하나의 정치적인 타협이 나온다. 그러나 그러한 분쟁의 결말(決着)로서 어떤 점에서 명확한 것도 있다. 명확하지 않은, 애매한, 이른바 애매모호한(玉虫色) 것도 있겠지만, 명확한 것도 있을 수 있다.

(3) 강요 헌법론, 보통국가와 헌법 제9조

예컨대 헌법 제9조의 평화주의는 명확하다. 전쟁이나 무력에 의한 위협, 무력의 행사를 포기하는 전력을 소유하지 않는다고 하는 것을 명문으로 규정하고 있으며, 그 헌법 제정 시에는 당시의 수상겸 외무대신이었던 요시다 시게루(吉田茂)씨가 지금까지 자위를 위한다고 하면서 여러 전쟁을 하였다. 침략전쟁도 자위를 위한 것으로 행하였다. 그렇기 때문에 전쟁포기라고 하는 것은 자위를 위한 전쟁도 하지 않는다, 아예 포기하는 것이라고 하는 것을 국회에서 명확하게 답변하고 있다.

제2차 세계대전은 왜 발발하였는가. 1941년에 일본은 대동아전쟁이라는 전쟁을 시작하였다. 그 때 천황이 내린 조칙, 선전조서에서 "지금은 자존자위을 위하여, 결연히 궐기하여 일체의 장애를 부수는 방법외에 없다"라고 말하고 있다. 그렇기 때문에 이 전쟁은 자존자위를 위한 전쟁이라고 인식되어 왔다. 당시 일본은 "대일본제국"이라고 칭하고 있었는데, 중화민국정부는 "제국의 진의를 이해하지 못하고 함부로 소동을 일으켜서 동아시아의 평화를 교란하고", 영미양국은 "평화의 미명 하에 동양제패라는 분에 넘치는 야망을" 추구하려고 한다, 그렇기 때문에 "동아의 안정", "자존자위"를 위하여 불가피하게 싸우는 것이라고 하는 대의명분을 내건 것이다. 그래서 현재에도 그것은 식민지해방을 위한 전쟁이며, 침략전쟁 등이라고 말하는 것은 터무니없는 것, 천황이 말한 것에 등을 돌릴 것인가 하면서 반대하는 사람들도 있다.

분명히 구미제국은 동양의 국가들을 식민지 지배를 하고, 심한 일들을 하고 있었다. 그런 것이 용서되지 않는다는 것은 당연하다. 그러나 그러면 일본은 무엇을 하였는가. 식민지해방이라고 하는 기치는 내걸었지만, 실제로 당시의 공식적인 기록에는 다음과 같은 것이 쓰여져 있다.

1943년 5월 29일 대본영정부연락회의결정, 동년 5월 31일 어전회의결정으로, 어전회의란 천황이 출석하는 회의를 말하지만, "대동아정략지도대강(大東亜政略指導大綱)의 6(2)의 "『말레이시아』『수마트라』『자바』『보르네오』『셀레베스(Celebes)』는 제국영토로 결정하고, 중요자원의 공급지로서 힘껏 이를 개발하고, 동시에 민심을 파악하도록 노력한다"라고 하는 것을 천황 앞에서 결정하고 있었다. 즉 일본은 식민지해방 등을 말하면서 대만, 조선은 병합한 채 그대로였으며, 나아가 자신이 구미를 대신하여 식민지를 지배하는 것이라고 하는 것을, 전쟁의 기본적인 정략대강으로서 결정하고 있었던 것이다. 나아가 거기에는 "이 항은 당분간 발표하지 않는다"고 하는 추가문구가 붙어 있다.

그러니까 국민에게는 그것을 알리지 않는다, 식민지해방을 위한 정의의 싸움이라고 생각하게 해 두면서, 실은 자신이 새로운 지배자가 되려고 한 것이다. 결코 자존자위라든가 식민지 해방이라고 하는 것은 아니었다는 것이, 전후에 공개된 공식문서로서 1966년에 외무성에서 편찬된『일본외교연표 및 주요문서하권(日本外交年表並主要文書下巻)』가운데 당시의 기록으로 분명하게 실려 있다.

이러한 전쟁에 대한 반성, 그리고 원자폭탄의 출현이라고 하는 현실의 인식에서, 헌법 제9조에서 자위를 위한 전쟁도 부정하기에 이른 것이다. 자위의 전쟁이라고 하는 이름으로 실제는 침략전쟁을 하고 있었는데, 그런 것을 두 번 다시 일으키게 하지 않는다, 그러기 위해서는 정부가 그것을 일으키고 싶어도 일으킬 수 없는 조건을 만드는 것이 필요하다. 전쟁을 행하는 물질적인 기초를 부정한다. 즉 전력을 가지지 않는다고 규정하는 것이 전쟁을 일으키게 하지 않게 하는 것이 된다. 그렇기 때문에 전쟁포기와 전력의 불소유를 결정한 것이다. 전력을 갖게 되면, 군산복합체(軍産複合体)라고 하는 것이 싹을 틔우는 것이다. 경제나 정치의 형태가 그 쪽 방향으로 향하여 간다. 그것을 끊는 길을 헌법 제9조는 선택한 것이다.

이것에 대하여 헌법은 미국에 강요당한 것이라고 말하는 사람이 있다. 나카소네(中曽根) 내각 당시 법무대신이었던 오쿠노 세이스케(奥野誠亮)씨는 참의원 단상에서 강요헌법이라고 말하면서 눈물을 흘렸다. 실은 그는 전시 중 가고시마(鹿児島)현의 특별고등경찰 과장직에 있었다. 사상 탄압의 두목(元締め)으로서 자신의 마음에 들지 않는 자는 권력으로 공공연하게 억압할 수 있었는데, 그것이 지금은 할 수 없게 되었다. 그에 대한 슬픈 눈물일거라고 나는 생각한다.

1945년 8월 15일, 종전의 조칙에서 천황은 포츠담선언의 수락을 "신민"에게 고하였다. 포츠담선언은 사상, 신조의 자유, 기본적 인권 존중의 확립, 군국주의적인 세력은 축출되지 않으면 안된다고 하는 것을 일본에 요구하였다. 그에 대하여 천황은, "시운(時運)에 따르는 바, 감내하기 어려운 것을 감내하고, 참기 어려운 것을 참고" 전쟁을 멈추는 것이라고 말하였다. 즉 시대가 그 쪽으로 향하고 있어 달리 방법이 없다. 그러니까 감내하기 어려운, 참기 어려운 바이지만 어쩔 수 없이 포츠담선언의 기본적 인권의 존중도 받아 들였다는 것이다. 그야말로 강요된 것이라는 것이다. 그러나 그러면, 누가, 왜, 무엇을, 누구에게 강요한 것인가. 우리들도 그러하였지만, 지금까지의 일본에서는 정부의 가치관 이외는 생각하는 것도 허용되지 않았다. 그것에 대한 비판을 한다면, 치안유지법 등에 의한 법적인 탄압을 포함하여 전사회적으로 억압하였다. 그리고 교육이나 정보의 관리가 철저하게 행하여졌다. 오늘날 옴 진리교의 약물 등에 의한 마인드 컨트롤이 이야기되고 있지만, 그런 것은 비교도 안되는 전사회적인 국가적인 규모로, 교묘하게 천황의 권력의 지배와 그것을 위한 가치관이 국민에 대하여 강요되고 있었다. 국민의 측에서 보면, 그러한 강요를 제거하는 것이야말로 인간해방의 첫걸음이며, 반대로 쓸데없는 것을 하려고 하는 권력에 대하여 헌법을 강요하지 않으면 안 되었다. 분명히 당시의 역학관계에서는 연합국인 미국이 일본 정부에 강요한 것이었겠지만, 그것은 실은 국민의 바람과 반대되는 것이 아니었다.

전쟁은 많은 희생을 하였지만, 전쟁으로 죽어 간 사람들은 헛된 죽음이 된 것인가. 침략전쟁이라고 하면, 그 전쟁을 위하여 죽어 간 사람이 모두 헛된 죽음이 된다고 하는 심정적, 정서적인 면에서 침략전쟁이라고는 인정하지 않는, 인정하고 싶지 않다고 하는 사람도 있다. 그러나 이것이 앞에서 말한 것 같은 아름다운 말, 식민지해방이라고 내걸었던 목적달성을 위하여 도움이 된 것인가. 실제는 일본이 식민지를 지배하려고 하였다. 그 때문에 자신의 생명도 가족도 잃은 것이다. 그 점에서 말하면 그것은 완전히 헛된 것이고, 무익한 것이었다고 밖에 할 수 없다. 그러나 사람은 역사로부터 배울 수 있다. 그러한 비참한 사태를 다시 반복하여서는 아니 된다고 하여 헌법이 만들어졌다. 전쟁의 희생은 이 헌법을 마음에 새김으로써 살아난다. 남은 사람, 다음의 세대의 사람이 이것을 어떻게 받아들이는가에 의하여 그 희생의 의미도 바뀔 것이다.

그런데 앞에서 말한 것처럼 가치관의 대립으로, 국민의 측에서 보면 다시 전쟁을 일으키게 하지 않는다는 강한 소원이 있지만, 다른 한편에는 당시의 상황상 어쩔 수 없이 그것을 인정하였고, 감내하기 어려운 마음, 창자가 끊어지는 심정으로 받아 들였다고 하는 세력이 있다. 그러니까 시운(時運)에 따르는 바, 즉 시대의 운의 향방이 바뀌면 그 강요를 없애려고 하는 것은 자연의 법리이다. 나카소네(中曽根) 수상은 전후 정치의 총결산이라고 하는 것을 내걸었지만, 그것은 도대체 무엇인가. 그가 한 것을 보면 그 내막은 시대의 운의 풍향이 바뀌었으니까 원래로 되돌리고, 다시 권력자의 가치관을 강요하려고 하는 것이 아니겠는가 하고 생각한다.

나카소네(中曽根)씨는 천황만큼 고마운 사람은 없다고 하였다. 그렇다면 천황을 존경하여, 천황 말에 따르는가 하면 그렇지도 않다. 예컨대 종전 때의 조칙에서는 원자폭탄에 관하여 말하고 있다. "적은 또다시 잔학한 폭탄을 사용하여 빈번하게 무고(無辜)", 죄가 없는 국민을 말하는 것인데, "한 살상을 하여 참상과 해를 헤아릴 수 가 없는 지경에 이르러", 이대로 있으면 "결국 우리 민족의 멸망을 초래하게 될 뿐만 아니라 그것은 인류 문명을 파괴하여 사라지게 할 것이다". 이것이 천황이 정부에게 포츠담선언을 수락하게 한 이유라고 설명하고 있다.

분명히 자신이 자존자위를 위하여 라고 말하고 국민을 전쟁으로 끌어들여 두고서는, 단지 "실패였다, 패배하였기 때문에 그만 둔다"라고 하는 것은 맞지 않다. 그러니까 책임회피도 있었겠지만, 원자폭탄의 참해(慘害)를 이유로 들면서, "만세를 위하여 태평시대를 열 것을 바란다"고 하는 것을 말하고 있다. 인류문명을 위하여 감내하기 어려운 심정이지만 전쟁을 그만둔다고 말하였다. 그 점에 관한 한 그것은 역사 가운데 새로운 원자폭탄의 출현이라고 하는 상황에서 옳은 인식이라고 생각한다.

그러나 나카소네(中曽根)씨는 천황만큼 고마운 사람은 없다는 등의 말을 하면서, 미국에 가서 레이건(Ronald Reagan) 대통령에게 알래스카에 핵미사일 기지를 설치하는 것을 제안하거나, 일본열도를 불침항공모함(不浮沈空母)으로 한다든가 하는 말을 하였다. 일본열도는 섬이기 때문에 분명히 가라앉지 않을 것이지만, 그것은 또한 도망갈 장소가 없다고 하는 것이다. 그러한 가운데 도대체 무엇을 지키려고 하는 것인가. 사람들이 살고 있는 곳을 항공모함이기 때문에 전쟁의 수단으로 하는 것이다. 그 전쟁의 목적은 무엇인가. 전쟁은 어떤 식으로 하여 일어나는 것인가.

나는 전시 중 육군학교에 3여년 있었지만, 거기서 배웠던 것에 작전요무령이라고 하는 것이 있었다. 작전요무령의 강령 제1은 "군이 주로 하는 곳은 전투이다. 따라서 모두 함께 싸우는 전투(百事皆戰鬪)를 기준으로 삼을 것이다"이다. 군에 있어서 전투에 이기는 것이 제일이다, 모든 것은 그러기 위하여 존재한다. 전쟁에 이기기 위해서는 희생도 불가피하다. 예컨대 군대와 민간인의 경우 어느 쪽이 전쟁에 도움이 되는 것인가. 군대라고 하게 되면, 그것을 온존시키는 것에 민간인은 아무리 희생되더라도 당연하다는 것이 된다.

오키나와(沖繩)에서 무슨 일이 있었는가. 오키나와섬의 사람들은 호에 숨어 있었지만, 그들을 쫓아 내고 일본의 군대가 들어간다. 또는 섬의 사람들이 비축하고 있던 얼마 되지 않는 식량을 빼앗는다. 일본의 군대가 그런 짓을 하였다. 물론 그것은 그들의 이기적인 행동이지만 군대의 논리로는 정당화된다. 군의 주목적은 전투이다. 전투를 위한 전력을 유지하려면 그런 것도 필요하다. 만사 모두 그것이 기준이기 때문에 약자라고 하는 사람들은 모두 버려도 좋다. 환자, 노인이나 어린 아이는 전쟁을 위해서는 방해물에 지나지 않는다. 군대의 논리는 그러한 것이다. 그렇기 때문에 나카소네(中曽根)씨와 같이 일본을 불침항공모함(不浮沈空母)화하려면 군사비를 증대시켜 교육, 의료나 사회보장 등은 버리는 방향으로 정책이 설정되는 것이다.

그러한 상황으로 지금 또다시 보통국가가 되지 않으면 안되며, 군대를 가지고 자위의 전쟁을 할 수 있다는 것은 당연하지 않은 것인가 하는 주장이 나타나고 있다. 일본은 일국만의 평화다. 그러한 자신만 평화로우면 된다고 하는 것은 아니 된다. 국제사회에 공헌하지 않으면 안된다. 일국만의 평화라는 망상에 빠져 있는 것은 아닌가라고 하는 비난이 있다.

그러나 헌법의 전문을 읽고 보아라. 자신만이 좋다고 하는 것이 아니라, "전 세계의 국민이 동등하게 공포와 결핍으로부터 벗어나 평화 속에서 생존할 권리를 갖는다. 정치 도덕은 보편적인 것이다. 어떠한 국가도 자신만을 생각하여 타국을 무시하여서는 아니 된다. "일본국민은 국가의 명예를 걸고 전력을 다하여 이 숭고한 이상과 목적을 달성할 것을 맹세한다"라고 쓰여져 있다. "평화 망상"이라고 하지만, 이 헌법에서 도대체 어디가 망상에 빠져 있다는 것인가. 미군이 다른 국가를 폭격하기 위하여 사용하는 기지를 일본 안으로 두게 하고, 태연하게 있는 쪽이 자신의 국가만의 평화 망상에 빠져있는 것이 아닌가.

그럼에도 불구하고 강요된 헌법이라고 말한다면, 현재의 미일신안보 가이드라인은 강요된 것은 아닌 것인가. 미국의 국방장관 등이 와서 여러 가지 발언을 하고 있다. 일단 독립국가의 표면을 취하고 있기 때문에 정면에서 강요할 수는 없지만, 그것이 정치적으로 어떤 의미를 가지는가 하는 것이다. 헌법이 강요된 것이라고 하는 사람이나 헌법 제9조를 방해물이라고 하는 사람들은, 미국의 국방장관 등의 발언을, 오히려 자신의 정치적 목적을 위하여 환영하고 있는 경향이 있다. 이것은 도대체 어떤 것인가.

3. 법의 실현

(1) 헌법이란 무엇인가

현실의 헌법이란 어떤 것인가. 미국에 현실주의(리얼리즘) 법학이라고 하는 것이 있다. 내가 학생 시절에 읽은 것이지만, 그 가운데에 헌법이란 무엇인가라고 하는 것에 관하여 연방대법원은 이것이 헌법이라고 하는 것이 헌법이라고 하고 있다. 분명히 현실에 권력적으로 무엇이 통용되고 있는가 하는 점에서 보는 한 그렇다고 할 수 있다. 연방대법원이 이것이 헌법이라고 하고, 그 해석을 권력적으로 통용시키고 있기 때문이다.

법률학에 있어서는 판례연구라고 하는 것도 한다. 예컨대 헌법 제9조의 자구만 보고 있으면, 실제로 기능하고 있는 법이 어떤 것인가 하는 것은 전혀 알 수 없을 것이다. 전력을 소유하지 않는다고 하는 규정을 두면서, 세계 제2의 군사대국이 되고 있기 때문이다. 현실에 통용되고 있는 법을 알기 위해서는 판례를 보지 않으면 안된다. 판례는 무엇이 법인가 하는 인식 근거로서의 법원(法源)이라고 해도 좋을 것이다. 그러한 의미에서 연방대법원이 말하는 것이 헌법이라고 하는 것이 된다.

그러나 그것이 법의 규범으로서 옳은 것인가. 규범적인 근거로서의 법원(法源)이라고 말할 수 있는가 하면 그렇지는 않다. 예컨대 재판소법(裁判所法)에서도 "상급심 재판소의 재판에서의 판단은 그 사건에 있어서는 하급심 재판소를 구속한다"(제4조)고 규정하고 있다. 구속하지 않으면 몇 번이나 왔다 갔다 하면서 끝이 없게 되기 때문에, 그 사건에 대해서는 구속한다. 그러나 이후의 사건에 대해서까지 규범적 근거로서 구속하는 것은 아니며, 판례의 변경이 있는 것이다. 다만 그러한 헌법 판단을 변경하려면 15명의 재판관 전원의 대법정에서 하지 않으면 안된다.

규범적인 근거로서의 헌법을 말하는 한 그것은 최고재판소가 아니라 주권자인 국민이 역사와 사실에 근거하여 이것이 헌법이라고 하여야 할 것이다. 판례가 그것과 다르다면 이것과 합치하는 것으로 변경하지 않으면 안된다고 생각한다.

(2) 걸프 전쟁, 미일 신안보 가이드라인과 매스컴

그런데 국민의 법의식이 편향된 정보로 조작될 위험에도 주의할 필요가 있다. 예컨대 중동의 걸프 전쟁 때에 일본은 130억 달러의 돈을 미국에 냈다. 이에 대하여, 사람을 죽이고 살해당하는 것에 세금을 사용하는 것은 국민으로서 허락할 수 없으며, 헌법도 이것을 인정하지 않다고 하여 국가에 손해배상을 청구하고, 소해정(掃海艇)을 보내는 것에 대하여도 금지가처분(差し止め)을 청구한, 이른바 평화소송이 전국 각지에서 제기되었다.

미군 공격이 행하여졌을 때, 미국의 전 법무법장관인 램지 클라크(William Ramsey Clark)라고 하는 사람이 이라크에 가서 어떤 상황인지 현지조사를 하였다. 병원이나 학교 등을 포함하여 무차별하게 폭격되고 사람들이 다치고, 파괴되고 있었다. 핀 포인트(pinpoint) 폭격 등이라고 하면서 TV에 비쳐지고 있어도, 실제로는 그렇지 않은 곳이 얼마든지 있었다. 그는 위험한 가운데서 제대로 그러한 곳들의 사진을 찍거나 증언을 듣거나 하여 부시대통령의 전쟁 범죄를 국제적으로 고발하는 활동을 계속하고 있다. 그 사람이 평화소송 때 일본을 방문하여 도쿄(東京)지방재판소에서 이라크가 어떤 상황에서 어떻게 되어 있었는지, 미국이 무슨 일을 하였는지를 증언하려고 하였다. 그러나 재판관이 그 증언을 인정하지 않았기 때문에 방청만 하고 그 후에 기자회견을 하였다.

나도 그 자리에서 함께 듣고 있었지만, 그 때 일본 기자의 질문 가운데는 다음과 같은 것이 있었다. "일본은 돈만 내고 사람을 보내지 않았다. 그 때문에 비판을 받고 있다. 이에 대하여 당신은 어떻게 생각하는가. 일본이 어떻게 하였다면 좋았다고 생각하는가". 그것이 램지 클라크(William Ramsey Clark) 전 법무장관에 대한 일본 신문기자들의 주요 질문이었다. 이에 대하여 램지 클라크(William Ramsey Clark) 씨는 뭐라고 대답하였는가. "그러한 비판을 하고 있는 것은 각국의 정부뿐이다. 각국의 민중은 기뻐하고 있다"라고 하였다. 일본의 신문기자와 램지 클라크(William Ramsey Clark) 씨의 관점의 차이, 시야의 폭의 차이는 매우 인상적이었다.

이와 같이 매스컴의 보도의 태도도 문제이다. 최근의 예를 들면 나도 이에나가 사부로(家永三郎)씨랑 유게 토오루(引消達)들과 함께, "미일 신안보 가이드라인과 유사입법(有事立法)에 반대하는 백만명 서명운동"의 발기인에 참가하고 있지만, 많은 사람들의 찬동을 얻어 그 의견 광고를 내려고 하였다. 그리고 국회의 상황을 보면서 3월에 내는 것을 마이니치(毎日)신문과 약속하여 이야기를 진행하고 있었는데, 1월에 갑자기 마이니치 신문으로부터 상부의 의향이라고 하면서 거절하였다. 그 이유는 "마이니치 신문에 어울리지 않는다"라고 할 뿐이었다. 그리고 이는 "언론, 표현의 자유에 관계되는 문제라고는 생각하지 않는다. 전쟁 전의 역사에 대한 반성이라고 하는 것도 판단할 수 없다"고도 하였다. 마이니치 신문이 생각하고 있지 않다고 하는 것과, 사실이 그렇지 않다고 하는 것과는 별개의 문제이다. 결국 광고는 아사히(朝日)신문이나 오키나와(沖縄)타임즈, 류큐(琉球)신보 등에 낼 수 있었지만, 매스컴도 이론(異論)을 허락하지 않는 방향으로 흘러가고 있다는 위험을 나타낸 것이 아니겠는가.

(3) 사법권의 독립과 재판관의 독립

재판소의 상황에 관하여 말하면, 앞날에 나카야마(中山) 선생도 이야기 하였지만, 센다이(仙台)지방재판소의 판사보인 테라니시(寺西) 재판관의 징계재판의 문제가 있다.

그는 도쿄(東京)에서 개최된 조직적범죄대책법(組織的犯罪対策法), 이른바 도청법(盗聴法)의 문제와 관련한 심포지엄에 패널리스트로서 의견을 말하려고 하였다. 그런데 사전에 센다이(仙台)지방재판소의 소장이 그런 것은 적극적인 정치운동이며, 재판소법으로 처분을 받는다고 하는 경고를 하였다. 그리하여 그는 자신은 적극적인 정치운동이 된다고는 생각하지 않지만, 단상에서의 발언은 삼가하기로 하고, 이러한 사정 설명을 공개된 장소(平場)에서 하였다. 그러나 그것도 적극적인 정치운동이라고 하여 지방재판소의 소장은 징계를 신청하여 고등재판소는 계고(戒告) 결정을 하였다. 테라니시(寺西) 재판관은 최고재판소에 즉시항고 하였지만, 작년 12월에 기각되어 징계처분이 확정된 것이다.

왜 그런 것이 적극적인 정치운동이 되는가. 요컨대 재판관이 그러한 장소에서 도청법에 관하여 발언하면 반대의 운동에 힘을 보태는 것이 된다. 그것은 재판관의 공정성, 중립성을 의심하게 하는 것이기 때문에 허용되지 않는다고 하는 것이 처분하는 측의 논리이다. 그것이 문제가 되는 것은 "공정성"이라고 하는 것만으로 공정 그 자체가 아니었다.

즉 국민의 의식이 다양하다면 재판관의 의식도 다양한 것은 당연한 일이다. 정치적인 발언을 하지 않는 것이 중립인가 하면 그렇지도 않다. 그가 어떠한 정치적 의견을 가지든, 헌법과 법률 하에서, 어떤 재판을 할 것인가 하는 것이 문제이다. 오히려 재판관은 양심에 따라서 재판하는 것이 헌법상의 의무이기 때문에 공개된 장소에서 자신의 생각을 말하는 것은 그러한 양심에 대한 국민의 비판을 받들기 위하여도 필요하다. 재판관으로서 법률이 만들어지면 그것을 적용하지 않으면 안된다. 그렇게 때문에 악법이 만들어지려고 할 때에, 사정을 아는 전문가로서 그에 대한 경고를 하고, 반대하는 것은 당연하지 않은가. 그런데 조금 전과 같은 공개된 장소에서의 발언도 판사보에게는 허용되지 않았다.

지방재판소 소장이 징계를 신청한 것은 작년 5월 1일이다. 그러나 5월 3일의 헌법기념일에 최고재판소의 장관이 소년법의 개정에 관하여 그것을 바란다고 하는 발언을 당당하게 하고 있었다. 정부가 하려고 하는 방향으로 찬성하면, 최고재판소의 장관이 장관으로서의 입장에서 입법에 대하여 발언하는 것은 좋지만, 판사보가 한 명의 시민으로서 반대의 발언을 하는 것은 허용되지 않는다. 그리고 그것에 대하여 징계재판이라고 하는 권력의 행사로써 그 발언을 억제한다. 이것이야말로 정치적 불공정 그 자체가 아니겠는가.

그것이 현재의 일본 재판소의 상황이다. 삼권분립, 사법권의 독립이 있어도 그것만으로는 도움이 되지 않는다. 왜 그러한가. 재판관의 임명에는 최고재판소가 명부를 만들어 내각에 제출한다. 그 명부에 의하여 내각이 임명한다. 그리고 그 임기 10년이 지나면, 다시 재판관으로 할 것인가 아닌가하는 기회가 최고재판소에 있다. 바로 그 최고재판소의 재판관은 내각이 임명한다. 그러니까 정부가 자신과 동질의 재판관을 많이 최고재판소에 임명한다면 어떻게 될 것인가. 현재 테라니시(寺西) 재판관은 판사보가 되고 6년 정도인데, 앞으로 4년 후의 재임의 가능성은 아마도 사라진 것으로 예상하고 있다.

요컨대 최고재판소는 사법행정권, 즉 재판관의 신분이나 부임지, 급료 등에 관한 모든 인사권을 쥐고 있다. 그래도 그 가운데 테라니시(寺西) 재판관과 같은 분도 있지만, 다른 한편 해바라기(넙치, ヒラメ)라고 하는 위(上)만을 바라보는 재판관이 나오는 것도 이상하지 않다. 헌법은 사법권의 독립(제76조 제1항)과 함께, 재판관의 독립을 규정하고 있지만(동조 제3항), 최고재판소는 조금 전에 말한 것과 같은 상황이어서 구체적인 제도상의 보장이 부족하다.

피에르 리용 칸(Pierre Lyon=Caen)이라고 하는 프랑스의 대심재판소 소장이 몇 년 전에 와서 사법의 상황에 관하여 이야기를 한 적이 있다. 그 때에 나의 인상에 남은 것은 재판관의 임무란 가장 약한 자의 권리를 완전하게 지키고 가장 강한 자를 공통의 룰에 따르게 하여, 그리고 헌법의 말을 빌리면 개인의 자유의 보장자가 되는 것이라고 하는 말이다. 그것과 비교하면 최고재판소 장관의 발언과 판사보의 그것에 대한 태도가 다른 것은 공정성의 외관조차 없다.

그리고 실질적 공정이라고 하는 점에서 말하더라도, 예컨대 독일의 헌법재판소 재판관의 자리는 실질적으로 여당과 야당 사이의 합의에 의하여 정해지므로, 각각의 당적을 가진 사람이 판사가 된다. 그러나 그렇기 때문에 오히려 일정한 밸런스가 유지되고, 내용에 있어서도 공정성을 의심받지 않도록 신중하게 재판함으로써, 그 판결이 널리 받아 들여져 왔다고 하는 것이다. 또한 미군 미사일기지의 주위에 연방 각지를 대표하는 재판관이나 검찰관이 둘러앉아, 반대의 의사표시를 당당하게 당하고 있다. 각국에서 재판관의 노동조합이 재판관의 독립이나 자유를 지키기 위하여 활동하고 있는 것도 사실이다. 일본도 국제화라든가 국제기준을 말한다면 그러한 것을 본받아야 할 것이다.

4. 끝으로 — 역사의 성과를 살리는, 그 필요에 부응하는 법률학을

최근에 대학에도 경쟁원리를 노입하는 것이 필요하다고 말하고 있다. 그러나 학문은 경쟁을 위한 것은 아니라고 생각한다. 무엇을 위한 학문인가, 현재, 그리고 장래에 무엇이 필요한가. 그 필요에 부응하기 위한 것이야말로 학문이 있는 것일 것이다. 그리고 앞서 말한 것처럼 헌법 속에 역사적으로 축적되어 온 인간의 자유와 평화의 내용을 명확히 하여, 그것을 사회적으로 실현해 가는 조건을 만들어 나가고, 그러한 것에 도움이 되는 것이야말로, 그 법률학은 배우는 가치가 있고 노동법의 존재이유도 있다고 생각한다.

예컨대 단결권에 관하여 말하면, 한편으로는 단결 우위의 사상에서부터 근로자의 자립적인 노동으로의 전환이라고 하는 말이 있다. 그러나 개인적 인권과 단결권은 어떠한 역사적 관련에서 나온 것인가. 개인의 자유가 근로자 개인으로는 실질적으로 지킬 수 없는 현실이 있어, 단결권은 개인적 인권의 실현의 조건, 그 필연적인 귀결로서 인정하지 않으면 안 되게 되었다. 즉 근로자가 인간으로서 당당하게 살아가는, 인간답게 살기 위하여 불가결한 것, 그리고 민주주의를 지탱하는 조건으로서 단결권은 역사적으로 성장해 온 것이다.

그렇다면 근로자가 단결하고 있지 않다고 하는 상황은 어떤 의미인가. 현재 노동조합의 조직율은 22.4%로, 4명에 1인, 혹은 5명에 1인 밖에 단결하고 있지 않다. 그런데도 근로자의 상당수는 제대로 살아가고 있지 않은가 라고 말할 수 있을 것이다. 그것은 사실 그러하다. 그러나 단결권이 만약 전면적으로 없어진다면 어떻게 되는가 하는 것도 모르면 안된다.

중국과 전쟁의 발단이 된 노구교(鹿溝橋)사건은 1937년의 7월에 일어났다. 당시의 노동조합의 내셔널센터인 전일본노동총동맹은 같은 해 10월에는 "동아의 안정", "거국일치", "총후생산력증진(銃後生産力増進. 후방에서 생산력증진—역자 주)" 등의 말을 내걸어 쟁의멸종선언을 하였다. "비상시국"이기 때문에 "산업평화를 확보"하며 투쟁은 하지 않는다, "산업봉공의 성(誠)(성의를 다하여 산업을 떠받는 것－역자 주)"을 한다는 것이다. 그렇게 하여 그 다음 해 1938년 4월에는 국가총동원법(国家総動員法)에 의하여 국가의 모든 인적, 물적 자원을 전쟁목적으로 총동원하는 체제가 만들어 지게 된다. 같은 해 7월에 산업보국연맹(産業報国連盟)의 설립, 다음 해 1939년 7월에는 국민징용령공포로 이어진다. 이러한 제도 등의 아래에서 근로자를 그야말로 강제연행에 가까운 상태에서 전쟁에 빠져들게 한 것이다.

그러니까 현재의 미일 신안보 가이드라인이나 주변사태법(周辺事態法)이 이러한 역사에 비추어 볼 때 어떠한 의미를 갖는 것인가 하는 것을 충분히 생각해 둘 필요가 있다. 국철분할 민영화 당시 수상인 나카소네(中曽根) 씨는 "일본노동조합총평의회를 붕괴시키려고 하였기 때문에 국철노동조합이 붕괴되면 일본노동조합총평의회이 붕괴할 것이라는 것을 명확히 의식하고 하였다"는 말을 10년 후에 그 정책 의도를 말하였다. 국철노동조합은 중앙, 지역의 공동투쟁 등에 힘입어 단결권침해의 회복을 요구하며 운동을 계속하고 있지만, 일본노동조합총평의회은 그 기대대로 소멸하였다. 그리고 현재와 같은 사태에 있다. 와세다대학에서 노동법을 배운 제군들은 졸업 후의 인생에 있어서도 이러한 것을 잊지 않고 보내 주었으면 하는 것이 나의 마지막 강의이며 희망이다.

정말 감사한다.

(와세다법학(早稲田法学) 제75권 제1호, 1999년 9월 10일)

제 8 장 노동기본권의 적대물로서의 규제완화

(法と民主主義 제418호, 2007년 5월호)

1. 규제완화 노선과 헌법 파괴 공격

(1) 헌법 파괴의 통로

전후 노동법의 변천과 현재 상태를 보고 생각하는 것은 노동기본권 사상이 왜 무너졌는가 하는 것이다. 노동정책으로서 규제완화노선, 신자유주의는 그 기저에 이른바 글로벌리즘(globalism, 세계주의)이라는 조류에 휩쓸린 것이라 할 것이다. 레이건(Ronald Wilson Reagan), 대처(Margaret Hilda Thatcher)에 이어 일본에서는 나카소네(中曽根)가 그 기수라고 볼 수 있지만, 그러나 그에 있어서 그것은 전후의 평화헌법 파괴 지향과 연결되어 노동기본권 사상에 대한 증오와 연계되어 있다.

나카소네(中曽根)는 1982년에 수상이 되자 "전후정치의 총결산"을 내각의 목표로서 내걸어(그것은 현재 아베(安部) 수상의 "전후 제도로부터의 탈피"로 보다 돌출의 정도를 강화하고 있다), 행정개혁을 하여 바닥(お座敷)을 깨끗하게 하고, 방바닥 사이에 멋진 헌법을 안치하는 것이라고 하였다(그는 미국에서 일본열도를 불침항공모함화(不沈空母化)한다고 허세를 부렸다). 그리고 그 행정개혁의 가장 중요한 것으로 여긴 것이 국유철도의 분할민영화였다. 당시 그것이 필요하다는 이유로 든 것이, 국유철도의 경영은 파산상태에 빠져 있어, 국민부담을 가볍게 하기 위하여 분할민영화를 하는 수밖에 없다고 하였다. 하지만 실제는 어떠하였는가.

그는 1987년의 분할민영화 후 10년이 지난 시점에서 그 정치적 의도를 공공연하게 몇 번이고 이야기 하였다. 최근에는 2005년 11월의 NHK의 일요일 토론에서 다음과 같은 발언을 하였다.

"국철노동조합이라고 하는 것은 일본노동조합총평의회의 중심이기 때문에 이들 모두를 붕괴시키지 않으면 안된다. 그래서 총리대신이 되었을 때에, 이번은 국철의 민영화라고 하는 것을 진지하게 진행하였다. 여러분 덕분에 이것을 할 수 있었다. 그리고 국철민영화를 할 수 있게 되었으니, 가장 반대하고 있던 국철노동조합은 붕괴되었다. 또한 국철노동조합은 일본노동조합총평의회의 핵심체였기 때문에 국철노동조합이 붕괴하니까 일본노동조합총평의회가 따라서 붕괴되었다. 일본노동조합총평의회가 붕괴되었기 때문에 사회당이 붕괴되어 현재와 같은 사회당이 되었다".

즉 그가 말하는 "전후정치의 총결산"이 전쟁포기, 전력불소유의 헌법의 파괴에 있었고, 그리고 그러기 위하여 단결권보장을 부정할 필요가 있었다. 이것은 전후의 평화헌법과 노동법 체계와의 관련을 봄으로써 더욱 분명해진다.

(2) 노동기본권 사상과 현실

전후 헌법에서 단결권이 보장된 이유는 무엇인가. 그것은 거기에까지 이르는 역사의 교훈이 살아 있었기 때문이다. "정부의 행위"에 의한 전쟁에서 최대의 피해를 입은 것은 권력과는 거리가 멀고, 발언권을 빼앗긴 근로자나 여성들이었다. 그들, 그녀들은, 내지는 소집영장 한 장으로 가족과 헤어져 군대의 담당자로서 침략자로 되면서 비참한 죽음을 강요당하거나 소박한 일상의 생활을 빼앗기고 가혹한 노동이나 전화(戰火)에 태워지는 것을 포함한 모든 전시하의 고난을 받았다.

이와 같은 개개인으로는 약한 입장에 있는 근로자들이 진실을 알고, 옳은 것을 옳다고 말하고, 잘못된 것을 잘못되었다고 거부할 수 있기 위해서는, 사상·표현의 자유, 진실을 알 자유와 함께, 생활을 위협받지 아니하고 행동하기 위한 단결이 필요하다. 그것은 근로자가 인간으로서 살기 위하여 필요한 조건이며, 인간의 존엄을 확보하기 위하여 불가결하다. 그리고 그것은 동시에 권력자, 정부의 자의를 억제하여 평화를 유지하기 위한 방파제로도 된다.

이렇게 하여 전후의 헌법에서 노동법에 있어서의 이념으로 된 것은 패전까지 계속된 자주적 노동운동 억압의 가치체계를 근본적으로 전환하여, 생존권, 근로권이나 단결권을 침범할 수 없는 기본적 인권으로서 확인하는 것이었다. 그리고 그것은 근로자 등에게 희생을 하게 함으로써 "부국강병"을 도모한 경제의 방식에도 큰 전환을 하도록 하였다. 그렇기 때문에 전쟁 직후에 헌법에 앞서 제정된 노동조합법(1945년 12월)은 제1조에서 "본법은 단결권의 보장 및 단체교섭권의 보호와 조성에 의하여 근로자의 지위의 향상을 도모하여 경제의 발전(興降)에 기여하는 것을 목적으로 한다"고 선언하였다. 부언하면 이 노동조합법의 골격은 스에히로 이즈타로(末弘厳太郎) 박사들의 노무법제심의 위원회(労務法制審議委員会)가 작성한 초안에 의거한 것으로 점령군의 지시에 의한 것은 아니었다. 또한 헌법 제25조의 생존권 규정도 헌법제정 의회에서의 정부안에 대한 수정으로서 넣어진 것이어서, 미국의 관여에 의한 것은 아니었다.

이러한 노동문제에 대한 관심은 일본만의 고립된 움직임은 아니었다. 제1차 세계대전 후 열악한 근로조건이 사회불안을 초래하고, 전쟁이나 혁명도 일어날 수밖에 없을 것이라고 하여, 국제노동기구(ILO)가 창설되어, 8시간 노동제를 시작으로 하는 ILO 조약 등 국제적으로 근로조건 향상을 위한 노력을 하였다. 그러나 그럼에도 불구하고 제2차 세계대전을 막을 수 없었던 결과, 단결권의 기본적 중요성이 인식되어, 그 보장을 위하여 1948년에는 제87호 조약, 1949년에는 제98호 조약 등이 만들어졌다. 일본국헌법이 "이 헌법이 일본국민에게 보장하는 기본적 인권은 인류의 다년간에 걸친 자유획득의 노력의 성과"(제97조)라고 하는 것은, 결코 말의 장식이 아니라 역사의 사실이었다.

하지만 그 후 일본에서 노동기본권 이념은 관철되지 않고, 붕괴와 이에 대한 저항의 역사로 점철되었다는 것은 주지의 사실이다. 이러한 역사에 있어서 "전후정치의 총결산" 이라는 노선은 신자유주의의 대두, "시대의 운"의 변화를 틈타, 전후 정세에서 강요된 권력 측의 양보를, 다시 빼앗으려고 한 것이다. 그러기 위해서는 이에 대한 저항의 배제가 필요하지만, 당시까지 민간의 산업별연합단체노동조합(大単産)의 우경화는 거의 완료한 상황이었고, 남은 것은 일본노동조합총평의회 내의 일본관공청노동조합협의회(日本官公庁労働組合協議会)라고 하는 상황이며, 그 중심으로서 표적이 된 것이 국철노동조합이었다.

(3) 노동기본권 이념으로부터의 전환, 신자유주의

그러나 당시에 노동기본권이 부정적으로 비치는 것을 정면에서 주장하는 것은, 이에 대한 반발, 비판을 강하게 하는 것이 될 수밖에 없었다. 거기서 사용된 것이 앞의 "국철적자론"이었다. 그것은 국유철도가 전액 정부가 출자한 공공기업체(국유철도)이면서, 신간선(新幹線) 건설 등의 막대한 설비 투자에 필요한 정부의 출자를 하지 아니하고 이것을 국유철도의 높은 이자의 빚으로 실시하게 함으로써 발생한 정책적 적자였다. 그것을 정부는 그 원인을 국유철도가 과잉인원을 두어 인건비를 증대시키고 있다고 하는 "국철근로자 태만론"으로 바꿔치기를 하였다. 그 악선전은 매스컴의 의도적 대합창에 의하여 여론을 제압하였다(사회의 지배적 의식은 지배자의 의식이라고 하는 일면의 진리의 실증이기도 하다). 반대하는 자는 "국적(国賊)"으로까지 되었던 것이다.

이렇게 하여 국유철도 근로자는 권리만 주장하는 태만자라고 비난하여, 경제의 재건에는 근로자에게 희생을 강요하더라도 상관없다고 하는 풍조가 만들어졌다. 그리고 신자유주의, 시장원리, 민간활력의 활용이 주창되어 서서히 민영화(실은 공공재산의 사유화, 자본의 돈벌이 확대)가 비장의 카드인 것 같이 찬양되기에 이른다.

2. 단결권파괴와 근로자보호의 부정

(1) 노동조합의 우경화와 민영화, 단결파괴

국유철도 분할민영화에 있어서 국회에서는 조합 간의 차별은 하지 않는다, 그리고 있어서도 아니 된다 하는 것을 정부당국자가 몇 번이고 답변하였다. 그러나 현실에는 나카소네(中曽根) 노선에 순종하지 않았던 국유철도 총재 이하 전이사를 경질하여 관철한 민영화에는, 나카소네(中曽根)의 실제 의도를 실행하여 무지막지한 국철노동조합 죽이기가 뒤따랐다. 그것은 JR의 채용차별에 대한 지방노동위원회, 중앙노동위원회에서의 구제명령, 그리고 재판소에 의하여 국철개혁법(国鉄改革法) 제23조의 해석론으로 JR의 사용자책임이 부정된 후, 구국유철도의 근로자에 대한 책임을 계승한 일본철도건설공단(日本鉄道建設公団)을 피고로 하는 이른바 일본철도건설공단소송인 도쿄(東京)지방재판소 판결(2005.9.15)에서도 그 일부를 명확히 인정하고 있다.

하지만 그 판결 직후에 앞에서 본 바와 같이 나카소네의 NHK를 이용한 국철노동조합 죽이기에 대한 과시적 발언이 나왔다. 이것에 대하여는 칸사이

(関西)의 전국금속항합동노동조합(全国金属港合同労働組合)을 중심으로, 오사카부(大阪府) 노동위원회에 부당노동행위 구제를 신청하였지만, 그러나 그 발언으로 노동조합 죽이기의 대상으로 지명된 국철노동조합 집행부는 거기에 대한 어떠한 반발도 하지 않았다.

"4당합의"문제로 조직이나 운동의 내부에 혼란과 균열을 낳으면서 그 총괄도 하지 않고(철건공단소송도 국철노동조합 집행부에 의한 통제처분 등의 방해에 저항하여 행하여진 것이었다), 여전히 "국가적 부당노동행위"의 상대방인 정부에 "정치적 해결"을 간절히 원하는 정도의 태도를 취한 상태로 있었다. 그리고 그 외의 노동조합의 대세도 나카소네 발언을 큰 문제로서 다루기에는 이르지 못하였다.

이것은 무엇을 의미하는가. 나카소네가 노린 국철노동조합의 붕괴(집행부의 변질), 일본노동조합총평의회의 붕괴가 실현되자 자본활동의 자유를 우선시하고, 단결권침해가 아무런 꺼리낌 없이 이야기 하게 되었다. 민영화, 거기에 편승한 인원정리, 차별의 위협은 당시 최강이라고 불린 국철노동조합 조차도 붕괴시켰다. 단결권보장의 관점에서 보면, 노동위원회 위원의 임명의 공정성이나 구제명령의 이행확보가 과제임에도 불구하고, 그 후에는 오히려 노동위원회 심리의 형해화(심문 개시 전에 심사계획을 정하게 하는 등), 재판소의 하청화를 도모하는 노동조합법 "개정"(2004년), 그리고 노동조합의 대부분이 근로자를 지키는 역할을 수행하지 못하고, 그로 인하여 많이 발생하고 있는 개별분쟁에 대처한다고 하는 명목으로 만들어진 개별노동관계분쟁의 해결촉진법(個別労働関係紛争の解決促進法. 2001년), 노동심판법(労働審判法. 2004년, 심판원은 최고재판소가 임명하고, 절차는 원칙적으로 비공개) 등, 단결의 가치를 낮추는 역할을 하는 입법(합동노조 등으로의 새로운 조직화의 촉진이 아님)이 단행되었다.

그러나 원래 단결은 근로자 사이의 경쟁을 중지하여 그 단결된 힘으로써 자본의 지배에 힘들어 한다는 공통의 입장에 놓여진 근로자의 지위향상을 도모하는 것에 그 존재의의가 있었다(구노조법 제1조). 신자유주의, 시장원리, 그리고 민영화는 전후의 노동법원리, 노동기본권 의식을 무너뜨리는데 적합한 것이었고 그 위력을 발휘하였다.

(2) 노동보호법제의 부정

이렇게 하여 만들어진 사실상의 단결의 무력화에 더하여 노사자치나 국제경쟁력의 확보를 구실로 노동보호법제의 부정이 도모되었다.

그 규제완화노선은 노동보호법제와 노동조합의 역할의 역전을 의미하는 것이다. 전후의 노동법제는 단결에 의한 근로자의 지위향상을 전제로, 그러한 단결을 할 수 없는 근로자에게도 인간다운 조건의 확보가 필요하다고 하여 근로조건의 최저기준을 법률로 강제하려고 하였다("임금, 취업시간, 휴식, 그 외의 근로조건의 기준은 법률로 이를 정한다" 헌법 제27조 제2항). 그러나 그 법률의 기준을 노동조합과의 합의로 완화하는 것을 인정한다고 하는 반대의 발상이 처음에는 예외적인 것(시간외 근로)에서 점차 그 영역을 넓혀, 마침내 신자유주의(혹은 자기책임), 국제경쟁력의 확보라고 하는 것으로, 법적 규제 그 자체를 부정하는 지향을 강화하고 있다.

고용에서의 근로자 보호에 대하여도 같다. 회사분할이나 그 외 경제활동의 자유를 확대하는 법률은 진전되지만, 거기에 수반되는 근로자의 불이익 증대에 대한 보호는 방치된 그대로이다. 근로자의 전적(轉籍)이나 거기에 수반되는 노근로조건의 저하에 대하여 사실상 어떠한 방지도 없다. 근로기회의 다양화라고 하며, 실은 사용자가 차별적으로 일하게 하는 방법을 가능하게 하고, 근로자의 단결을 곤란하게 함과 동시에, 근로조건의 향상을 불가능하게(死錘) 한다. 특히 고용형태를 변경하는 독립행정법인화나 이른바 "시장화 테스트법(市場化テスト法)"(2006년)은 근로자의 고용까지 경쟁하게 함으로써 안정된 직장을 파괴하고 그 불안을 불러일으키는 것이었다.

3. 문제점

(1) 논증 없는 말, 이른바 극장정치

근래 급격한 "개혁"에 대하여 문제가 있다고 느끼는 것은 많은 국민의 현상에 대한 불만에 편승하여, 아름다운 말로 그 원인을 뒤바꾸는 것이다. 관공서에 대한 불만에 대하여 역수(逆手)를 취하여 그 비민주성을 바로잡는 것이 아니라, "관에서 백성으로" 문제가 해결되는 것으로 생각하는 환상이 생성되고 있다. 거기에는 아무 논증도 없다. 예컨대 "우정민영화(郵政民営化)"의 말만으로, 그것이 초래하는 비인간적인 노동, 일의 공공성의 폐기, 질의 저하 등은 무시된다. 또한 과다경쟁은 택시업계만이 아니다. "사법개혁"의 이름으로 변호사의 급격한 증원이 도모되고, 이미 올해는 변호사도 수백명 규모의 실업자나 워킹 푸어(working poor)가 예상되고 있다.

카이노 미치타카(戒能通孝) 선생은 "변증법이란 뭔가 모르게 탐정술(探偵術)과 같은 것이다("나와 막시즘(私とマルキシズム)", 法学セミナー 제27호, 1958년 6월)라고 하였지만, 내가 학생이었던 전후 멀지 않은 시기에, 다음의 파시즘은 민주주의의 가면을 쓰고 나타난다는 것, 그리고 주장되는 아름다운 말에 의하여 초래되는 것이 누구의, 어떠한 이익인가를 찾을 필요에 대하여 가르쳐 주었다. 또한 노무라 헤이지(野村平爾) 선생은 정치에 있어서 노동이나 경제는 그것들만으로 고립된 것이 아니라, 군사 등도 포함하는 총체적인 것으로 진행된다는 것을 지적하고 있었다(정치파업도 단체행동권의 행사). 전후 헌법의 전력 불소유 규정은 군산(軍産) 공동체의 성립, 그것에 따른 정치의 주도를 막는 조건이 되어야 할 것이었다. 그러나 노동법의 이론에 있어도 쟁의권 등의 근로자의 권리는 근로자의 경제적 지위와 관계되는 것으로서("경제적 정치파업"과 "순수 정치파업"과의 법적 평가의 분단), 총체적인 정치를 피하는 이론이 힘을 증대하기에 이르렀고, 노동조합도 눈앞의 작은 자기이익을 요구하는 성향이 강해졌다. 그것이 스스로의 영향력을 약화시켜 노동관계에 있어서도 규제완화론을 "공공의 이익"으로 보게 하는 기만을 횡행하게 한 것은 아니겠는가.

(2) 사실에 의한 검증의 필요

노동관계에 있어서의 규제완화의 현상은 지속가능한 사회의 한계를 넘고 있다고 생각한다. 하지만 현상을 바꾸려면 그것을 위한 "통로인 사상이라든가 조직이라든가"가 변하지 않으면 안되는(앞의 카이노(戒能) 논문 참조) 규제완화는, 표면으로는 상당한 사람들을 "정치 영역은 아니다"라고 하는 상태에 몰아넣는 것에 성공하고 있다. 그러나 예컨대 국유철도 분할민영화 20년의 검증은 돈벌이를 위한 근로자의 인권유린, 많은 노동조합이 경영의 체크 기능을 상실함으로써 발생하는 사고다발 등등이다. 영국의 철도사업 등 민영화의 실패의

사례도 많다. 하지만 국유철도 분할민영화로 맛을 본 자민당의 전 수상인 모리(森)는 일본교직원조합(日本教職員組合), 전일본자치단체노동조합(全日本自治体団体労働組合)을 괴멸할 수 있을 것인가 아닌가 하는 것이 다음 참의원 선거의 쟁점이라는 등의 발언을 공공연히 하고 있다. 교육직원 면허에 10년의 기한을 붙이는 법안도, 시장화테스트법(市場化テスト法) 등과 함께, 그것을 위한 의식의 배양을 도모하려고 하는 것일 것이다. 그러나 프랑스에서 초기 고용계약법을 철회시킨 것처럼, EU국가들에서는 규제완화의 반대의 면으로서 근로자보호는 잃지 않고 있다. 일본에서도 2006년 11월 5일의 전국근로자총궐기집회에서, 이에 참가한 한국민주노동조합총연맹의 근로자는 "우리들 근로자는 국경을 폐기한다. 전쟁에 반대하고, 평화를 지키기 위한 근로자의 싸움에 국경은 존재하지 않는다. 신자유주의에 반대하며, 근로자·농민을 위하여 국경을 폐기한다"라고 선언하였다. 이러한 사상과 조직이 어떻게 현실화하여 나갈 것인가 하는 것이 문제이다.

제Ⅱ. 검찰청으로의 고발, 검찰심사회로의 심사 신청

각 장에 대하여 간단하게 코멘트하면 다음과 같다.

노동위원회에 의한 부당노동행위구제는 단결권보장의 실효성을 담보하는 제도이다. 그리고 구제명령의 불이행은 궁극적으로는 처벌에 의하여 담보되는 것이다. 하지만 그 형벌은 "1년 이하의 금고 또는 100만엔 이하의 벌금", "또는 이를 병과한다"(노동조합법 제28조) 정도이다. 그것은 예컨대 재산권의 침해인 절도에 대한 벌칙인 "10년 이하의 징역 또는 50만엔 이하의 벌금"(형법 제235조)과 비교하더라도 참으로 균형을 잃은 가벼운 처벌이다. 그렇기 때문에 노동조합 죽이기를 노리는 악질적인 사용자는 오히려 그 위반을 범한다. 제9장은 그러한 의료법인남노회(医療法人南労会)에 대한 오사카(大阪)지방검찰청으로의 고발내용이다.

또한 노동기준법은 "근로자가 인간다운 생활에 필요한 조건을 충족시켜야 할" 근로조건의 최저기준을 정하는 것이다. 그리고 법은 그 위반에 대하여 벌칙을 예정하고 있다. 제10장은 와세다대학의 노동기준법 위반에 대하여 도쿄(東京)지방검찰청으로의 고발과 그 불기소처분에 대하여 도쿄(東京)검찰심사회에 심사신청을 한 내용이다.

공익사업이나, 연구·교육의 기관에서도 약자에 대한 인권무시의 부패가 진행되고 있는 것은 아닌가 하는 생각이 들었다. 그런데 보기 드물게 제기된 고발에 대하여 오사카, 도쿄(東京)의 지방검찰청은 어떠한 태도를 취하였는가. 가장 강한 자에게도 공통의 룰에 따르게 하였는가 아닌가. 이에 대하여 검토한 것이라고 할 수 있다.

제 9 장 의료법인남노회의 부당노동행위에 대한 오사카(大阪)지방검찰청으로의 고발 — 확정판결로 지지를 받은 노동위원회구제명령 위반(2012년 4월 26일, 고발인 사토 아키오(佐藤昭夫))

의료법인남노회(医療法人南労会)는 원래 미나미오사카(南大阪) 근로자를 위한 진료소를 목표로 많은 노동조합의 지원을 받아 출발하였다(마츠우라(松浦) 진료소). 그런데 머지않아 확대 노선으로 치닫고(키와(紀和)병원 개설 등), 항합동노동조합남노회(港合同労働組合南労会)지부와 대립하며 일방적인 근로조건 변경, 반대하는 노동조합 임원들에 대한 해고, 노동조합 차별 등을 하기에 이르렀다. 그리고 노동위원회의 구제명령, 재판소의 긴급명령이 내려져도 이에 따르지 않아 500만엔의 과료를 지불하였고, 나아가 구제명령이 확정되어도 계속하여 불이행하였다. 이것은 범죄행위이다.

여기서 노동조합은 오사카(大阪)지방검찰청에 이를 고발하였다. 그런데 담당검찰관은 2012년 3월 불기소처분을 결정함과 동시에, 다음날 전근해 버렸다. 그러나 명령불이행이 계속되고 있는 한 새로운 범죄를 계속하여 범하게 된다. 이러한 상황에서 재차 제출한 것이 이하의 고발장이다.

나아가 노동조합은 임금체불, 차별에 대하여 손해배상청구소송도 제기하고 있지만, 이 점과의 관계에 대하여는 다음의 "의료법인남노회(医療法人南労会) 사건 의견서"에서 보기로 한다.

고 발 장

2012년 4월 26일

피고발인 의료법인남노회 상무이사 와카스기 마사키(若杉正樹)
동 전직 대표자 스기우라 요시카즈(杉浦良和)
동 이사장 사토 마사시(佐藤雅司)

죄명 "확정판결에 의하여 지지된 노동위원회 구제명령 위반"(노동조합법 제28조)

고발 이유

1. 불기소처분과 범죄의 계속

나는 2012년 2월 29일, 검찰청에 의료법인남노회의 "확정판결에 의해서 지지된 노동위원회 구제명령 위반"(노동조합법 제28조)에 대하여 조속한 기소를 요구하는 취지의 청원을 하였다. 그 이유에 관하여도 청원서와 첨부한 오사카지방재판소에 제출한 의견서에 서술하고 있다. 그런데 어떻게 된 영문인지 검찰청은 동년 3월 30일, 위 사건에 대하여 불기소처분을 하였다.

그러나 의료법인남노회는 개전(悔悛)의 정을 보이기는커녕, 불기소처분을 다행으로 생각하면서 그 후에도 여전히 노동위원회 명령을 이행하지 아니하고, "확정판결에 의하여 지지된 노동위원회 구제명령 위반"(노동조합법 제28조)의 죄를 오늘까지 거듭하여 새롭게 범하고 있다.

2. 의료법인남노회의 악질성과 범죄의 중대성

(1) 노동위원회 구제명령은 단결권보장의 실효성의 담보

① 노동위원회의 구제명령제도는 부당노동행위를 금지하는 노동조합법 제7조 규정의 실효성을 담보하기 위하여, 사용자의 단결권침해행위에 대하여 신속하고도 용이하게 부당노동행위가 없었던 상태로 회복시켜 정상적인 집단적 노사관계를 유지하기 위하여 설정된 것이다.

② 그것은 또한 일본이 비준한 ILO 제98호 조약(단결권 및 단체교섭권 원칙의 적용에 관한 조약) 제3조의 "가맹국은 단결권존중을 확보하기 위하여", "국내사정에 적합한 기관"을 설치한다고 하는 의무이행을 위한 기관이기도 하다.

(2) 사용자의 구제명령 이행의무와 그 위반에 대한 제재

① 그렇다면 왜 차별(불이익) 대우, 노동조합 부인(단체교섭거부), 노동조합에 대한 지배개입 등 단결권침해에 대하여 신속한 원상회복이 필요한 것인가. 그것은 이러한 사용자에게 부당노동행위에 의하여 일단 노동조합이 파괴되거나 어용화한 뒤에는 더 이상 회복은 불가능하거나 지극히 곤란해지기 때문이

다. 그렇기 때문에 단결권침해에 대한 "국내사정에 적합한" 전문적 구제기관으로서 노동위원회가 설치되었다. 그 행정처분에 의하여 부당노동행위가 없었던 상태로 신속한 회복을 도모할 수 있게 된 것이다.

② 그렇기 때문에 그 명령은 공정력을 가져, 명령을 받은 사용자는 즉시 명령을 이행할 의무를 진다. 각지의 노동위원회의 명령에 대하여 중앙노동위원회에 재심신청을 하거나 재판소에 행정소송으로 다투는 길은 열려 있지만, 그것은 명령에 따른 다음의 분쟁인 것이며, 자신의 주장이 인정되어 그 명령이 변경 또는 삭제될 때까지는 그 이행의 의무는 없어지는 것이 아니다. 이 명령확정 전에도 사용자가 구제명령의 이행의무를 진다고 하는 것은 노동조합법이나 노동위원회규칙에 명확히 규정되어 있을 뿐만 아니라 카와다 에츠코(川田悦子) 의원의 질문에 대한 코이즈미 쥰이치로(小泉純一郎) 수상 명의의 정부 답변서에 의하여 명확히 확인되고 있다.

③ 그러나 법은 구제명령이 나온 경우에, 사용자가 자발적으로 이것을 이행할 것을 기대하여 그 불이행에 대한 제재로서 다음의 두 개를 두는 정도로 하였다.

하나는 재판소가 명령이 확정될 때까지 이에 따를 것을 명하는 긴급명령을 발하였을 경우 그 위반에 대하여 1일에 관하여 10만엔 이하의 과료에 처하여진다는 것(노동조합법 제32조), 다른 하나는 "확정판결에 의하여 지지된 노동위원회 구제명령 위반"에 대하여 1년 이하의 금고 또는 100만엔 이하의 벌금에 처하여진다는 것(노동조합법 제28조)이다.

(3) 의료법인남노회의 의도적 불이행

그러나 의료법인남노회는 공익사업을 영위하는 의료법인이면서도, 노동위원회의 구제명령 위반에 직접적인 제재규정이 없다는 것을 이용하여 위법한 명령위반을 의도적으로 계속하였다. 그로 인하여 수많은 구제명령이 나왔지만 20여년에 걸쳐 차별적 임금체불이나 징계처분을 둘러싸고 분쟁이 계속되고 있다. 일관하여 노동위원회의 구제명령에 따르지 않는 의료법인남노회의 태도는, 오사카(大阪)고등재판소 제7민사부(나가이 유타카(永井ユタカ) 재판장) 판결(2007.9.26)이 "노동법제의 근본을 부정하는 위법, 부당한 것"이라고 단죄

한 것처럼, 근로자의 생존권이나 단결권 등 노동기본권의 중대한 침해이다.

(4) 재판소의 긴급명령 위반

그뿐만이 아니다. 의료법인남노회는 재판소에 의하여 긴급명령이 나와도 이에 따르지 않았다. 그리고 2건으로 합계 500만엔의 과료를 납부하였다. 과료를 내더라도 노동조합에 타격을 주는 것이라면 좋다고 하는 단결권침해의 확신범적인 사회적·윤리적 책임 감각을 잃은 사용자이다.

(5) "확정판결에 의하여 지지된 노동위원회 구제명령 위반"(노동조합법 제28조)

의료법인남노회의 법질서 무시 태도는 제재가 가벼워 보다 더 강해지고 있다. 노동조합 차별에 의한 임금체불의 총액은 2억 수천만엔에 이른다. 그것과 비교하면 500만엔의 과료 등은 별 것 아니라고 하는 계산일 것이다.

이렇게 하여 의료법인남노회는 마침내 "확정판결에 의하여 지지된 노동위원회 구제명령 위반"조차 하려고 하게 된다. 그리고 조속한 기소를 요구하는 노동조합이 고소, 나의 청원에도 불구하고 검찰청은 불기소처분을 하였다.

그 불기소처분은 의료법인남노회에 노동위원회나 민사재판소에 의하여 단죄되더라도, 검찰청이 자기편을 들어 준다고 하는 나쁜 짓을 하고도 결과가 좋은(悪運) 것에 대한 운세와 계산적으로도 성공한다는 것을 확신시키는 것이 되었을 것이다. 그렇기 때문에 그 이후에도 여전히, "확정판결에 의하여 지지된 노동위원회 구제명령 위반"의 죄를 거듭하여 범하는 상태가 계속되고 있는 것이다.

(6) 방치는 단결권보장의 포기

그런데 그 결과는 근로자와 사회, 법질서에 무엇을 초래하는가.

그것은 강자는 룰을 깨어도 처벌하지 않는다고 하는 것이고, 헌법상 단결권을 보장하여야 할 정부가 "재량"으로 근로자의 생존권, 노동기본권의 침해를 방치하는 것을 의미한다. 이렇게 하여 일본이 법치국가가 아니라 약자를 져버리는 검찰관에 의한 인치(人治)국가가 되는 것이다.

(7) 구두에 의한 보충

본 서면에서 불충분한 점은 구두로 보충한다.

첨부자료

1. 노동 위원회 명령

2. 기소를 구하는 청원서와 첨부 의견서(사토 아키오(佐藤昭夫)·2011년 2월 27일)

3. 법인이 노동조합법 제28조의 죄를 범한 경우의 피처벌자에 관한 학설 및 후생노동성 견해

① 니시타니 사토시(西谷敏)·도코 테츠나리(道幸哲也)·나카쿠보 히로야(中窪裕也)편, 『신기본법 코멘타르 노동조합법(新基本法コメンタール 労働組合法)』(2011년, 日本評論社)

② 후생노동성노동행정담당참사관실(厚生労働省労政担当参事官室)편 『5정 신판 노동조합법·노동관계조정법(五訂新版 労働組合法·労働関係調整法)"(2006년, 労務行政)

이상

第10장 와세다대학의 노동기준법 第90조 위반에 대한 도쿄(東京)지방검찰청으로의 고발, 그 후의 경과

서설

1. 노동계약법의 개정으로 고용기간의 정함이 있는 근로자(유기고용근로자. 대학의 비상근강사들이 여기에 해당한다)가 5년을 초과하여 계속 근무한 경우에는 기간의 정함이 없는 근로계약으로 전환을 청구할 수 있도록 하였다(제18조). 이것은 고용의 안정을 도모하는 취지이다.

그러나 와세다대학은 2013년 4월의 시행을 앞둔 3월, 지금까지 없었던 비상근강사취업규정을 작성하고, 이것을 취업규칙으로서 노동기준감독청에 신고하였다. 그것에는, 고용안정 취지에 반하여 비상근강사의 고용기간은 5년을 상한으로 하는 것, 그 외의 규정이 포함되어 있었다. 그러나 노동기준법상 취업규칙의 작성, 변경에는 각 사업장의 근로자의 과반수를 내표하는 자의 의견을 듣지 않으면 안 된다고 되어 있다(제90조). 그런데도 이 취업규칙의 작성은 비상근강사들에게는 아무런 통보도 하지 않은 상태로 행하여졌다.

이것을 안 수도권대학 비상근강사조합(마츠무라 히나코(松村比奈子)위원장)은 급히 단체교섭을 요구하여 따졌던 바, 대학은 그 취업규칙 작성에 있어서 각 사업장의 과반수의 근로자를 대표하는 자의 의견을 듣기 위하여 전임교원의 조직인 교원조합에게 그 선출에 입후보할 것을 의뢰하여 절차를 진행한 것으로 판명되었다.

하지만 이 절차는 비상근강사들이 알지 못하는 상황에서 진행되어 직원도 참가하지 않았고, 노동기준법 제90조에서 규정하는 취업규칙작성의 요건을 충족하지 않았다. 그뿐만이 아니라 조합차별·조합개입의 부당노동행위이기도 하다(과반수대표자를 위한 요건을 충족시키지 않았고, "과반수대표자"라고 칭하여 의견서를 내는 것은 사문서위조에 해당한다. (그 후) 교원조합의 집행부가 교체되어 신집행부의 위원장은 공범자의 입장에 있었던 것을 사죄하였다). 그래서 비상근강사조합측은 이 취업규칙이 고용의 안정이라는 노동계약법의 취지에 반할 뿐만 아니라, 절차적으로도 노동기준법 위반으로서 벌칙이 과하여지는 것을 지적하고, 이 취업규칙의 시행을 서두르지 말고, 법에 따른 절차를 다시 거칠 것을 요구하였다. 그러나 대학은 이 경고에 귀를 기울이지 않고, 그대로 4월 1일 시행을 강행하였다. 그 때문에 나와 마츠무라(松村)위원장은 2013년 4월 8일, 이 범죄사실을 도쿄(東京)지방검찰청에 고발하였다. Ⅰ이 그 고발장이다. 하지만 도쿄(東京)지방검찰청은 2013년 12월 20일 이것을 불기소처분하였다. 그 때문에 다음 해인 2014년 3월 12일, 도쿄(東京) 제4검찰심사회에 심사신청을 하였다. Ⅱ가 그 신청서이다.

신청에 대하여 도쿄(東京) 제4검찰심사회는 총장 카마타 카오루(鎌田薰) 및 담당상임이사 시미즈 사토시(清水敏)에 대하여는 "불기소부당"이라고 판단하고, "그 나머지의 피의자에 대하여는 불기소처분을 상당"하다고 하였다. 그 요지는 다음과 같다. "와세다대학이 비상근강사 취업규칙을 작성함에 있어서 이사회에서 취업규칙의 내용을 토의하였지만, 선출방법의 검토는 하지 않았고, 주로 인사담당이사인 피의자 시미즈(清水)가 인사담당과장과 진행한 것으로, 피의자 시미즈(清水) 및 인사담당이사인 피의자 시미즈(清水)를 임명한 이사장인 피의자 카마타(鎌田)의 책임의무가 있다고 생각할 수 있지만, 그 나머지 피의자 등에 대하여는 선출방법에 관계한 사실을 발견할 수 없었기 때문에 본건의 혐의는 없다고 생각한다".

"와세다대학은 2012년 개정 노동계약법 시행 전에 비상근강사의 취업규칙을 제정하기 위하여 서두른 것이 명확하고, 그 때문에 철저하게 주지하는 것을 게을리 하여 과반수대표자의 선출에 있어서 대다수의 비상근강사에 의한 선출의 기회를 뺏은 것이 인정되고, 또한 주지가 철저하게 되지 않은 것에 비추어 보면 본건 신임투표방식도 위법성의 의문이 있기 때문에 재수사가 필요하다" "검찰관의 불기소처분에는 납득할 수 없다"라고 하는 것이다.

2. 이 의결은 사실을 올바르게 보고, 그 사실에 맞은 판단이며, 검찰심사회의 역할을 잘 수행한 것이라고 생각된다.

3. 도쿄(東京)검찰청은 이러한 의결에도 불구하고 재차 불기소처분하였다.

Ⅰ. 도쿄(東京)지방검찰청에 제출한 고발장 (2013년 4월 8일, 고발인 : 사토 아키오(佐藤昭夫))

고발의 취지

노동기준법에 위반하는 피고발인들의 아래와 같은 범죄에 대하여 형사소송법 제239조 제1항 및 동 제241조 제1항에 의해 고발한다. 피고발인들은 학문·교육기관에 있으면서 형사문제가 되므로 위반을 하지 말라고 하는 경고에도 불구하고, 이를 무시하고 범죄를 실행하였다. 본건 범죄의 명확성·악질성, 영향의 사회적 중대성, 이것을 시정할 필요의 긴급성 등에 비추어 조속한 기소·처벌을 요구한다.

記

피고발인

〒169－8050東京都新宿区戸塚町一丁目104番地

学校法人와세다대학 代表者 (総長) 理事 鎌田　薫(かまた　かおる)

동 상임이사 (법인통괄, 총무, 인사담당) 清水　敏(しみず　さとし)

동 상임이사 橋本周司(はしもと　しゅうじ)

동 상임이사 内田勝一(うちだ　かついち)

동 상임이사 大塚宗春(おおつか　むねはる)

동 이사 13명(별지 피고발인 이사 목록기재와 같음)

죄　명　취업규칙작성의 절차위반(취업규칙작성에 관하여 사업장의 "근로자의 과반수를 대표하는 자의 의견을 듣지 않으면 안 된다" (노동기준법 제90조 제1항) 의무 위반)

벌　칙　노동기준법 제120조 제1호

고발 이유

목차생략(역자 주)

제1 범죄사실

1. 비상근강사 취업규칙 작성, 시행의 경과

노동기준법상 사업장에 근로자의 과반수로 조직하는 노동조합이 없는 경우, 취업규칙 작성을 위하여는 “근로자의 과반수를 대표하는 자”(이하, “과반수대표자”라 함)의 의견을 듣지 않으면 안된다(노동기준법 제90조 제1항).

와세다대학에서는 각 사업장에 근로자의 과반수로 조직하는 노동조합은 존재하지 않는다.

피고발인들은 모두 와세다대학의 상임이사 또는 이사인데, 각 사업장의 과반수대표자의 의견을 듣지 않고 이사회의 결정으로 계약기간의 갱신을 상한 5년으로 하는 등의 비상근강사 취업규칙을 작성, 2013년 4월 1일부터 시행하였다. 그 경과는 대략 수도권대학 비상근강사조합위원장 마츠무라 히나코(松村比奈子)의 고발장에 기재와 같으므로 이것을 원용한다.

즉 피고발인들은 비상근강사들이 이것을 알 수 없는 상태에서, 본건 취업규칙 작성에 관하여 의견을 들어야 할 상대인 “과반수대표자”의 선출을 위하여 각 사업소의 상근교원에게 부탁하여 입후보시켜, 그 선출에 반대한 자는 불신임의 취지의 투표를 하되, 불신임투표를 하지 않은 자는 찬성한 것으로서 취급한다고 하는 방식을 취하였다.

2. 위법성

(1) 취업규칙 작성시의 노동기준법상의 요건

사업장에 근로자의 과반수로 조직하는 노동조합이 없는 경우, 취업규칙 작성을 위하여 의견을 듣는 과반수대표자는 “법으로 규정하는 협정 등을 하는 자를 선출할 것을 명확하게 하여 실시되는 투표, 거수 등의 절차에 의해 선출된 자일 것”(노동기준법 시행규칙 제6조의2 제1항 제2호)을 요한다.

또한, “단시간근로자의 고용관리의 개선 등에 관한 법률”(短時間労働者の雇用管理の改善等に関する法律)(이른바 “파트노동법”) 제7조는 “사업주는, 단시간 근

로자와 관련되는 사항에 대하여 취업규칙을 작성하거나 또는 변경하려고 할 때는 당해 사업소에서 고용하는 단시간 근로자의 과반수를 대표한다고 인정되는 자의 의견을 듣도록 노력한다"고 하고 있다.

(2) 과반수대표자 선출·의견청취 절차 등에 있어서의 법령위반

이번 와세다대학의 방식은 다음의 점에서 노동기준법 등의 법령에 위반하여 도저히 적법한 과반수대표자의 선출과 의견청취라고는 할 수 없다. 또한 파트노동법 제7조의 노력의무에도 반한다.

① 노동기준법 제90조가 정하는 사용자가 취업규칙의 작성에 대하여 의견을 들어야 할 과반수대표자란 상근·비상근을 불문하고 각 사업소 전체근로자의 과반수를 대표하는 자를 말한다. 그런데 와세다대학은 비상근강사에 대하여 취업규칙 제정에 관하여 과반수대표자의 선출이 이루어지는 것을 알 수 없는 상태에서 그 선임을 실시하였다.

② 그 때문에 비상근강사는 과반수대표자에의 입후보의 기회를 가지지 못하였고, 이사가 과반수대표자를 정규교원에게 부탁하는 선출에 관한 비민주적인 개입행위를 하였다.

③ 게다가 각 사업소의 근로자수, 그 과반수, 투표수, 유효·무효 투표수, 신임·불신임투표수 등조차 일체 공표되고 있지 않다.

④ 결정적인 것은 고발인도 출석한 2013년 3월 19일의 수도권대학 비상근강사조합과의 단체교섭 석상에서 인사담당인 시미즈 사토시(清水敏) 상임이사는 "비상근강사의 취업규칙을 제정하는데, 절차대로 하려고 한다면, 이것은 사실상 불가능하다"라고 공언하여 절차위반을 자인하고 있다(첨부자료 2).

⑤ 조합측으로부터, 불가능한 것은 2013년 4월부터 이번 취업규칙을 강행하려고 하였기 때문이고, 적어도 그 시행기일을 1년 연기하고, 그 사이에 법령에 따른 절차를 거치면 되는 것이 아닌가, 이대로는 형사문제가 된다고 하는 경고·제안을 한 것에 대하여 "의견으로서 들어 둔다"라고 대답하면서(전술), 3월 25일에는 4월 1일 시행이라는 문서회답을 해왔다(첨부자료 6).

제2 근로자 및 교육·학문에 대한 악영향의 중대성 및 정상(情狀)

1. 본건 범죄의 중대성

(1) 본건 취업규칙 내용의 부당성

이번 취업규칙의 중요한 내용은 비상근강사에 대하여 5년 이상은 근로계약을 갱신하지 않는다는 것이다. 그것은 대학의 교육을 지탱하고 있는 비상근강사에 대하여, 그 현상조차 열악한 근로조건과 고용불안을 한층 증대시켜, 교육에 종사하는 근로자를 불안에 빠뜨려 그 사명인 교육·연구에 전념하는 것을 불가능하게 한다. 그 결과 근로자 및 일본의 교육·연구에 중대한 악영향, 장해를 미친다.

가. 근로자에 대하여

① 일본의 헌법체계에서는 생존권(헌법 제25조), 근로권(동 제27조)의 규정에 의하여, "근로조건은 근로자가 인간다운 생활을 영위하기 위한 필요를 충족시켜야 하는 것이 아니면 안된다"라고 하고 있다(노동기준법 제1조 제1항).

그런데 비상근강사의 현상은 7~8학교의 강의를 겸임하면서, 연수입 250만엔 이하의 자가 44%라는 상황이다(2013년 3월 28일 "『갱신상한』문제 긴급원내집회의 성명(『更新上限』 問題 緊急院内集會の聲明)"). 게다가 근로계약기간 종료시에 다음 계약이 계속될 것인가라는 불안을 안고 있다. 이것으로는 도저히 "인간다운 생활을 영위하기 위한 필요를 충족시켜야 하는" 것이라고 할 수는 없다.

② 또한 노동기준법 제2조 제1항은 "근로조건은 근로자와 사용자가 대등한 입장에서 결정하여야 한다"라고 규정한다. 이번 와세다대학의 방식은 노동기준법상의 절차에도 반하는 일방적 결정의 강행에 의하지 않으면 안되었던 것으로, 그 부당성은 명확하다.

③ 1966년에 국제연합교육과학문화회의(유네스코)와 국제노동기구(ILO)의 협력으로 채택된 "교원의 지위에 관한 권고"는 "교원의 근로조건은 교원이 효과적인 학습을 가장 좋게 촉진하고, 그 직업적 임무에 전념할 수 있는 것이 아니면 안된다"(제8항), "교직에 있어서의 고용의 안정과 신분보장은 교원의 이

익에 있어서 불가결한 것은 말할 필요도 없고, 교육의 이익에 있어서도 불가결한 것"(제45항)이라고 하고 있다.

④ 2013년 4월 1일 시행의 노동계약법 개정은 유기고용계약이 5년을 넘어 계속하는 경우에는 무기고용으로 전환하는 근로자의 청구권을 법으로 정하였다. 이것은 유기고용근로자의 고용의 안정을 취지로 하는 것이다.

이상과 같이 와세다대학의 이번 비상근강사 취업규칙에 있어서의 5년의 갱신기한상한설정은 위에서 서술한 헌법이나 국제적으로 확인된 이념에 어긋나고, 나아가 개정 노동계약법의 고용안정의 취지에도 반하는 것으로 부당한 것이다.

나. 교육·연구에 대하여

유네스코는 이미 1966년의 "교원의 지위에 관한 권고"에서 "교직에 있어서의 고용의 안정과 신분보장"이 단지 교원의 이익에 있어서 뿐만이 아니라, "교육의 이익에 있어서도 불가결"하다는 것을 지적하고 있었는데, 1974년의 "과학연구자의 지위에 관한 권고"도 "국가의 과학 및 기술관계요원의 부단한 충분한 재생산을 유지하기 위하여, 고도의 재능을 가지는 젊은이들이 과학연구자로서의 직업에 충분한 매력을 느끼고, 과학연구 및 실험적 개발이 적당한 장래성과 상당한 안정성 있는 직업이라는 충분한 확신을 가지는 것을 확보하는 것"(제9항a)이라고 하여 연구자의 지위의 안정성의 확보를 필요로 하고 있다.

게다가 1997년의 "고등교육교원의 지위에 관한 권고"는 거듭하여 "고등교육교원의 근무조건은 효과적인 교수, 학문, 연구 및 지역사회에 있어서의 활동을 최대한으로 촉진하고, 또한 고등교육교원이 그 직무를 수행할 수 있는 최선의 것이어야 한다"(제7항), "고용의 보장……은 고등교육 및 고등교육교원의 이익에 불가결한 것으로 확보되어야 한다"(제46항), "고등교육교원의 급여, 근무조건 및 고용조건에 관한 모든 사항은 고등교육교원을 대표하는 조직과 고등교육교원의 고용자와의 사이의 임의의 교섭과정을 통하여 결정되어야 한다"(제53항)로 한다.

와세다대학의 이번 방식은 이러한 국제적으로 확인된 이념에도 반하는 것으로, 연구·교육에도 중대한 악영향을 주는 것이다.

(2) 타대학의 정황

지금까지 비상근강사의 갱신상한을 설정하지 않더라도, 대학에 있어서 교육상 아무런 부적합은 발생하지 않았다. 그것을 새롭게 갱신상한을 설정하는 것은, 앞에서 설명한 바와 같이 일본국 헌법이나 교원의 지위에 관한 국제적 기준, 노동기준법, 나아가서는 개정 노동계약법의 고용안정의 취지에도 반하는 것이다.

그러므로 도쿄대학(東京大學)을 비롯하여 대부분의 대학에서는 노동계약법 개정의 4월 시행을 앞에 두고도, 이러한 취업규칙 작성 움직임은 없었다. 류큐대학(琉球大學)에서는 일단 그러한 제안을 하였지만 조합과의 단체교섭의 결과 이를 철회하였다. 현재에도 상한설정의 취업규칙 작성을 고집하고 있는 것은 국립으로는 오사카대학(大阪大学)과 고베대학(神戸大学), 그리고 사립학교로는 와세다대학밖에 없다.

2. 와세다대학에서의 본건 취업규칙 작성의 위법·악질성 —과반수대표자 선출의 개입·위장공작

피고발인 등은 이번 취업규칙 작성에 관하여 과반수대표자의 의견청취를 행한 것처럼 외형을 꾸몄다. 그것은 취업규칙을 작성한 경우에는 과반수대표자의 의견을 기재한 서면을 첨부하여 노동기준감독서에 신고할 필요가 있었기 때문이다(노동기준법 제90조 제2항). 그러나 4,000명이 넘는 비상근강사에 대하여, 법이 요구하는 절차를 취하면 4월 1일에 시행을 할 수 없었다. 그 때문에 피고인 등은 취업규칙 작성에 관하여, 비상근강사에게 실질적으로 스스로의 의사로 과반수대표자를 선출할 기회를 주지 않고, 정규교원에게 과반수대표자로 입후보 할 것을 의뢰하고, 게다가 신임투표라고 칭하여 자유로운 의사표명의 조건인 비밀투표의 원칙마저 침해하여 기명에 의한 불신임의 투표를 하지 않는 한 신임한 것으로 한다고 하는, 과반수대표자 선출에 대한 개입·위장공작을 행하였다. 이것은 단지 노동기준법 위반일 뿐만 아니라, 매우 악질적인 행위라고 하지 않으면 안된다.

3. 정상(情狀)

(1) 노동기준법 위반의 自認

와세다대학은 이러한 취업규칙 작성이 노동기준법을 위반한다는 것을 알면서 이것을 강행하였다. 그것은 2013년 3월 19일의 수도권대학 비상근조합과의 단체교섭에서 조합측의 추궁에 대하여 인사담당인 시미즈 사토시(清水敏) 상임이사가 "비상근강사의 취업규칙을 절차대로 하려고 한다면, 이것은 사실상 불가능하다"라고 공언하고(첨부자료 2의 6면), 오히려 노동기준법 위반을 협박조로 한 것이 분명하다. 고의로 벌칙이 있는 노동기준법 위반을 하였다는 것이다.

나아가 적어도 그 취업규칙의 시행을 1년 연기하고, 그 동안에 법정 절차를 취하는 것이 어떠한가라는 조합의 타협안마저 거부하였다. 이는 본래 학문연구·교육의 최고기관인 대학이 스스로 법을 위반하고 부끄러워하지 않는다는 것으로, 그 정상은 매우 무겁다.

(2) 무기계약으로의 전환 회피 — 전제(專制)지배의 유지

그렇다면 피고발인들은 왜 임박한 2013년 4월 1일부터의 갱신상한 5년의 취업규칙 실시에 집착하는 것인가. 그것은 같은 날의 개정 노동계약법 시행을 앞두고, 그 제18조에 의한 무기근로계약으로의 전환을 회피하려고 한 것이라고 생각할 수밖에 없다.

그리고 와세다대학은 그 이유로서 재정적 곤란을 든다. 그러나 무기근로계약 전환의 경우에도 그 근로조건은 계약기간을 제외하고, "현재 체결하고 있는 유기근로계약의 내용인 근로조건과 동일한 근로조건(별단의 정함이 있는 경우를 제외한다)으로 한다"(동법 제18조)고 규정하고 있다. 따라서 재정문제는 이유가 되지 않는 것이다.

그렇다면 무기근로계약으로의 전환의 회피는 개정 노동계약법의 취지에도 반하여, 비상근강사의 고용불안을 이용하여 그 근무나 근로조건에 관한 전제지배를 유지하려고 하는 것은 아니었는가. 전술한 1997년의 권고는 고등교육교원에 대하여 "학문의 자유의 유지"나 "자기가 근무하는 기관 또는 그 제도에 관하여 자기의 의견을 자유롭게 표명할 자유"에 대한 권리(제27항), "자기가 소속된 기관을 포함한 고등교육기관의 기능을 비판할 권리 및 기회를 가져야 한다”(제31항)고 하고 있다.

무기근로계약으로의 전환의 회피는 이러한 자유·권리를 압살(圧殺)하여 경영자의 전제지배의 유지로 이어진다. 취업규칙의 시행을 1년 연기하여, 그 사이에 노동기준법의 법정 절차를 밟도록 제언한 조합의 호의있는 의견마저 거부하는 이사회의 태도는 참으로 그러한 현상이라고 할 수 있을 것이다. 재정문제라 하더라도 자금을 어디에 투입하는가. 사람=연구·교육의 질인가, 물건=양적 확대인가 라는 선택의 문제가 있다.

(3) 사안의 중대성, 긴급성

이 취업규칙의 내용은 앞에서 본 바와 같이 비상근강사의 고용불안을 증대시켜, 그 인간다운 생활이나 연구·교육에 전념하는 것을 방해한다. 그것은 학문·연구 자체에 있어서도 큰 손실이다. 게다가 그것이 노동기준법 위반의 절차로써 4월 1일부터 강행되었다. 그 시정은 긴급의 필요가 있다.

와세다대학은 “진취적인 정신, 학문의 독립”, “현세를 잊지 않는 영원한 이상”이라는 건학의 비판적 재야정신이 사학(私学)으로서의 존재감을 크게 해왔다. 그런데 이번 조치는 비판을 싫어하는 독선과 대학의 사회적 책임을 무시한 법령준수 부정이다. 다른 사립대학이 움직임을 보이지 않는 상황에서 인권보장과 학문의 진보의 역사에 역행하는 방향으로 사립대학의 리더쉽을 취하려고 한 것이라고 생각된다. 내부의 자정작용이 작용하지 않는 이러한 상황을 간과할 수는 없다.

(4) 총장 및 인사담당상임이사의 책임, 그 밖의 이사 전원의 책임

노동기준법상 위반에 대하여 책임을 지는 “사용자란 사업주 또는 사업의 경영담당자 그 밖에 그 사업의 근로자에 관한 사항에 관하여 사업주를 위하여 행위하는 모든 자를 말한다”(노동기준법 제10조).

따라서 이 취업규칙 작성에 대한 법위반에는 와세다대학을 대표하여 이 취업규칙을 제정·시행한 카마타(鎌田)총장과 인사담당인 시미즈(清水)상임이사의 책임이 가장 무겁지만, 그것이 이사회 결정인 이상, 결정에 관여한 이사 전원도 그 책임을 면할 수 없다. 와세다에서 배우고 교원으로서 재직하여 50

년 이상 와세다에서 보낸 내가 지금 굳이 사랑하여야 할 모교 와세다대학의 이사를 고발하는 이유도 여기에 있다.

제3 증거방법

1. 와세다대학에 대한 수도권대학 비상근조합의 단체교섭 신청 및 대학의 회답서

2. 2013년 3월 19일의 단체교섭 기록

3. 단체교섭시에 대학측에서 제시한 자료 1(취업규칙안)

4. 단체교섭시에 대학측에서 제시한 자료 2(배포하였다고 주장하는 신임투표 용지)

5. 단체교섭시에 대학측에서 제시한 자료 3(와세다대학의 전임교원·비상근 강사 총수 표)

6. 본건 취업규칙을 2013년 4월 1일부터 시행한다는 취지의 2013년 4월 25일자 와세다대학의 통지문서

7. 『갱신상한』 문제 긴급원내집회의 성명 및 관련자료

8. 긴급원내집회를 알린 보도기관 기사

이상 모두 수도권대학 비상근강사조합 위원장 松村比奈子의 고발장 첨부를 원용한다.

이상

별지

피고발인 (피고소인) 목록

〒169－8050 東京都新宿区戸塚町一丁目104番地

学校法人와세다대학 代表者 (総長) 理事　鎌田　薫 (かまた　かおる)

동　상임이사 (법인통괄, 총무, 인사단당)　清水　敏 (しみず　さとし)

동　상임이사　橋本周司 (はしもと　しゅうじ)

동　상임이사　内田勝一 (うちだ かついち)

동 상임이사	大塚宗春 (おおつか むねはる)
동 이사	田中愛治 (たなか あいじ)
동 이사	深沢良彰 (ふかざわ よしあき)
동 이사	紙屋敦之 (かみや のぶゆき)
동 이사	藁谷友紀 (わらがい ともき)
동 이사	島田陽一 (しまだ よういち)
동 이사	斎藤美穂 (さいとう みほ)
동 이사	宮内孝知 (みやうち たかのり)
동 이사	谷口邦生 (たにぐち くにお)
동 이사	迫田 実 (さこた みのる)
동 이사	森田芳秋 (もりた よしあき)
동 이사	福田秋秀 (ふくだ あきひで)
동 이사	澤部 肇 (さわべ はじめ)
동 이사	柳田幸男 (やなぎだ ゆきお)

이상

Ⅱ. 도쿄(東京)지방검찰청의 불기소처분에 대한 심사신청서 (2014년 3월 12일)

도쿄(東京) 제4검찰심사회 귀중

1. 신청인(고발인) 東京都小金井市東町1－9－13 佐藤 昭夫
   연락방법(Fax 042－387－0710)

   신청인(고발인) 神奈川県大和市下鶴間2－6－34
   プレジャーガーデン大和301 松村 比奈子
   연락방법(휴대전화 080－5037－5072)

   신청인(고소인) 東京都江東区北砂5－20－7－303 大野 英士
   연락방법(휴대전화 090－6123－2798)

2. 피의자 鎌田 薫(와세다대학 총장) 외 이사 17명

3. 죄명 노동기준법 제90조 제1항 위반(벌칙·동법 제120조 제1호)

4. 사건번호 2013년 檢제15939~15956호

5. 처분연월일 2013년 12월 20일

6. 처분구분 및 처분이유 불기소, 혐의 없음

7. 불기소처분을 한 검찰관 高宮 英軺

8. 신청의 취지

본건 불기소처분에는 불복하며, 기소가 상당하다고 하는 의결을 요구한다.

9. 피의사실의 요지

와세다대학(대표자·총장 카마타 가오루(鎌田薫))은 2013년 3월, 근로조건에 관한 취업규칙인 "비상근강사취업규정(非常勤講師就業規程)" 및 "유기고용근로자의 취업연한에 관한 규정(有期雇用労働者の就業年限に関する規程)"(이하, 양자를 "취업규칙"으로 표기한다)을 작성하여 2013년 4월 1일부터 이것을 시행하였다. 그 때, 노동기준법 제90조 제1항에 위반하여서, 당해 사업장 근로자의 과반수를 대표하는 자의 의견을 듣지 않고 이것을 행하였다. 작성, 시행의 경위는 첨부하는 2013년 4월 8일자 사토 아키오(佐藤昭夫) 및 마츠무라 히나코(松村比奈子) 명의의 각 고발장, 2013년 11월 17일자 오노 히데시(大野英士) 명의의 진술서의 내용과 같다. 나아가 그 동안의 사정을 정확하게 전하고 있는 하야시 마사아키(林克明)『블랙대학와세다(ブラック大学早稲田)』(2014, 同時代社)도 첨부하므로 참조하시기 바란다.

10. 신청의 이유

본건 피의사실은 첨부자료 및 본심사신청서 기재 후 판명된 사실에 의하여 명백하다. 또한 그 사안의 중대성, 행위의 악질성에 비추어 기소가 상당하다고 생각한다. 이것을 "혐의 없음"으로 하여 불기소처분을 한 것은 불충분한 수사에 의하여 범죄사실에 대한 인정을 잘못하고, 재량권행사도 잘못한 것으로서 승복할 수 없다. 그 요점은 다음과 같다.

(1) 사실인정의 잘못

가. 범죄의 사실

노동기준법 제90조 제1항은 "사용자는 취업규칙의 작성 또는 변경에 관하여 당해 사업소에 근로자의 과반수로 조직하는 노동조합이 있는 경우에는 그 노동조합, 근로자의 과반수로 조직하는 노동조합이 없는 경우에는 근로자의 과반수를 대표하는 자의 의견을 듣지 않으면 안 된다"라고 규정한다.

와세다대학은 수천명의 교원·직원(전임·비상근을 포함)을 고용하는 사용자이며, 7개의 사업소를 가지지만, 그 어느 것에도 근로자과반수로 조직하는 노동조합은 없다. 그럼에도 불구하고 앞에서 본 바와 같이 와세다대학은 2013년 4월 1일 시행의 취업규칙을 작성함에 있어서 각 사업소 근로자의 과반수대표자의 의견을 듣지 않았다. 이것은 노동기준법 제90조 제1항에 위반하는 범죄행위이며, 그 책임은 학교법인인 와세다대학 및 그 결정에 동의한 이사회의 각 구성원(피의자인 상임이사·이사)에게 있다(벌칙·동법 제120조 제1항 제1호).

나. 고의

이 범죄행위는 고의로 행하여졌다. 고소·고발을 받은 도쿄(東京)지방검찰청의 담당검찰관은, 와세다대학은 비상근강사를 그 의견을 듣는 대상에서 고의로 배제하였다고 인정되지 않는다는 것을 불기소의 이유로 하고 있는데, 이것은 잘못이다.

① 첫째, 범죄사실은 와세다대학이 취업규칙 작성에 있어서 각 사업소 근로자과반수대표자의 의견을 들으려고 하지 않았던 것이고, 단지 비상근강사에게만 관계되는 것은 아니다.

노동기준법상 각 사업소의 근로자에게는 전임·비상근을 묻지 않고 교원·직원의 모두가 포함된다. 그런데 와세다대학은 앞의 취업규칙의 작성에 있어서 의견을 들어야 할 근로자의 과반수대표자 선출에 관하여 처음부터 직원을 제외하고 "신임투표"에도 참가시키지 않았다(제2회, 2013·7·22 단체교섭기록 65면). 이것은 검찰청도 파악하고 있는 것이다. 그리고 와세다대학이 만일 노동기준법의 규정을 몰랐다고 하더라도 "고의가 없었다"고 할 수는 없다. 형법 제36조 제3항은 "법률을 몰랐다고 하더라도 그것에 의하여 죄를 범할 의사가 없었다고 할 수는 없다(후략)"라고 규정하고 있기 때문이다.

② 나아가 수도권대학 비상근강사조합(이하, "비상근강사조합"이라 함)과의 단체교섭에 임한 와세다대학의 시미즈 사토시(清水敏) 상임이사(인사담당) 및 이사 시마다 요이치(島田陽一)는 노동법을 전공하는 대학교수이다. 노동기준법 제90조의 규정을 몰랐다고 통상 생각할 수 없다. 실제로 시미즈(清水) 상임이사는 비상근강사조합과의 단체교섭(제1회, 2012.3.19) 석상에서, (a) "여러분 알고 있다고 생각합니다만, 비상근강사의 취업규정을 절차대로 하려고 하는 것은 불가능합니다"(교섭기록 16면). (b) 그러므로 비상근강사의 취업규칙을 와세다대학에서 만들 수 없었다(동 24면) 등을 발언하고 있다. 그리고 조합측으로부터 (c) 직원을 포함하면 3,000명정도의 대형학원에서도 과반수대표자의 투표는 우편으로 확실하게 하고 있다. (d) 취업규칙의 시행을 4월부터 강행하려고 하기 때문에 노동기준법의 절차대로 할 수 없으므로, 시간을 갖고 하면 가능할 수 있지 않는가, 그 위반에는 벌칙도 있으므로 절차를 다시 하면 어떠한가라는 조합의 경고에도 불구하고, 굳이 그대로 4월 1일 시행을 강행하였다. 노동기준법 위반의 고의는 분명하다.

이 점 검찰관은 앞의 16면의 발언이 "신임"의 이야기는 있었지만 "선임"의 절차가 있었는가 라는 조합으로부터의 질문에 대하여, "구체적으로는, 비상근강사 분들을 한자리에 모아서 과반수대표자에 관한 거수 등으로 선임한다는 것은 사실상 불가능하므로……"(동 15면)라는 문맥의 흐름에서 말하고 있으므로, 노동기준법의 절차를 지키면 불가능하다는 취지는 아니고, 취업규칙의 작성이 노동기준법 위반이라는 것을 인정한 것은 아니라고 하고 있다.

그러나 이것은 시미즈(清水) 상임이사의 발언을 비호하고, 그것을 노동기준법을 위반하지 않았다는 자의적 결론에 맞추려고 하는 것이다.

노동기준법은 사업장별로 근로자의 과반수대표자의 선출방법을 근로자 전원을 모은 집회에 있어서의 거수나 투표에 한정하고 있지 않다. 노동기준법 시행규칙 제6조의2는 "법으로 규정하는 협정 등을 하는 자를 선출할 것을 명확하게 하여 실시하는 투표, 거수 등의 방법에 의하여 선출된 자"라고 하고, 그 "투표, 거수 등"에 대하여 노동기준국장명의의 통지에서는 "근로자의 논의, 회람에 의한 결의 등 근로자의 과반수가 해당자의 선임을 지지하는 것이 명확하게 되는 민주적인 절차가 이에 해당한다”(1999·3·3, 基發 제169호)고 하여, 근로자의 전원 집회 이외의 민주적 방법에 따르는 선출도 인정하고 있다.

이는 노동법학자이며 인사담당인 시미즈(清水) 상임이사는 당연히 알고 있었을 것이다. 그러면서 그는 비상근강사의 취업규정을 절차대로 하려고 하더라도 이것은 불가능하다. 그래서 와세다로서는 비상근강사의 취업규칙은 만들 수 없었다고 주장하고 있다. 이것은 검찰관의 이해와는 다르고, 노동법학자의 신분으로 조합측을 현혹시켜 노동기준법이 현실에 맞지 않다고 생각하게 하려고 한 것이다. 게다가 이번에 노동기준법이 요구하는 근로자의 과반수대표자의 의견을 듣지 않고, 비상근강사취업규칙을 만들었다는 것이다.

게다가 앞에서 본 바와 같이, 사실상 불가능한 것은 이 4월부터 시행을 강행하려고 하였기 때문이고, 좀더 시간을 갖고 하였더라면 가능하지 않는가라는 질문에 대하여, “나중에 문서로 회답하겠다”라고 하면서 그 회답은 하지 않은 채, 그 취업규칙의 4월 1일 시행을 강행하였다. 이것이 어떻게 “고의”가 없었다고 할 수 있겠는가.

③ 본건에서는 처음부터 직원을 제외하고 있었을 뿐만 아니라, 비상근강사가 사실상 의사표명할 수 없는 상태에서 비상근강사취업규칙을 작성하였다. 즉 (a) 과반수대표자 선출의 고지를 2월 14일에 비상근강사 각자의 우편함에 넣었다고 말하고 있지만, 그것은 당해 년도의 강의가 종료하여 비상근강사가 학교에 나오지 않고, 나아가 입시기간으로 관계자 이외 출입금지 중이었다. (b) 게다가 그 선출방법은 과반수대표자 선출에 대하여 비상근강사에게는 취업규칙의 내용을 제시하지도 않고, 과반수대표자 선출에 입후보의 기회도 인정하지 않은 채, 전임교원조합에 입후보를 의뢰하고(그 자체 노동조합법 제7조 제3호가 금지하는 병존조합에의 차별, 개입의 부당노동행위이다), 그 입후보자에게 불신임의 자는 소속·이름을 분명히 하여 교원조합 사무소에 신고하라는 것이었다. 비밀투표의 원칙은 지키지 않았고, 그 신고를 하지 않은 자는 일방적으로 신임한 것으로 간주한다고 하고, 선거관리위원회도 없이 유권자수나 결과의 공표도 하지 않았다. 교원에 한하여 보더라도, 이것이 어떻게 “민주적인 절차에 의하여 선출되었다”라고 할 수 있을까.

또한 와세다대학은 그 선출에 관하여 포털 사이트(portal site)에도 제시되어 있다고 주장하고 있지만, 그 사이트를 보는 것이 의무화되어 있지도 않으며, 또한 통상 인사에 관한 중요사항은 문서로 우송되고 있고, 실제로도 사이트는 주지방법으로서 유용하지 않다. 그런데도 3월의 단체교섭에서 "신임투표"에 관하여는 "아니요 저 사무소에서, 사무소에 들어가려고 생각하면 들어갈 수 있으므로, 사무소에 전부 두고 있기 때문에"라고 대답하고(제1회, 2013·3·19 단체교섭기록 19면), 6월의 단체교섭에서도 "신임투표에 관하여는 포털(portal)로 충분하다고 생각하였다"(제2회, 2013·6·6 기록 37면)고 하여, 우송하지 않은 것을 인정하고 있다. 그 후의 회답에서 정정을 되풀이하고, 결국 2개소의 사무소로부터 우송을 하였다고 하는 것이지만, 어쨌든 이번 대학의 방식은 형식적인 구실을 삼고 있는 것에 불과하고, 직원뿐만이 아니라 실질적으로 비상근강사의 의사표명 배제의 의도("고의")를 입증하는 것이다.

(2) 불충분한 수사 내지 설명부족

비상근강사조합이 단체교섭에서 이번의 사실관계를 확인하기 위하여, 과반수대표자 선출에 대한 포털 사이트(portal site)의 로그(접속)의 개시를 요구하였는데, 제2회 단체교섭에서는 시미즈(清水) 상임이사는 출석하지 않고 대리인인 변호사는 대학이 형사고발되어 "수사중이다" "묵비권이 있다"라는 이유로 개시를 거부하였다(제3회, 2012·7·22 단체교섭기록 32면, 36면 등). 와세다대학이 적어도 "모범국민의 형성(造就)"를 교훈으로 내세우고 있다는 점에서 스스로 사실관계를 천하에 명확하게 하여야 함에도, 엉뚱한 "묵비권"까지 들고 나온 것은 떳떳하지 못하다는 증거이다. 그럼에도 불구하고 검찰은 불충분한 수사 상태로 대학의 변명을 그대로 받아들인 것이 아닌가. 적어도 고소·고발인의 주장과의 차이를 어떠한 증거에 의해, 어떻게 판단하였는지를 제시하는 설명 책임이 있을 것이지만 그것은 불분명한 상태 그대로이다.

① 예컨대 과반수대표자 선출에 관하여, 비상근강사에 대하여 서면이 우송되었는지 아닌지에 관하여, 대학은 수사에 대하여 2개소의 사무소에서 우송을 하였다고 하는 것으로, 검찰관은 그것을 근거로 비상근강사를 고의로 배제한 것은 아니었다고 판단한 것 같지만, 단체교섭에서는 "신임투표에 관하여는 포탈로 충분하다고 생각하였다"고 하여, 우송은 하고 있지 않았다는 것을 명

언하였다. 즉 만일 그 우송이 있었다고 하더라도, 그 수는 비상근강사의 극히 일부에 불과할 뿐만 아니라, 단체교섭에서 필요가 없다고 하고 있어, 그것은 이사회의 의사에 의한 것은 아니다. 이사회의 의사를 잘못 헤아린 현장의 독주이며, 그것을 이사회의 의사라고 한 검찰관의 판단은 잘못이다.

② 대학은 과반수대표자 선출을 포털 사이트(portal site)로 알렸다고 하지만, 과연 그것이 사실인가. 단체교섭에서는 수사를 받고 있다는 것을 구실로 로그(접속)를 하는 것을 거부하고 있지만, 수사로 그 로그(접속)를 확인하였는가. 그리고 그 로그(접속)는 교원에게만 보낸 것이어서, 직원을 제외한 점에서 노동기준법 위반을 입증한 것이 아닌가.

(3) 사안의 중대성과 공소제기에 관한 재량의 잘못

가. 사안의 중대성에 관한 인식

① 검찰이 본건을 "혐의 없음"이라고 하여 불기소한 것은, 첫째, 사안의 중대성의 인식이 부족하여 그것이 "고의"가 없었다는 인정으로 연결된 것은 아닌가라고 생각된다. 본건이 "고의"의 범죄행위라는 것은 앞에서 서술하였다. 그리고 분명히 노동기준법 제90조 제1항 위반의 벌칙은 30만엔 이하의 벌금에 불과하지만, 이 법률은 헌법 제25조, 제27조에 의하여, "근로자가 인간다운 생활을 영위하기 위한 필요를 충족시킬 수 있는"(동법 제1조 제1항) "최저의" "근로조건의 기준"(동 제2항)을 규정하는 것이다. 그 위반은 근로자의 인권침해이다.

그럼에도 불구하고, 수사를 맡은 도쿄(東京)노동국의 담당자는 고소자에게 설명을 청취하였을 때에 "어디에서나 하고 있는 것으로, 와세다대학이 특히 악질이라고 볼 수 없다"라는 인식이었다. 수사관 스스로가 사안의 중대성의 인식을 결여하여 "적신호, 모두가 건너면 두렵지 않다"라는 식의 준법정신이 부족한 태도인 것이다.

② 둘째, 본건 행위는 학술연구·고등교육기관으로서 국고지원을 받고 있는 대학의 범죄행위이다. 학교교육법 제83조는 "대학은 학술의 중심으로서 널리 지식을 가르침과 동시에, 깊은 전문적 학예를 교수·연구하고, 지적, 도덕적 및 응용적 능력을 전개하게 하는 것을 목적으로 한다"라고 규정한다. 본건은

“지적, 도덕적” 능력을 전개시켜야 할 고등교육의 기관이 준법정신(compliance)을 결여한 잘못을 지적받아도 그것을 고치려고 하지 않았다고 하는 중대사안이다.

나. 범죄 후의 상황

본건은 또한 “범인의 성격, 연령 및 환경, 범죄의 경중 및 정상 및 범죄 후의 상황에 의하여 소추를 필요로 하지 않을 때”(형사소송법 제248조)에도 해당하지 않는다.

① 와세다대학 이사는 고소·고발이 수리되어 수사를 받는 상황에서, 2013년 12월 3일의 비상근강사조합과의 제7회 단체교섭에서 과반수대표자의 의견청취를 다시 하고 싶다는 발언, 12월 9일에는 다음 해 1월에 과반수대표자의 선출절차를 실시한다고 한 통지. 비상근강사조합이 긴급 단체교섭을 신청한 것에 대하여, 대학이 12월 11일의 교·직 양조합과의 절충 후, 13일에 그 일정의 연기를 표명하여, 다음 해 1월 15일에 시미즈(清水) 상임이사가 출석하여 비상근강사조합과 절충을 하였다. 하지만 대학이 제시한 내용은 절차공시 후, 입후보 기간이나 소신표명의 기회를 마련하는 등을 하고 있지만, 한편 과반수대표자의 임기라든가, 입후보자의 소신표명은 200자 정도로 하는 등 자세하게 선출에 개입하는 것이었다. 게다가 이미 시행 중인 취업규칙은 취소하지 않은 채, 그것에 관하여도 의견을 듣는 등 비판받고 있는 취업규칙 작성을 합법적인 것으로 가장하는 것뿐이며, 그 잘못을 반성하는 태도는 전혀 없다고 해도 좋다.

② 검찰측은 대학의 태도를 신경 쓰는 듯하지만, 12월 13일 대학의 과반수대표자 선출일정의 연기표명 후, 20일에 불기소의 결정을 하였다.

그러나 한편으로 도쿄(東京)지방검찰청의 사카이 토오루(境徹) 차석검사는 금년 2월 17일, 도쿄(東京)지방재판소가 수뢰죄로 고발당한 전 쿄토대학(京都大学) 교수에게 실형판결을 선고한 것에 대하여, “재발방지를 위하여 경종을 울린 적절한 판결이다”라고 말한 것으로 전해진다(도쿄(東京)신문 2월 18일 석간). 본건에서도 사정은 같지 않은가.

(4) 결어

일찍이 프랑스 폰트와즈(Pontoise)대심재판소 소장인 피에르 리용 칸(Pierre Lyon=Caen) 씨는 일본민주법률가협회 및 일본변호사연합회의 초청으로 일본을 방문한 강연에서 "재판관의 임무란 가장 약한 자의 권리를 완전하게 지키고, 가장 강한 자들을 공통의 룰에 따르게 하고, 동시에 현행 헌법전의 문언에 따르면, 개인의 자유의 보장자인 것이다"(法と民主主義 제244호, 4면)라고 말하였다.

이것은 노동기본권을 보장하고, 재판관의 독립을 규정한 일본헌법 하에서 더욱 더 타당할 것이다. 그리고 언제 직장을 잃게 될지도 모르는 비상근강사들이 사용자의 부정을 바로잡는 목소리를 높이기 시작하였다. 재판관에게 그 본래의 역할을 수행하게 하기 위하여는 공소의 제기로 "사안의 진상을 분명하게"(형사소송법 제1조)하고 와세다대학이라는 강자도 공통의 룰에 따르게 하는 것이 필요할 것이다.

첨부자료

1. 佐藤昭夫 "고발장"(2013.4. 8)
2. 松村比奈子 "고발장"(2013.4. 8)
3. 大野英士"진술서"(2013.11. 17)
4. 林 克明『ブラック大学 早稲田』(2014年, 同時代社)

이상

Ⅲ. 총장 및 인사담당 이사에 대하여 "불기소부당"이라는 의결 (도쿄(東京) 제4검찰심사회, 2014년 10월 1일)

1. 본건 신청에 대하여 도쿄(東京) 제4검찰심사회는 2014년 10월 1일, "총장 카마타 카오루(鎌田薫) 및 담당상임이사 시미즈 사토시(清水敏)에 대하여는 불기소 부당, 그 나머지의 피의자들에 대하여는 불기소 상당"의 의결을 하였다. 그 요지는 "와세다대학은 2012년의 개정 노동계약법 시행 전에 비상근강

사의 취업규칙을 제정하기 위하여 서두른 것이 명확하고, 그 때문에 주지의 철저를 게을리 하여 과반수대표자의 선출에 있어서 대다수의 비상근강사에 의한 선출의 기회를 빼앗은 것이 인정되고, 또한 주지가 철저하지 않은 것에 비추어보면, 본건 신임투표방식도 위법성의 혐의가 있어 재수사가 필요하다".

"그 나머지의 피의자들에 대하여는 선출방법에 관련된 사실을 발견할 수 없었으므로, 본건의 혐의는 없다고 생각한다"라고 하는 것이었다.

2. 이 의결은 검찰관의 견해에 비하여 사실을 정확하게 보고, 그 사실에 입각한 판단이며, 검찰심사회의 역할을 잘 완수한 것이라고 생각한다.

Ⅳ. 재차의 불기소처분 (도쿄(東京)지방검찰청, 2014년 12월 24일)

동경지방검찰청은 검찰심사회의 "불기소 부당"의 의결에도 불구하고, 재차 "불기소처분"을 하였다. 검찰청의 "무사안일주의", "강자를 돕고, 약자를 꺾는" 체질의 표현이라고 볼 것이다.

제Ⅲ. 재판소, 노동위원회제출 의견서 —재판 현실과 단념하지 않는 실천

A. 공서양속, 근로자 개인의 권리, 인격권에 관한 것

제11장 일본우체국(日本郵便局)사건 보충의견서 — 새로운 유형의 사안에 대하여 의견서는 어떠해야 하는가

(2014년 2월 12일, 도쿄(東京)지방재판소에 제출. 동년 11월 26일에 증언을 하였다. 현재 계쟁 중)

일본우체국은 취업규칙을 개정하여 유기고용직원은 65세를 넘은 경우, 원칙적으로 계약갱신을 하지 않는다는(고용해지. 유기고용직원 65세 정년제) 것을 정하였다. 그리고 실제로 2011년에는 1만 수천명의 갱신을 거부하였다. 본건은 그 중 9명이 원고로서 갱신거부가 위법하다는 것을 이유로 계약갱신을 구한 사건이다. 이것은 지금까지 없는 새로운 유형의 사건이며, 나는 도쿄(東京)지방재판소에 의견서를 제출하여 갱신거부가 무효라고 하는 견해를 주장하였다(2013년 7월 19일). 그 골자는 ① 본건 취업규칙의 당해 조항은 생존권, 근로권을 보장한 헌법 제25조, 제27조, 노동관계제법 등의 공서에 반하여 효력을 가지지 않는다. ② 당해 조항을 포함하여 원고들에게 한 “고용근로조건통지서”는 그것을 인정하지 않으면 계약체결이 거부된다는 압력 하에 일방적으로 이루어진 것으로, 그것을 수령하더라도 대등한 입장에서의 합의가 아니다. ③ 단체협약이라 하더라도 공서 혹은 노동조합의 목적에 반하는 규정은 무효이다. 게다가 본건에서는 원고들의 소속 노동조합도 현재는 체결 시의 당해 조항의 내용, 체결절차에 대한 인식의 잘못을 인정하여 회사에 그 조항의 삭제를 요구하고 본건 원고들을 지지하고 있다.

그런데 피고측은 이것을 의견서 작성자의 독자적인 이념에 기초하는 것 등이라고 비난하였다. 그래서 본건과 같은 새로운 유형의 사안에 대한 의견서가 어떠해야 하는지, 근로자의 권리가 재판에서도 어떻게 발전해 왔는지를 재론한 것이 이하의 보충의견서(2014년 2월 12일자)이다. 개별 사건에 그치지 않는, 일반론으로서도 참고가 될 것으로 기대한다.

목차 생략(역자 주)

1. 시작하며

내가 제출한 2013년 7월 19일자 의견서(이하, "이전의견서"라 함)에 대하여, 피고 준비서면(이하, "피고서면"이라 함)은 "의견서에는 의견서 작성자의 독자적인 이념에 기초하는 의견이 많이 기재되어 있으며, 그 의견은 객관적 증거에 기초하지 않는 독자적인 견해에 지나지 않는다"("제1 시작하며" 2면). "의견서에서 들고 있는 판례나 조문이 있는 것에 대하여는 특히 다투지 않지만 그 나머지는 의견서 작성자의 독자적인 견해에 지나지 않는다"("제3 『제2 의견의 이유』 『1. 헌법 하에서의 공서』에 대하여" 4면). "판례를 무시한 의견서 작성자의 독자적인 견해에 기초하여 준비서면에 있어서의 원고의 주장이 반복되고 있는 것에 지나지 아니하고, 증거가치가 현저하게 낮다"("제8 끝으로" 9면)라고 주장하고 있다.

하지만 "판례"가 본건에 적절한 것인지, 또한 "의견서 작성자의 독자적인 견해"에 기초하면 어째서 증거가치가 낮은 것인가. 그 이유는 전혀 불분명하다. 피고 주장은 법적 의견에 따른 입장, 재판이나 의견서의 성질에 대한 근본적 오해가 있다고 생각된다. 이하, 이전의 의견서를 보충하는 의미에서 이러한 점에 대한 설명과 필요하다고 생각되는 반론을 해 두고자 한다.

2. 의견서의 성질

우선 의견서의 성질에 대하여는 다음 두 가지를 고려할 필요가 있다.

(1) 새로운 유형의 사안에 대하여

첫째, 재판은 다툼이 있는 구체적 사안에 대하여 그 다툼을 어떻게 해결하는 것이 타당한가의 판단이다. 그러므로 재판에 관한 의견서인 이상, 사안이 새로운 유형으로서 문제를 제기하고 있는 경우 등 그 다툼의 성질에 따라

의견서가 어떠한 것이어야 하는가는 스스로 명확할 것이다. 즉, 새로운 문제의 사안에 대하여 다른 유형을 처리하기 위한 기존의 개념·견해를 반복하는 것은 무의미하다. 그 의견서가 재판소에 대하여 의미를 가지기 위해서는 당연히 현실에 입각한 새로운 독자적인 견해가 되지 않을 수 없다. 본건의 우편회사에 있어서의 유기근로자 65세 갱신거부는 바로 이러한 사건이다.

(2) 판례의 진화와 "독자적인 견해"

둘째, 그 경우 헌법 하의 법체계에 기초하는 재판으로서 문제를 어떻게 해결할 것인가는, 기본적으로 헌법이 가지는 의미내용으로의 이해와 관계되는 것이다. 그러므로 종래의 판례나 견해가 그 이해에 불충분한 경우에는 그에 대한 비판·극복에 의하여 비로소 판례의 올바른 진화가 가능해진다. 예컨대, 미국연방대법원에서 근로자의 인권이 홈즈(Oliver Wendell Holmes, Jr.)판사나 브랜다이즈(Louis Dembitz Brandeis)판사의 소수의견에서 먼저 주장되고, 그것이 결국 다수의견으로 바뀌어 간 것은 노동법의 역사를 배운 자에게는 너무나도 분명한 사실이다(사토 아키오(佐藤昭夫), 『피켓권의 연구(ピケット権の研究)』, 1961, 勁草書房, 36면 이하 참조). 그러므로 일본국헌법 제97조도 "이 헌법이 일본국민에게 보장하는 기본적 인권은 인류의 다년간에 걸친 자유획득의 노력의 성과이며……"라고 역사적 사실을 확인하고, 인권의 확립·유지를 위하여 "부단한 노력"(헌법 제12조)을 필요로 한다는 것을 강조하고 있다.

본건 의견서는 헌법의 원칙에 근거하는 기본적 인권확립을 위한 노력의 일환으로서 제시되어 재판소의 이해를 구하려고 하는 것이다. 그것이 새로운 문제에 대한 "독자적인 견해에 근거하는 것"이라 하더라도, 그 견해의 표명은 판례의 진화를 위하여 참으로 필요한 것이기도 하여 "증거가치가 현저하게 낮다"는 등 비난받을 이유는 없다. 문제는 그 내용이다.

3. 의견서의 기본적 입장과 피고 주장

(1) 나의 의견서의 기본적 입장

나의 의견서의 기본적 입장은 앞에서 본 바와 같은 이해에서, 지금까지의 최고재판소 판례가 도달한 헌법의 이해(그 자신, "인류의 다년간에 걸친 노력의

성과"이지만)를 기초로 하여 그것을 한층 더 현실에 입각하여 발전시키려고 하는 것에 있다(판례연구에 대하여, 사토 아키오(佐藤沼夫), 『노동법학의 과제(労働法学の課題)』, 1967, 日本評論社, 40면 이하 "노동법학의 과제 — 그 2, 판례연구(労働法学の課題 — その二, 判例研究)" 참조). 그러므로 이전 의견서에서도 먼저 "헌법 하에 있어서의 공서"로서, 최고재판소 대법정의 도쿄(東京)중앙우체국사건과 야마다(山田)강업사건의 판결을 들어, 그것과 노동계약법, 노동기준법과의 관계를 지적하고 있다. 피고 서면의 잘못을 지적하는 의미에서 다시 인용한다.

1. 헌법 하의 公序

(1) 경제적 지위와 실질적 자유 평등

근대 자본주의법에서는 법 앞의 평등, 계약의 자유는 기본원리로서 인정되고 있다. 일본국헌법 제14조도 당연히 "법 앞의 평등"을 보장하고 있다. 그러나 현대의 사회·경제구조에서는 형식적인 자유·평등만으로는 경제적으로 우위에 있는 자의 일방적 지배를 초래한다. 그러므로 헌법은 모든 국민에게 인정되는 기본적 인권에 더하여, 특히 근로자에게는 이른바 노동기본권을 보장하였다. 그 의의에 대하여 최고재판소는 다음과 같이 판시하고 있다.

"노동기본권보장의 목적은 헌법 제25조에서 규정하는 이른바 생존권의 보장을 기본이념으로 하고 근로자에 대하여 인간다운 생존을 보장하여야 한다는 견지에서, 한편으로 헌법 제27조가 규정하는 바에 따라 근로의 권리 및 근로조건의 보장을, 다른 한편으로는 헌법 제28조가 규정하는 바에 따라 경제상 열위에 있는 근로자에 대하여 실질적인 자유와 평등을 확보하기 위한 수단으로서 그 단결권, 단체교섭권, 쟁의권 등을 보장하려고 하는 것이다"(도쿄(東京)중앙우체국사건, 최고재판소 대법정1966.10.26판결, 최고재판소형사판례집 제20권 제8호, 901면).

그러므로 경제적 우위에 있는 사용자의 "자유권이나 재산권이라 할지라도 절대무제한의 것이 아니고, 근로자의 단체행동권 등을 위하여 어느 정도의 제한을 받는 것은 당연하다"(야마다(山田)강업사건, 대법정1950.11.15.판결, 최고재판소형사판례집 제4권 제11호, 2257면)고 한다.

이리하여 사용자의 "계약의 자유"에 대하여도 일정한 제약을 인정하는 것이 헌법 하의 공서가 된다. 판례는 근로의 권리의 보장에 비추어 해고권남용의 법리를 구체적으로 전개하고, 노동계약법은 그것을 명문화하여 사회통념상 상당하다고 인정되지 않는 해고는 무효라고 규정하기에 이르렀다(제16조).

(2) 자유평등의 실질적 보장은 국가의 책무

헌법은 생존권이나 근로권을 규정할 뿐만 아니라, 개인의 존중, 자유 및 행복추구의 권리를 보장하고, 입법 그 밖의 국정상 최대한의 존중을 명하고 있다(제13조). 그러므로 국가는 노동관계에서도 실질적 자유·평등의 확보를 도모하지 않으면 안된다.

이리하여 노동기준법은 "근로조건의 원칙"으로서 "근로조건은 근로자가 인간다운 생활을 영위하기 위한 필요를 충족시켜야 하는 것이 아니면 안된다"(제1조 제1항)고 하고, "근로조건의 결정"으로서 "근로조건은 근로자와 사용자가 대등한 입장에서 결정하여야 하는 것이다"(제2조 제1항)라고 규정하고 있다. 이것이 노동관계에서의 공서이고, 사회통념으로서 법적 판단의 기준으로 되지 않으면 안된다".

이것이 어떻게 "『판례를 무시한』 의견서 작성자의 독자적인 견해"인가(피고 서면에서 인용하는 구체적 판례에 대하여는 4(2)에서 후술). 또한 그 어디가 "의견서 작성자의 독자적인 견해"이며, 나아가 그것이 근거가 없는 견해라고 한다면 그 이유를 밝혀야 할 것이다.

(2) "독자적인 이념"이란 무엇인가

피고 서면은 이전의견서가 "의견서 작성자의 독자적인 이념에 기초하는 의견이 많이 기재되어 있는 것으로, 그 의견은 객관적 증거에 기초하지 않는 독자적인 견해이다"라든가, "의견서 작성자의 독자적인 견해에 기초하여 준비서면에서 원고의 주장이 반복되고 있는 것에 지나지 않는다"라고 한다.

그러나 앞에서 인용한 바와 같이, 이전의견서는 최고재판소 판결이 노동기본권의 기본이념으로서 든

"헌법 제25조에서 규정하는 이른바 생존권의 보장", "근로자에 대하여 인간다운 생존을 보장하여야 하는 것으로 하는 견지에서, 한편으로 헌법 제27조가 정하는 바에 따라 근로의 권리 및 근로조건을 보장한다"

라는 헌법의 이해에 기초하여 그 견해를 서술하고 있다. 이것이 어떻게 "의견서 작성자의 독자적인 이념에 기초하는 의견"인가. 만약 그렇게 생각한다면, 피고 서면은 그것과 다른 어떠한 "이념"에 기초하고 있는 것인가. 아니면 이념은 필요도 없고, 실질도 없는 말의 말맞추기로 충분하다고 하는 것인가. 피고 대리인이 피고의 이익을 지키려고 하는 것은 당연하지만, 최고재판소 판결이 언급하는 이념과 학문적 양심에 기초하여 주장한 의견을 자신의 이념을 제시하지 않고, "의견서 작성자의 독자적인 이념에 기초하는 의견"이며, "증거가치가 현저하게 낮다"는 등으로 비난하는 것은 결코 신의에 따른 소송태도는 아닐 것이다.

4. 그 밖의 피고의 비난에 대하여

피고 서면의 "제1 시작하며", "제3『제2 의견의 이유』『1. 헌법 하의 공서』에 대하여", "제8 끝으로"에 대하여는 이상이며, 이하 그 밖에 필요하다고 생각되는 점에 대하여 서술한다.

(1) 제2 법인격의 문제(의견서의 한계에 대하여)

피고 서면은 이전의견서의 다음의 점, 즉,

"피고는 원고들의 계약갱신의 기대에 대하여 피고의 전신인 유세이(郵政)공사 시대의 임용관계는 회사에 승계되지 않기 때문에, 이것을 고려하여는 안된다고 주장하였지만(준비서면 (2) 5~6면), 원고에게 공사시대부터의 노동관계의 연속성에 착안하여, 계약갱신의 합리적 기대가 있다는 것을 인정한 하기와라(萩原)사건의 판례(2011년 2월 17일자 히로시마(広島)고등재판소 오카야마(岡山)지부 판결, 2012년 2월 17일자 최고재판소 결정으로 확정)를 원용하면(제4 준비서면 2~3면), 그것은 전제조건으로서 취업규칙에 65세를 초과하면 갱신하지 않는다는 것이 명기되어 있는 본건과는 다르다고 주장을 바꾸었다(준비서면 (10) 2면). 그 때문에 이 점은 취업규칙의 작성·주지절차, 근로계약과의 관계, 취업규칙의 합리성 등의 문제로 수렴되었다고 할 수 있을 것이다". 라고 한 점에 대하여, 피고 주장의 곡해라고 주장한다. 즉,

"피고가 하기와라(萩原)사건에 대하여『전제조건으로서 취업규칙에 65세

를 초과하면 갱신하고 있지 않다는 것이 명기되어 있는 본건과는 다르다』라고 주장한 것은, 취업규칙에 관계되는 갱신상한연령이 명기되어 있는 이상, 신규 채용자인 원고들이 이러한 취업규칙의 존재를 알면서, 우정민영화법(郵政民營化法)에 의하여 피고의 모집에 응함으로써, 당해 상한을 초과하는 고용계약갱신의 기대 자체가 존재하지 않는다는 취지인 것이다"라고 한다.

그러나 이 주장은 근거가 없다.

가. 하기와라(萩原)사건의 판결이유가 본건에 적합하지 않는 이유로서 취업규칙의 규정이라는 전제사실의 차이를 들고 있는 이상, 그 전제사실 이외의 점에서는 하기와라(萩原)사건의 판결이유를 긍정하고 있다는 것이다. 그렇다면 문제는 취업규칙으로 수렴되었다고 하는 것을 "곡해"라고 할 이유가 없다.

나. 실질적으로도 노동관계에서는 형식보다도 실체·실질이 문제이다. 예컨대, "경제상 열위에 있는 근로자에 대하여 실질적인 자유와 평등을 확보하는 수단"으로서 노동기본권이 보장된 것이고, 최고재판소 판례에서도 일정한 경우에는 근로계약관계가 없더라도 사용자로서 책임을 지게 된다. 예컨대,

"일반적으로 사용자란 근로계약상의 고용주를 말하는 것이지만," 노동조합법 제7조의 목적에 비추어 보면 "고용주 이외의 사업주라고 하더라도 그 근로자의 기본적인 근로조건 등에 대하여 고용주와 부분적이라고는 하지만 동일시할 수 있는 정도로 현실적이고 구체적으로 지배, 결정할 수 있는 지위에 있는 경우에는, 그 한도 내에서 위 사업주는 동조의 『사용자』에 해당되는 것으로 이해하는 것이 상당하다"(아시히(朝日)방송사건, 1995.2.28. 제3소법정 판결).

이러한 노동관계의 실태를 보는 견지에서 보더라도 하기와라(萩原)사건 판결은 긍정되어야 할 것이다.

(2) 제4 동 『2. 본건 65세 갱신한도설정(정년제)과 공서양속』에 대하여

이전의견서는 다음과 같이 서술하고 있다.

2. 본건 65세 갱신한도설정(정년제)과 공서양속

(1) 갱신한도설정의 필요성의 유무

피고는 본건 갱신한도설정이 필요한 이유로서,

가. 업무에 있어서의 체력이나 지구력의 필요

나. 정사원의 정년연령(60세)에 더하여 고령재고용사원에 대하여도 만65세 이후는 고용계약의 갱신을 하지 않는다고 하고 있는 것

다. 연금의 지급개시연령 등을 고려하면, 사회적으로 65세가 근로에 있어서의 기준이 되는 시기라는 것,

라. 조직의 신진대사

를 들고 있다(준비서면 (2) 6~7면).

그러나 가.의 체력 등에 대하여는 개별업무와 각자의 상황에 따른 것으로, 일률적인 한도설정이 필요한 이유가 되지 않는다.

나. 및 다.에 대하여는 뒤에서 서술하는 것처럼, 정사원 등의 재직 중의 근로조건 및 퇴직 후의 생활보장이 유기고용근로자와 전혀 다르다. 그 실질이 다른 것을 형식적으로 맞추는 것은 열악한 조건에 놓여 있는 유기고용근로자의 실질적인 자유·평등의 실현이 되지 않는다.

라.의 조직의 신진대사의 필요성이라는 점에 대하여는 조직의 업무를 담당하는 유능한 차세대의 근로자가 양성되어 오고 있다든가, 그러한 근로자 양성의 필요가 있는 경우에 말할 수 있는 것이다. 단지 사람을 교체한다는 것만으로는 신진대사의 합리적 이유가 되지 않는다. 오히려 업무의 계속에 의한 숙련이나, 고용의 안정에 의한 업무에 대한 애착 등을 고려할 필요가 있을 뿐만 아니라, 근로조건은 근로자의 인간다운 생활의 필요를 충족시킬 수 있는 것이 아니면 안된다고 하는 근로조건의 원칙에서 보면, 고용해지가 근로자에게 주는 심각한 불이익과의 비교교량을 하지 않으면 안된다.

(2) 본건 65세 정년제가 원고들에게 미치는 불이익

원고들은 월수입 8만엔 내지 많아도 25만엔 정도의 임금으로, 정규직원과 같거나 그 이상의 숙련을 필요로 하는 일을 하고 있었다. 게다가 정규직원과 달리, 정기승급이나 퇴직금도 없으며, 건강보험이나 후생연금보험 등의 사회보장마저 없는 자도 있고, 연금을 받을 수 있는 경우에도 재직 중의 저임금을 반영하여 그 액은 극단적으로 적고, 노동을 계속하여 그 대가로서 지급되는 임금에 의하여 생활할 수밖에 없다. 이 상태에서 아무런 대상조치(代償措置)도 없이 계약갱신이 거부되면 생활에 큰 지장을 초래하는 것은 분명하다.

피고가 주장하는 조직의 신진대사의 필요성이라는 추상적 개념의 내용이 본건에 있어서 어떠한 것일지 불명확하지만, 어떻든 이 상황 하에 있는 유기(有期)직원의 일률적 65세 갱신중단은 도저히 "인간다운 생활을 영위하기 위한 필요를 충족하여야 하는 것"에 해당되지 않고, 공서에 반한다고 하지 않으면 안된다.

게다가 이 조항은 모집·채용에 있어서의 연령차별을 금지한 고용대책법 제10조에도 위반한다. 피고는 당해 조항은 "갱신"의 한도를 정한 것이며, "채용"과는 관계없다고 주장하지만(준비서면 (1) 10면), 그것은 말이 다를 뿐이고, 요컨대 고용계약을 체결하여 노동관계를 존재하게 할 것인가 아닌가의 실질에는 그것이야말로 "무관"하다.

(3) 회사의 사정에 따른 예외규정의 기능

취업규칙 제10조 제2항은 "회사의 사정에 따른 특별한 경우 외에는"이라고 하는 예외조항이 있다. 그러나 이 규정은 회사의 필요를 일방적으로 우선시킨 것으로, 근로자의 불이익을 완화하는 것은 아니다. 게다가 이 규정은 근로자에게 계약갱신에 대하여 한가닥 희망을 품게 하고, 회사의 마음에 들지 않는 근로자 상호간의 분단·경쟁을 부추기는 것으로 기능할 수도 있다. 오히려 이 규정은 원칙적으로 일률적 고용해지 → 회사 형편에 따른 선별이라고 하는 길을 열어, 판례법리인 정리해고의 4요건(인원삭감의 필요성, 해고회피의 노력, 피해고자 선정의 타당성, 노동조합이나 근로자와의 성의 있는 협의절차 등)을 잠탈(潜脱)하는 것으로서, 이 점에 있어서도 공서양속에 위반한다.

(4) 취업규칙의 작성, 주지절차

이상의 내용의 점 외에 본건 취업규칙의 작성, 주지절차에 있어서도 문제가 많다.

가. 취업규칙의 근로자에 대한 주지는 그 효력발생의 요건일 뿐만 아니라, 사용자의 주지의무(노동기준법 제106조) 위반은 30만엔 이하의 벌금에 처해진다(동법 제120조 제1호).

피고는 본건 취업규칙의 주지방법에 대하여, 민영화 직전에는 "민영화 실효일인 2007년 10월 1일까지 각 우체국(郵便局)의 담당자로부터 개별적으로 고용근로조건통지서를 교부(手交)하고, 이 문서에는 중요한 취업규칙의 조문을 기재하고 있다", "9월에는 신회사인 피고의 기간고용사원취업규칙(안)을 각 직원이 자유롭게 참조할 수 있는 상태로 각과에 비치하고", "관계 노동조합과는 2007년 9월말까지는 노사교섭을 통하여 취업규칙의 내용과 같은 내용의 단체협약의 체결에 이르고 있고, 노동조합에 소속하는 비상근직원에게는 노동조합을 통하여 본건 취업규칙의 내용을 주지하였다(준비서면 (2) 12면 이하)고 한다.

나. 그러나 "각 직원이 자유롭게 참조할 수 있는 상태로 각과에 비치하고"라는 사실관계에 대하여 원고들은 부인하고 있어(제3 준비서면 4면) 정확한 사실인정이 요청된다. 예컨대 그 비치장소에 관하여조차, 원고 니와(丹羽)가 소속한 사노(佐野)지점의 경우, 처음에는 "2층 제2 집배영업과의 과장자리의 앞 또는 과장대리 자리 앞의 받침대 위에 있는 출근부의 근처"(준비서면 (3) 6면)라고 하는 그 자체 애매모호한 피고 주장이 그 후 "2층의 제2 집배영업과에서는 과장자리 근처의 화이트보드에 고리에 걸어 놓았다"(준비서면 (5) 12~13면)라고 말이 바뀌고 있다.

또한 그뿐만 아니라 사용자로서 근로자에게 주지시키기 위하여 과연 성의를 다하였는지 의심하게 하는 점이 많다. 예컨대,

① 근로자에 대한 주지는 사용자의 의무인데, "노동조합을 통하여 본건 취업규칙의 내용이 주지되었다"는 등 노동조합에 책임을 전가하고 있다.

② "각 직원이 자유롭게 참조할 수 있는 상태로 각과에 비치하였고"라고 하지만, 노동기준법 제106조가 근로자에게의 주지를 위하여 필요로 하고 있는 것은, "상시 각 사업소의 보기 쉬운 장소에 게시하거나 비치하는 것, 서면을 교부하는 것, 그 밖의 노동성령으로 정하는 방법에 의하여 근로자에게 주지시키"는 것이다. 즉 "각 직원이 자유롭게 참조할 수 있는 상태"라고 하는 가능성의 문제가 아니고, "보기 쉬운 장소"에 근로자가 누구라도 사실상 그것을 알 수 있도록 하는 것이다.

③ 피고는 "각 우체국의 담당자로부터 개별적으로 고용근로조건통지서를 교부(手交)하고 있고, 이 문서에는 중요한 취업규칙의 조문을 기재하고 있다"라고 한다. 그러나 그 통지서에는 "7 고용계약기간의 취지 및 갱신 등 기간고용사원취업규칙 제9조부터 제11조"라고 당해 조문명을 언급하였을 뿐 그 내용

은 기재되어 있지 않다(준비서면 (2) 19면).

근로계약의 체결에 있어서의 근로조건의 명시는 사용자의 의무이며(노동기준법 제15조 제1항), 그 위반에는 30만엔 이하의 벌금(동법 제120조 제1호)이라는 벌칙이 있다. 취업규칙을 교부하지 않고, 그 조문명을 언급하는 것만으로는 근로조건의 명시로는 되지 않는다.

다. 취업규칙의 작성·변경절차

① 이러한 피고의 불성실한 태도는 취업규칙의 작성·변경에 있어서도 나타나고 있다.

사용자는 취업규칙을 작성하여 노동기준감독서에 신고하지 않으면 안된다(노동기준법 제89조 제1항). 그리고 그 작성·변경에 있어서는 "당해 사업장에 근로자의 과반수로 조직하는 노동조합이 있는 경우에는 그 노동조합, 근로자의 과반수로 조직하는 노동조합이 없는 경우에는 근로자의 과반수를 대표하는 자의 의견을 듣지 않으면 안된다"(노동기준법 제90조 제1항). 그 위반 또한 같은 30만엔 이하의 벌금(동법 제120조 제1호)이라는 벌칙이 예정되어 있다.

그리고 과반수대표자의 선출은 "법에서 규정하는 협정 등을 하는 자를 선출할 것을 명확하게 하여 실시되는 투표, 거수 등의 방법에 따른 절차에 의하여 선출된 자일 것"(노동기준법 시행규칙 제6조의2 제1항 제2호)을 요한다.

② 피고가 의견을 듣고, 그 의견서를 첨부하여 노동기준감독서에 신고한 노동조합 또는 과반수 대표자가 이 요건을 충족하였는지 아닌지에 대하여도 다툼이 있다. 특히 원고들 소속 노동조합의 조사에 의하면, 하나미가와(花見川)지점, 미타카(三鷹)지점, 타카나와(高輪)지점과 아마가사키(尼崎)지점에서는 노동기준감독서에 취업규칙의 신고도 하지 않은 것이 판명되었다.

사용자에게는 근로자 명부의 조정 및 3년간의 보존의무가 있다(노동기준법 제107조, 제109조, 벌칙은 제120조). 피고는 이러한 기록에 근거하여 "과반수"에 관한 자기의 주장이 옳다는 것을 용이하게 증명할 수 있다. 피고가 그것을 하지 않는 것은 왜인가. 의문이 생긴다.

또한 피고의 주장에 의하면, 과반수대표자의 선출에 대하여 "각 사업장에 과반수대표자 선출을 의뢰하는 문서(乙共 4)를 게시하였다"라고 하여 사노(佐野)우체국 총무과장명의의 문서를 제출하고, "피고의 조직 운영상, 사노(佐野)

지점(우체국)에만 게시를 의뢰한다는 것은 있을 수 없고, 모든 지점(우체국)에서도 똑같은 형태로 게시되었다고 생각하는 것이 자연스럽다"(준비서면 (10) 6면)라고 주장한다.

그러나 조직 운영상 의뢰문서를 내놓았다고 하는 것과, 실제로 그 문서가 게시되었지 아닌지 하는 것은 별개의 문제이다. 실제로 노동기준감독서에 신고조차 실제로 행하여지지 않은 지점도 존재한 것이다.

게다가 피고는 과반수대표자에 대하여 "대부분 다수파 노동조합에 속하는 자가 대표자에 입후보하고, 노동조합 미가입 근로자에게 위임장 등을 받는 형태로 소속 노동조합의 노동조합원수와 합계하여 과반수에 필요한 신임을 얻는 형태로, 대표로서 선출되었다"(준비서면 (5) 7면)고 한다. 이것은 유기고용직원의 전원이 자기의 대표자에 관하여 자유롭게 의사를 말할 기회 없이, 과반수대표자라고 칭하는 자를 만들어 낸 것이 된다. 이른바 "과반수대표자"는 취업규칙 작성·변경에 대하여 사용자가 의견을 들어야 하는 과반수대표자를 "선출한다는 것을 명확하게 하여 실시하는 투표, 거수 등의 방법에 따른 절차에 의해 선출된 자"로서의 자격을 결여한 것이라 하지 않으면 안된다.

또한 "과반수대표자"는 정규직원이며, 그 의견을 듣는 것만으로는 "단시간 근로자의 고용관리의 개선 등에 관한 법률(短時間労働者の雇用管理の改善等に関する法律)" 제7조의 "사업주는 단시간 근로자에 관계되는 사항에 관하여 취업규칙을 작성하거나, 또는 변경하려고 할 때는 당해 사업소에서 고용하는 단시간 근로자의 과반수를 대표한다고 인정되는 자의 의견을 듣도록 노력한다"라고 하는 규정의 취지에도 반한다.

이러한 사실은 노동계약법 제10조에서 말하는 "취업규칙의 변경의 합리성"을 부정하는 사정이 될 것이다"

이것에 대하여 피고 서면은 다음과 같이 비난한다.

가. "유기고용계약에 대하여 갱신한도를 설정하는 것 자체, 판례상 공서양속위반이라고는 판단되지 않는다(호쿠요(北洋)전기사건(오사카(大阪)지방재판소 결정 1987년 9월 11일·労働判例 제504호, 25면), 킨키(近畿)건설협회 고용해지사건(쿄토(京都)지방재판소 판결 2006년 4월 13일·労働判例 제5917호, 59면).

"게다가 정사원이 60세 정년인 회사에서 계약의 종기를 만57세로 하는 준사원(1년 계약)의 취업규칙에 대하여 정사원과 준사원과의 사이에 3세의 차이가 생기고 있는 것이 공서양속에 위반하는 것인지 아닌지가 다투어진 사안에서도, 오사카(大阪)지방재판소1997년 12월 22일·労働判例 제738호, 43면【산요(三洋)전기 스미노도(住道)공장사건】은 『……결과적으로 정사원과 준사원과의 사이에 계약의 종기에 대하여 사실상 3세의 차이가 발생하였다고 하더라도……본래 계약의 내용(유형)에서 다른 입장의 자에 대하여……각각이……어떠한 공헌을 해 왔는지, 또한 피고에 있어서 각각에 대하여 어느 정도의 기대를 가지고 있었는지 등에 대하여 일정한 평가를 한 결과로 발생한 것에 지나지 아니하고……공서양속 위반이라고 단정할 수는 없다』고 판시하고 있다"는 것을 든다. 그리고 이 점이 이전의견서에 대하여 "판례를 무시하고"라는 비난으로 연결된 것일 것이다.

나. 이전의견서가 본건 예외조항을 "원칙적으로 일률적 고용해지 → 회사 사정에 따른 선별이라고 하는 길을 열어, 판례 법리인 정리해고의 4요건(인원삭감의 필요성, 해고회피의 노력, 피해고자 선정의 타당성, 노동조합이나 근로자와의 성의 있는 협의절차 등)을 잠탈하는 것으로서, 이 점에서도 공서양속에 위반한다"라고 한 점에 대하여, "이 의견은 유기근로계약의 경우, 판례 및 개정 노동계약법 제19조에서 규정하고 있는 이른바 고용해지 제한법리의 제한이 있는 경우를 제외하고 사용자가 갱신하지 않는다는 취지의 의사표시를 하고 있다면(민법 제629조 제1항 참조), 계약기간의 종료에 의하여 계약의 효력이 당연히 종료한다고 하는 민법상의 원칙을 간과한 것이다. "『원칙적으로 일률적 고용해지 → 회사 사정에 따른 선별』이 행하여졌다고 하더라도 아무런 문제가 없는 것은 명백하다"라고 한다.

그러나 우선 가.에 대하여, 이들 판례는 본건과 전제사실이나 쟁점을 달리하고 있어 아무런 참고가 되는 것은 아니다.

① **호쿠요(北洋)전기사건** 결정에 의하면, 이 사건에서는 "근로조건으로서……기간은 1년이라는 것, 단 기간만료의 시점에서 회사의 일이 바쁜지, 혹은 본인이 희망하면 반년에 한하여 재고용하지만, 그 이상은 이유 여하를 불

문하고 재고용은 하지 않는다는 취지"로 이야기되었고, 엄격하게 운용되어 왔다. 그리고 실제 "피신청 회사에서는 정사원, 촉탁사원에 비하여 파트타임 직원의 근무상태, 특히 중도퇴직, 결근률 등에 있어서 현저한 차이가 있었지만, 단기파트를 그러한 근무상태에 있는 근로자로서 처우, 대응해 온 것이다". 이러한 사례는 본건에서와 같이 정사원과 같은 일을 하면서, 열악한 처우를 받아 온 유기고용근로자 65세 정년제와는 아무런 관계도 없다.

② 킨키(近畿)건설협회고용해지사건　이 사건은 갱신한도를 5년으로 하는 "관리원"의 고용기간이 만료된 원고가 고용해지된 사건이다. 판결은 "원고가 같은 날(인용자주 고용기간종료일) 이후, 적어도 업무직원(인용자주 처우는 "관리원"보다 나빠진다)으로서 고용계약이 갱신된다는 것을 기대하고 있었다는 것, 그 기대에는 합리성이 있다는 것이 추인되고", "원고에 대한 같은 날 이후의 업무직원으로서의 고용계약체결거부는 그 실질에 있어서 고용해지와 같은 효과를 가지므로, 권리의 남용이라고 하지 않으면 안된다"라고 하였다. 이것이 어떻게 65세 정년제의 본건에 참고가 되는 "판례"가 되는지 이해할 수 없다.

③ 산요(三洋)전기 스미노도(住道)공장사건　이 사건의 전제사실은 "원고들 준사원의 본래의 직무로서 피고가 상정하고 있는 것은 기본적으로 누구나 할 수 있는 단순반복작업(前行程)인 것에 비하여, 정사원의 본래의 직무로서 피고가 상정하고 있는 것은 복잡하고 곤란한 판단을 요하는 작업(後行程)이었다. 피고는 후자에 대하여는 종신고용을 전제로 하여 상당기간의 교육훈련을 한 뒤 지도육성을 하는 것을 예정하고, 그 때문에 기간의 정함이 없는 고용계약을 체결하였지만, 전자에 대하여는 앞의 직무의 성질상, 그러한 교육훈련 등은 원래 예정되어 있지 않고, 오히려 생산량의 증감에 대응하여 고용량을 적절히 조절할 수 있도록 기간의 정함이 있는 고용계약을 체결하였다"라고 하는 것이다. 이 사건을 이것과는 다른 사실관계나 쟁점을 갖는 본건에 대하여 참고 "판례"로 삼는 것은 "독자적"이 아니라 "독선"적 원용이 아니겠는가.

다음으로, 나.에 대하여 피고 서면이 인용하는 민법 제629조 제1항은 "고용의 기간이 만료한 후 근로자가 계속하여 그 노동에 종사하는 경우에 사용자가 이를 알면서 이의를 제기하지 않을 때는 종전의 고용과 동일한 조건으로 다시 고용한 것으로 추정한다"라고 규정한다. 여기서 "민법상의 원칙"은 "사용자가 갱신하지 않는다는 취지의 의사표시를 하고 있다면(민법 제629조 제1항 참조) 계약기간의 종료에 의하여 계약의 효력이 당연하게 종료한다"라는 것일 것이다.

그러나 문제는 "계약의 종료"가 아니라 "갱신 거부"이다. 그리고 민법의 기본원칙을 규정하는 제1조는 "사권(私權)은 공공의 복지에 적합하지 않으면 안된다", "권리의 행사 및 의무의 이행은 신의에 쫓아 성실히 이행하지 않으면 안된다", "권리의 남용은 이를 허용하지 않는다"라고 하고 있다. 그러므로 앞의 산요(三洋)전기의 말을 빌리면, "위 제도의 합리성이 없고 공서양속 위반이라고 인정되는 특단의 사정이 있는 경우에는, 예외적으로 원고들이 57세를 넘어 피고와의 고용관계를 주장할 수 있는 여지가 없는 것은 아니다"라고 하고, 킨키(近畿)건설협회고용해지사건의 말에 의하면 "원고에 대한 같은 날 이후의 업무직원으로서의 고용계약체결거부는 그 실질에 있어서 고용해지와 같은 효과를 가지며, 권리의 남용이라고 하지 않으면 안된다"라고 한다.

"『원칙적으로 일률적 고용해지 → 회사 사정에 의한 선별』이 행하여졌다고 하더라도 아무런 문제가 없다는 것은 명백하다"라고 하는 점도, "그 실질"을 "간과"한 것이다. 노동관계의 실질이 기존의 민법 규정으로 처리할 수 없다는 것에서, 역사적으로 노동법이 형성되어 왔다. 해고에 관한 판례법리나 노동계약법 제19조도 그 하나이다. 본건과 같은 일본 우편주식회사 기간고용사원의 고용해지에 관한 토마코마이(苫小牧)사건(삿포로(札幌)지방재판소 2013.7.30. 판결, 判例時報 제2204호, 133면)은,

"고용관계는 그러한 노동력 조정의 필요성이 있는 등의 사정이 없는 한, 기본적으로는 계속하는 것이 예정되어 있는 것이 분명하고, 원고의 고용계속에 대한 기대에는 합리성이 인정된다", "본건 고용해지는 고용해지회피를 위한 노력을 충분히 다하지 않은 것으로, 객관적으로 합리적인 이유를 결여하고, 사회통념상 상당하다라고는 인정되지 않으므로 허용되지 않는다"라고 하고 있다. "공서양속"도 그 입법사실의 변화를 고려하지 않으면 안된다. 그것은 공무원의 정치적 행위제한이나 비적출자의 상속분에 관한 최근의 최고재판소 판례를 인용할 것도 없이 실정법의 해석으로서 당연하다고 할 것이다.

(3) 제5 동 『3. "고용근로조건통지서"에 대한 수령이나 유급휴가의 취득은 계약갱신이 없는 것을 의미하지 않는다』에 대하여

① 피고 서면은 이전의견서가,

"만일 통지서에 이의를 유보하지 않았다고 하더라도, 그것은 대등한 입장에 있어서의 합의는 아니다. 그 통지서를 수령한 것은 그렇게 하지 않으면 그 시점에서 계약갱신이 되지 않는다고 하는 위협 하에서 부득이 한 것이었다. 그 일방적 통지는 속된 말로 하면, 도적이 시퍼런 칼날을 들이대고 목숨이 아깝거든 입은 옷 전부 벗어 놓고 당장 꺼져라고 선택을 강요한 것과 같은 논리이다. 이러한 상황에서 보다 큰 해악을 피하기 위하여 스스로 옷을 전부 벗었다고 하더라도, 그것은 "대등의 입장"에 있어서의 자유의사로 합의한 것과는 거리가 멀다. 본건에서도 그것과 다를 바 없다"라고 한 것에 대하여, "이러한 의견은 의견서 작성자의 독자적인 견해에 지나지 않는다"라고 한다.

그러나 "독자적인 견해"인지 어떤지는 별도로 하고, 그것이 헌법 체계 하에 있어서의 옳은 이해라면, 재판의 진화의 관점에서 존중되어야 한다는 것은 앞에서 서술하였다. "독자적인 견해"이기 때문이라고 하여 배척하는 것은 문제의 실질을 보지 않는 것이다.

나아가 "독자적인 견해"인지 아닌지를 나타내는 "판례"로서 토시바라이텍(東芝ライテック)사건(요코하마(横浜)지방재판소 2013.4.25.판결, 労働判例 제1075호, 14면)은, "원고는 본건 근로계약서에 서명·날인할 때에 특별히 신청이나 질문을 하지 않았던 것이 인정되지만, 고용계속을 바라는 근로자에게 있어 근로계약이 즉시 종료되는 것을 염려하여 사용자가 제시한 ("이번으로써 최종계약으로 한다"는 취지의) 조건의 근로계약 체결에 이의를 제기하는 것은 곤란하다고 하는 것에 비추어 보면, 이러한 사실만으로 원고가 근로계약을 종료시키는 명확한 의사를 가지고 있었다고 인정할 수는 없다"고 하고 있다.

또한 호토쿠(報徳)학원고용해지사건(고베(神戸)지방재판소 아마가사키(尼崎)지부 2008.10.14.판결, 労働判例 제974호, 25면)에서는, 계약서에 고용기간은 1년으로 기재되어 있고 "3년을 한도로 한다"라고 하는 고용횟수제한의 고지를 받았고, 칸타스(カンタス)항공사건(도쿄(東京)고등재판소2001.6.277판결, 労働判例 제810호,

21면)에서는 갱신한도를 5년으로 하는 계약서에 동의서를 제출한 경우라고 하더라도, 고용계속에의 합리적 기대를 인정하고 있다. 피고는 그러한 판례에 대하여도 "독자적인 견해"이기 때문이라고 하여 배척할 수 있겠는가.

② 또한 이전의견서가,

"이 점에서는 후생노동성도 "일단 근로자가 고용계속에 대한 합리적 기대를 가지고 있었음에도 불구하고, 계약기간의 만료 전에 갱신년수나 갱신횟수의 상한 등을 사용자가 일방적으로 선언하였다고 하더라도, 그것만으로써 즉시 합리적인 이유의 존재가 부정되지 않는다고 해석된다"(노동후생성 도도부현 노동국 노동기준감독서(厚生労働省 都道府県労働局 労働基準監督署) "개정노동계약법의 개요(改正労働契約法のあらまし)" 2012.12, 8면)라고 하고 있다.

원고들 상당수는 공사시대의 최초의 계약시에는 "몸이 허용되는 한 일해 주세요" 등을 듣고 취직한 자이다(예컨대, 원고인 무카이야마(向山)에 관하여 제1 준비서면 9면). 실질적으로 그 연장인 본건 노동관계에서 그 최초의 양해에 반하여, 일방적으로 계약갱신의 중단을 고지하였기 때문이라고 하여, 갱신에 대한 기대권을 포기하게 할 수 없다. 65세로 고용해지를 포함한 근로조건통지서를 수령하게 한 것 자체가 심리적 협박에 의하는 것으로, 이 고용해지는 양속에 반하여 무효라고 하지 않으면 안된다"라고 한 점에 관하여는, 본건은 "원고들이 소속하는 노동조합과의 단체협약 및 동 협약과 동 내용의 취업규칙에 65세로 갱신한도를 설정하는 규정이 존재하고, 원래 본건에서 원고들은 고용계속에 대한 합리적인 기대를 가지고 있지 않았다. 이와 같이 전제가 다른 이상, 후생노동성의 견해가 위의 의견의 근거가 되지 않는 것은 명확하다"고 한다.

그러나 본건 단체협약이나 취업규칙의 존재와 원고들이 고용계속에 대한 합리적 기대를 가지고 있었는지 않은지는 별개의 문제이다. 그것은 이전의견서가 지적하고 있는 노동관계의 실태 및 본건 단체협약이나 취업규칙의 효력, 그것들에 관한 인식과의 관계에서 판단되어야 할 것이다.

③ 또한 피고는 이전의견서가,

"피고는 원고들이 유급휴가를 소화한 것을 갖고 계약계속의 기대가 없었다고 주장한다(예컨대, 원고 니와(丹羽)에 관한 준비서면 (2) 9면). 이 점에서는 유급휴가취득은 회사가 주도한 것인가 하는 것도 문제로 되지만, 그것은 별도로

하더라도 유급휴가취득의 조건을 충족한 경우에, 그 취득은 "인간다운 생활의 필요"로부터 근로자의 당연한 권리이다. 그 취득과 계약갱신의 기대의 유무와는 아무런 관계가 없다. 그것을 원고들이 계약갱신이 없다는 것을 알고 있었다고 관련시키는 것은 피고가 얼마나 근로자의 권리에 몰이해(無理解)한가를 나타내고 있는 것에 지나지 않는다"고 한 점에 대하여는, "이 의견은 피고가 준비서면 (2) 21면에서 지적한 피고의 주장과 동취지의 판례(인용자주 킨키 코카콜라 보틀링(近畿コカ·コーラボトリング)사건, 오사카(大阪)지방재판소 2005년 1월 13일, *労働判例* 제893호, 150면)가 존재하는 것을 간과하는 것으로, 의견서 작성자의 독자적인 견해에 지나지 않는다"라고 주장한다.

피고 서면이 말하는 "의견서 작성자의 독자적인 견해"라는 비난에 대하여는 되풀이하지 않겠다. 하지만 이 오사카(大阪)지방재판소 판결의 쟁점은 원고들이 불갱신조항이 들어간 계약서의 작성이 "원고들의 의사에 기초한 것인"가 아닌가라는 것이다. 판결은 피고 회사가 2001년 11월에 원고들에 대하여 설명회를 실시하여, 원고들이 종사하고 있는 업무를 별도의 회사에 위탁하므로, 원고들과의 사이의 "고용계약은 2002년 12월 말일로써 만료되고, 이후에 계속 고용은 하지 않으므로, 나머지 유급휴가를 전부 사용해도 좋다" 신회사에서의 "신규채용에 대하여는 미정이다" 등의 설명을 하였고, 원고들은 이의를 제기하지 않고 계약서에 서명날인 하고 확인도장도 날인한 것에서, "불갱신조항을 포함한 본건 각 계약서의 작성은 원고들의 의사에 기초한 것이라고 하여야 한다"라고 한 것이다. (덧붙여, 본건에서는 원고들은 계약서에 전혀 날인하고 있지 않다.)

유급휴가에 관하여는 2002년도는 100%이지만, 그 취득상황이 "피고에 의한 2002년 6월 무렵의 지시 때문에 원고들의 유급휴가의 소화율이 상승하였다고는 할 수 없고"라고 하고, 이 상승은 2001년 11월에 설명을 받았기 때문이라고 하고, 설명회를 한 사실은 없다고 하는 원고들의 주장을 부정하였다. 즉 원고들이 이의를 유보하지 않고 계약불갱신의 계약서를 확인하였기 때문에 100% 소화하였다는 것이다. 적지 않은 원고들이 계약불갱신에 이의를 유보하고 있는 본건에 대하여 이 판결을 그 반대로 연차휴가의 소화를 "계약이 종료하는 것을 자인하고 있는 증거"라고 하는 "피고 주장과 동취지의 판례"라고 하는 것은 전제조건을 무시한 것이라고 하여야 할 것이다.

(4) 제6 동『4. 단체협약과의 관계』에 관하여

이전의견서는 이 점에 대하여 단체협약 및 단체협약의 목적에 비추어 내재적 한계로서 다음과 같이 서술하였다.

가. 근로자 개인은 경제적 입장에서 보아 결코 실질적으로 사용자와 대등한 입장은 아니었다. 그렇기 때문에 근로자에게 실질적인 자유·평등을 실현하는 수단으로서 노동기본권으로서의 단결권이 보장되고, 노동조합법은 "근로자가 사용자와의 교섭에 있어서 대등한 입장에 서는 것을 촉진함으로써 근로자의 지위를 향상시키는 것"(제1조) 등을 목적으로 하고, "노동조합"이란 근로자가 주체가 되어 자주적으로 근로조건의 유지·개선 그 밖에 경제적 지위의 향상을 도모하는 것을 주된 목적으로 하여 조직하는 단체 또는 그 연합체를 말한다(제2조)라고 규정한다.

이리하여 동법 제16조의 단체협약의 직률적 효력의 규정도 노동조합이 그 단결의 힘에 의해 자주적으로 쟁취한, 개인으로는 획득할 수 없는 조건을, 노동조합원인 개인의 근로자에게 미치는 것을 정한 것이다. 그러므로 단체협약이 반대로 특정 또는 일부의 노동조합원에게 불이익을 강요한다든지 하는 것은 이러한 취지에 반하는 것으로 허용되지 않는다. 이것은 판례·학설 모두 인정하는 것이다. 그리고 본건 협약조항은 유기고용직원에게 중대한 불이익을 주는 것으로써 그 효력을 인정할 수 없다.

그것은 원고 제6 준비서면 22면 이하에 상세하게 서술되어 있는 대로이다.

나. 피고는 원고들이 아사히(朝日)화재해상보험사건의 최고재판소 판결(1997.3.27)을 인용한 것에 대하여, 본건 협약의 목적 및 절차에 관한 해명을 구한다고 하면서, 먼저 "유니언노동조합(노동조합의 명칭 — 역자 주)이 본건 협약체결에 있어서, 원고들을『특히 불이익하게 취급하는 것을 목적으로 하여 체결되었다는 등 노동조합의 목적을 일탈하여』본건 협약을 체결한 것을 나타내는 사실에 대하여 주장해 주길 바란다"라고 한다(준비서면 (10) 12면).

이 점은 당해 조항 자체가 유니온 노동조합원의 일부인 유기고용직원에게 특히 불이익을 주는 것을 목적으로 하는 객관적 구조를 가지는 것으로(말하자면 협약의 입법의사), 그것이 노동조합의 목적 및 노동조합법 제16조의 취지에 반한다는 것이다.

다. 또한 협약체결절차에 관하여는 다음과 같이 해명을 요구하고 있다. "원고는 『본건 협약절차에서 한계』로서 『개별 노동조합원의 동의 또는 특별한 수권이 없는 한, 당해 협약조항의 효력은 이들에게 미치지 않는다.』라고 주장한다". 그렇다면 "본건 협약체결에 있어서 유니온에서 노동조합원에 대하여 어떠한 설명·주지·의견집약을 하였는지 (중략) 를 명확하게 밝혀주길 바란다" 라고 하는 것이다.

본건 조항은 분명하게 유기고용근로자에게만 65세에의 갱신부정(고용해지)이라는, 종래 없었던 결정적 불이익을 강요하는 것이다. 그것은 근로자의 근로조건의 유지·개선을 목적으로 하는 노동조합으로서 인정하여는 안되는 조항이었다. 또한 어떠한 사정으로 불가피하게 그것을 인정하는 경우에도, 불이익을 받는 유기고용노동조합원의 충분한 주지와 논의를 거쳐, 특별한 수권을 필요로 하는 사항이라고 말하지 않으면 안된다. 이것은 원고가 앞에서 서술한 준비서면이 명확하게 밝힌 것처럼, 판례·학설이 인정하는 것이다.

그러나 원고들의 소속노동조합인 유니온은 협약교섭에 있어서 당초 당해 조항의 운용에 의문을 나타내면서도, 결국은 이 문제의 중요성에 대한 인식을 잘못하여 제10조 제2항에는 "회사의 사정에 따른 특별한 경우"라는 예외규정이 있으므로, 일률적인 고용해지는 하지 않을 것이라는 안이한 낙관적 전망으로써, 2007년 9월 28일, 이 협약을 체결해 버렸다(원고 제6 준비서면 19면 이하 등). 그러므로 2012년 8월에 65세를 초과하는 기간고용사원 전원에 대하여 해고예고가 시작되자, 노동조합은 고용의 계속, 당해 취업규칙의 개정을 요구하여 단체교섭을 실시하였고, 9월 16일에는 파업을 하였다(제2 준비서면 23~24면). 적어도 협약체결 당시, 노동조합이 그 내용의 성질을 충분히 자각하고, 원고들의 특별한 수권을 얻지 않은 것은 분명하다.

이에 대하여 피고 서면은, 본건이 아사히(朝日)화재해상보험사건의 최고재판소 판결이 말하는 "협약이 특정 또는 일부의 노동조합원을 특히 불이익하게 취급하는 것을 목적으로 하여 체결되었다는 등 노동조합의 목적을 일탈하여 체결된" 경우에 해당되지 않고, "본건은 분명히 아사히(朝日)화재해상보험사건의 적용(射程)범위 밖의 사례라고 할 것이고, 의견서의 논리는 파탄(破綻)한 것이다"라고 한다.

그러나 아사히(朝日)화재해상보험사건의 최고재판소 판결은 그러한 "목적"을 가지는 경우에 한하여, 단체협약의 규범적 효력을 부정한 것은 아니다. "……목적으로 하여 체결되었다는 등 노동조합의 목적을 일탈하여 체결된"(밑줄은 인용자) 경우에 대하여 서술하고 있는 것이다. 본건 협약조항은,

"유니온 노동조합원의 일부인 유기고용직원에게 특히 불이익을 주는 것을 목적으로 하는 객관적 구조를 가지는 것으로(말하자면 협약의 입법의사), 그것이 노동조합의 목적 및 노동조합법 제16조의 취지에 반한다는 것이다"라는 것이 어떻게 논리의 파탄이 되는 것인가.

5. 끝으로

이 의견서에서는 장황할 정도로 이전의견서를 인용하였다. 그것은 피고서면이 종종 "피고의 준비서면(X) Y면에서 주장한 대로이다"라고 하지만, 이전의견서는 그것을 본 이후의 집필이며, 재판관이 이것과 대비하여 읽어 주기를 바랐기 때문이다.

프랑스 폰트와즈(Pontoise)대심재판소 소장인 피에르 리용 칸(Pierre Lyon=Caen)씨는 일본민주법률가협회 및 일본변호사연합회의 초대로 일본을 방문한 강연에서 "재판관의 임무란 가장 약한 사람의 권리를 완전하게 지키고, 가장 강한 사람들을 공통의 룰에 따르게 하고, 동시에 현행 헌법전의 문언에 따르면 개인의 자유의 보장자인 것이다(法と民主主義 제244호, 4면)라고 말하고 있다.

이것은 노동기본권을 보장하고 재판관의 독립을 규정한 일본국헌법 하에서 보다 더 타당한 말이라고 할 것이다. 본건에서도 그것이 명확하게 나타나기를 바란다.

이상

제12장 캐논전자 노조(キヤノン電子労組)·마카베(眞壁)事件 — 징계해고와 보통해고(해고절차위반) 등

본건은 노동조합의 전임자(마카베 토시코(眞壁とし子))가 기업연금의 인하에 동의하지 않았다는 것을 주된 이유로 하여 해고된 사건이다. 마카베(眞壁)씨는 이 해고는 무효라고 하여 지위보전의 가처분을 신청하였다. 이 해고는 해고절차에 문제가 있었을 뿐만 아니라, 회사의 의도에 따른 것이었다. 하지만 사이타마(埼玉)지방재판소 치치후(秩父)지부결정(2011년 9월 7일)은 이 신청을 기각하였다. 노동조합의 전임자이기 때문이라고 하여 근로자로서 권리주장이 부정될 이유는 없다. 그래서 마카베(眞壁)씨는 도쿄(東京)고등재판소에 항고하였고, 나는 2011년 12월 14일, 도쿄(東京)고등재판소 제22민사부에 1심 결정을 비판하는 표제의 의견서를 제출하고, 나아가 소송의 진행상황을 보고, Ⅱ의 보충의견서를 제출하였다. 하지만 고등재판소에서도 패소하였기 때문에, 최고재판소에서 다투었고, 이에 나도 재차 의견서를 제출하였다. 하지만 결과는 패소였다. 강자에게 맞춘 편파적인 재판이라고 하지 않을 수 없다. 그 때문에 현재 마카베(眞壁)씨는 손해배상청구로서 다툼을 계속하고 있다. 이 사건에 관하여도 사용자인 노동조합의 어용노동조합성에 대하여 Ⅳ의 의견서(후술)를 제출하였다. 사건은 현재 계쟁중이다.

Ⅰ. 징계해고와 보통해고(해고절차 위반) 등

사이타마(埼玉)지방재판소 치치후(秩父)지부2011년 9월 7일 결정비판(2011년 12월 14일, 도쿄(東京)고등재판소 제22민사부에 제출)

목차생략(역자 주)

제1 왜 본 의견서를 제출하는가

이전에 프랑스 폰트와즈(Pontoise)대심재판소 소장인 피에르 리용 칸(Pierre Lyon=Caen) 씨는 일본민주법률가협회 및 일본변호사연합회의 초청으로 방문한 강연에서 "재판관의 임무란 가장 약한 자의 권리를 완전하게 지키고, 가장 강한 자들을 공통의 룰에 따르게 하고, 동시에 현행 헌법전의 문언에 따르면 개인의 자유의 보장자인 것이다(法と民主主義 제244호, 4면)라고 말하였다. 이것은 개인의 존중, 행복추구의 권리를 내거는 일본국헌법 하에서 확실히 타당할 것이다.

그런데 항고인의 해고를 유효라고 한 표기결정(이하, "본건결정"이라 함)은 사용자에 대하여 경제적 열위에 있는 근로자(항고인)의 권리주장을 "권리남용"으로서 보고, 대립하는 강자인 상대방의 이익을 일방적으로 보호하는 결과로 되어 있다. 그리고 그러한 결과를 도출하기 위하여 노동조합법, 노동기준법이나 확정급부기업연금법의 원칙·취지를 부정하는 해석의 잘못을 범하고 있고, 법의 논리의 붕괴·융해(溶融)를 초래하는 것으로서 간과할 수 없다. 이것이 전후 노동법의 형성에 힘을 쏟아 온 노동법 연구자로서 본 의견서를 제출하여 담당재판관의 고려를 희망하는 이유이다.

제2 본 의견서의 골자

본건 결정은 사실인정을 포함하여 많은 문제를 포함한다고 생각되지만, 본 의견서에서는 우선 중요점으로서 ① 근로권의 보장과 관련하여 단체협약(항고인의 근로조건은 이에 준하는 것으로 되어 있다)에 있어서의 해고규정, ② 확정급부기업연금의 기금규약변경에 있어서의 가입자의 동의의 문제에 한하여 의견을 서술한다.

결론적으로 말하면, ①의 점은 근로자에게 해고는 사활(死活)의 이익이기 때문에 단체협약이 정하는 해고이유는 한정열거로 이해하여야 하고, ②의 점은 규약변경에 동의할 것인가 아닌가 하는 것은 가입자의 자유의사에 의하여 결정하게 하지 않으면 안되고, 그것을 강자의 사정에 맞추어 "권리남용" 등이라고 하는 안이한 말로 부정하는 것은 용서되지 않는다는 것이다.

제3 의견의 이유

1. 본건 해고와 단체협약

(1) 단체협약이 정하는 해고이유는 한정열거인가, 예시인가

가. 본건 결정은 해고에 관한 단체협약의 규정에 대하여 "제19조 제1항이 정하는 해고사유가 한정열거의 취지라는 것은 문언상 분명하지 않고", "이것을 실질적으로 보더라도, 제19조 제1항이 규정하는 상기 ① 내지 ③의 경우 이외에는 해고할 수 없고, 이들 이외의 사유에 의하여 사용자에 중대한 손해를 준 경우에까지 해고할 수 없다고 하는 것은 불합리하다"(결정서 23~24면)고 한다.

나. 그러나 문언상 분명하지 않다면 그 제도의 취지에 따라 판단하여야 하는 것이 당연할 것이다. 이 점 노동기준법에서는 헌법 제25조의 생존권, 제27조의 근로권의 규정에 따라 "근로자가 인간다운 생활을 영위하기 위한 필요를 충족하여야 하는"(노동기준법 제1조) 근로조건의 최저기준을 정하고 있다. 그러한 기준의 하나로서 "사용자는 근로계약의 체결에 있어서 근로자에 대하여……근로조건을 명시하지 않으면 안된다"(노동기준법 제15조 제1항). 그 가운데에서도 "퇴직에 관한 사항(해고의 사유를 포함한다)"은 서면의 교부에 의하여 하지 않으면 안된다고 하고(노동기준법 시행규칙 제5조 제1항 제4호), 또한 이 "퇴직에 관한 사항(해고의 사유를 포함한다)"은 취업규칙의 필요기재사항이기도 하다(노동기준법 제89조 제3호).

이러한 규정이 왜 필요하게 되었는가 하면, "『근로자』란 직업의 종류를 불문하고 임금, 급료 그 밖에 이에 준하는 수입에 의하여 생활하는 자를 말한다"(노동조합법 제3조). 즉 근로자는 임금을 받고 일하는 것 이외에는 그 생활을 유지할 수 없는 것으로, 해고는 그 생활을 위협한다. 그러므로 어떠한 경우에 해고되는가하는 규정은 근로자에게 지극히 중요한 근로조건이며, 노동기준법상에도 문서에 의하여 명확하게 되지 않으면 안된다고 한 것이다.

노동기준법이 사용자에게 근로조건의 명시를 명하여 취업규칙에 해고사유의 규정을 기재하게 하는 것은 그 이외의 사유에 따라서는 해고되지 않는다는, 근로자에게 있어서의 근로조건의 최저보장을 의미한다. 그리고 사용자에 있어서는 그 이외의 사유로는 해고하지 않는다는 해고의 자유에 대한 자기제한이다. 이것을 "예시적"으로 하는 해석은 근로조건의 최저기준을 벌칙부과로 보장하는 노동기준법의 취지를 부정하는 것이라고 하지 않으면 안된다. 하물며 단체협약은 근로조건의 규범으로서 체결되는 것으로(노동조합법 제16조), 그 해고의 조건은 사용자의 자의를 허용하지 않는 명확한 것임을 필요로 한다. 이러한 제도의 취지에서 그 해고사유는 제한열거로 해석할 수밖에 없다. 따라서 그 규정에 의하지 않는 해고는 계약에 의하여 확보된 근로권의 침해이며, 사회통념상 상당하지 않고(노동계약법 제16조), 무효로 된다고 할 것이다.

다. 본건 결정은 "실질적으로 보더라도" 협약으로 정하는 "이외의 사유에 의하여 사용자에게 중대한 손해를 미치는 경우까지 해고할 수 없다고 하는 것은 불합리"라고 한다.

그러나 만약 그것이 문제라면, 사용자는 해고가 아니라 손해배상청구에 의해 대처할 가능성이 있고(그 타당성의 유무는 — 손해의 원인은 노동환경에 있는 것은 아닌지, 근로자의 노동에 의하여 이익을 올리는 사용자가 손해에 대하여 근로자에게 책임을 지게 하는 것이 공평한지 등 — 재판소에 의하여 판단된다), 그것을 경제적 우위성에 근거하는 해고(이것은 사용자의 일방적 판단으로 행하여지고 그것을 다투기에는 수입의 길이 끊어진 근로자에게 곤란한 투쟁을 필요로 한다)에 의하여 근로자의 근로권을 박탈하는 "실질적" 합리성은 없다.

라. 단체협약으로 정하는 해고사유를 예시로 해석하는 불합리는 본건의 경우, 특히 현저하다. 항고인은 1977년 이후, 30년에 걸쳐 근무태도에 아무런 문제를 일으킨 적이 없었다. 그런데 2006년에 퇴직권고를 하기에 이르고, 근로조건에 관한 주장을 둘러싸고 사용자와 대립하였다. 이러한 상태에서 근로자가 그 문제의 해결, 주장의 관철을 위하여 쟁의행위를 포함하여 개인의 자유를 행사하여 가능한 모든 수단을 강구하는 것은 당연하다("노동관계의 공정한 조정"을 도모하는 것을 목적(1조)으로 하는 노동관계조정법(労働関係調整法)은, 쟁의행위란 "노동관계의 당사자가 그 주장을 관철하는 것을 목적으로 하여 행하는 행위 및

이에 대항하는 행위로서, 업무의 정상적인 운영을 저해하는 것을 말한다"(제7조)라고 규정한다).

그런데 본건 결정은 항고인의 직장질서와 관계가 없는 근무시간외, 직장 밖에서의 표현의 자유인 기자의 취재에 응한 것까지 "채무자 노동조합의 대외적 신용을 저하시켰다"고 하고, "채권자로서는 별건 소송을 이미 제기한 이상, 그 중에서 자기의 주장입증을 다하는 것으로 자기의 권리이익을 옹호한다는 것이 본래의 모습인 것이다"(결정서 43면)라고 하여 그 정당성을 의문시한다. 그러나 노사의 주장의 대립 속에서 언론에는 언론으로써 대항하는 것이 "본래의 모습"이 아닌가. 근로자의 권리나 근로조건은 그 생존권, 근로권에 관련되는 것으로서 공공의 관심사이다. "채무자 노동조합의 대외적 신용"을 지키기 위하여 그 경제적 우위성을 이용하여 해고로써 입막음을 하는 것이야말로, 사용자의 사회적 책임에 반한다고 하지 않을 수 없다. 개인의 자유인 내용증명우편의 사용이나 질문, 나아가서는 연금기금규약변경에의 부동의까지 해고의 구실로 삼는 것은 단체협약이 정하는 해고사유를 예시규정으로 하는 것이 규범을 얼마나 자의적으로 붕괴·융해(溶融)하게 하는지를 나타내는 것이다.

(2) 해고절차위반

가. 본건 결정은 본건 해고가 보통해고이므로 징계위원회에서의 변명, 변호의 절차가 없더라도 유효하다고 한다. 그 이유로서 "고용보험피보험자이직증명서의 해고이유는 『해고』(중책해고를 제외한다)로 되어 있는 것" "고용보험피보험자자격상실신고의 자격상실신고의 자격상실원인란에는 『3 사업자의 신청에 따른 이직』……, 피보험자가 자격을 상실한 원인란에는 『해고』로 기재되어 있는 것이 인정된다"는 것을 든다(결정서 22면). 그리고 본건 해고이유는 "단체협약 제21조 제1항 제4호 및 제24조 제9호로 되어 있는 바, 제21조의 표제는 『징계해고』로 되어 있는데, 제1항 제4호에서는 해고의 종류로서 보통해고와 징계해고가 있는 것을 서술한 다음", 해고예고수당에 대하여 규정하고 있는데, "만약 제4호가 징계해고만에 관한 규정이라면, 원래 해고예고수당에서 언급할 필요가 없을 것이므로, 동조는 그 표제에도 불구하고 보통해고와 징계해고의 양자에 대하여 규정하는 것으로 해석할 수밖에 없고, 이 해고이유의

존재가 위의 인정·판단을 좌우하는 것은 아니다"라고 하고 있다(결정서 22~23면).

나. 그러나 본건 결정의 "전제가 되는 사실"의 인정에 의하면 단체협약에는 "제19조(해고)", "제21조(징계내용)"이 규정되어 있고, 그 제21조 제1항 제4호에는 "해고 또는 징계해고"가 규정되어 있다(결정서 6면). 그렇다면 "징계내용"에는 해고도 또한 포함되는 것이고, 징계해고가 아닌 해고, 이른바 보통해고도 "제24조(출근정지, 해고 또는 징계해고의 기준)"의 요건을 충족하는 경우에는, "출근정지"보다 무겁고, "징계해고"보다는 가벼운 "징계처분"의 하나라는 것이 된다. 그리고 제21조 제2항에서 "해고 또는 징계해고"를 규정하는 "전항 제4호의 징계에 대하여는 징계위원회의 결정을 거쳐 행한다"(결정서 7면)고 되어 있다.

이렇게 보면 "징계해고"가 아니고, 그러한 의미에서 이른바 보통해고라도 제21조 제1항 제4호의 "징계"의 일종으로서 "징계위원회의 결정을 거쳐 행하는" 것이 필요한 경우도 있다. 본건 결정과 같이, 보통해고라고 하는 것에서 즉시 징계위원회의 결정을 필요로 하지 않는다고 하는 것은 논리를 비약시키는 독단이라고 하지 않으면 안된다.

2. 확정급부기업연금제도에서 기업연금기금의 규약변경으로의 가입자의 부동의(不同意)는 권리남용인가

(1) 항고인의 부동의에 대한 평가

가. 본건 결정은 항고인의 위 부동의에 대하여 "본건 연금제도개정에 의한 영향은 비교적 작은 것 등을 아울러 생각하면, 채무자 노동조합의 조합원들로 구성되는 대의원 전원이 퇴직연금제도개혁에 찬성하고 있음에도 불구하고, 채권자만이 자기의 불이익 등을 이유로 동의하지 않는 것은 채권자가 채무자 노동조합의 피용자인 전임자라는 입장에 비추어 보면, 권리남용이라고 인정하는 것이 상당하다(본건 해고이유 2)"고 한다(결정서 48면).

나. 그러나 이러한 사고(思考)야말로 근로조건의 노사대등결정이라는 노동법의 기본원칙(노동조합법 제1조 제1항, 노동기준법 제2조 제1항)을 부정하고, 사용자의 전제적 지배를 용인하는 결과가 된다. 그러한 노사관계에서는 근로

자는 사용자의 이윤획득을 위하여 고용되었다고 하는 "입장에 있는 것에 비추어 보면", 이윤증대를 위한 사용자의 근로조건인하 제안에 반대하는 것은 권리의 남용이라는 것이 되는 것이 아닌가. 그렇다면 개인의 존중, 생존권, 근로권의 보장, 근로자의 지위향상은 있을 수 없다.

(2) 확정급부기업연금법과의 관계

게다가 그것은 확정급부기업연금법이 규정하는 가입자의 권리보호규정조차 사용자의 사정에 맞추어 "권리남용"이라는 말로 누르려고 하는 것이다. 본래, 연금제도 등 근로조건의 불이익변경에 대한 동의는 당사자의 자유로운 의사결정에 의하지 않으면 안되고, 확정급부기업연금법의 규정도 그것을 전제로 하고 있다. 그 자유로운 결정은 자기의 권리를 지키기 위한 것이며, 타인을 해치는 권리남용 등으로 여겨져야 하는 것은 아니다. 하물며 본건의 경우에 항고인의 부동의에 의하여 이익이 침해되는 자는 처음부터 존재하지 않는다. 항고인의 사업소 이외에서 규약변경에 동의하고, 그것에 항고인의 사업소가 동의하지 않으면, 동의하지 않는 항고인의 사업소를 제외한 다른 사업소에서 규약변경을 하면 된다는 이야기에 지나지 않는 것이다. 그것을 하지 않는 것은 상대방의 자기책임·자기결정의 문제이다. "채무자 노동조합의 조합원으로 구성하는 대의원 전원이 퇴직연금제도개혁에 찬성하고 있"다고 하여, 법이 규정하는 다른 사업소인 부동의의 항고인의 이익을 해치려고 하는 것이야말로 "권리남용"이라고 하여야 하는 것이 아닌가.

3. 결론

이상에서 서술한 것처럼, 본건 결정은 노동법의 제원칙, 확정급부기업연금법의 취지에 반하여, 강자의 이익을 위해 약자의 생활과 권리를 짓밟는 불공정한 것으로, 취소되어야 한다.

부언하면, 본건 결정에 대한 위의 비판은 결정을 긍정하는 상대방의 답변서에 대하여도 그대로 적용된다.

Ⅱ. 노동조합전임자의 권리주장과 해고이유(보충의견서) (2012年1月, 도쿄(東京)고등재판소에 제출)

목차생략(역자 주)

시작하며

표기사건결정(“본건 결정” 혹은 “결정”이라 함)에 관하여, 먼저 나는 의견서(2011년 12월 14일자, “이전의견서”라 함)를 제출하였지만, 이전의견서에서는 아직 충분한 이해를 구하지 못하였다고 생각되므로, 내용은 동일하지만 중복하여 설명을 부가한다.

제1 “해고”에서 문제가 되는 것은 명칭이 아니라, 당해 해고에 관하여 단체협약이든가 취업규칙 등에서 정하여진 취급과 절차이다.

1. 해고에 관한 본건 결정

본건 결정은 노동기준법 및 단체협약에 관하여 자의적인 확신에서 이것을 무시 내지 마음대로 대체하는 조잡한 것이다. 이전의견서에서도 지적하였지만, 본건 결정은 “전제가 되는 사실”의 인정에서 단체협약 “제21조(징계내용)는 그 제1항에서 『노동조합원에 대한 징계는 다음 4종으로 한다.』라고 하고, 그 제4호 『해고 또는 징계해고』에서 30일전에 예고하거나 또는 30일분의 평균임금을 지급하고 해고 또는 징계해고 한다.……』라고 규정하고, 그 제2항에서 『전항 제4호의 징계에 관하여는 징계위원회의 결정을 거쳐 행한다.』라고 규정한다”고 인정하고 있다(결정서 6~7면).

그런데 “쟁점에 대한 판단”에서는 “제21조의 표제는 『징계내용』으로 되어 있지만, 제1항 제4호에서는 해고의 종류로서 보통해고와 징계해고가 있다는 것을 서술한 다음, 『30일전에 예고하거나 또는 30일분의 평균임금을 지급하고 해고한다. 다만, 행정관청의 인정을 받은 경우는 예고기간을 두지 않고 즉시 해고한다.』라고 규정하고 있어, 만약 제4호가 징계해고만에 관한 규정이라면 원래 해고예고수당을 언급할 필요가 없으므로, 동조는 그 표제에도 불구하고 보통해고와 징계해고의 양자에 관하여 규정하는 것으로 해석할 수밖에 없고, 이 해고이유의 존재가 위의 인정·판단(인용자주 : 『본건 해고는 보통해고로 인정된다.』)을 좌우하는 것은 아니다"라고 한다(22~23면). 그러나 이것은 현행 법의 규정을 무시하고, 나아가 협약의 규정을 왜곡하는 것이다.

2. 노동기준법의 "해고의 예고"규정의 간과

첫째, 어떻게 하여 "만약 제4호가 징계해고만에 관한 규정이라면, 원래 해고예고수당을 언급할 필요가 없는" 것인가. 예컨대 퇴직금은 근로계약에 의하여 정해지는 것이므로, 징계해고의 경우에 이것을 지급하지 않는 것은 별론으로 하더라도 해고예고수당은 노동기준법 제20조 제1항에 의하여 정하여진 사용자의 의무이다. 그 제외에 "행정관청의 인정을 받지 않으면 안된다"는 것은 "근로자의 귀책사유에 근거하여 해고하는 경우"(징계해고가 그것에 해당한다)에도 마찬가지이다(노동기준법 제20조 제3항). 그러므로 징계해고에 관하여도 노동기준법이 예고수당과의 관계를 정해 둘 필요가 있는 것은 당연하다. 이것을 본건 결정과 같이, (제4호가 징계해고만에 관한 규정이라면 해고예고수당을 언급할 필요가 없다)라고 하는 것은, 징계해고라면 해고예고수당의 필요도 없다는 판단에서, 이 법률의 규정을 완전히 간과한 "헌법 및 법률에만 구속되는"(헌법 제76조 제3항) 재판관으로서 있을 수 없는 실태이다.

3. 당사자의 의사를 무시한 단체협약의 자의적 해석

둘째, 본건 결정은 "제1항 제4호에서는 해고의 종류로서 보통해고와 징계해고가 있다는 것을 서술하였다"라고 한다. 그러나 협약 제21조는 "해고의 종류"가 아니라 "<u>징계내용은 다음의 4종으로 한다</u>"라고 하고, 그 제4호에서 징계의 1종으로 "해고"를 명문으로 규정하고 있다(밑줄은 인용자). 그것에 대하여 결정은 "<u>해고</u>의 종류"라고 왜곡한 다음, <u>협약이 징계의 1종류로서의 "해고"</u>를 규정하고 있는 것을 징계위원회를 필요로 하지 않는 "보통해고"라고 마음대로 바꾸고 있다(밑줄은 인용자). 이것은 현실의 노동관계에 존재하는 사실(후술)을 보지 않고, 해고에는 "징계해고"와 징계위원회를 필요로 하지 않는 "보통해고"의 2종류 밖에 없고, "징계해고"가 아니므로 "징계위원회는 불필요"하다고 하는 독선적 고정관념에 얽매인 잘못인 것이다.

현실의 노동관계에서는 "징계해고"와 이른바 "보통해고" 외에 "논지해고(論旨解雇)" "논지퇴직(論旨退職)" 등이 폭넓게 존재하고 있다(별지 1, 2). 나아가 본건에서는 제21조의 "징계내용"으로서 제4호에 "징계해고" 뿐만이 아니라, 그 경중으로부터 "출근정지"와 "징계해고"와의 중간적인 징계로서의 "해고"가 규정되어 있다. 그리고 "전항 제4호의 징계" 즉 "해고 또는 징계해고"에 관하여는 징계위원회의 결정을 거쳐 행한다"고 되어 있다. 본건 제21조 제4호의 "해고 또는 징계해고"의 어느 경우도 "징계위원회의 결정"이 필요한 것은 분명하다.

그런데도 결정은, 해고에는 "징계해고"와 절차적으로 그것과 다른 "보통해고"의 2종류 밖에 존재하지 않는다는 독단적 선입관으로써, 협약에 의한 명문의 합의를 부정하였다. 그것은 법을 무시하고, 협약에 위반하여 징계위원회의 절차를 거치지 않고 한 해고의 정당화를 꾀하는 상대방의 변론을 옹호하는 결과로 되어 있다.

제2 상대방 노동조합은 왜 항고인의 제안을 거부하는 것인가

1. 본건 결정의 내용

본건 결정이 "채권자가 채무자 노동조합의 피용자인 전임자라는 입장에 있는 것에 비추어 보면, 권리의 남용이라고 인정하는 것이 상당하다(본건 해고 이유 2)"(결정서 48면)라고 하는 점은, 근로조건의 노사대등결정이라는 노동법의 기본원칙이나 확정급부기업연금법의 취지에 반하는 위법한 것임은 이전의 견서에서 서술하였다. 하지만 이에 덧붙여, 본건 결정이 항고인의 주장을 부정하는 다음의 이유는 상대방의 주장에 비추어 모순에 가득 차 있다. 결정은 다음과 같이 말한다.

"(채권자가 주장하는) 몇몇의 방법을 취하면, 채권자 노동조합은 종전의 급부설계를 유지하면서, 채무자 노동조합을 제외하는 신청 외 캐논전자(キヤノン電子)의 실시사업소 등의 그 밖의 실시사업자는 신제도로 변경하는 기금규약 변경이 가능하지만, (중략) (그것은) 채무자 노동조합과 채권자의 동의로 가능하게 되는 것은 채무자 노동조합도 이것을 인정하는 바이다. 그렇지만 채무자 노동조합은 이에 동의할 가능성은 전혀 없다는 취지를 분명히 하고(채무자 노동조합의 2011년 4월 25일자 주장 서면 제1의3 및 2011년 7월 27일자 주장 서면 제3 참조), 그 이유로서 주장하는 것은 합리적이므로 채권자의 위의 주장은 결국 그 전제를 결여하는 것이라고 말하지 않을 수 없다"(37면).

2. 상대방 노동조합이 채권자의 제안을 거부하는 이유

상대방은 다음과 같이 말한다.

"채권자가 주장하는 방법으로 연금제도개정을 한 경우, 캐논전자(キヤノン電子) 주식회사의 종업원은 신제도로 이행하더라도 복리계산의 혜택은 받지 못하는데, 채권자만이 4.5%의 복리로 계산한 유리한 연금을 수급할 수 있다는 지극히 불합리한 결과가 되는 것이고, 채무자 노동조합으로서는 조합원을 내버려 두고, 전임자만 유리한 결과로 되는 것을 용인할 수 없다"(2011년 7월 27일자 주장 서면 20면).

"무릇 노동조합원의 납득을 얻을 수 있는 것이 아니고, 조합원을 위하여 존재하는 채무자 노동조합으로서는 동의할 수 있는 것이 아니다"(2011년 4월 25일자 주장 서면 3면).

3. 그 불합리성

그러나 항고인의 규약개정에 동의하지 않는 것에 의하여 항고인이 유리하게 된다면, 상대방 조합원(캐논전자(キヤノン電子)의 종업원)의 사업소에서도 마찬가지로 규약개정에 동의하지 않으면, 항고인과 같은 유리한 조건을 받을 수 있을 것이다. 그럼에도 불구하고 스스로 불이익이 되는 규약개정에 동의해

두고, 동의하지 않는 항고인만이 유리하게 되는 것은 불합리하다는 것은 인과응보의 이치를 모르는 것이다.

또한 상대방이 조합원의 납득을 얻을 수 없다고 하는 것은 "조합원을 위하여 존재하는 채무자 노동조합"이라고 칭하면서 스스로 한 불이익 변경에 대한 조합원의 불만을 다른 곳으로 돌리기 위하여 항고인을 같은 길로 끌어내리려고 한 것을 말한다.

이것을 "합리적"이라고 하는 본건 결정은 조합원의 이익을 도모하는 노동조합으로서의 책임을 포기하면서 그 책임회피를 도모하는 상대방을 도우려고 하는 "불합리·무책임"한 것이라고 말하지 않으면 안된다.

제3 노동조합의 직원과의 노동관계에 관하여

본래 노동조합이라면, 그가 고용하는 직원과의 노동관계는 노사대등의 모범적인 노동관계여야 할 것이다. 그리고 조합원의 사용자인 회사에 대하여 그러한 노동관계의 실현을 요구하지 않으면 안된다. 그렇지 않으면 그 요구는 사용자에게 "우선 손쉬운 일부터 시작하라"라고 하여 거부되고 이에 반론할 수 없게 된다. 이러한 관점에서 볼 때에 상대방의 태도는 협약상의 절차에 반하는 해고라고 하고, 확정급부기업연금법에 있어서의 가입자의 권리부정이며, 그 노동관계의 실정, 비판을 공개한 것에 대한 보복적 해고로, 어떠한 직장에서도 노사대등, 인간다운 노동(Decent work)에서 있어서는 아니되는 것이다. 하물며 노동조합이 그러한 일을 하는 것은 스스로의 이름에 부끄러워하지 않으면 안된다.

나아가 규약개정의 이유도 연금은 장기에 걸친 것인데도 불구하고, 불리한 단기적인 이식상황을 구실로 한다든가, 그 상황에 대처함에 있어서 다른 선택지를 고려하지 않는 등 불합리한 것이지만, 여기에서는 언급하지 않는다.

이상

Ⅲ. 전임자가 기업연금의 인하에 동의하지 않는 것이 권리남용인가 — 도쿄(東京)고등재판소가처분항고사건결정(2012년 7월 18일)비판(2012년 8월 4일, 최고재판소에 제출)

목차생략(역자 주)

시작하며 — 본건 결정의 이상성, 편파성

본건 항고인은 상대방인 캐논전자(キヤノン電子) 노동조합에 30여년에 걸쳐 성실하게 근무하여 왔다. 그런데 기업연금의 급부감액을 초래하는 연금기금의 규약변경(이하, "본건 규약변경"이라 함)에 동의하지 않았다는 것(이하, "본건 부동의"라고 함)을 "최대의 이유"로 하여(2010년 12월 22일자 상대방 1심 답변서 7면. 뒤에 몇 개의 이유가 추가되었지만) 해고되었다. 본건은 그 해고의 효력을 다투어 지위보전의 가처분을 신청한 사건이다.

1심 사이타마(埼玉)지방재판소 치치후(秩父)지부 결정은 본건 부동의는 권리의 남용이라고 하여 항고인의 주장을 부정하여 신청을 각하하였다. 나는 도쿄(東京)고등재판소에 대하여 그 결정이 헌법 이하의 노동관계법들, 확정급부기업연금법에 반한다는 것을 지적하여 의견서를 제출하였다(갑 제176호증 및 갑 제177호증). 하지만 본건 결정은 그 비판에 답하지 않고 1심 결정을 인용하고, 나아가 항고이유에 대한 판단을 부가하여 항고를 기각하였다.

이 고등재판소 결정은 거기에 부가한 판단에서 "만약에"라든지 "심정을 헤아리기에"라든지 증거에 근거하지 않는 "가정"이나 "헤아림"까지 행하여 사용자로서 경제적 우위에 있는 상대방의 주장을 긍정한다. 그리고 이에 반하는 주장·비판에는 귀와 눈을 닫은 채로 근로자의 기본권 주장을 "권리남용"으로서 묵살한다. 그것은 형사사건에서 검찰관의 예측에 의한 구도에 따라 원죄(冤罪)를 낳는 것과 같은 잘못을 범하는 것이다. 최고재판소가 이 불공정한 결정을 파기하여 법과 헌법 아래에서의 법률가의 양심에 따라서 정의가 회복되기를 희망한다.

본의견서는 주로 새롭게 부가된 고등재판소의 판단에 대하여 그 편파적임을 지적하지만, 결정 전체의 불합리성에 관하여 이전의견서도 아울러 보기를 바란다.

제1 사용자(상대방)에게 동조한 본건 결정—편파적인 가정론까지 동원

1. 본건 부동의가 가지는 객관적 의미

(1) 항고인 자신에게 있어서

본건 규약변경은 항고인이 그 근로계약상 확정되어 있는 연금급부액수를 감액하여 그 수급권을 불이익하게 줄이는(減殺) 것이었다. 하지만 기업연금은 근로자의 퇴직 후의 생활을 유지하는 중요한 수단이다. 그러므로 확정급부기업연금법은 가입자의 권리보호를 위하여 "가입자의 3분의 2 이상의 동의를 받을 것"(확정급부기업연금법 시행규칙 제6조 제1항 제1호 2), "실시사업소가 2이상일 때는 가입자의 3분의 2 이상의 동의는 각 실시사업소별로 받지 않으면 안된다"(동조 제4항)라고 하는 형식적 요건을 필요로 한다고 규정하고 있다.

헌법 제13조는 개인의 존중을 내세우고 그 자유 및 행복추구의 권리를 보장한다. 또한 확정급부기업연금법 시행규칙 제3조 제3항은 과반수대표자로서 정당한 행위를 한 것을 이유로 하여 불이익취급을 금지한다. 항고인의 본건 부동의는 확실히 항고인이 확정급부기업연금법에 의해 보장된 과반수대표자로서의 자유로운 의사결정, 권리행사에 의하여 스스로의 근로계약상의 이익을 유지하여 행복을 추구하려고 한 것이다.

(2) 상대방에게 있어서

게다가 상대방에게도 본건 부동의(不同意)는 아무런 본건 규약개정에 의한 연금제도개혁을 곤란하게 하는 것은 아니다(후술).

2. 본건 부동의에 대한 결정의 평가

본건 부동의는 항고인에게는 근로자로서 근로조건의 유지를 도모하는 행복추구의 권리행사이며, 확정급부기업연금법이 보호하는 행위였다. 그리고 그것은 상대방에게도 특별한 불이익을 주는 것은 아니다. 이것이 권리남용으로 된다면 근로자의 기본적 인권행사는 재판소의 독선적 판단에 의하여 모두 부정되게 될 것이다.

그런데 본건 결정은 항고인의 부동의가 "실질을 보면 정말로 불합리"하다고 하여 다음과 같이 말한다.

"본건 연금제도개정에 대하여는 항고인이 주장하는 상대방의 실시사업소의 폐지 또는 상대방의 적용사업소의 폐지, 그룹구분에 의해 실시사업소별로 급부설계를 달리하는 방법은 실현가능성이 없는 이상, 실시사업소별로 동의가 필요하여(확정급부기업연금법 시행규칙 제6조 제4호), 항고인의 동의가 필요한 바, 항고인은 상대방의 조합원이 아니고, 다른 한편 상대방의 조합원으로 구성되는 대의원 전원이 본건 연금제도개정에 찬성하고 있는 상황임에도 불구하고, 상대방의 종업원이 항고인 한 명 밖에 없고 그 항고인이 이에 동의하지 않기 때문에 연금제도개혁을 실시할 수 없고, 나아가서는 원심 채무자기업연금기금이 예정하고 있는 캐논(キヤノン)기업연금기금과의 통합도 곤란한 상황에 빠진 것이다. 이러한 사태는 법형식상은 어쩔 수 없다고 하더라도 실질을 보면 정말로 불합리하다고 해석된다. 이것은 만약 상대방에게 항고인 외에 종업원이 있고, 전체 종업원의 3분의 2가 제도개정에 찬성하는 경우에는 항고인의 반대에도 불구하고 상대방의 실시사업소에서는 동의한 것으로서 취급되는 것(확정급부기업연금법 시행규칙 제6조 제1항 제1호)을 생각하면 분명하다"(결정서 11면).

3. 상대방에게 동조·가세한 본건 결정

(1) 그러나 이것은 증거에 근거하지 않고 상대방의 주관적 의사를 무조건 긍정하는 것이라고 하지 않으면 안된다.

첫째, "항고인이 주장하는 상대방의 실시사업소의 폐지 또는 상대방의 적용사업소의 폐지, 그룹구분에 의해 실시사업소별로 급부설계를 달리하는 방법은 실현가능성이 없는 이상"이라고 하지만 어떻게 그것이 "실현가능성이 없다"고 판단할 수 있는가.

예컨대 그 실현에 방대한 경비가 든다는 객관적 사정이라도 있다면 그러한 것도 할 수 있을 것이다. 그러나 본건에서는 그러한 사정은 전혀 없다. 단지 상대방이 그렇게 할 의사가 없다는 것에 불과하다. 본건 결정이 동의하는 1심 결정은 이 점에 관하여 "채무자 노동조합은 이(채권자가 주장하는 방법)에 동의할 가능성은 전혀 없다는 취지를 분명히 하고", "그 이유로서 주장하는 바는 합리적"이라고 할 뿐이다(1심 결정서 37면. 갑 제177호증 "의견서(보충)" 참조. "그 이유로서 주장하는 바는 후술). 그 방법의 "실현가능성이 없는 이상,"이라고 하는 것은 재판소는 상대방의 대리인이 아닌가라는 비난을 면할 수 없다.

(2) 둘째, "만약"으로서 드는 예도 결정의 결론을 도출하기 위하여 매우 기회주의적이다. 결정은 "만약 상대방에게 항고인 외에 종업원이 있고 전체 종업원의 3분의 2가 제도 개정에 찬성하는 경우에는 항고인의 반대에도 불구하고, 상대방의 실시사업소에서는 동의한 것으로서 취급되는 것(확정급부기업연금법 시행규칙 제6조 제1항 제1호)을 생각하면 분명하다"라고 한다. 이것은 마치 항고인의 부동의가 우연히 그 사업소가 항고인 혼자 있었다는 특수한 사정에 편승하는 것으로, 권리남용이라는 결론에 상응하는 사례설정이다. 하지만 이러한 예를 든다면 그 밖에 다음과 같은 사정도 고려하지 않으면 공정하다고는 할 수 없다.

즉 우선 본건 직장이 항고인 한 명이 된 것은 상대방이 전임자의 퇴직을 권장하여 이에 저항할 수 없었던 항고인 이외의 전임자가 퇴직 혹은 전적을 할 수밖에 없었던 것에 의한다. 항고인의 직장이 항고인 한 명이 된 것은 상대방 스스로가 초래한 것이다.

게다가 본 결정은 "상대방에게 항고인 외에 종업원이 있고 전체 종업원의 3분의 2가 제도개정에 찬성하는 경우"를 들지만, 그렇다고 한다면 "전체 종업원의 3분의 1 이상이 제도개정에 반대하는 경우"도 들지 않으면 불공평하다. 하지만 그렇게 하지 않는 것은 이 예가 항고인의 본건 부동의가 다른 근로자의 이익을 고려하지 않는 이기적인 것이라는 결론을 도출하려는 복선이기 때문이다. 그렇지 않고 가령 상대방에게 항고인 외에 종업원이 있더라도 그 자가 자주적으로 판단하여 행복추구의 권리를 행사하려고 한다면, 항고인과 같은 결론에 도달하였다고 하더라도 이상하지는 않다. 결정이 마치 이것을 "상정외(想定外)"의 것과 같이 하고 있는 것은 그 예측, 편견의 존재를 입증하는 것이다.

나아가 중복되는 것이지만, 본건 규약변경을 필요하다고 생각하는지 아닌지에 관하여는 의견의 차이가 있을 수 있을 것이다. 하지만 그 점은 예외로 하고 상대방 캐논전자(キヤノン電子) 노동조합의 기금규약변경이 없더라도 그룹구분 등에 의해 상대방의 노동조합원의 실시사업소에서의 규약변경에 아무런 지장도 없다는 것은 항고인 준비서면(10)에 기술되어 있는 대로이다.

제2 증거에 의하지 않고 항고인을 폄하하는 본건 결정 —심정의 "헤아림"의 모순

1. 본건 규약변경으로의 결정의 평가와 동의한 노동조합원의 "심성의 헤아림"

본건 결정은 이 점에 관하여 다음과 같이 말한다.

"본건 연금제도개정은, 앞에서 인정한 바와 같이 현행제도를 앞으로도 계속하는 경우에는 기업연금기금의 파탄의 가능성도 생각할 수 있고, 사업계속에 큰 장해가 될 뿐만 아니라, 연금수급자에게 연금의 급부를 할 수 없게 되는 등 퇴직자 및 노동조합원의 장래의 생활을 위협하는 사태도 예정되었기 때문에, 이러한 사태를 피하고 기업연금기금의 안정화를 도모하기 위하여 행하여진 것이다. 그리고 본건 연금제도개정에 동의한 노동조합원의 심정을 헤아려 보면, 자기의 눈앞의 이익을 요구하기보다도 연금제도를 앞으로도 안정적으로 유지하여 퇴직자 및 다른 종합원의 장래의 생활을 위하여 본의 아니게 동의한 것으로 생각된다. 이러한 사정 하에서 항고인이 규약개정의 부동의를 고집하는 것은 퇴직자 및 다른 노동조합원의 불이익을 고려조차 하지 않고 자신의 이익만을 추구하려고 하는 이기적인 것이라고 평가되더라도 어쩔 수 없는 것이다. 특히 항고인이 상대방의 전임자라는 입장이라는 것을 아울러 고려하면 정당한 행위로 인정하는 것은 곤란하다고 말할 수밖에 없다"(결정서 18면).

2. 본건 규약개정의 근거와 노동조합원의 개정찬성을 어떻게 볼까

(1) 결정이 본건 규약개정의 근거로 하는 것은 상대방의 주장 그대로이다. 그러나 "연금제도의 안정적 유지"라 하더라도 그것은 장래의 예측과 관계되는 것으로, 여러 요인이 어떻게 관련되고, 어떻게 변화하는가에 따라서 달라진다. 상대방의 주장이 하나의 견해라고 하더라도 그것이 다른 예측을 모두 부정할 수 있는 절대적인 것은 아니다. 항고인이 자주적인 판단에 따라 상대방과 다른 예측을 세워 본건 제도개혁을 부적절하다고 생각하는 것도 개인으로서 존중되어야 할 국민으로서 당연한 권리이다.

(2) 결정은 규약개정에 찬성한 조합원의 심정을 "눈앞의 이익을 요구하기보다도 연금제도를 앞으로도 안정적으로 유지하여 퇴직자 및 다른 조합원의 장래의 생활을 위하여 본의 아니게 동의한 것이라고" "헤아린"다. 그리고 항고인의 부동의를 "퇴직자 및 다른 노동조합원의 불이익을 고려조차 하지 않고 자신의 이익만을 추구하려고 하는 이기적인 것"이라고 폄하하고 있다. 그러나 이것은 증거에 근거하지 않을 뿐만 아니라 상대방의 주장과도 모순된다.

가. 상대방은 항고인의 제안에 동의할 수 없는 이유로서 다음과 같이 주장하였다.

"채권자가 주장하는 방법으로 연금제도개정을 한 경우, 캐논전자(キヤノン電子) 주식회사의 종업원은 신제도로 이행하더라도 복리계산의 혜택은 받지 않는데, 채권자만이 4.5%의 복리로 계산한 유리한 연금을 수급할 수 있다고 하는 매우 불합리한 결과가 되는 것이어, 채권자 노동조합으로서는 조합원을 그대로 두고 전임자만이 유리한 결과가 되는 것을 용인할 수 없다(2011년 7월 27일자 주장서면 20면).

"무릇 조합원이 납득할 수 있는 것이 아니고, 조합원을 위하여 존재하는 채무자 노동조합으로서는 동의할 수 있는 것이 아니다(2011년 4월 25일자 주장서면 3면)".

나. 즉 상대방은 항고인이 규약개정에 동의하지 않고 종래의 이익을 유지하는데 반하여, 규약개정에 찬성한 조합원이 불이익을 받는 것을 불만이라고 하여 납득할 수 없게 되기 때문에 항고인의 제안에 동의할 수 없다고 한 것이

다. 이것은 찬성한 조합원도 동의와 부동의에 어떠한 차이가 있는가의 충분한 설명을 받지 않고 찬성하였다는 것을 가리키는 것으로 결정이 "헤아림"과 같은 것으로 명확하지 않다.

다. 항고인의 본건 부동의는 상대방의 조합원도 항고인과 같은 태도를 취함으로써 종래의 권리를 유지할 수 있다는 생각에서 행하여지는 것으로, 결정이 말하는 "퇴직자 및 다른 조합원의 불이익을 고려조차 하지 않고 자신의 이익만을 추구하려는 이기적인 것"은 아니다. 결정은 왜 상대방의 조합원의 "심정"은 "헤아리"면서, 본건 부동의가 다른 누구의 이익도 해치는 것은 아니라는 항고인의 주장·입증을 부정하는지 공정한 재판소로서는 설명할 의무가 있을 것이다.

(3) 나아가 결정은 "항고인이 상대방의 전임자라고 하는 입장"에 있다는 것에서 본건 부동의가 상당성을 결여한다고 하고 있다. "상대방의 조합원으로 구성되는 대의원 전원이 퇴직연금제도개혁에 찬성하고 있음에도 불구하고 항고인만이 자신의 불이익 등을 이유로 동의하지 않는 것은, 항고인이 상대방의 전임자이며 전체의 이익도 배려하여야 할 입장에 있다는 것에 비추어 보면 이것을 양립할 수 없는 행위라고 평가되더라도 어쩔 수 없다고 해석된다. 그렇다면 항고인의 대응은 권리의 행사로서 상당성을 결여한 것이라고 해석된다(본건 해고이유 2)"(결정서 12면)라고 하는 것이다. 그러나 이것은 항고인의 대응의 평가에 대하여 이중(二重)의 잘못을 범하고 있다.

가. 첫째는, 항고인의 대응을 "전체의 이익을 고려하지 않는 것"이라고 하는 사실인식의 잘못이다. 이 점에 관하여는 앞에서 서술하였다.

나. 둘째는, 본건은 기업에 대항하는 근로자의 단결로서의 노동조합의 문제가 아니라, 고용하는 근로자에게 대항하는 사용자로서의 노동조합과 근로자 사이의 문제라고 하는 것이다.

노동조합의 서기라고 하더라도, 항고인은 고용주인 캐논전자(キヤノン電子) 노동조합에 노동력을 제공하고 그 대가를 얻는 것 외에 자기 및 그 가족의 생활을 유지하는 방법이 없는 근로자이다. 해고는 그 생활의 수단을 빼앗는 것으로서 근로자의 사활의 이익과 관계된다. 해고가 일반적으로 "참수(首切り)"라고 하는 것도 이러한 현실이 있기 때문이다.

그리고 노동조합이라고 하더라도, 사용자로서 인건비의 경감을 도모하려고 하는 한, 거기에는 노사의 대립이 엄연히 존재한다. 게다가 역사적으로 노동조합에 대한 지배개입이 부당노동행위로서 금지되지 않으면 안되었던 것처럼, 노동조합은 노동조합이라고 하는 것만으로 조합원의 사용자인 기업의 영향력으로부터 벗어난 자주적 단결이라는 것을 보증받는 것은 아니다. 그러므로 노동조합집행부의 모습에 따라서는 노동조합 자신에 의하여 조합원을 포함한 근로자의 이익이 경시된다. 이에 대하여 일반조합원이나 서기 등의 근로자가 자신의 근로자로서의 이익을 주장하는 것이야말로 노동조합의 본래의 모습의 회복으로 이어지는 것이다. 그것은 "근로자의 지위의 향상"(노동조합법 제1조)에 합치하는 것으로, 집행부의 뜻에 반하더라도 결코 근로자의 "전체의 이익"에 반하는 것은 아니다. 규약개정찬성파의 심정은 헤아리더라도 기업과의 관계에서의 상대방의 현실을 검토·헤아리지도 않고, 항고인을 "이기적"이라고 단정하는 본건 결정은 재판소의 공정함에 의문을 가지게 한다.

제3 본건 해고가 항고인의 이익을 생각하여 징계로서의 해고가 아니라 통상의 해고로서 행하여졌다고 하는 결정의 기만성

1. 본건 해고에 징계처분으로서의 절차는 필요없었는가

본건에서의 또 하나의 중요쟁점은 본건 해고의 성질에 관해서이다. 본건 해고가 취업규칙상의 징계의 일종으로서 이루어진 것은 앞의 의견서에서도 말한 것이므로(결정은 "의견서 및 의견서(보충)의 기재는 채용할 수 없고"(14면)라고 하지만) 상세한 논의는 피하지만, 본건 결정이 상대방이 "노동기준법 제20조 제3항이 준용하는 동법 제19조 제2항의 행정관청의 인정을 받지 않은 것" 그 외의 "징계처분이라면 필요한 절차를 거치지 않았으므로, 보통해고를 선택한 것은 분명하다"(결정서 13~14면)라고 한 점에는 언급하지 않을 수 없다.

본건에서는 상대방은 해고이유에 취업규칙으로 정하는 징계사유를 들었다. 그리고 그 취업규칙은 징계처분을 하는데 징계위원회의 결정이나 본인의 변명 등의 절차를 정하고 있었다. 그런데 상대방은 취업규칙에 위반하여 그러한 절차를 거치지 않고 징계처분을 하였다. 이에 대하여 "징계처분이라면 필요로 하는 절차를 거치지 않았"으므로 보통해고라고 하는 것은, 재판소는 상대방의 취업규칙위반의 책임회피를 위하여 강력한 조력자가 된 것이 아닌가.

즉 결정이 드는 "노동기준법 제20조 제3항이 준용하는 동법 제19조 제2항의 행정관청의 인정" 등은 "해고예고 없는 해고"에 필요한 조건이며, "징계처분으로서의 해고"에 필요한 조건은 아니다. 그러므로 상대방이 그것을 하지 않았다는 것은 본건 해고가 "징계처분으로서의 해고"인지 아닌지와는 관계가 없다. 그런데 본건 결정은 "해고예고 없는 해고에 필요한 조건"을 "징계처분이라면 필요로 하는 조건"으로 바꿈으로써 상대방의 취업규칙위반을 면죄한 것이다. 이 논리를 사용하면 취업규칙이 정하는 절차에 위반한 징계처분도 무효가 아니고, "징계처분이라면 필요로 하는 절차를 거치지 않았"으므로 "징계처분은 아니고 유효"라고 하는 것으로 이상한 것이 아닌가.

2. 해고는 사형에도 비할 수 있는 극형

(1) 본건 결정은 최고재판소 1977년 1월 31일의 고치(高知)방송사건을 인용하여 "취업규칙 소정의 징계사유가 있는 경우에 본인의 재취직 등 장래를 고려하여 징계해고에 처하지 않고 보통해고에 처하는 것은 그것이 비록 징계의 목적을 가진다고 하더라도 허용되지 않는 것은 아니다"라고 한 다음, 본건도 그러한 예라고 한다(결정서 13~14면). 그러나 본건 해고가 "본인의 장래를 생각하여" 행하여졌다는 것은 현저한 기만이다.

(2) 앞에서 본 바와 같이 해고는 근로자의 생활을 유지하는 유일한 수단을 빼앗는 것이다. 그것은 사형에도 비할 수 있는 극형이며, 근로권의 보장(헌법 제27조)이라는 공서(公序)의 하에서는 실로 불가피한 경우에 한정되어야 한다. 항고인은 30여년 동안에 징계를 받기는커녕, 실수 없이 근무를 계속하여 왔다. 근무태도에 관하여 상사로부터 주의를 받은 적도 없다. 그러한 본인을 위하여 생각한다면 만일 상대방이 징계사유가 있다고 생각한 경우에도 해고는 피하고 출근정지 그 밖의 보다 가벼운 징계처분에 의한 처리를 고려하여야

하는 것은 아니었는가. 실제로 앞의 최고재판소 고치(高知)방송사건에서도 그 해고는 보통해고라고 하더라도 해고권의 남용으로서 무효로 되었다.

제4 결어 — 요약을 겸하여

1. 본건은 상대방 노동조합이 오랜 세월 실수 없이 근무를 계속하여 온 근로자인 노동조합 서기를 해고하였다는 노동조합의 존재 자체가 문제되는 사건이었다. 나아가 그 해고의 주된 이유는 연금지급액수를 감액하는 연금기금의 규약개정에 동의하지 않았다는 것으로, 확정급부기업연금법에 따른 근로자의 보호와의 관계에서도 재판소의 자세가 문제되는 사건이었다.

2. 이러한 사안에 대하여 고등재판소 결정은 본건 부동의를 권리의 남용이라고 하였다. 본건 규약개정에 대하여는 그 필요성, 상당성에 관하여 다양한 평가가 있을 수 있다. 항고인은 스스로의 판단에 의하여 근로조건 불이익 변경의 규약개정에 동의하지 않았다. 그것은 근로자로서 자신의 근로조건을 유지하려고 한 것으로, 헌법 제13조가 보장하는 행복추구의 권리의 행사이며, 다른 누구의 이익을 해치는 것이 아니다. 규약변경에의 동의·비동의는 확정급부기업연금법도 가입자의 자유로운 의사에 맡기고 있다.

3. 그런데 본건 결정은 그 부동의를 항고인의 권리의 남용이라고 하였다. 본건은 기업에 대항하는 노동조합의 행위가 아니라 사용자로서의 노동조합이 고용하는 근로자에 대한 행위임에도 불구하고, 결정은 노동조합의 서기는 사용자인 노동조합의 일방적 결정에 따르라고 하는, 항고인의 행복추구의 권리를 부정하고 노사대등, 근로조건 대등결정을 규정하는 노동조합법 제1조 제1항, 노동기준법 제2조 제1항에 위반하고, 나아가 확정급부기업연금법에 따른 보호를 없는 것으로 하는 것이었다.

4. 나아가 본건 결정은 일방적인 가정의 예, 증거에 근거하지 않는 "헤아림"이나 결착(決着)으로까지 하여 항고인을 폄하하고 상대방을 옹호하였다. 그것은 도저히 공평한 재판소가 하여야 할 것은 아니다.

5. 나아가 결정은 해고절차에 관하여도 노동기준법의 규정내용을 바꿔치

기하여 취업규칙위반의 해고를 유효라고 하였다. 게다가 항고인의 행위를 권리남용이라고 하면서, 해고권의 남용에 관하여는 해고에 이르는 경위의 실질적 검토도 하지 않았다. 이 점에서는 헌법 제25조의 생존권, 제27조의 근로권 보장의 공서(公序)에도 반하는 것이다.

Ⅳ. 노동조합의 자주성과 사용자의 경비원조(2014년 1월 4일, 사이타마(埼玉)지방재판소 쿠마가야(熊谷)지부에 제출)

목차생략(역자 주)

시작하며

나는 전후 군에서 복귀하여 와세다 대학에서 배우고, 그 이후로 일관하여 노동법의 연구, 교육에 종사하여 왔다. 법의 변천에 관하여도 동시대의 체험을 하고 있다.

이러한 입장에서 보면 마카베(眞壁)사건에서 피고 캐논전자(キヤノン電子) 주식회사가 피고 캐논전자(キヤノン電子) 노동조합위원장에게 급여를 지급한 사실이 있고(회사준비서면(1) 4면), 이 점에 관하여 회사나 노동조합이 노동조합의 자주성이나 사용자의 지배개입에 관하여 주장하는 것은 문제의 역사적 경위를 무시하고 부당노동행위제도의 취지나 현실의 인식을 잘못하는 것이라고 생각한다. 그래서 이하에서 이러한 점에 관하여 설명하고 재판소의 이해를 구하고 한다.

1. 사용자의 노동조합전임자 급여부담과 부당노동행위

(1) 피고들의 주장의 요점

피고들의 기본적 주장은 다음과 같다. 즉 회사에 의한 노동조합전임자의 급여지급이 지배개입이 되는 것은 "그것에 의하여 피고 노동조합이 자주성을 잃은 것과 같은 특별한 사정이 인정되는" 경우이다(회사준비등기우편 (3) 16면).

본건의 경우 그러한 사정은 없다. 그리고 "피고 노동조합이 주장하고 있는 것처럼 노동조합 전임자 급여의 회사부담은 일반적으로 흔히 행하여지고 있는 것이고,……"(회사준비서면 (6) 2면)라고 주장한다.

노동조합 또한 노동조합의 인식과 원고의 노동위원회에의 부당노동행위구제 신청이 각하된 것에 관하여 다음과 같이 서술하고 있다(제8준비서면 5~6면).

"피고 노동조합은 지배개입이 있었다는 인식은 가지고 있지 않다. 따라서 지배개입이나 단결권의 침해에 관한 노동쟁의나 노동위원회의 조정 등을 신청한 사실도 없다", "유일하게 원고만이 조합원의 신분도 아니고, 피고 회사와의 고용관계가 없는 상태로 사이타마(埼玉)노동위원회에 지배개입의 배제를 신청하여 그 신청이 각하되었을 뿐이다", "피고 노동조합으로서는 경영자의 판단과 협조적인 태도를 선택하고 있다고 하더라도 노동조합의 자주성이 저해된다고는 결코 생각하지 않다"라고 하여, 키시이 사다오(岸井貞男), 『단결활동과 부당노동행위(団結活動と不当労働行為)』의 "기업별 조직에서 조직적 단위가 작은 노동조합은 노동조합활동에 필요한 관리자(役職者)의 임금을 조달할 수 있는 재정적 여유가 부족하고, 노동조합 전임자 급여의 회사부담의 관행은 일반적으로 볼 수 있는 것이고, 노동조합 전임자 급여의 회사부담이라는 형태로의 경비원조가 있었다고 하여 일률적으로 부당노동행위라고는 할 수 없다. 즉 노동조합 전임자 급여의 회사부담에 관하여도 노동조합의 자주성이 저해되는 구체적 위험성이 없는 한, 부당노동행위와는 무관한 재정원조로서 파악되어야 할 것이다……"라고 하는 기술을 인용한다.

(2) 문제점

① 키시이(岸井)씨의 저서는 "기업별 조직에서 조직적 단위가 작은 노동조합"에 관한 기술이다. 본건 피고 노동조합은 1985년에 1884명(그 후 감소는 있었지만 2006년 9월에도 1100명, 피고 노동조합 아라이 히로시(新井博)위원장 진술서(을 제32호) 3면. 이하에서 "위원장 진술서"라고 함)으로, 도저히 거기에 해당한다고는 할 수 없다. 그리고 이 저서의 배경에 관하여는 2에서 후술한다.

② 피고 노동조합의 주관적 인식은 반드시 객관적 사실과 일치하는 것은 아니다. 지배개입을 받아들이고 있는 노동조합이 주관적으로 그것을 인정하지

않는 것은 얼마든지 있다. 사용자에 의한 급여부담은 그것이 중지되는 것을 염려하여 사용자의 뜻을 받아들이기 쉽다는 것은 경험적 사실이다. 본건에서도 그러한 사실의 유무의 검토가 필요하다. 이 점은 3에서 후술한다.

나아가 "지배개입이나 단결권의 침해에 관한 노동쟁의나 노동위원회의 조정 등을 신청한 사실도 없다"는 점은 전임자 급여의 사용자부담에 관한 한, 그것을 없애는 것에 아무런 노동쟁의나 노동위원회의 조정도 필요로 하지 않는다. 단순하게 그것을 반납한다고 통고하면 끝나는 것이다.

③ 원고의 노동위원회에로의 신청이 각하된 것은, 구제신청은 지배개입을 받은 노동조합이나 그 노동조합원에게만 인정하는 실무상의 취급으로 인한 것이다(그러므로 "기각"이 아니라 "각하"). 원고에게 신청인 적격이 없다고 한 것은 지배개입이 없었다는 것을 의미하지 않는다. 구제신청을 한 것이 원고뿐인 것도 이미 노동조합이 자주성을 잃고 있어 조합원도 그것에 저항할 수 없는 상태였을 가능성을 부정하는 것은 아니다.

2. 전후 노동운동의 상황과 노동조합법 전면개정(1949년) 및 그 작용

키시이(岸井)씨와 같은 학설이 주장된 것은 다음과 같은 역사적 사정에 의한나.

(1) 전후의 노동조합운동의 상황

가. 전임자의 급여부담을 정한 단체협약의 일반화

전후의 노동조합운동은 말하자면 무로부터의 출발이며, 노동조합의 재정적 기반도 없었다. 그러나 노동조합의 조직화, 그 운동의 전개를 위해서는 노동조합운동전임자의 존재가 필요하다. 다른 한편 패전은 그때까지 억압되어 있던 자주적 노동운동을 해방시켰다.

이렇게 하여 노동운동의 고조는 사용자에 대하여 종업원 중 일정한 자가 급여를 받은 채로 노동조합활동에 전임하는 것을 요구하고, 그 권리를 단체협약안에 명기시키려고 하였다. 그리고 일반적으로 자주적인 노동조합운동이 활발한 노동조합이 그것에 성공한다는 상황을 볼 수 있었다.

한편 당시의 노동조합법은 노동조합의 자주성의 관점에서 "주된 경비를 사용자의 보조를 받는 것"(제2조 제1호)을 노동조합의 정의에서 제외하는 정도였다. 그리고 급여를 받아 전임자가 노동조합활동을 하는 것은 "주된 경비의 보조"로 볼 수 있는 것은 아니고, 법률상도 아무런 문제가 되지 않았다.

게다가 당시의 단체협약에는 유효기간 만료 후에도 새로운 협약이 체결될 때까지는 그 효력을 연장한다는 규정(이른바 자동연장규정)이 일반적이고, 그러한 사용자는 협약상, 노동조합전임자의 급여부담을 면할 수 없었다.

나. 1949년의 노동조합법 전면개정과 그 정책의도

하지만 결국 노동정책이 노동조합의 조성에서 억제로 변화하면 그 정책의도에 따른 노동조합법 개정이 행하여진다. 1949년법이 그것이다.

이 법률에서는 노동조합의 정의규정에 관하여 "주된 경비를 사용자의 보조를 받는 것"의 "주된"을 삭제하고, "단체의 운영을 위한 경비의 지출에 관하여 사용자의 경비의 원조를 받는 것. 단……"(제2조 제2호)을 동법상의 노동조합은 아니라고 하였다. 또한 자동연장규정을 가지는 단체협약도 90일전에 예고하면 해약할 수 있는 것으로 하였다(제15조 제3~4항). 이렇게 하여, 말하자면 단체협약에 의하여 확보된 노동조합의 권리를 법률에 의하여 부정한 것이다.

(2) 관련조문의 현실적 작용

이러한 법개정은 실제로 무엇을 가져왔는가. 사용자에 의한 노동조합 전임자의 급여부담은 경비원조라고 볼 수 있기 때문에 단체협약의 표면상에서 대부분 자취를 감추었다. 그러나 일부에서 현실적으로 종래와 같은 상황이 나타났다. 이렇게 되면 그것은 공공연한 협약상의 권리는 아니기 때문에(이른바 "암거래(ヤミ) 전임") 사용자의 의향에 따라서 중지될 우려가 있었고, 오히려 노동조합의 자주성을 해쳐 지배개입을 초래하는 것으로도 된 것이다. 이전의 사정은 노무라 헤이지(野村平爾) 저작집 제2권 "단결권과 노동조합활동(団結権と組合活動)』(1978년, 労働旬報社) 71면 이하에 수록된 실태조사(나도 이에 참가하였다)를 포함하는 논문에 상세하게 나온다.

그러나 한편 노동조합의 재정적 기반도 차츰 형성되어 사용자의 급여부담에 의지할 필요성도 감소하여 노동조합법 개정과 함께 일반적으로 사용자의 노동조합 전임자 급여부담도 결국 소멸한다.

하지만 당시의 상황에서는 1949년 개정법도 모든 경비원조를 한꺼번에 부정할 수 없었고, 단서로 사용자와의 교섭의 시간에 대한 임금차감을 하지 않는다든지, "최소한의 공간의 사무소의 제공"을 제외한다고 하였다. 그 때문에 허용되는 경비원조의 범위에 관하여 이것을 노동조합 자주성의 관점에서 실질적으로 판단하여야 한다는 견해가 주장되기에 이르렀다. 키시이(岸井)씨의 저서도 그 하나이다. 하지만 그것은 오늘에 있어서는 주로 사무소 제공에 부수하여 전화세라든지 광열비 부담 등을 염두에 두는 것으로, 전임자의 급여부담("암거래(ヤミ) 전임")은 일반적으로 사용자의 지배개입의 수단이 된다고 하여도 좋다.1)

3. 본건에 있어서의 상황

(1) "암거래(ヤミ) 전임"과 회사주도의 노동조합운영

본건에서 캐논전자(キヤノン電子) 노동조합의 위원장이 현재의 아라이 히로시(新井博)씨가 된 2005년 10월 후에도 위원장이 회사의 급여를 받으면서 100% 노동조합업무를 할 수 있는 상황, 말하자면 "암거래(ヤミ) 전임" 상태에 있었다. 위원장은 휴직자와 같은 재적 경험이 없는 인사부에 발령받은 것이다(피고회사준비서면 (1) 4~5면). 그러나 2007년 9월 20일, 이 점을 포함하여 원고가 사이타마(埼玉)현노동위원회에 부당노동행위구제를 신청하자, 회사는 종래와 같이 노동조합위원장으로서의 일을 시키면서 급여의 회사부담은 취소하였다.

다른 한편, 갑 제18호증의 회화기록에 의하면 위원장이 "암거래(ヤミ) 전임" 상태에 있던 2006년 8월, "회사로부터『전임서기를 고용할 수 있는 여력이 있다면 조합원의 일시금을 삭감할 것이므로 노동조합비에서 보전하도록』『전

1) 1949·9·10 労発 제353호 노정국장발 각도도부현지사앞통첩(労政局長発 各都道府県知事宛通牒)은 "노동조합 전임 임직원의 임금지급의 문제와 같은 노동조합의 민주성, 자주성 확보에 가장 기본이 되는 것에 관하여, 혹은 직접적으로 이러한 급여를 지불하거나 혹은 대출의 형태를 취하거나 증여라고 하여 지급하는 등의 탈법행위를 이루는 등 법의 취지가 철저하게 지켜지지 않아 아직도 불충분한 경향도 있는 것 같아, 이러한 악질적인 부당노동행위에 관하여는 법의 엄정한 시행·운용을 도모하여 이를 배제하기 위하여 이후 각별한 노력을 하고자 한다"라고 하고 있다. "노동조합 전임자 급여의 회사부담은 일반적으로 흔히 행하여지고 있다" 등은 도저히 있을 수 없다.

임서기를 고용한다면 회사구내에 노동조합의 사무소를 대여할 수는 없다. 구내에서 나가도록』이라고 하였다"(원고 제16준비서면 13~14면에서 인용)라고 한다.

피고 회사는 "피고 노동조합 내부의 자치에 속하는 사항에 관하여 솔직한 의견을 말하는 것은 있을 수 있다고 하더라도 이것을 강압하거나 강요하거나 한 적은 결코 없다"(회사준비서면 (1) 5면)고 한다.

또한 피고 노동조합도 앞에서 본 바와 같이 "경영자의 판단과 협조적인 태도를 선택하고 있다고 하더라도 노동조합의 자주성이 저해된다고는 결코 생각하지 않는다"(제8 준비서면 5면)라고 주장한다.

그러나 "전임서기를 고용할 수 있는 여력이 있다면 노동조합원의 일시금을 삭감한다"라거나 구내 사무소 대여의 정지라고 하는 것은 원고 제22 준비서면 3~5면에서 인용하는, 프리머햄(プリマハム)사건 최고재판소 판결의 "위협적 효과를 주"는 것이며, "노동조합의 조직, 운영에 현실적으로 영향을 미치는 경우는 물론, 일반적으로 영향을 미칠 가능성이 있는 경우"라고 하고, 또한 야마오카(山岡)내연기사건에서 말하는 "불이익취급의 암시"에 그치는 것이 아니라 "명시"이며, "지배개입이 되는" 것이라는 것은 부정할 수 없다.

피고 노동조합은 그 노동조합운영에 대한 이러한 명백한 개입을 받아들여, 원고 마카베(眞壁) 씨들 전임서기의 처우인하나 퇴직권장을 비롯하여, 결국 마카베(眞壁) 씨의 해고에 이르게 되는 다양한 행위를 행하였다.

이것들이 피고 회사의 의향을 동기로 하고 있었다는 것은 회사나 노동조합 등 피고측의 진술서나 증거로서 제출된 발언기록(갑 제18호) 등에서 분명하다. 피고 노동조합이 주관적으로 "노동조합의 자주성이 저해되었다고는 결코 생각하지 않았다"라고 하더라도, 이들 행위는 객관적으로는 피고 노동조합이 자발적으로 회사의 의향에 복종하는 것이고 실질적으로도 자주성을 잃고 있다는 증거이다.

그 동안의 경위는 원고가 증거를 들어 주장하고 있지만, 사실인정과 관련되는 것이므로 본 의견서에서는 상세하게는 검토하지 않는다. 단지 특징적이라고 생각되는 몇 개의 점을 지적해 두고자 한다.

(2) 특징적 문제

다음의 여러 가지 점은 본건 피고 회사·노동조합 간의 관계가 어떠한 것이었는지를 나타내는 것으로서 특징적이다.

① 피고 회사는 “회사가 피고 노동조합 내부의 자치에 속하는 사항에 관하여 솔직한 의견을 말하는 것은 있을 수 있다고 하더라도, 회사의 의견을 강압하거나 강요하거나 한 적은 결코 없다”라고 한다(이시츠카 타쿠미(石塚巧)이사 진술서 (병 제17호) 8면. 이하에서 “이사 진술서”이라 함).

그러나 이 “강압하거나 강요하거나”란 어떠한 것인가. 회사에 그러한 권한이 없는 이상, 법적으로 “강압”이나 강요를 할 수 없다는 것은 당연하다. 그러나 그 회사의 “솔직한 의견”에 따르지 않을 때는, 예컨대 일시금 삭감이나 구내 사무소 대여정지를 하는 것이 통고되거나 혹은 전임자 급여부담의 중단 등 불이익이 예상되면 그것은 경제적 힘에 의한 강압이다.

② 회사는 노동조합에 “솔직한 의견”을 말하지만, 노동조합은 회사에 대하여 잘못도 지적할 수 없는 정도로 극도로 조심한다.

회사가 캐논(キヤノン)건강보험노동조합으로부터 전임서기를 빼고 싶은 이유에 대한 원고의 질문에 대하여 아라이(新井)위원장은 전임서기가 외부사원이라는 이유만이 아니라, “회사는 『전임서기는 회사와 고용계약의 관계가 없음에도 불구하고, 회사의 이익이 전임서기의 건강보험 분의 부담에도 충당되고 있다』라고 생각하고 있다. 건강보험에 관하여는, 그러한 사고가 적합하지 않지만, 회사가 스스로 바로 잡아야 할 것이고, 굳이 그 차이를 지적할 생각은 없다”라는 취지의 설명을 하고 있다(갑 제28호의 발언. 원고진술서 20면에서 인용). 캐논(キヤノン)건강보험노동조합으로부터 배제되는 것이 고용하는 원고에게 있어서 중대한 불이익을 입게 되는 것임에도 불구하고 말이다.

③ 노동조합위원장이 회사급여를 받으면서 노동조합 전임을 하는 것에 관하여 이사 진술서는 다음과 같이 설명하고 있다.

아라이(新井)위원장이 2005년 10월에 취임하기 전의 야나기(柳)위원장의 시대부터 “회사는 임금제도개정이라는 중대한 문제를 현안사항으로 하고 있어, 피고 노동조합의 위원장은 이 곤란한 문제에 대처하기 위하여 100% 피고 노동조합업무에 종사·전념하지 않으면 해 나갈 수 없는 사태가 되었다. 이 임금제도개정은 노사 쌍방으로 수행하지 않으면 안되는 중요한 시책이었다". 그리고 "그 후에도 노사 쌍방으로 수행하지 않으면 안되는 인사제도개정이나 노무문제가 잇달아 발생하고 있어" 위원장 교대 후에도 "여전히 100% 피고 노동조합업무에 종사하지 않으면 안되는 상황이 계속되고 있었으므로" "(회사에 재적한 채로 회사로부터 급여를 지급하여야 한다는) 피고 노동조합의 요청을 받아들여, 이것을 인정하고" 재적은 "인사부"로 하였다(7면)라고 한다.

이것은 회사시책실현을 위한 위원장 급여부담이라는 것을 강하게 추측하게 한다고 할 수 있을 것이다. 나아가 2007년 3월 6일의 신(新)임금제도 도입의 설명회에서 아라이(新井)위원장은 "내(新井위원장)가 노동조합의 일을 하는 것을 회사가 허가하고 있다. 회사가 나의 임금을 지불하고 있다. 나의 직무평가는 회사가 하고 있다"라는 취지의 설명을 하였다고 한다(원고 진술서 57면). 위원장의 일의 평가가 조합원에 의한 것이 아니라 회사에 의하여 행하여진다는 것은 참으로 회사에 지배된 노동조합이라고 하는 것이 아니겠는가.

④ 회사측은 "젊은 조합원으로부터 ① 피고 조합원으로부터 징수하는 피고 조합비가 너무 비싸고, ② 피고 노동조합 종업원들에게 2000만엔의 급여를 지급하는 것은 이상하다는 의문의 소리가 높아지고 있다는 이야기를 들었다" (이사 진술서 4면)고 한다. 그리고 회사가 전임서기의 인원삭감, 임금제도나 인사평가방법의 재검토 등등의 의견표명을 하고, 그 방향으로 사태가 진행되었다. 건강보험노동조합의 합병에 있어서도 회사의 의향이 작용하고 있었다.

그러나 노동조합내부 문제에 관하여 조합원 전체의 민주적 논의에 의하지 않고, 사용자가 일부 조합원의 소리를 듣고 그 방향으로 유도하는 것은 결코 노동조합의 자주성을 존중하는 것은 아니다.

(3) 지배개입의 인정여부에 관하여

지배개입은 종종 사용자로서의 경제적 우위를 배경으로 하여 노동조합을 그 의향에 따르게 하는 경우가 있다. 따라서 그 인정의 여부는 사용자의 행위의 외형만으로 판단할 수 없다. 그것에 더하여 그 행위의 의도나 노사관계에 미치는 영향 등을 통찰하여 이것들을 종합적으로 판단하지 않으면 안된다.

이 점에 관하여 닛산(日産)자동차사건에서의 도쿄(東京)고등재판소 판결(1977년 12월 20일, 노동관계민사판례집 제28권 제5호, 6면)은 다음과 같이 판시하고 있다.

"사용자의 특정한 행위가 본래 사용자의 자유에 속하는 범위의 행위인지, 그렇지 않으면 노동조합활동에 대하여 부당한 저지적 내지는 왜곡적 영향력을 행사하는 것으로서 부당노동행위로 보아야 할 것인지를 판단할 경우에는 당해 행위의 외형이나 표면상의 이유만을 문제 삼아 이를 표면적, 추상적으로 관찰하는 것만으로는 부족하고 사용자가 종래 취해 온 태도, 당해 행위가 행하여지게 된 경위, 그것를 둘러싼 사용자와 근로자 내지는 노동조합과의 절충의 내용 및 형태, 앞의 행위가 당해 기업 내지 직장에서의 노사관계상 가지는 의미, 이것이 노동조합활동에 미칠 수 있는 영향 등 제반사정을 고찰하여 이것들과의 관련에서 당해 행위가 가지는 의미와 성격을 정확하게 통찰, 파악한 뒤에 위의 판단을 내릴 필요성 있다는 것은 새삼스레 말할 필요도 없는 것이다".

그리고 이와 같은 입장으로부터의 검토에 의하여 노동위원회의 구제명령의 취소를 구하는 회사의 청구를 기각하였다.

상고심인 최고재판소 판결(1985년 4월 28일, 최고재판소민사판례집 제39권 제3호, 730면)도 또한 이 도쿄(東京)고등재판소 판결에 위법은 없다고 하여 이를 지지하고, 회사의 상고를 기각한 것을 지적하는 정도로 한다.

본건에서는 2007년 9월까지 피고 노동조합위원장이 사실상 "암거래(ヤミ) 전임"(회사로부터 급여를 받으면서 노동조합사무에 전임하여 "단체의 운영을 위한 경비의 지출에 관하여 사용자의 경리상의 원조를 받는 것")으로서 노동조합법 제2조 제2호의 문언에 해당하여, "자주성"이라는 노동조합의 요건을 결여한 상태에 있었다. 그리고 원고의 부당노동행위 구제신청이 있어 위원장의 급여의 회사부담은 취소하였지만, 그 밖의 점에서는 노사관계에 변화는 보이지 않는다. 이러한 관계에서는 외형적으로는 피고 노동조합이 스스로 행한 행위라고 하더라도 회사의 의향, 위협에 따라 실질적으로도 노동조합의 자주성을 상실한 것이라고 추인할 수 있을 것이다.

끝으로

노동조합이란 "근로자가 주체가 되어 자주적으로 근로조건의 유지·개선 그 밖의 경제적 지위의 향상을 도모하는 것을 주된 목적으로 하여 조직하는 단체 또는 그 연합단체"(노동조합법 제2조)이다.

피고 캐논전자(キヤノン電子) 노동조합은 회사로부터 "전임서기를 고용할 수 있는 여력이 있다면 조합원의 일시금을 삭감하므로 조합비로부터 보충하도록" 등이라는 노동조합운영에 대한 위협적 효과를 가지는 발언 등의 노골적인 개입을 받았고, 그에 따라서 원고에게 불이익을 주거나 퇴직을 강요하는 다양한 행위를 하는 등의 경위를 거쳐, 원고를 해고하기에 이르렀다. 그 행위는 노동조합의 자주성을 상실하게 한 위법한 행위이며, 그것을 하게 한 피고 회사 모두 원고에 대한 권리를 침해하였다고 하는 것은 부정할 수 없다고 할 것이다.

이상

제13장 (우정(郵政)공사사건) — 명찰(胸章)착용거부의 정당성(도쿄(東京)지방재판소2007年(ワ)第25273号에 관하여)(2009년 도쿄(東京)지방재판소에 제출, 패소)

의 견 서

제1 본건의 문제점

본건은 피고가 원고들에 대한 명찰착용명령의 금지 및 원고들이 우정(郵政)직원 및 공사직원이었을 때 착용명령에 따르지 않은 것을 이유로 매년도에 훈고(訓告)·훈계(訓戒) 3회 이상에 처하여 그 때문에 승급연장 등의 불이익을 받은 것에 대한 미지급임금 및 위자료를 청구하는 것이다.

그 중요한 쟁점은 명찰착용명령이 위법인가 아닌가, 그 명령에 따르지 않은 원고들에 대한 승급연장이 위법인가 아닌가라는 것이다.

이 의견서에서는 재판자료에 기초하여, 첫째, 명찰착용명령에 합리성이 있는가 아닌가, 둘째, 그 승급연장에 합리성이 있는가 아닌가 하는 두 점에 관하여 노동법적 관점에서 서술한다.

제2 의견의 골자

헌법 제13조, 민법 제90조, 독립행정법인개인정보보호법(独立行政法人個人情報保護法) 제9조, 노동기준법 제3조, 제1조 제1항, 제2조 제1항, 제91조, 국가공무원법 제74조 등에 비추어, 원고들에 대한 명찰착용명령에는 합리성이 없고 원고들에 대한 승급연장에도 합리성이 없다. 그 이유는 다음에서 서술하는 바와 같다.

제3 의견의 이유, 명찰착용명령에 관하여

원고들에 대한 명찰착용명령에 합리성은 없다.

1. 독립행정법인개인정보보호법 및 공서양속 위반

본건의 명찰착용명령은 개인정보명시의 강제라는 점에서 헌법 제13조에 근거하는 공서양속 및 독립행정법인개인정보보호법(2003.5.30 시행)에 위반한다.

(1) 피고는 독립행정법인으로서 "이용목적 이외의 목적을 위하여 보유하는 개인정보를 스스로 이용하거나 제공하여서는 아니된다"(독립행정법인개인정보보호법 제9조). 본건에서 그 "이용목적"은 원고들에게 통지 또는 공표되어 있지 않지만 유초(ゆうちょ)은행사원취업규칙에 의하면 "고용관리 및 회사로부터 사원에게의 연락"(제42조)이라고 하고 있고, 경영형태변경 전에도 마찬가지였다고 해석된다. 그러나 그 경우 "고용관리"는 합리적 범위를 넘어 개인정보를 개시(開示)하여서는 안되고, 명찰착용명령은 외형적으로도 분명하게 그 범위를 넘어 개인정보를 개시시키는 것이다. 그리고 피고는 그 명령의 합리성에 대하여 아무런 입증도 하고 있지 않다(자세한 것은 후술).

(2) 피고는 원고들의 사용자라 하더라도 근로계약의 목적달성에 필요한 범위를 넘어 원고들의 개인정보를 취급하여서는 안된다. 이것은 개인정보보호법(個人情報保護法) 및 독립행정법인개인정보보호법 제정이전에도 당연한 事理이며, 헌법 제13조에 근거하는 공서양속이다. 그리고 독립행정법인개인정보보호법은 이러한 사리(事理)가 있기 때문이야말로 개인정보의 취급에 관한 기본적 사항을 규정하여 개인의 권리이익을 보호하려고 한 것이다. 따라서 동법 전체에 대한 평가는 별도로 하더라도, 본건의 명찰착용명령은 동법 제정 이전에도 공서양속에 반하여 근로자에게 의무 없는 것을 행하게 하는 위법한 명령이었다.

게다가 그 명령은 다음에서 서술하는 것처럼 강행법규인 노동기준법에도 위반하는 것이라고 하지 않으면 안된다.

2. 노동기준법 제3조 위반

(1) 본건의 명찰착용은 이용자에 대한 담당책임자 명시를 위한 것은 아니다. 그럼에도 불구하고 그 합리성의 근거로서 피고는, 명찰착용의무부여의 목적은 "조직운영에 있어서 직원 자신의 직책의 자각을 촉구하여 자기규율 및 직원 사이의 연대감의 양성을 도모하는 것은 기업 운영상 불가결한데, 직원 전원이 명찰을 착용함으로써 이러한 자각, 자기규율의욕, 직원 사이의 연대감의 양성을 도모하는 것"에 있고, 그 목적달성의 수단으로서 명찰착용의무 부여는 합리적인 것이고 필요하다고 주장한다(피고 제1 준비서면 7면).

그러나 근로계약상 근로자에게 요구되는 것은 노무의 제공에 의한 직무의 수행뿐이다. "직책의 자각, 자기규율, 연대감 운운"이라는 것은 노무의 제공이 아니라 근로자의 내면의 자유와 관련된다. 그리고 그것들은 기업 운영상 사용자의 노무관리·근로자 지배에 있어서 "편리"함은 있어도 그것 없이 기업 운영이 불가능하게 되는 것은 아니다. 게다가 그것을 위해서는 그것에 어울리는 환경을 갖추는 것이야말로 선결문제이고, 그것 없이 근로자에게 계약의 범위를 넘어 어떠한 자각을 가지라는 것인가. 피고 주장과 같이 그것이 "불가결, 합리적"이라면 모든 기업이 그러한 수단을 취하고 있을 것이지만, 그것이 사실에 반하는 것은 명확하다(현재, 유초(ゆうちょ)은행에서도 명찰의 착용이 아니라 "상시휴대"로 되어 있다).

근로계약에서 인간으로서 대등한 근로자의 내면의 자유, 사상·신조를 포함한 인격까지 사용자가 지배하는 것은 허용되지 않는다. 노동기준법 제3조는 근로자의 신조에 의한 차별적 취급을 벌칙(제119조 제1호)으로써 금지한다.

명찰착용명령은 그 명령에 반하는 근로자에게 불이익을 줌으로써 사용자가 근로자의 사상·신조를 포함한 인격까지 지배하려고 하는 것으로, 실질적으로 노동기준법 제3조에 위반한다.

(2) 나아가 만약 "기업 운영상 불가결"하다는 피고의 주장을 전제로 하더라도, 명찰착용이라는 외형은 "직책의 자각, 자기규율, 연대감 운운"이라는 사상·신조와 관계되는 문제와 합리적 관련성을 갖지 않는다.

① "직책의 자각, 운운"은 어디까지나 내부적 문제이며, 외면적 강제는

"자기규율"은커녕 근로자에게 "좋은 것이 좋다"는 식의 겉으로는 따르고 속으로는 반대하는 것(面從腹背) 내지 타율적 무책임의 환경을 조장할 뿐이다.

② 게다가 "직책의 자각, 자기규율"은 기업에게 법령준수에 위반하지 않도록 하는 것도 포함되는 것이 아닌가. 그렇다면 프라이버시의 침해, 노동기준법 제3조 위반의 명찰착용명령에 따르지 않고, 어디까지나 그 철회를 요구하는 것이야말로, "직책의 자각"에 근거하는 행동이라고 말하지 않으면 안된다. 그것은 근무성적평가에서 플러스로 될지언정 마이너스로 평가되어야 할 것은 아니다.

(3) 피고는 또한 "직원과 그 이외의 자를 용이하게 구분하는 것으로 방범상의 효과를 기대할 수 있다"(피고 제1 준비서면 7면)고 주장한다. 그러나 "직원과 그 이외의 자를 용이하게 구분하는 것"에 얼마나 필요성이 있는가. 또한 만일 그 필요가 있다고 하더라도 예컨대 재판소의 입구에서 하고 있는 것과 같은 배지를 보이는 것으로는 부족한 것인가.

아니면 접객담당의 부서라고 하더라도 창구에 담당자명을 표시하는 것만으로는 왜 안되는 것인가. "방범상의 효과"를 주장하기 위해서는 명찰착용이 없었던 시대에 어떠한 범죄가 발생하였고, 명찰착용에 의하여 어떻게 그것을 예방할 수 있었는지, 말하자면 그 "입법사실"을 입증하는 것이 필요하다. 그것 없이는 그 주장은 단지 명찰착용을 합리화하려고 하는 사용자의 주관적인 구실, 착상에 불과하다.

또한 그러한 명찰 등을 위조할 마음이 있으면 그야말로 "용이하게" 위조할 수 있는 것이고, 근로자의 프라이버시를 침범하더라도 방범상 필요하다고 하는 입증은 없다.

3. 노동기준법 제1조 제1항, 동법 제2조 제1항 위반

(1) 근로자의 인격존중의 요청

노동기준법 제1조 제1항은 "근로조건은 근로자가 인간다운 생활을 영위하기 위한 필요를 충족시켜야 하는 것이 아니면 안된다"라고 규정한다. 또한 동법 제2조는 "근로조건은 근로자와 사용자가 대등한 입장에서 결정하여야 하는 것이다"라고 규정하고 있다.

이것들은 헌법 제13조의 개인의 존중, 제25조의 건강하고 문화적인 생존권, 제27조의 근로의 권리의 규정에 의한 것으로, 근로자의 근로조건의 결정이나 노무의 제공도 근로자의 인격을 존중한 것이 아니면 안된다는 것을 의미하고 있다. ILO(국제노동기관)에서는 인격적 노동(Decent work)으로서 강하게 요청되고 있는 것이다.

(2) 전인격적 종속의 강제

이 관점에서 보면 개인정보 개시로 되는 명찰착용은 합리적 필요가 있는 경우라고 하더라도 근로자의 인격을 존중하고 노무제공 상의 필요성의 충분한 설명에 의하여 그 납득 하에서 행하여지지 않으면 안된다. 본건과 같이 접객상의 필요도 없는데도 불구하고 일률적으로 명찰착용을 의무화하는 것은 근로자에게 전인격적 종속을 강요하는 것이어서 허용되지 않는다.

(3) 원고들의 노동관계

① 만약을 위하여 부기하지만, 피고는 원고들의 민영화 전의 노동관계가 국가공무원법 및 그것에 기초하는 인사원규칙(人事院規則)이 거의 전면적으로 적용되므로, 본건 명찰착용명령이나 훈고(訓告), 승급연장이 적법하다고 주장하지만(피고 제1 준비서면 5면, 7면, 13면 이하 등) 그것은 옳지 않다.

② 국가공무원법 제98조 제1항은 "직원은 그 직무를 수행하는 것에 관하여 법령에 따라, 동시에 상사의 직무상의 명령에 따르지 않으면 안된다"라고 규정한다. 이리하여 직원은 상사의 명령에 따를 의무가 있다고 하더라도 "법령"이 상위이다. 그 명령이 헌법 제13조 이하의 법률이나 공서양속에 반할 때에는 이에 따를 의무는 없고, 따르지 않은 것에 의한 불이익을 받아서는 안된다.

원래 공무원은 헌법 존중과 옹호의 의무를 지고(헌법 제99조), 국민으로서도 "이 헌법이 국민에게 보장하는 자유 및 권리는 국민의 부단한 노력에 의하여 이를 유지하지 않으면 안된다"(헌법 제12조). 또한 공무원의 복무의 선서에서도 일본국헌법의 준수, 법령 및 상사의 직무상의 명령에 따른다는 취지를 맹세하고 있다(직원의 복무의 선서에 관한 정령(職員の服務の宣誓に関する政令), 별도 기재양식). 공무원인 "상사"도 또한 헌법을 준수하고 법령에 따르는 한도에

서 "직무상의 명령"을 발할 수 있다. 그리고 본건 명찰착용명령이 법령에 반하여 그것에 따를 의무가 없다는 것은 앞에서 서술한 바와 같다.

③ 특히 "훈고(訓告)"가 징계처분이 아니라는 것은 피고도 인정하는 바이다. 따라서 이 조치에 관하여는 징계처분에 관한 국가공무원법이나 인사원규칙(人事院規則)의 적용은 없다. 노동기준법의 적용을 받게 된다.

④ 피고가 인용하는(피고 제1 준비서면 2면) 최고재판소 판결(1974년 7월 19일 최고재판소민사판례집 제28권 제5호, 897면)도 "현업공무원은 국가가 경영하는 것이라고 하더라도 우편사업 등이라는 경제활동을 행하는 기업에 종사하는 것이고, 나아가 위 공무원에게 적용되는 공공기업체등노동관계법(公共企業體等勞動關係法)은 근로조건에 관한 사항에 관하여 단체교섭의 대상으로 한 다음, 그것에 대하여 단체협약의 체결을 인정하고(제8조), 또한 국가공무원법(国家公務員法)의 적용을 일부 제외하는 반면, 노동기준법, 노동조합법, 노동관계조정법 등의 적용이 있는 것으로 하고 있고(제40조 제1항 참조), 이러한 점에서 보면 그 근무관계는 국가공무원법이 전면적으로 적용되는 이른바 비현업(非現業)의 국가공무원의 그것과는 달리 어느 정도 당사자의 자치에 맡겨져 있는 면이 있을 수 있다"라고 하고 있다.

제4 의견의 이유, 승급연장에 관하여

명찰미착용자에게 훈고(訓告) 3회 이상을 이유로 하는 성적평가=승급감액에는 합리성이 없다.

1. 본건 명찰미착용자에게 훈고(訓告)는 합리성이 없다

(1) 본건 훈고(訓告) 또는 훈계(訓戒)는 무엇을 위하여 행하여졌는가

본건 명찰착용의 명령에 합리성이 없고, 오히려 노동기준법 위반이라는 것은 위에서 서술한 바와 같다. 그럼에도 불구하고 그 훈고(訓告)가 행하여진 상황을 보면 그것은 근로자의 전인격적 굴복을 강요하는 노무정책의 일환이었다는 것을 강하게 추인하게 한다.

① "우정성(郵政省) 및 우정사업청(郵政事業廳)에서의 훈고(訓告) 및 일본우정(郵政)공사에서의 훈계(訓戒)는" "소속장 등이 그 지휘감독권에 근거하여 부하직원에 대하여 과실행위를 지적하여 주의를 촉구하고, 장래에 신중하게 하기 위하여 발하는 사실상의 조치"(피고 제1 준비서면 8면)라고 한다.

그리고 만약 훈고 또는 훈계가 "장래에 신중하게 하기 위한 조치"라고 한다면, 그것은 본인에게 그것이 과실에 의한 의무위반이라는 것을 이해하고 납득시키는 방식이지 않으면 안된다.

② 그런데 본건에서는 예컨대 훈고(訓告)의 처분명령(辭令)이 교부된 때의 상황에 관하여, 피고가 인용하는 도쿄(東京)지방재판소 2006년 4월 11일 판결의 항소심, 도쿄(東京)고등재판소 2006년 10월 18일 판결은 "피항소인측은 항소인 호소고에(細越)에 대하여 처분명령(辭令)을 낭독할 때에 수십명의 관리직원이 주위를 둘러싸고 "여기에서는 있지 못할 것" 등이라고 폭언을 내뱉으면서도 지도라고 칭하고 있다는 주장에 대하여, "앞의 처분명령을 교부받았을 때의 상황이 항소인 호소고에(細越)가 주장하는 것과 같다고 하더라도" 훈고(訓告)를 받은 이상은 "승급호봉수를 감한 것이 재량권의 남용에 해당하지 않는다"(8면)라고 하고 있다.

(2) 훈고(訓告)목적이 위법

① 당시의 "상황이 항소인 호소고에(細越)가 주장하는 대로였다면" 이것은 확실히 그 명령이 합리적인지 아닌지를 묻지 않고 그저 권력적으로 그것에 복종을 강요하는 방식이다. 그리고 그것은 "우정(郵政)사업의 경영형태에 관한 논의가 도마 위에 오르는 등 여론상으로도 어려운 상황에 있었던 것 등에서 이용자에 대한 서비스의 향상이 시급한 업무로 되었다"(피고 제1 준비서면 7면)라는 것을 구실로 하였지만, 실은 "서비스의 향상"과는 아무 관계도 없으며 근로자에게 인격적 굴복을 강요하는 것이었다. 바꾸어 말하면 명찰착용의 강제는 마치 "가축"인 개가 목걸이에 감찰(鑑札)을 붙이는(광견예방법 제4조 제3항) 것과 비슷하여, 근로자에게 "가축"이 아닌 순종적인 "회사의 가축(社畜)"이라는 것을 항상적으로 의식시키는 수단이었다고 할 것이다(갑 제83호증 23면 참조). 그것은 근로자가 인간다운 조건으로 일할 권리를 침해하는 불법행위이다.

② 국철분할민영화를 비롯한 "민영화"가 실은 공공재산의 사유화라는 것이 점차 명확하게 되고(우정(郵政)사업의 "칸포의 집(かんぽの宿)[1]" 문제는 그 일각에 지나지 않음), 당시 거의 논의도 없이 그것에 찬성한 정당도 "우정(郵政)사업의 경영형태(民營分社化) 재검토의 논의가 도마 위에 오를" 뿐만 아니라, 근로자의 일회용취급이나 과로사를 초래하는 단기적 효율일변도의 노무정책에 대하여 "여론상도 어려운 상황에 있는" 현재, 재판소가 이러한 노무정책의 실질을 묻지 않고 훈고(訓告) 및 훈계(訓戒)의 효과를 시인하는 것은 지나치게 반성하지 않는 것이어서 허용될 수 없다.

2. 본건 승급연장은 합리성이 없다

(1) 훈고(訓告) 혹은 훈계(訓戒)가 위법하면 승급결격조항을 적용할 수 없다.

재판소도 승급권자의 판단이 승급의 결격조항에 반하는 경우에는 특별한 사정이 없는 한 위법하게 되어 손해배상청구의 대상이 된다고 하고 있다(앞에서 인용한 판결 지방재판소, 12면, 고등재판소, 7면).

본건에서 피고는 원고들의 승급연장이 훈고(訓告)·훈계(訓戒)가 3회 이상 있었기 때문에 승급의 결격기준에 해당하고, 매년도의 성적이 양호하지 않았기 때문이라고 주장한다(피고 제3 준비서면 2면).

그러나 앞에서 본 바와 같이 원고들에 대한 훈고(訓告)가 위법인 이상, 몇 회 훈고(訓告)를 받든지 그 승급결격기준에는 해당하지 않는다. 오히려 그 훈고(訓告) 및 승급연장은 원고들의 명예를 훼손하여 불법으로 원고들에게 손해를 주는 것이다.[2]

(2) 또한 만일 훈고(訓告)가 적법하였다고 하더라도 3회 이상의 훈고(訓告)를 승급결격조항으로 하는 것은 지나치게 가혹하여, 성적평가의 재량을 잘못

---

1) 역자 주: 일본우정(日本郵政)주식회사가 운영하는 여관 또는 호텔.

2) 견책처분이 무효인 경우, 회사에 대하여 구내게시판에 14일간의 사죄문게시 및 위자료 5만엔의 지급을 명한 예(산쿄(三協)공업사건, 우라와(浦和)지방재판소1974.12.4.판결, 労働法律旬報 제878호), 승급연장의 징계처분이 위법하게 된 회사가 위자료 각 3만엔의 지급과 징계처분이 위법이며 손해배상을 명령받은 것의 게시가 명하여진 예(닛폰쯔우신기(日本通信機)사건, 요코하마(横浜)지방재판소 가와사키(川崎)지부1969.3.24.판결, 勞動關係民事判例集 제20권 제3호)가 있다.

한 것으로 무효라고 하지 않으면 안된다.

① 노동기준법 제91조는 취업규칙에 감봉의 제재를 규정하는 경우에도 “그 감봉은 1회의 액수가 평균임금의 1일분의 반액을 초과하거나 총액이 1임금지급기에 있어서의 임금총액의 10분의 1을 초과하여서는 아니되다”라고 규정한다. 위반에 대하여는 벌칙(제120조 제1호)이 부과된다.

② 이에 대하여 징계에 이르지 않을 정도의 경미한 의무위반에 대한 훈고(訓告) 및 훈계(訓戒) 3회로, 장래에 걸쳐 승급을 감액하는 것은 실질적으로 노동기준법의 제재규정의 제한을 넘는 가혹한 것으로서 위법무효라고 하지 않으면 안된다(말할 필요도 없지만 노동기준법은 강행규정이며, 취업규칙도 법령에 위반해서는 안된다. 노동기준법 제92조 제1항).

③ 앞에서 본 바와 같이 피고는 훈고(訓告)나 훈계(訓戒)를 “소속장 등이 그 지휘감독권에 근거하여 부하직원에 대하여 그 과실행위를 지적하고 주의를 촉구하여 장래에 조심하게 하기 위하여 발하는 사실상의 조치에 불과하고, 어떠한 제재적 실질을 수반하는 것은 아니다”(피고 제1 준비서면 8면)라고 주장한다.

그러나 원고들은 본건 명찰미착용을 제외하고는 훈고(訓告)나 훈계(訓戒)를 받은 적은 없다. 근무성적이 양호하지 않다면 소속장 등이 그것에 주의를 촉구하는 것은 관리자로서 당연한 행위이거나 의무라고도 할 수 있나. 그것이 없었다고 하는 것은 명찰미착용 이외에 원고들이 승급연장을 받지 않은 동료와 비교하여 성적에서 뒤떨어지지 않았다는 것을 의미한다.

국가공무원법 제74조는 “모든 직원의 신분, 징계 및 보장에 관하여는 공정하지 않으면 안된다”라고 규정한다. 그리고 훈고(訓告) 또는 훈계(訓戒)가 근무성적이 양호하지 않다고 하여 승급연장과 이를 결부시킬 때, 그것은 분명하게 대상자인 원고들에게 불이익을 강요하는 것으로, 실질적으로 제재하는 것임은 틀림없다.

④ 게다가 그 사실상의 효과는 훈고(訓告)는 1회이더라도 그 자체가 대상자의 명예를 해치고, 주위로부터의 냉대나 관리자의 장래의 평가(승진 등)에 관련되는 것만이 아니다. 경제적으로는 매년도의 1호봉 승급연장이 누적되고 그것이 퇴직까지 계속된다. 노동기준법이 감봉의 제재를 1임금지급기로 한정

하는 제한을 훨씬 초과하는 것이다.

(3) 절차적으로도 위법이다.

원고들에 대하여 불이익한 조치를 취하는 경우에는 공정성의 관점에서 적어도 그 대상자에게 변명의 기회를 주는 것이 필요하다(행정절차법(行政手続法) 제13조 제1항 제2호 참조).

그런데 본건의 경우에 앞에서 본 바와 같은 징계처분으로서의 감봉으로 이어지는 중대한 불이익을 주는 조치임에도 불구하고, 그러한 절차가 채택된 흔적이 전혀 없다(전술 제2-1(1)② 참조). 그것은 정의에 반한다. 따라서 이 점에서도 그 조치는 위법이다.

이상

B. 단결권, 쟁의권에 관한 것

제14장 (신산별운전자노조서기장사건(新産別運転者労組書記長事件)) — 단결권 보장에 있어서의 노동조합의 민주성의 의의

이 사건은 노동조합의 간부가 권한 없이 단결권의 거점인 노동조합사무소를 다른 곳에 양도하여 조합원의 이익을 해치는 행위를 한 것에 대하여 조합원이 반격한 사건이다. 노동조합의 실정이 나타난 것임과 동시에 단결권이 무엇을 위하여 인정되어 왔는지를 묻는 것이기도 하다. 본건 의견서(Ⅰ)는 항소심단계에서 제1심 판결이 단결권의 주체가 본래 개별 근로자에게 있다는 것을 올바르게 파악하여 노동조합간부의 책임을 인정한 것으로서 유지되어야 한다는 것을 주장하였다. 나아가 이것을 보충하여 (Ⅱ)의 의견서를 제출하였다.

Ⅰ. 단결권 보장에 있어서의 노동조합의 민주성의 의의 — 도쿄(東京)지방재판소 신산업별운전자노동조합(新産別運転者労組)사건판결(2010년 3월 24일)에 관하여 (2010년 7월 4일, 도쿄(東京)고등재판소에 제출. 피고측의 항소취하에 의해 승소)

목차생략(역자 주)

Ⅰ. 의견서의 골자

신산별운전자노동조합의 간부는 2005년부터 2006년에 걸쳐 총회의 승인 없이 같은 노동조합지방본부의 토지건물(노동회관)을 경영측의 단체에 이전등기와 매각을 하였다. 두서의 사건은 조합원 8명이 이 행위에 관하여 단결권 침해를 이유로 하여 같은 노동조합중앙본부 겸 도쿄지방본부(東京地本) 위원장에게 손해배상을 구한 사안이다. 도쿄(東京)지방재판소는 그 청구를 인정하여 피고에게 손해배상을 명하였지만, 이 판결은 일본의 단결권 보장(헌법 제28조)의 의의를 올바르게 파악하고 있어 유지되어야 한다고 생각한다. 그 이유의 요점은 다음과 같다.

첫째, 판결이 단결권의 주체가 1차적으로는 개별 근로자라는 것을(헌법 제28조의 문언에서도 분명하지만) 확인한 것,

둘째, 조합원의 중요한 노동조합재산의 처분문제에의 참여가 조합원의 단결권의 일부라는 것을 밝힌 것,

그리고 셋째, 노동조합의 자주성과 민주성을 파괴한 노동조합위원장에게 조합원 개인에 대하여 손해배상을 인정하는 예가 된 것이다.

특히 이 세 번째의 점은 새로운 사실관계에 대하여 단결권보장에 의거하는 타당한 판단을 나타낸 것으로, 앞으로도 유지·발전시킬 필요가 있다.

Ⅱ. 의견의 이유

제1 단결권의 주체는 일차적으로는 개별 근로자이다

1. 노동조합사무소 건물의 위법한 매각은 조합원의 단결권 침해

본건에 대하여 피고는 “단결권이란 ① 자유롭게 단체를 조직하는 것, ② 이에 가입하는 것, ③ 자유롭게 대표자를 선출하는 것, ④ 단체를 통하여 단체교섭 등의 단체행동을 하는 것을 내용으로 하는 것으로”(판결서 17면) “만일 본건 매매가 위법, 무효라고 한다면 권리의 귀속 주체인 신산업별운전자노동조합(新産別運転者労組) 도쿄지방본부(東京地本) 자신이 위의 위법을 주장하여 본건 부동산의 등기명의를 회복하면 충분하고, 원고들이 위의 위법을 주장하는 것은 허용되지 않는다”(동 18면)라고 주장하였다.

이에 대하여 본판결은 다음과 같이 판단하여 피고들의 행위가 조합원인 원고들의 단결권 침해에 해당한다고 인정하였다.

“본건 부동산이 신산업별운전자노동조합(新産別運転者労組) 도쿄지방본부

(東京地本)의 중요한 재산이며, 이것을 처분하기 위해서는 신산업별운전자노동조합(新産別運転者労組) 도쿄지방본부(東京地本)의 노동조합총회에서의 승인·결의가 필요함에도 승인·결의가 이루어진 적이 없고"(동 34면), "노동조합의 사무소가 근로자의 단결, 노동조합의 활동 등의 거점이라는 것에 비추어 보면 피고들이 본건 등기, 본건 매매를 실행하기 위하여 취한 앞의 일련의 행위는 노동조합 민주주의를 무시하고, 노동조합법 제5조 제2항 제3호가 규정하는 원고들 조합원이 소속노동조합의 모든 문제에 참여할 권리를 침해하여 원고들의 단결권을 침해하는 불법행위를 구성하는 것으로 해석하는 것이 상당하다"(동 35면). "일본국 헌법이 보장하는 단결권은 개별 "근로자"에 대하여 보장하는 권리이며, 다수파를 형성하지 않는 한 단결권이 없다는 등으로 말할 수 있는 것은 아니다"(동 36면).

이 판단은 헌법 제28조가 "근로자의 단결할 권리 및 단체교섭 그 밖의 단체행동을 할 권리를 보장한다"라고 규정하고 있는 것에서도 당연하다고 생각한다.

이하에서 단결권의 주체에 관하여 부연하여 서술한다.

2. 단결권의 주체는 일차적으로는 "근로자"이다

헌법이 단결권을 "근로자"의 권리로서 규정한 것은 권리생성의 역사적 사실에 좇은 것이다.

즉 "근로자"(이하 "근로자"라 함)의 단결권은 처음에 노동조합이 있어서 그 권리로서 인정된 것은 아니다. 근로자의 단결은 역사적으로 어떤 나라에서도 처음에는 공모죄 등 범죄로 되거나 혹은 사용자는 조합원을 고용하지 않고, 노동조합에 가입하면 해고하는 등 국가와 사용자 쌍방에 의한 억압의 대상으로 여겨져 왔다. 그러한 억압 속에서 개별 근로자가 희생을 거듭하면서 현실적으로 단결을 결성하고, 그 활동을 담당함으로써 스스로의 생활을 지켜 온 사실이 있고, 결국 그 사실의 전에서 국가도 그러한 활동을 용인하기에 이른다. 그리고 나아가 근로자의 단결활동에 대한 사용자의 방해(근로자에 대한 불이익 취급이나 단결에의 지배개입)도 허용되지 않는다고 하는 것에서 "단결권 보장"이 성립하였기 때문이다.

3. ILO(국제노동기구) 제87호와 일본국헌법

일본도 비준하고 있는 ILO(국제노동기구) 제87호 "결사의 자유 및 단결권의 보호에 관한 조약"도 "제1부 결사의 자유"로서 제2조에서 "근로자 및 사용자는 사전의 인가를 받지 않고 스스로 선택하는 단체를 설립하고……이에 가입할 권리를 어떠한 차별도 없이 가진다"라고 하고, 나아가 제3조에서 "근로자 및 사용자단체는 그 규약 및 규칙을 작성하여 자유롭게 그 대표자를 선택하고, 그 관리 및 활동에 관하여 규정하고 계획을 책정할 권리를 가진다"라고 규정한다. 근로자가 만든 단체가 그 근로자의 목적을 달성하기 위해서는 제이차적으로 그 단결 자체도 권리주체로서의 자유로운 활동이 보장되지 않으면 안되기 때문이다.

그러나 이러한 단체를 만들어 활동하는 주체는 어디까지나 개별 근로자이다. 그러므로 제98호 "단결권 및 단체교섭권에 대한 원칙의 적용에 관한 조약" 제1조는 "근로자는 고용에 관한 반노동조합적인 차별대우에 대하여 충분한 보호를 받는다"라고 하고, 단결권이 개별 근로자의 권리로서 그 활동을 보호하는 것이라는 점을 분명히 하고 있다. 그리고 제87호 조약 "제2부 단결권의 보호"의 제11조에서 "이 조약의 적용을 받는 국제노동기구의 각 가맹국은 근로자 및 사용자가 단결권을 자유롭게 행사할 수 있는 것을 확보하기 위하여 필요하고도 적당한 모든 조치를 취할 것을 약속한다"라고 하고 있다.

일본국헌법 제97조는 "이 헌법이 일본국민에게 보장하는 기본적 인권은 인류의 다년간에 걸친 자유획득의 노력의 성과"라고 하고, 제98조에서 조약 및 확립된 국제법규의 "성실한 준수"를 명문화하고 있다. 헌법 제28조의 보장도 단지 "노동조합"에 한정하지 않고, 이러한 국제적인 기준에 대응하는 "근로자"의 단결권 행사의 보장이라는 것은 분명하다.

4. 단결활동의 실태

나아가 단결활동의 실태에서도 그러하다. 피고는 단결권의 내용으로서 제87호 조약의 규정의 일부인 단체의 조직, 가입, 대표자 선출을 들지만, "관리 및 활동에 관하여 규정하고 계획을 책정할 권리"를 누락하고, 또한 단체행동에 관하여는 특별히 "단체를 통하여"라는 한정을 추가하였다.

그러나 "관리 및 활동에 관하여 규정하고"라는 것은 그 단체의 구성원이다. 또한 단체행동에 관하여도 예컨대 노동조합이 스트라이크(strike)를 선언하더라도 스트라이크(strike)로는 되지 않는다. 개별 근로자가 현실적으로 일을 포기하는 것에 의하여 비로소 스트라이크(strike)가 실현된다. 쟁의행위를 하고, 그것에 대하여 억압을 받지 않는 "단결권"(단체행동권을 포함)의 담당자, 그 권리 주체는 개별 근로자이다.

5. 판례에 나타난 단결권

이것은 판례에서도 분명하다.

(1) 전테이도쿄(全逓東京)중앙우체국사건(최고재판소대법정 1964년(あ) 제296호, 1966·10·26판결, 최고재판소형사판례집 제20권 제8호, 901면)은 노동기본권이 "근로자의 권리"라는 것을 다음과 같이 판시한다.

"노동기본권 보장의 목적은 헌법 제25조에서 규정하는 이른바 생존권의 보장을 기본이념으로 하여……경제적 열위에 있는 근로자에 대하여 실질적인 자유와 평등을 확보하기 위한 수단으로서 그 단결권, 단체교섭권, 쟁의권 등을 보장하려고 하는 것이다", "근로자가 하는 쟁의행위는 정당한 한계를 넘지 않는 한, 헌법이 보장하는 권리의 행사임에 틀림없으므로……노동조합법 제7조에서 근로자가 노동조합의 정당한 행위를 한 것을 이유로 하여 사용자가 이를 해고하건, 그 밖에 이에 대하여 불이익한 취급을 하는 것을 금지……하고 있는 것은 앞에서 서술한 당연한 것을 명시적으로 한 것이라고 해석된다".

즉 단결권의 보장은 개별 근로자의 단결활동에 대한 보호이며, 그 보장을 받을 권리주체는 개별 근로자라는 것이다.

(2) 부당노동행위에 대한 노동위원회에의 구제신청권은 노동조합뿐만이 아니라, 동시에 그 노동조합에 소속하는 근로자에게도 보장되고 있다는 것도 그 때문이다. 다음의 판례가 있다.

가. 국철노동조합조합원소송참가신청(国労組合員訴訟参加申立)사건(최고재판소 2001(行ニ)제5·6호, 2002.9.26.결정, 判例時報 제1807호, 152면)

"노동조합법 제27조에서 규정하는 노동위원회의 구제명령제도는 부당노동행위에 대하여 일정한 구제이익을 가진다고 인정되는 노동조합 및 근로자에 대하여 각각 독립의 구제신청권을 보장하는 것이다".

나. K시교통노동조합원구제신청(K市交通労組組合員救済申立)사건(최고재판소 2003(行ヒ) 제109호, 2004.7.12.판결, 判例時報 제1872호, 116면)

"노동위원회에 의한 부당노동행위구제제도는 근로자의 단결권 및 단체행동권의 보호를 목적으로 하고, 이러한 권리를 침해하는 사용자의 일정한 행위를 부당노동행위로서 금지한 노동조합법 제7조의 규정의 실효성을 담보하기 위하여 설치된 것이다. 그 취지에 비추어 보면 사용자가 같은 조 제3호의 부당노동행위를 한 것을 이유로 하여 구제신청을 하는 것에 관하여는 당해 노동조합 외에 그 조합원도 신청적격을 가진다고 이해하는 것이 상당하다".

다. 국철노조나카무라(国労中村)사건(도쿄(東京)고등재판소 2006(行コ)296号, 2007.6.18판결)

이 사건에서 노동위원회는 국철노동조합 집행부의 방침에 반대하는 소수파 조합원의 신청에 대하여 불이익 취급, 지배개입의 부당노동행위를 인정하여 구제명령을 하였고, 고등재판소 판결은 이것을 인용하였다. 이에 대하여 회사는 상고수리신청 하였지만 최고재판소의 불수리 결정으로 확정되었다.

(3) "다수파를 형성하지 않는" 조합원의 노동조합활동도 단결권의 행사(정당한 노동조합활동)로서 보호된다. 앞의 국철노조나카무라(国労中村)사건은 사용자로부터의 방해행위에 대한 예였지만, 노동조합다수파에 의한 억압에 대하여도 마찬가지이다. 노동조합이 소수파의 비판활동을 분파활동으로 "노동조합의 통제에 위반하였다"는 이유로 제명, 유니온 숍 협정에 의하여 해고시킨 사건에 관하여, 닛산아츠기(日産厚木)사건(요코하마(横浜)지방재판소1987.7.24.판결, 労働法律旬報 제1179호)은 제명, 해고 모두 무효라고 하고 다음과 같이 말한다.

"원고들의 활동은 모두 근로자의 입장에서 하는 근로조건 그 밖의 경제적 지위에 관한 생활이익을 지키기 위한 활동 및 피고 노동조합으로 하여금 이러한 활동에 기여하여야 할 것을 요구하고, 또한 피고 노동조합의 현상을 비판한 활동이라고 할 수 있어 정당한 노동조합활동이라고 평가할 수 있는 것이다”.

그리고 나아가 노동조합비판에 대하여는,

“조합원의 언론의 자유, 비판의 자유는 헌법 제21조에 기반을 가지는 민주주의에 있어서의 중요한 권리이고, 특히 노동조합이 민주적 단체인 이상, 노동조합의 건전한 운영에 있어서 조합원의 활발한 발언 내지 비판의 자유는 불가결한 요소이며, 이러한 의미에서의 언론의 자유가 없으면 노동조합의 존립, 발전은 있을 수 없다고 할 수 있다. 따라서 조합원의 노동조합 내지 노동조합 집행부에 대한 비판활동도 원칙적으로 자유라고 하여야 한다”.

조합원의 소속노동조합의 모든 문제에 참여할 권리의 중요성을 지적하고, “다수파를 형성하지 않는 한 단결권이 없다는 등의 말을 할 수 있는 것이 아니다”(판결서 35~36면)라고 한 본건 판결의 정당함은 이 점에서도 분명할 것이다.

제2 단결권 침해는 불법행위책임이 발생한다

1. 사법구제의 사례

단결권 침해는 노동조합법 제7조의 부당노동행위의 요건을 충족하면, 노동위원회에 의하여 구제가 명하여진다. 하지만 그것에 그치지 않고, 단결권 침해는 불법행위로서 손해배상책임이 발생한다. 다음의 판례가 이것을 나타내고 있다.

(1) 전세관도쿄지부(全税関東京支部)사건(최고재판소 2001(受) 902号.903号, 2001. 12.13.판결, 労働判例 제818호)

원심의 고등재판소 판결은 도쿄(東京) 세관장의 원고 노동조합에 대한 지배개입의 불법행위를 인정하여 단결권 침해에 대한 위자료로서 110만엔의 지급을 명한 원판결을 유지하였고, 그것이 최고재판소에서 인용되었다.

(2) 국철노동조합채용차별·테츠켄공단소송(国労採用差別·鉄建公団訴訟)(도쿄(東京)고등재판소 2005(ネ) 제5014호외, 2009.3.25.판결, 判例時報 제2053호)

이 사건에서는 대부분의 원고에 대하여 부당노동행위에 대한 위자료로서

1인당 500만엔과 변호사비용 50만엔의 배상이 인정되었다. 당사자 쌍방이 상고하였지만, 2010년 6월 28일, 원판결인용액을 상회한 해결금으로 화해하였다.

2. 학설의 상황

헌법 제28조의 단결권 보장에 의하여 이것을 침해하는 행위가(사용자인가 그 밖의 자인가를 묻지 않고) 위법한 권리침해가 되는 것에 관하여는 학설상도 이론(異論)이 없다. 예컨대,

가. 니시타니 사토시(西谷敏), "노동조합법(労働組合法)"(1998, 有斐閣)은 "헌법 제28조가 개인 간에 있어서 직접 효력을 가진다고 해석하는 경우는 물론, 간접적 효력을 가지는 것에 지나지 않는다고 해석하더라도 노동기본권을 침해하는 사용자 혹은 제3자의 행위는 무효 또는 위법으로 된다"(41면)고 한다.

나. 스게노 카즈오(菅野和夫), "노동법(労働法)"(2008, 弘文堂)도 "헌법 제28조는 사용자 그 밖의 관계자에 대하여 근로자의 단결권, 단체 교섭권 및 단체행동권을 존중하여야 하는 "공공질서"(민법 제90조)를 설정하였다는 것이 된다(공서(公序) 설정의 효과). 따라서 단결권 등의 존중의 이념에 반하는 행위(예컨대 정당한 노동조합활동을 이유로 하는 해고나 징계처분)는 "공공질서"에 반하는 것으로서 무효가 되거나(민법 제90조), 또는 불법행위(민법 제709조)의 위법성을 갖추게 된다"(21면)고 하고 있다.

제3 노동조합 민주주의의 부정은 조합원의 단결권의 침해

1. 노동조합 민주주의는 근로자의 단결목적달성을 위한 필수조건

(1) 단결권의 보장은 근로자의 자주적인 단결로의 보장

단결권의 보장은 왜 필요하게 되었는가. 근로자는 그 경제적 열위 때문에 실질적인 자유와 평등의 실현을 위하여 단결을 필요로 한다(앞의 도쿄(東京)중앙우체국사건). 그러나 기업의 입장에서는 이윤과 인건비(근로자의 대우에 필요한 비용)가 상반관계에 있는 이상, 그러한 단결을 환영하지 않고, 그 힘을 약하게

하려고 하는 것도 자연적인 성향이다. 그러므로 사용자는 노동조합의 존재 그 자체를 부정할 수 없게 되자, 근로자의 노동조합활동에 대한 불이익 취급(노동조합법 제7조 제1호) 뿐만 아니라, 노동조합의 결성·운영에 개입하여 노동조합을 기업에 편리한 것으로 바꾸려고 한다(동 제3호가 금지하는 지배개입).

이리하여 어용노동조합화된 노동조합은 근로자의 지위향상에 도움이 되지 않을 뿐만 아니라 오히려 방해가 된다. 따라서 근로자의 생존권 이념의 실현을 위해서는 사용자의 영향력을 없애고 노동조합의 자주성을 확보하는 것, 그리고 그러한 근로자와 그 단결체의 활동을 보장하는 것이 필요하다. 헌법 제28조의 보장은 확실히 이러한 자주적 활동과 그 단결에로의 보장이며, 노동조합법의 부당노동행위금지는 그 구체화이다.

2. 노동조합의 자주성의 최후 담보는 노동조합민주주의

노동조합의 자주성과 민주성은 그 목적달성을 위한 수레의 양쪽 바퀴라고 한다. 노동조합법 제2조에서 "이 법률에서 『노동조합』이란 근로자가 주체가 되어 자주적으로 근로조건의 유지 개선 그 밖에 경제적 지위의 향상을 도모하는 것을 주된 목적으로 하여 조직하는 단체 또는 그 연합단체를 말한다"라고 하고, 제5조에서 노동조합의 규약에 "단위노동조합의 조합원은 그 노동조합의 모든 문제에 참여할 권리 및 균등한 취급을 받을 권리를 가지는 것"(제2항 제5호), 그 밖의 민주성 확보의 규정을 둘 것을 요구하고 있는 것도 그 때문이다.

그런데 사용자에 의한 노동조합의 자주성 침해·어용화는 노동조합간부 등 일부의 자를 우대하여 노동조합의 방침·활동을 사용자의 입김이 닿는 것으로 하려고 한다. 그러므로 이러한 사용자의 책동을 허용하지 않게 하기 위해서는 조합원 전원이 노동조합운영에 참가하여 발언할 필요가 있고, 그것이 노동조합의 생명인 자주성의 최후의 담보라고 할 수 있다(佐藤昭夫), "노동조합의 자주성과 민주성과의 관계(労働組合の自主性と民主性との関係)", 『노동법학의 방법 — 역사의 인식과 법의 이해(労働法学の方法一歴史の認識と法の理解)』, 1998, 悠々社, 106면 이하 참조). 앞의 노동조합법 제5조 제2호의 중요성도 여기에 그 근거가 있다.

3. 노동조합의 운영에 대한 참가부정은 조합원의 단결권의 침해

(1) 조합원의 고유의 권리

이리하여 보면, 노동조합운영에 대한 조합원의 참가는 법이 노동조합에 규약에 명기할 것을 요구할 정도로 조합원에게 있어서의 중요한 권리이며, 게다가 자유로운 단체로서 노동조합을 결성하여 가입한 구성원(말하자면 노동조합의 주권자)으로서 불가결·고유의 권리라고 말하지 않으면 안된다.

(2) 노동조합에 의한 조합원의 단결권 침해

가. 통제처분 등

조합원의 단결권 침해는 사용자에 의해서만이 아니라 노동조합 자신에 의해서도 행하여진다. 지금까지 볼 수 있던 예는 소수파를 배제하려고 하는 통제처분(앞에 언급한 닛산아츠기(日産厚木)사건)이나 재등록(젠테이후쿠오카(全逓福岡)지부사건, 최고재판소 1987.10.29.판결, 労働判例 제506호는 재등록을 하지 않은 자에 대한 조합원 자격상실취급을 위법이라고 하였다)이라는 방법에 의한 조합원자격의 박탈 등이었다. 그것은 다수파(집행부)의 권한을 남용하여 조합원이 "스스로 선택하는 단체"(제87호 조약 제2조)에 단결하여, "근로자의 이익을 증진하고 옹호하는"(동 제10조) 조합원의 단결권을 침해하는 것이었다.

나. 노동조합활동을 위한 중요한 재산의 처분

하지만 노동조합에 의한 조합원의 단결권 침해는 여기에 그치지 않는다. 노동조합민주주의에 반하여 조합원이 단결활동을 하는 것에 중대한 장해가 되는 재산처분을 하는 것 또한 마찬가지로 조합원이 스스로 선택하는 노동조합에서의 단결활동을 저해하는 단결권 침해라고 평가되어 마땅하다. 본건이 확실히 그러한 예였다.

노동조합의 쇠퇴가 이야기 된지 오래다. 그러나 노동조합을 자칭하는 단체가 사용자와 유착하여 조합원을 희생물로 하여 조합원의 활동에 장해를 주는 행위가 재판에서 표면화된 것은 아마 본건이 처음일 것이다. 본건에서는 노동조합간부에 의하여 노동조합활동의 중요한 거점인 노동조합사무소 건물의 처분까지 행하여진 것으로 방치할 수 없는 사태가 발생하였다.

그 책임을 추궁한 원고들의 행위는 단결권을 유지하려고 하는 "국민의 부단한 노력"(헌법 제12조)의 일환이었다. 그리고 본건 판결은 이에 따라 그 사실관계를 면밀하게 인정하여 단결권 보장의 올바른 이해와 새로운 사실유형에 대한 구체적 타당한 판단을 내린 것으로서 평가할만하다.

이상

Ⅱ. 노동조합재산처분과 조합원의 참가(보충의견서)

목차생략(역자 주)

Ⅰ. 의견서(보충)의 골자

내가 2010년 7월 4일자로 제출한 의견서의 주요점은 노동조합의 조합원이 단결권의 주체로서 노동조합의 관리운영에 참가할 권리를 가지고, 단결활동의 방해에 대하여는 손해배상을 청구할 수 있다는 견해의 근거를 검토하는 것이었다.

본의견서(보충)는 이것을 전제로 한 다음, 중요한 노동조합재산의 처분은 그 노동조합의 규약에 구체적 명시규정이 없는 경우라고 하더라도 노동조합재산의 성질 및 조합원의 "그 노동조합의 모든 문제에 참여할 권리"(노동조합법 제5조 제2항 제3호)의 내용으로서 그 의사를 반영시키는 노동조합총회의 결정에 근거하여야 한다는 것을 보충한다.

Ⅱ. 의견의 이유

제1 노동조합의 재산의 성질

1. 노동조합의 재산은 근로자의 지위향상이라는 노동조합의 목적에 바쳐진 재산이다

노동조합은 "근로자가 주체가 되어 자주적으로 근로조건의 유지·개선 그 밖에 경제적 지위의 향상을 도모하는 것을 주된 목적으로 하여 조직하는 단체"(노동조합법 제2조)이다. 따라서 그 재산도 그 목적을 위하여 원칙적으로 조합원의 갹출(拠出)에 의하여 만들어지고, 조합원의 의사에 의하여 처분되지 않으면 안되며, 그 재정처리는 공명(公明)하지 않으면 안된다.

그러므로 노동조합법 제5조 제2항 제7호는 노동조합규약에 "모든 재원 및 용도, 중요한 기부자의 이름 및 현재의 경리상황을 나타내는 회계보고는 조합원에 의하여 위촉된 직업적으로 자격이 있는 회계감사인에 의한 정확한 증명서와 함께 적어도 매년 1회 조합원이 공표할 것"을 요구하고 있다.

2. 법인격 없는 노동조합의 경우와 노동조합법 제12조의2

(1) 위와 같이 노동조합의 재산은 전체 조합원의 단체적 소유에 의한 것이다. 그러므로 최고재판소는 법인격 없는 노동조합의 재산은 조합원의 총유에 속하는 것이라고 하고 있다(시나가와시로렌가(品川白煉瓦)사건, 최고재판소 1957.11.14.판결, 최고재판소민사판례집 제11권 제12호). 따라서 각 조합원은 노동조합재산의 관리처분에 참여할 권리와 사용수익권을 가지게 된다.

(2) 노동조합이 법인격을 취득한 경우에는 "대표자는 법인인 노동조합의 모든 사무에 관하여 법인인 노동조합을 대표한다"(노동조합법 제12조의2). 그러나 "규약의 규정에 반할 수는 없고, 또한 총회의 결의에 반할 수는 없다"(동조 단서).

제2 재산처분에 관한 노동조합규약과 총회결의

1. 신운전(新運転)도쿄(東京)의 경우

(1) 본건 신운전(新運転)도쿄(東京)의 규약에는 일반적으로 재산처분에 관한 직접적인 규정은 없다. 또한 이 점에 관한 총회결의도 분명하지 않다. 그러나 노동조합재정에 관하여는 "이 조합의 재정은 조합원으로부터 징수되는 가입금, 노동조합비, 임시비 및 기부금으로써 충당한다"(제36조)고 하고 있는데,

주된 재원이 조합원의 갹출(拠出)에 의한 것은 명확하다. 그리고 조합원의 권리로서 "이 노동조합의 모든 문제에 참여하는 것 및 균등취급을 받는 것"도 명기되어 있다(제9조).

(2) 노동조합의 관리운영에 관하여는 "정기대회(定期大會)"의 심의사항으로서 "차년도의 활동방침에 관한 사항" 외에 "전년도의 활동보고 및 회계보고" "차년도의 예산"을 들 수 있고(제15조 1, 3), 회계감사에 관하여는 "연도의 종료 후 제회계과목의 수지 명세, 결산보고서 및 재산목록을 작성하여 집행위원회의 승인을 받아 회계감사의 감사를 거친 후, 직업적으로 자격이 있는 회계감사인의 정확하다는 취지의 감사보고를 첨부하여 정기대회에 제출하여 승인을 구하지 않으면 안된다"(제38조)로 되어 있다.

또한 노동조합의 기관으로서는 최고의 의결기관으로서 "대회"(14조)가 있고, 이것에 뒤따르는 의결기관으로서 "평의원회"(제17조), 노동조합의 집행기관으로서는 "집행위원회"(제20조)가 설치되어 있다. 집행위원회는 "대회의 결의에 의거하여 노동조합업무의 집행 및 긴급사항을 처리하는"(제20조) 것으로 되어 있다. 따라서 집행위원회는 재정에 관하여도 대회에서 승인된 예산을 집행하는 것이고, 이에 반하는 것은 허용되지 않는다.

이렇게 보면, 재산처분에 관하여 본건 규약에 구체적인 명시적 규정은 없지만, 노동조합재정은 조합원의 갹출(拠出)에 의하여 확보되고, 대회의 결정에 근거하여 공명하게 행하여지지 않으면 안된다고 되어 있다고 할 수 있다.

2. 타노동조합의 실례

재산처분에 관하여 조합민주주의가 요청되는 노동운동의 통념은 어떠한 것인가. 이 점의 실례로서 노동조합규약에 구체적 규정을 두고 있는 국철노동조합에 관하여 보면,

① 대회의 의결사항으로서,

"예산과 결산"(제22조(3))

"1건 2,000만엔 이상의 자산의 처분"(제22조(7))

② 중앙위원회의 의결사항으로서,

"1건 2,000만엔 이상의 임시지출"(제25조(4))

"그 밖의 중요사항"(제25조(9))

으로 되고 있다. 자산의 처분이나 지출에 관하여는 그 중요도 내지 금액에 따라 대응하는 기관의 결정에 의하는 것이 노동조합재정 민주주의의 원칙이라고 할 수 있을 것이다.

제3 중요한 노동조합재산의 처분은 대회결정에 의하는 것이 필요

1. 노동조합재산의 성질과 재산처분

중요한 노동조합 재산의 처분에는 대회결정에 의하는 것이 필요하다는 결론은 노동조합재산의 성질로부터도 도출된다.

법인격이 없는 노동조합의 경우, 그 재산은 조합원의 총유에 속한다는 것이 최고재판소의 판례였다. 그리고 노동조합이 법인격을 취득하여 대표자가 재산처분에 관하여 노동조합을 대표하게 되더라도 노동조합재산이 노동조합 목적에 바쳐진 노동조합의 단체적 재산이며, 그 관리처분에 조합원이 참여할 권리를 가지는 것에 변화는 없다. 그러므로 노동조합의 대표자는 노동조합재산의 처분에 있어서는 조합원의 총의에 따라서 행할 것을 요한다. 노동조합지부가 소멸한 경우의 지부재산의 처분에 관하여 이 점을 분명히 한 다음 판례가 있다.

"본부비(費)와 지부비를 별개로 지급하는 등의 앞의 사정에서 보면, 위의 재산을 본부 또는 다른 지부를 위하여 사용하는 경우는 지부원의 다수의 동의를 필요로 한다고 생각하는 것이 통상이다. 따라서 지부재산의 운영관리의 책임자는 갹출(拠出)자인 지부원 다수의 의사에 따라서 그 뜻에 맞게 하는 것이 요청되고 있고, 또한 그와 같이 행동하는 것이 선량한 관리자의 입장이라고 하여야 한다"(시사통신사(時事通信社)노조사건, 도쿄(東京)지방재판소1969.1.17.판결, 노동관계민사판례집 제20권 제6호).

덧붙여 노동조합법 제13조의10 제2항에서 법인격이 있는 노동조합이 해산하는 경우, 노동조합재산의 처분에 관하여 규약으로 권리귀속자를 지정하고 있지 않거나 또는 그 자를 지정하는 방법을 정하지 않은 경우는 총회의 결의를 필요로 한다는 취지를 규정하는 것도 같은 취지라고 생각할 수 있다.

요컨대 노동조합규약 등에 규정이 없다고 하더라도 중요한 노동조합재산 처분에 관하여는 노동조합의 대회결정에 근거할 것을 필요로 한다고 해석하는 것이 노동조합재산의 성질 및 노동조합민주주의의 원칙으로부터의 요청이라고 하는 것이다.

2. 본건의 결론

(1) 본건에서는 위의 노동조합재산의 성질이라는 점에 덧붙여, 본건 노동조합규약에서의 일반적 규정으로서 노동조합의 업무집행은 대회의 의결에 근거하여 집행위원회가 행한다고 되어 있는 것, 조합원이 이 노동조합의 모든 문제에 참여할 권리를 가진다고 되어 있는 것에서 보면, 노동조합사무소라는 중요한 재산의 처분은 당해년도의 예산으로서 승인되어 있을 것이 필요하고, 구체적 처분에 있어서도 평의원회나 집행위원회의 결정으로는 충분하지 않고, 대회결정에 근거하는 것이 필요하였다고 생각한다.

(2) 재판소의 판단에 의하면,

가. 2005년 5월 12일, 피고는 "신산업별운전자노동조합(新産別運転者労組) 도쿄(東京)지방본부의 노동조합대회에도 집행위원회에도 자문하지 않고 본건 등기절차를 실행해 버렸다(판결서 29면).

나. 2005년 11월 13일의 정기총회에서도 "본건 등기절차를 승인하는 의결도 없었다"(동 30면).

다. "신운전(新運転)도쿄(東京)지방본부의 집행위원회에서의 토의도 거치지 않은 채, 또한 신산업별운전자노동조합(新産別運転者労組) 도쿄지방본부(東京地本)의 노동조합대회에도 부의되지 않은 채, 키타우라(北浦)를 대표자로 하는 신산업별운전자노동조합(新産別運転者労組) 도쿄지방본부(東京地本)로부터 피고를 대표자로 하는 사고방(事故防)에 대하여 2006년 5월, 본건 부동산을 매각하고 대금을 임대료와 상쇄하는 취지의 본건 매매계약, 본건 임대차계약이 체결되어 버렸다(동 31~32면).

라. "신산업별운전자노동조합(新産別運転者労組) 도쿄지방본부(東京地本)의 집행위원회, 노동조합대회에서 본건 등기절차가 승인된 적이 없다"(동 33면).

마. "본건 매매에 관하여도 신산업별운전자노동조합(新産別運転者労組) 도쿄지방본부(東京地本)의 노동조합대회는 물론, 동집행위원회의 심의, 의결도 얻지 않고 본건 매매가 실행된 것이 인정된다"(동 33~34면).

(3) 이상의 사실관계에서는 본건 판결의 다음의 결론, 즉

"노동조합의 사무소가 근로자의 단결, 노동조합의 활동 등의 거점이라는 것에 비추면, 피고들이 본건 등기, 본건 매매를 실행하기 위하여 취한 위 인정의 일련의 행위는 노동조합민주주의를 무시하고 노동조합법 제5조 제2항 제3호가 규정하는 원고들 조합원이 소속노동조합의 모든 문제에 참여할 권리를 침해하여 원고들의 단결권을 침해하는 불법행위를 구성하는 것으로 해석하는 것이 상당하다"고 하는 것에는 노동조합사무소의 중요성과 그 금액의 크기의 어느 점에서 보더라도 타당하고, 본건 노동조합규약과의 관계에서 보더라도 이론을 가질 여지가 없다.

이상

제15장 (코로모가와(衣川)사건) — 해고의 효력확정과 노동쟁의의 정당성(도쿄(東京)지방재판소 가처분이의 신청사건결정(2011년 4월 4일)비판)(2011년 9월 28일, 도쿄(東京)지방재판소에 제출. 사건은 화해로 종결)

(코로모가와(衣川)사건)은 사이타마(埼玉)여자단기대학의 교원이었던 코로모가와(衣川)씨는 연구실에서 학생에게 다과를 내어 간담을 나누는 교원으로서의 통상의 행위(필자도 와세다대학 재직 중은 행하였다) 등을 이유로 해고되었다. 재판소에 무효를 호소하였지만 패소하였고, 최고재판소에서 확정되었다. 이것을 부당하다고 하는 코로모가와(衣川)씨는 수도권대학 비상근강사조합에 가입하여 가두선전을 포함한 쟁의행위로써 대학의 합리적 대응을 요구하였다. 그런데 대학은 반대로 쟁의행위 등의 금지를 요구하는 가처분을 제기하였다. 도쿄(東京)지방재판소는 재판이 확정되었으므로 대학에 요구할 수는 없다고 하여 대학의 청구를 인정해 버렸다. 그러나 재판의 확정은 재판소에 의한 권리구제를 요구할 수가 없게 되었다는 것뿐이다. 본의견서는 단체교섭이나 노동쟁의에 의하여 합리적 해결을 요구하는 것은 노동관계조정법의 노동쟁의 자주적 해결의 원칙에서도 오히려 바람직할 것이고, 당연하다는 것을 주장하였다.

목차생략(역자 주)

시작하며

표기결정(標記決定. 이하, "본건 결정"이라 함)은 채무자들의 직접교섭의 "강요" 및 도면지정지역 내에서의 조합기(組合旗)의 게시, 전단지배포(ビラまき) 등을 포함한 가두선전활동을 금지한다. 하지만 이것은 "재판"과 "요구"를 혼동하고, 또한 사용자의 자유권이나 재산권이 노동기본권에 의하여 일정한 제약을 받는 것을 무시하는 것으로, 헌법, 노동조합법, 노동관계조정법, ILO 제98호 조약에 위반한다.

제1 언론의 자유, 단체교섭권·쟁의권의 부정—본건 결정의 잘못(1)

1. 본건 결정의 내용

본건 결정은 ① 전화 그 외의 방법으로 "직접교섭을 하는 것을 강요하는 것", ② "전단지배포" 등등의 선전활동을 포함하는 "채권자가 행하는 업무의 평온을 해치는 일체의 행위"를 금지한다. 그 이유는 "최고재판소의 결정에 의하여……법적으로는 본건 해고에 관한 분쟁은 해결되었고, 이후 채무자(코로모가와(衣川))들은 채권자(學園)에 대한 단체교섭권을 잃었다"라는 것이다.

그러나 이것은 "재판"과 "교섭·요구"를 잘못 이해하여 언론의 자유나 단체교섭권·쟁의권 등 노동기본권의 보장을 침해하고 ILO조약의 의무에 위반하는 것이다.

2. "재판"과 "교섭·요구"의 혼동

(1) 패소확정의 의미

본건 해고에 관한 재판은 코로모가와(衣川)의 패소로서 확정되었다. 그러나 그것은 본건에 관하여 "재판"을 통하여는 더 이상 다툴 수 없다는 것을 의미하는 것에 불과하다. 최고재판소 판결이 절대로 옳은 것이 아니라는 것은 판례변경이 있을 수 있다는 것을 보더라도 분명하다. 그 재판이 당사자를 납득시키지 않는 한, 분쟁이 계속되는 것은 당연하고, 그 분쟁은 교섭에 의하여 해결할 수밖에 없다.

(2) 노동쟁의의 존재

① 노동관계조정법의 취지

노동쟁의에 관하여는 "노동관계의 공정한 조정"을 도모하는 것을 목적(제1조)으로 하는 노동관계조정법도 "이 법률에서 노동쟁의란 노동관계의 당사자 사이에서 노동관계에 관한 주장이 일치하지 않아, 그 때문에 쟁의행위가 발생하고 있는 상태 또는 발생할 우려가 있는 상태를 말한다"(제6조)고 규정하고,

"노동관계의 당사자는……노동쟁의가 발생한 때는 성의를 가지고 자주적으로 이를 해결하도록 특별히 노력하지 않으면 안된다"(제2조)고 한다.

② 본건에서의 상태와 자주적 해결의 노력

가. 본건 결정은 "법적으로는 본건 해고에 관한 분쟁은 해결되었"다고 하지만, "법적 지위"와 "요구"는 성격을 달리한다. 예컨대, 근로자가 생활이 어렵다고 하는 것으로, 계약상의 임금액의 1할 증가의 임금지급을 재판에 의하여 청구하였다고 하자. 재판소가 이 청구를 인정하는 것은 아마 있을 수 없을 것이다. 그러나 오히려 그렇기 때문에 근로자는 그 "요구"를 사용자에게 제출하고 쟁의행위를 포함한 "교섭"에 의하여 그 실현을 도모하려고 한다. 그것이 단체교섭권·쟁의권의 행사라는 것은 재판소도 부정할 수 없을 것이다.

나. 본건에서는 코로모가와(衣川)의 해고를 둘러싸고 "노동관계에 관한 주장이 일치하지 않"고, 확실히 노동관계조정법이 정의하는 노동쟁의 상태에 있다. 재판을 통하여 그 주장을 실현하는 길은 닫혔지만, 주장의 불일치가 있는 한 그것을 "직접교섭"에 의하여 해결하려고 하는 것은 노동관계조정법에서 규정하는 "자주적 해결의 노력"이다. 해고가 법적으로 유효하기 때문이라고 하여 사용자가 교섭의 결과, 해고를 철회하거나 혹은 복직을 인정하거나 내지 해결금을 지급하는 것은 있을 수 있고, 그것이 "성의를 가지고 자주적"인 해결의 노력이라고 평가되게 될 것이다. 실제로 그 실례가 있는 것은 이미 나카지마 쇼코(中嶋祥子)증인의 증언으로 분명하다. 또 하나의 예를 든다면, 최고재판소에서 패소한 후, 2명의 해고철회, 직장복귀를 실현한 것으로서 젠킨모토야마노동조합(全金本山労働組合)의 투쟁이 있다(젠킨모토야마노동조합(全金本山労働組合), "모토야마투쟁기록간행위원회(本山闘争の記録刊行委員会)"편, "한사람의 해고도 용서하지 않는 모토야마투쟁 12,000일(一人の首切りも許さない本山闘争 12,000日)", 2006, 七つ森書館, 참조).

③ 자주적 해결의 방법

가. 본건 결정은 전화 등의 방법으로 "직접교섭을 하는 것을 강요하는 것"을 금지하였다. "강요"란 어떠한 행위를 말하는지 분명하지 않지만, 앞에서 본 바와 같이 코로모가와(衣川)의 패소확정으로 분쟁이 해결되었다는 잘못된

전제에서, 언론의 자유의 행사인 전화 등의 방법에 의한 직접교섭의 요구 그 자체를 "강요"로 보는 듯하다.

나. 그러나 헌법 제21조는 언론의 자유를, 그리고 제28조는 "단체교섭 그 외의 단체행동을 할 권리"를 보장하고, 그것에 기초하여 노동조합법은 정당한 조합활동에 대한 형사, 민사의 면책을 규정하고 있다(동법 제1조 제2항, 제8조). 또한 노동조합법은 "근로자가 사용자와의 교섭에서 대등한 입장에 서는 것을 촉진하므로써 근로자의 지위를 향상시키는 것", "사용자와 근로자와의 관계를 규제하는 단체협약을 체결하기 위한 단체교섭을 하는 것 및 그 절차를 조성하는 것"을 목적으로 한다.

나아가 일본도 비준하고 있는 ILO 제98호 조약도 "단체협약에 의하여 고용조건을 규제하는 목적으로써 행하는 사용자 또는 사용자 단체와 노동단체 사이의 자주적 교섭을 위한 절차의 충분한 발달 및 이용을 장려하고, 또한 촉진하기 위하여 필요가 있는 경우에는 국내사정에 적절한 조치를 취하지 않으면 안된다"(제4조)고 하고 있다. 요컨대 "공정한 노동관계"를 위하여 단체교섭이 필요한 조건으로서 그것을 촉진한다는 것이 현재의 헌법 하에 있어서의 법 체제이며, 또한 국제적 기준이라는 것이다.

다. 이러한 관점에서 보면, 재판소가 "직접교섭"을 촉진하는 것뿐만 아니라, 그것을 저해하는 것을 허용하지 않아야 한다는 것은 분명하다. 다만 본건 결정은 직접교섭의 요구를 채권자의 "평온하게 영업활동을 영위할 권리를 침해하는 것"으로 보고 있다. 이 근로자의 권리와 사용자의 권리와의 상호관계에 관하여는 다음의 가두선전활동에서 검토하지만, 결론적으로 말하자면 대등교섭의 보장이 대원칙이라는 것이다.

제2 영업의 자유의 절대화—본건 결정의 잘못(2)

1. 노동기본권에 의한 사용자의 자유·권리의 제한

(1) 계약의 자유와 실질적 불평등

근대 자본주의법에서 영업의 자유, 계약의 자유가 인정되더라도 그것은 결코 근로자의 실질적 자유, 평등을 의미하는 것은 아니었다. 왜냐하면 "이 법률에서 『근로자』란 직업의 종류를 불문하고 임금, 급료 그 외에 이에 준하는 수입에 의하여 생활하는 자를 말한다"(노동조합법 제3조). 즉 근로자는 타인에게 고용되어 일하고 그 대가에 의하여 생활할 수밖에 없는 사회적 상태에 있다. 게다가 자본주의는 현상을 보더라도 분명한 것처럼 근로자는 항상 실업의 위협에 노출되고, 그러한 상태 하에서 많은 근로자가 일자리를 얻으려고 하여 경쟁하는 것이 피할 수 없게 되어 있다. 이러한 상태에서 근로자는 채용부터 직장에서의 근로조건, 해고까지 경제적 우위에 있는 사용자의 일방적 결정에 복종할 수밖에 없기 때문이다. 그렇다면 계약자유가 있어도 "근로자가 인간다운 생활을 영위하기 위한 필요를 충족시켜야 할"(노동기준법 제1조) 근로조건을 얻는 것은 불가능하기 때문이다.

(2) 노동기본권 보장에 의한 실질적 자유와 평등의 확보

그러므로 전후의 헌법, 그리고 노동법은 노동기본권의 보장에 의하여 근로자에게 실질적 자유와 평등을 실현하려고 하였다. 이 점을 최고재판소는 다음과 같이 판시하고 있다.

"노동기본권의 보장 목적은 헌법 제25조에서 규정하는 이른바 생존권 보장을 기본이념으로 하여 근로자에 대하여 인간다운 생존을 보장하여야 한다는 견지에서, 한편으로 헌법 제27조가 규정하는 바에 따라 근로의 권리 및 근로조건을 보장함과 동시에, 다른 한편으로 헌법 제28조가 규정하는 바에 따라 경제상 열위에 있는 근로자에 대하여 실질적인 자유와 평등을 확보하기 위한 수단으로서 그 단결권, 단체교섭권, 쟁의권 등을 보장하려고 하는 것이다". 그러므로 쟁의행위의 민·형사면책(노동조합법 제1조 제2항, 제8조)도 "당연한 것을 명시적" "주의적으로 규정한 것이라고 해석하여야 하는 것이다"(최고재판소 도쿄(東京)중앙우체국사건, 1966.10.26.대법정판결, 최고재판소형사판례집 제20권 제8호, 90면).

이리하여 그 노동기본권의 행사에 의하여 경제적으로 우위에 서는 사용자의 자유권이나 재산권에 대하여 어느 정도의 제한도 당연한 것으로서 인정된다.

"원래 사용자측의 자유권이나 재산권이라 할지라도 절대 무제한적인 것은 아니고, 근로자의 단체행동권 등을 위하여 어느 정도의 제한을 받는 것은 당연"하며, "그 조화점을 어디에서 구하여야 하는가는 법률제도의 정신을 전반적으로 고찰하여 결정하여야 한다"(최고재판소 야마다(山田)강업사건, 1950.11.15. 대법정판결, 최고재판소형사판례집 제4권 제11호, 2257면)고 되는 것이다.

2. 대등교섭에 무엇이 필요한가

(1) 실질적 자유와 평등의 확보에 필요한 대등교섭

이리하여 역사적으로 이전에는 절대적이었던 사용자측의 자유권이나 재산권을 어느 정도 제한하고, 근로자의 실질적 자유와 평등을 확보하기 위하여 노동기본권이 인정되기에 이르렀다. 그러므로 대항하는 사용자의 자유권이나 재산권과 노동기본권의 조화점을 법률제도의 정신을 전반적으로 고찰하여 구한다면, 그것은 노사의 대등교섭의 확보라는 것에서 쉽게 찾을 수 있지 않겠는가.

(2) 본건의 경우 구체적 밸런스는 어떻게 되는가

① "평온하게 영업활동을 영위할 권리"는 성역이 아니다

본건 결정은 "단체교섭에 응할 것을 요구"하는 것까지 사용자의 "평온하게 영업활동을 영위할 권리"의 침해로서 이것을 금지하였다. 그러나 본건의 경우, 앞에서 본 바와 같이 노사간에 주장의 차이가 존재하여 노동쟁의상태에 있었다. 그리고 쟁의행위란 "동맹파업, 태업, 작업장폐쇄 그 밖에 노동관계의 당사자가 그 주장을 관철하는 것을 목적으로 하여 행하는 행위 및 이에 대항하는 행위로서, 업무의 정상적인 운영을 저해하는 것을 말한다"(노동관계조정법 제7조).

즉 쟁의상태에서는 "업무의 정상적인 운영을 저해"하는 것이 쟁의권으로서 보장된다. 이 경우, "평온하게 영업활동을 영위할 권리"는 상대의 공격으로부터 벗어나는 성역은 아니라는 것이다. 그 공격에 의한 손해를 회피하려면 "성의를 가지고 자주적으로" 대등한 입장에서의 단체교섭으로 분쟁을 해결하면 좋을 뿐이라는 이야기이다. 노동관계조정법의 취지에 어긋나서 그러한 방

법을 채택하지 않을 경우, 업무운영의 저해에 의한 손해가 증대하는 것은 스스로 초래한 결과로서, 법적 보호를 할 가치가 없다고 하여야 한다.

② 가두선전활동도 필요한 조건이다

가. 본건 결정은 가두선전활동 금지의 이유로서 "그 음량 때문에 본건 전문학교의 수업이나 시험에 방해가 되고", 또한 "오픈 캠퍼스(open campus)를 방문한 본건 단기대학 및 본건 전문학교의 입학희망자에 대하여 본건 단기대학 및 본건 전문학교에 대한 불안감 등을 가지게 하고, 경우에 따라서는 본건 단기대학 및 본건 전문학교에의 입학을 주저하게 하는 등 채권자의 영업활동에 중대한 지장이 발생하는 상당정도의 개연성이 있었던 것"을 든다. 그러나 이것은 쟁의상태에서, 게다가 사용자가 단체교섭요구를 거부하고 있는 정황 등을 보면 금지의 합리적 이유로는 될 수 없다.

나. 본래 쟁의행위란 업무의 정상적인 운영을 저해하는 것이었다. 그리고 이러한 쟁의행위를 하는 것은 단체교섭에 있어서의 요구에 대하여 사용자의 성실한 대응을 이끌어내기 위하여 그러한 압력이 필요하기 때문이다. 따라서 단체교섭에 의한 해결을 도모하지 않는 한 본건 가두선전활동에 의하여 손해를 입는 것은 쟁의권보장의 법제도에서 사용자가 수인하지 않으면 안되는 것이다(쟁의행위의 민사면책).

다. 게다가 본건의 경우, 코로모가와(衣川)는 해고되었으므로 스트라이크 등의 방법은 취할 수 없다. 사실을 알리고 여론에 호소하여 그 지지를 받아 사용자의 태도변경을 촉구하는 것 이외에 방법은 없다. 그리고 그것을 위해서는 가두선전활동이 가장 적절하고 효과적인 수단이라는 것이 된다. 폭력에 의하지 않는 분쟁해결의 수단을 정한 법률제도(단체교섭권·쟁의원의 보장) 아래에서 이것을 금지하는 것은 폭력적 행위를 장려하는 것이다. 그 쟁의의 실정을 알리는 것은 본건 단기대학이나 전문학교에 대한 불안감을 가지게 한다고 하더라도 입학희망자가 그것을 알지 못하고 입학하는 것보다도 오히려 공익에 적절한 것이다. 그리고 또한 재판소의 부당한 판결에 비판의 소리를 내는 것은 주권자인 국민으로서 사법의 잘못을 바로잡아 가는 길이며, 이것을 부당하다고 할 것은 아니다.

제3 결론

이상에서 서술한 것처럼, 본건 결정은 "재판"과 "요구"를 혼동하여 그것에 의하여 현실적으로 행하여지는 분쟁의 존재와 사용자의 자유권이나 재산권이 노동기본권에 의하여 일정한 제약을 받는다는 것을 무시하는 잘못을 범하고 있어 헌법, 노동조합법, 노동관계조정법, ILO 제98호 조약에 위반한다.

프랑스 폰트와즈(Pontoise)대심재판소 소장인 피에르 리용 칸(Pierre Lyon=Caen)씨는 일본민주법률가협회 및 일본변호사연합회의 초청으로 일본을 방문한 강연에서 "재판관의 임무란 가장 약한 자의 권리를 완전하게 지키고, 가장 강한 자들을 공통의 룰에 따르게 하고, 또한 현행 헌법전의 문언에 따르면 개인의 자유의 보장자인 것이다(法と民主主義 제244호, 4면)라고 말하였다.

우수한 헌법을 가지고, 재판관의 독립을 보장하는 일본에서 강자가 약자의 권리를 유린하는 것이 없는 재판을 기대한다.

第16장 (후리터(フリーター) 전반(全般)노조사건) — 가두선전금지와 계좌압류(채권가압류명령)(도쿄(東京)지방재판소 2012년 6월 4일 결정)비판(2012년 10월, 도쿄(東京)지방재판소에 제출. 패소)

第16장 (후리터(フリーター) 전반(全般)노조사건)은 사용자의 청구에 의한 노동조합의 가두선전을 사전 차단하고 그 위반에 대한 손해배상의 보장으로, 노동조합의 구좌압류까지 인정하였다. 근로자의 쟁의행위를 제약하여 이른바 손발을 묶는 것에 더하여, 그 구제를 요구하는 입까지 손해배상청구로 막는 것은 근로자의 언론·표현의 자유, 노사의 실질적 대등을 부정하는 것은 아닌가 하는 중대한 문제를 내포하고 있다.

목차생략(역자 주)

제1 노동기본권에 관계된 2개의 문제 — 노동조합의 언론에 대한 공격과 재정에 대한 공격

1. 노동조합예금구좌 압류에 대한 주장을 인정한 도쿄(東京)지방재판소판정

채권자는, 본건 전단지 살포는 채권자의 명예를 훼손하는 것이며, 또한 프라이버시를 침해하는 불법행위라고 판단하여 손해배상청구 보전의 필요에 의한 노동조합 예금구좌의 압류를 신청하였다. 이에 대하여 도쿄(東京)지방재판소는 신청이 타당하다고 인정하여 200만 엔에 이르는 노동조합우편예금구좌의 압류를 결정하였다.

2. 본판결의 문제

본 판결은 다음과 같은 두 가지의 중대한 문제를 가지고 있다.

(1) 노조활동의 보장(형사·민사상 면책)과의 관련성

첫째, 노동조합의 언론활동에 대하여까지 사용자의 공격이 가해지는 것으로, 이를 재판소가 시인하였다는 것이다.

노동운동은 역사적으로 국가권력과 자본(사용자)측이라는 양방으로부터의 억압에 대하여 투쟁하지 않을 수 없었다. 최초에 직면한 것은 단결금지법이나 공모죄와 같은 국가에 의한 형사탄압이었다. 그러나 후에 국가가 점차적으로 이러한 탄압으로부터 손을 떼기 시작하면서(단결의 자유), 사용자가 국가기관(재판소)을 이용하여 파업 등에 대한 민사책임을 묻기 시작하였다. 또 조합원의 채용거부나 해고와 같은 계약의 자유를 이용한 차별대우에 의한 억압도 존재한다.

이에 관하여 역사적으로 유명한 사건은 영국의 Taff Vale 판결(1901년)이다. 영국은 1871년의 노동조합법, 1875년의 "공모죄 및 재산보호법"에 단결금지를 규정하였고, 노동조합활동의 합법성이 결여되었다는 것을 이유로 수도회사의 파업에 대한 민사소송이 제기되었다. 이에 판결은 노동조합에 대하여 23,000 파운드라는 당시 거대한 액수의 손해배상을 명하였다. 이에 놀란 노동조합측은 노동대표위원회(노동당의 옛 명칭)를 발전시켜, 1906년 "노동쟁의법"에 의하여 노동쟁의의 계획 혹은 수행을 위한 행위에 대하여는 소를 제기할 수 없게 되었다.

또한 미국에는 쟁의행위에 대한 사용자측의 강력한 무기가 된 Injunction(금지명령)이 있다. 그러나 이에 대한 오랜기간의 투쟁에 의하여, 1914년의 크레이튼 법(Clayton Act), 1932년의 노리스－라가디아 법(Norris－LaGuardia Act)이나 그에 따른 각 주(州)의 법에 의하여 평온한 설득이나 광고, 연설로써 노동쟁의의 사실을 공중에 알리는 행위까지 금지할 수는 없다는 것을 내용으로 입법화가 이어졌다.[1)]

1) 1927년의 뉴욕주(州) 최고법원 판결은, 조합원 없는 기업의 조직화를 위한 쟁의에 대하여, "파업하지 않는 피케팅(Picketing)도 피케팅 없는 파업과 같이 위법이 아니다. 양자 모두 적법한

그리고 두 차례의 세계대전을 거쳐 국제적으로 단결권과 단체교섭권 보장의 중요성이 인식되고, 형사·민사의 양면에서 이러한 개입 억압을 제거한 ILO(국제노동협약) 협약(제87호·1948년 결사의 자유 및 단결권 보호에 관한 협약, 제98호·1949년 단결권 및 단체교섭권에 대한 원칙의 적용에 관한 협약)을 채택하고 일본도 이 조약을 비준하고 있다. 또한 그에 앞서 전쟁 직후의 노동조합법(1945년 12월 제정)은 역사의 경험을 통하여, 단결권의 보장 및 단체교섭의 보호·조성을 목적으로 노동조합 활동에 대한 형사·민사상의 면책을 규정하였다. 그 위에서, 일본의 헌법(1947년)은 "이 헌법이 일본 국민에게 보장하는 기본적 인권은 인류의 다년간의 자유 획득에 관한 노력의 성과(제97조)"라며 노동기본권

목적을 갖고 있다. 그 결과로 인한 권리의 침해는 부수적인 것이므로 감수하지 않으면 아니된다"고 판시하고 있다.

더욱이, 연방대법원은 생명, 자유, 재산의 불가침을 들면서(1868년 수정 제14조) 단결권을 모르는 헌법 하에서 노사 간의 투쟁의 현실로부터 피케팅을 적법하다고 인정하였다. "센·타일(セン·タイル) 회사는 타일 직인노동조합(タイル職人組合)에 대하여 부당하다"고 쓴 깃발을 들고 순찰한 행위에 대하여 다음과 같이 기술하였다.

"주(州)는, 단지 자본가와 사용사가 다른 방법에 의하여 그들이 바라는 경제적 목적을 달성하기 위하여 단결할 것을 허용하는 것과 같이, 근로자가 피케팅을 통하여 단결하여 그 목적을 이루려 한 것을 적법하다고 보아도 무방하다.……이와 같은 피케팅을 허용한다고 선언함으로써, 위스콘신주(州)는 선전의 수단을 신문광고와 동등한 위치에 있는 것으로 본다. "노동쟁의 현실의 폭로는,……센·타일(セン·タイル) 회사를 곤혹스럽게 만들 수도 있는 것은 사실이다. 그러나 이러한 성가신 일은 종종 그 관계에 의한 선전으로부터 입는 것처럼, 헌법에 의하여 보장되는 자유의 침해에는 해당하지 않는다"(1937년, 센(セン)사건).

그리고 1940년의 손힐(ソーんビル)사건에 의하면, 노동관계나 노사의 교섭에서 입장의 중요성이라는 점에서, 피케팅을 언론의 자유의 보장 하에 두었다고 다음과 같이 기술하고 있다.

"현재의 환경에서, 노동쟁의의 사실에 관한 정보를 유포하는 것은 헌법이 보장하는 자유로운 논의의 범위 내에 있는 것이라고 볼 수 있다. 오늘날에는 산업에서의 만족스러운 근로시간, 임금, 근로조건 및 이들을 가능하게 하는 교섭의 확립은 직접적으로 관계된 사업 또는 산업 내에서 사람간의 이해관계 이상의 중요성을 지니고 있다. 현재 혹은 이제부터 태어날 사람들의 건강은 이러한 성질과 관련있고, 게다가 하나의 공장에서의 관행은 전 지역에 걸쳐 경제적 영향을 미치고, 시장의 광대한 조직에 영향을 주고 있다. 이 문제에 관한 주(州) 및 연방 입법의 일견은 노동관계가 단순히 지방이나 사적 관계의 문제가 아니라는 논의에 설득력을 나타내고 있다. 산업의 조건이나 노동쟁의의 원인에 대한 자유로운 논의는 근대 산업 사회의 운명을 형성해가는 인민통치 과정의 효과적이고 현명한 사용을 위해 불가결한 것으로 보인다. 여기서 다투고 있는 것과 같은 공중에 대하여 효과적으로 노동쟁의에 관한 사실을 알린다는, 피용자의 권리를 침해하는 규정이 제기하고 있는 쟁점은 이보다 큰 문제의 일부이다. 우리는 센·타일(セン·タイル) 사건에서 법정을 위하여 말한 브랜다이즈(Louis Dembitz Brandeis) 판사의 말에 동의한다(합중국판례집 제301권, 478면; *法曹判* 제81권, 1236면; 최고재판소판례집 제57권, 857면). 조합원들은 주법에 의하여 특별히 인정되지 않더라도 노동쟁의에 관한 사실을 알릴 수 있을 것이다. 언론의 자유는 헌법에 의하여 보장되고 있기 때문이다(사토 아키오(佐藤昭夫), "피켓권의 연구(ピケット権の研究)", 1961, 50면 이하 참조)".

(제25조, 제27조, 제28조)을 보장하고 있는 것이다.

그러나 노동조합법의 면책규정은 '정당한 것에 관하여'라는 문구가 있어, 그 행위의 '정당성'을 둘러싼 다툼이 발생하였다. 그러나 그것은 노동조합이 파업을 감행할 힘이 있을 때에는 파업파괴자를 막는 스크럼이나 점거농성 등 물리력에 의한 충돌시의 것이었다. 그렇지만 그 후에는 반(反)노동조합적 차별이나 지배개입을 받은 것이 중요한 요인이 되어(주요 예로 국철분할민영화에 대한 부당노동행위는……일본철도건설공단(日本鉄道建設公団)소송 도쿄(東京)고등재판소 2009.3.25. 판결에서 인정하고 있다), 노동조합은 분열, 변질, 약화되어 싸우는 힘을 잃게 된다. 그러면 사용자는 이번에는 그 노동조합의 기업 시설 내에서의 항의·저항행위, 선전활동에도 시설관리권을 구실로 하여 그 활동을 막는다. 그 탓에 노동조합 측에서는 기업 밖의 가두(街頭) 또는 사용자의 자택 인근에서의 선전행위로 사용자의 행위를 사회에 고발하여 그 지지를 얻으려는 방법을 취하게 된다. 이른바 가두선전활동으로써의 소리나 선전문서를 배포하는 등 언론의 자유를 이용하여 대항하는 것이다. 그런데 사용자측이 미약한 대항수단에 공격을 가해왔다. 가두선전 금지, 손해배상 가처분 등이다. 이것은 비유하자면 노동조합의 손발을 묶고 도움을 요청하는 입까지 막으려고 하는 것이다.

그러나 노동기본권 보장 아래의 법질서는 "근로조건은 근로자가 인간다운 생활을 영위하기 위한 필요를 충족시키는 것이어야 한다(노동기준법 제1조 제1항)"고 하며, 이를 위해 노사 대등한 입장에서 협상을 촉진하고 근로자의 지위 향상을 위하여(노동조합법 제1조 제1항) 사용자의 단체교섭 거부 및 지배개입을 부당노동행위로 금지하였다(동법 제7조). 이 법 체제에서 노동조합의 근로관계에 관한 언론 활동까지 억제할 수 있는가 하는 것이 본 사건에 있어서의 문제이다.

(2) 노동조합에 대한 재정적 측면으로의 공격

둘째, 본 결정과 같은 노동조합 예금구좌가압류와 같은 예는 지금까지 들어본 바가 없다. 노동조합구좌의 압류는 노동조합활동의 재정적 기초를 파괴하는 것이고, 노동조합운영에 대한 개입을 의미한다. 더욱이, 그 신청을 인정한다는 것은 단결권을 보장해야 할 국가기관이 그 보장에 반하여, 권력을 이용한 노동조합 파괴에 솔선수범한 꼴이 된다. 따라서 재판소는 지금까지 이러한 식의 결정을 내린 적이 없었다. 본 사건 결정은, 적어도 그 금기시되는 방법을 사용하여 노동기본권확립의 역사를 역행하는 것으로, ILO조약의 의무에도 반하는 것으로써, 엄중히 비판하지 않으면 안 될 것이다.

제2 전단지 살포와 단결권보장의 취지

1. 전단지 살포행위의 성격 — 사용자에 대한 항의·요구행동

본 결정은 채무자 노동조합의 행위를 불법행위라고 하는 채권자의 주장이 "상당"하다고 하나, 그 전단지 살포는 노동조합의 조합원 2명에 대한 임금 미지급에 대한 항의로, 단체교섭을 요구하는 행위였다. 조합원의 이익 옹호라는 노동조합의 목적실현을 위하여 행하여진 표현의 자유의 행사이다. 이것이 외형적으로 채권자의 권리와 충돌한다고 하여, 정당한 단체행동(쟁의행위)이라는 것을 부정할 이유는 없다. 이러한 권리상호간의 충돌에 대하여 어떠한 판단을 하여야 할 것인지, 노동기본권보장의 취지에 맞게 생각해 볼 필요가 있다.

2. 노동기본권 보장의 취지

(1) 노사간의 형식적 평등(계약의 자유)과 실질적 불평등

근대자본주의법에 의하면 영업의 자유, 계약의 자유가 인정된다고 하여, 이는 결코 근로자의 실질적 자유와 평등을 의미하는 것은 아니었다. 왜냐면 단결의 옹호를 목적으로 하는 노동조합법이 말하는 것처럼, "이 법률에서 말하는 근로자란, 직업의 종류를 불문하고 임금, 급료 그 밖에 이에 준하는 수입에 의존하여 생활하는 자를 말한다(노조법 제3조)". 즉, 근로자란 타인에게 고용되어 그 대가에 의하여서 생활하는 사회적 상태에 있다. 더욱이 자본주의는 현상황을 보더라도 명확한 것처럼, 근로자는 상시 실업의 위협을 받고 있기 때문에, 이러한 상황에서 다수의 근로자가 직장을 얻기 위해 경쟁하는 것은 당연한 일이다. 이러한 상황에서 개개의 근로자는 채용에서부터 직장 내의 근로조건, 해고까지 경제적 지위에서 사용자의 일방적인 결정을 받아들일 수밖에 없다. 그렇다면 계약의 자유가 있다고 하더라도, "근로자가 인간다운 생활을 영위하기 위하여 필요한 것을 충족할 수 있는(노동기본법 제1조 제1항)" 근로조건을 얻는 것은 불가능하다.

(2) 노동기본권보장에 의한 실질적 자유와 평등의 확보

이리하여 전후(戰後)의 헌법과 노동법은 노동기본권의 보장에 의하여 근로자의 실질적 자유와 평등을 실현하려 하였다. 이 점을 최고재판소는 다음과 같이 판시하고 있다.

"노동기본권의 보장의 목적은 헌법 제25조에서 정하고 있는 생존권의 보장을 기본이념으로 하여 근로자의 인간다운 생존을 보장하기 위함과 함께, 다른 한편으로는 헌법 제28조에서 정하고 있는 경제적 열위에 있는 근로자에게 실질적인 자유와 평등을 확보하기 위한 수단으로써 그 단결권, 단체교섭권, 쟁의권 등을 보장하려는 데에 있는 것이다. 따라서 쟁의행위의 형사·민사상 면책(노동조합법 제1조 제2항, 제8조)도, "당연한 것을 명시적", "주의적으로 규정한 것으로 해석할 수 있다(최고재판소 도쿄(東京)중앙우체국사건, 1966.10.26. 대법정판결, 최고재판소형사판례집 제20권 제8호, 901면)".

이리하여 노동기본권의 행사에 의하여 경제적 우위에 서있는 사용자의 자유권이나 재산권에 어느 정도의 제한을 두는 것도 당연한 것으로 인정되고 있다.

"원래부터 사용자측의 자유권이나 재산권은 절대적으로 무제한인 것이 아니라, 근로자의 단체행동권 등을 위하여 어느 정도 제한을 받는 것이 당연"하다고 하며, "그 균형점을 어느 정도로 정해야 하는가는 법률제도의 정신을 전반적으로 고찰하여 결정하여야 할 것이다(최고재판소 야마다(山田)강업사건, 1950.11.15. 대법정 판결, 최고재판소형사판례집 제4권 제11호, 2257면)"고 하며, 쟁의행위가 위법한가의 여부는 "특별히 제반적 정황을 고려하여 신중하게 판단하지 않으면 안되는 것(최고재판소, 미토모(三友)탄광사건, 1956.12.11. 제3소법정판결,

최고재판소형사판례집 제10권 제12호, 1605면)이다. 그리고 그 고려하여야 할 정황으로써, 그 행위를 하게 된 경위, 목적, 양태, 상대방의 태도와 상관관계 등을 들 수 있다(삿포로(札幌)시교통국사건, 1970.6.23. 제3소법정결정, 최고재판소형사판례집 제24권 제6호 311면; 안자이(安西)우체국사건 최고재판소 판결 1967.2.7, 新労判, 1087면 등).

(3) 실질적 자유와 평등의 확보에 필요한, 단결에 의한 대등교섭

노동기본권은 누구에게나 인정되는 형식적 권리가 아니라, 그야말로 인간이 사용자와 대항하는 근로자인 것에 의하여 인정되기에 이른 기본권이다. 이는 역사적으로 절대적이었던 사용자측의 자유권이나 재산권을 어느 정도 제한하여 근로자의 실질적 자유와 평등을 확보하기 위하여 인정되어 왔다. 따라서 사용자측의 권리와 노동기본권의 대항관계의 조화점을 "법률제도의 정신을 전반적으로 고찰하여 정한다"면, 그것은 경제적으로 우위에 있는 사용자측의 권리를 제한하여, 노사의 실질적 대등교섭을 확보하는 것이 당연한 것이 아닌가.

노사 간의 자주적인 단체교섭을 장려, 촉진하기 위하여 국내사정에 적합한 조직을 만드는 것은 조약상의 의무이기도 하다(ILO 제98호 조약 제4조).

이하 이러한 관점에서 전단지 살포문제를 검토하고자 한다.

제3 전단지 살포는 정당한 단체행동

1. 노동조합으로서 채권자에 대한 책임 추궁—항의의 대상이 되는 임금을 미지불한 것은 채권자

채권자는 임금을 미지급한 조합원 2명의 사용자가 아니며, 채권자에 대한 항의는 정당한 노동조합활동이 아니라고 주장하고 있으나, 주식회사 MS에이전시(이하, MS라 함)의 자기파산을 신청한 채권자이며, 파산관재인이 조합원 2명을 해고할 것을 통지하였다. MS가 법률상 2명의 사용자였다는 것은 틀림이 없다. 그리고 채권자는 임금미지급을 한 당시에 동 회사의 대표이사였으며, 더욱이 유일한 이사였다.

"근로계약은 근로자가 사용자에게 노동력을 제공하고, 사용자가 이에 대한 대가로 임금을 지급할 것을 근로자와 사용자가 합의함으로써 성립하게 된다(노동계약 제6조)". 임금지급의무는 근로계약의 요소이며, 채권자는 MS의 대표자로서 임금지급의무를 이행하지 않았다. 임금미지급은 이사인 채권자가 회사의 수임자로서, "그 직무를 행함에 있어서 악의(고의)"가 있었으며, "그로 인하여 제3자(본 사건에서는 임금을 받지 못한 근로자)에 끼친 손해를 보상할 책임을 진다(회사법 제429조 제1항)" 따라서 채권자는 파산절차개시 후에도 임금미지급에 대한 항의를 받아들여 해결을 도모해야 할 책임이 있다는 것은 당연하다.

특히 2012년 3월 18일 즈음에 채무자로부터, 노동조합 가입통지서 및 단체교섭 신고서가 채무자에게 도달한 다음 날인 19일에 채권자가 파산신청을 하였다는 사실은, 그것이 임금미지급을 계속한 채로, 단체교섭회피(거부)의 부당노동행위의사에 의한 것이라는 강한 추인을 가능하게 한다. 그것은 고의로 채무자의 단체교섭권과 그 노동조합 2명의 임금채권 실현을 방해하는 것으로, 이 점에서도 불법행위로서 채권자의 개인책임을 면할 수 없다(회사법 동조, 민법 제709조. 또한 도산한 회사의 이사에 대하여 불법행위의 개인책임을 인정한 예로써, 2011년 10월 26일 도쿄(東京)고등재판소 판결, 勞動判例 제1049호, 71면 참조).

또한, 채권자는 자신이 명목상의 이사에 지나지 않고, "장래 청산인이 되어야 할 자"라고 하더라도 "근로자의 근로조건에 현실적 혹은 구체적인 지배력을 가진 자"는 아니므로 사용자가 아니라고 주장한다. 그러나 이는 문제를 잘못 파악한 것이다. 근로계약의 일방당사자는 고용주이다. 계약법상 고용주가 사용자 책임을 면하는 것은 있을 수 없다. 단지 그 외에 노동위원회에 의한 부당노동행위 구제의 실제 이행을 위한 의무를 지는 사람으로, 예컨대 모회사나 고용주 이외의 자에게까지 이를 넓힐 필요가 생기는 경우가 있다. 판례 등에 의하여 그 하나의 판단기준으로 삼는 것은 "근로자의 근로조건에 현실적 혹은 구체적인 지배력을 가진 자"이다. 이는 노사관계에 있어서 그러한 경우에는 고용주 이외의 자에게도 노동조합법상의 사용자책임을 물을 수 있도록 하는 것이다. 이는 근로계약의 당사자인 고용주를 면책하는 사용자개념의 "전환"이 아니라, 그 "확대"라는 개념이다.

따라서 본 사건의 경우 채무자는 채권자와 교섭하여도 해결이 되지 않고,

또한 채권자 이외에 "근로자의 근로조건에 현실적 혹은 구체적 지배력을 가지는 자"가 있다면 그러한 사람들을 상대로 교섭에 의하여 문제의 해결을 도모하는 것이 본래의 길이다. 채무자가 노동조합의 목적달성을 위하여, 우선 채권자에 대한 항의, 요구(임금 내지 손해배상의 지급)를 하는 것이 정당한 노동조합활동이라는 것은 부정할 수 없다.

2. 대등교섭과 사회적 지지의 필요

노사 간에 노동관계를 둘러싼 주장이 일치하지 않는 경우, 대등한 입장에서 단체교섭으로 문제를 해결하는 방법 외에는 없다. 그리고 그 경우, 근로자는 단체교섭을 타개하기 위해 필요한 경우에는 파업 및 기타 쟁의행위로 사용자에게 압력을 가하여 그 양보를 이끌어 내는 쟁의행위를 행하는 것을 권리로서 인정되고 있다.

그러나 본 사건의 경우, 임금을 받지 못한 조합원이 해고되어, 파업을 행할 수가 없었다. 사용사의 양보를 끌이내기 위한 수단은 쟁의이 사실을 널리 사회에 알려, 사회적 지지에 의하여 사용자에게 해결을 촉구하는 방법 외에는 없다. 본 사건의 전단지 살포는 그야말로 언론의 자유를 행사하는 선전활동이었던 것이다.

3. 명예훼손인가

채권자는 이 전단지 내용에 "급료 미지급 사건", "부당해고사건", "계획도산사건", "단체교섭신청에 아무런 응답도 없음" 등이 있었음을 이유로 하여, 이는 채권자의 사회적 신용을 떨어뜨리는 명예훼손이라고 주장하였다. 그러나 그 전단지의 내용은, 노동관계에 관한 노동조합측의 주장이었다. 그리고 이전의 노동기본권에 (노동기준법 위반의 범죄, 노동조합법 위반의 부당노동행위 등) 국민적 관심사, 공공의 이익이 걸린 문제이다. 이를 널리 사회에 알려, 그 주장의 시비를 판단해 달라고 하는 것은 언론의 자유의 범위 내에 있고, 노동조합활동으로서 정당한 것이라고 말할 수 있다.

그리고 만약 그 주장이 틀렸다고 한다면 채권자는 단체교섭에 의하여서 그 부정을 주장하거나 그 사실을 사회에 알려, 언론에 대한 언론을 통한 대응을 하거나, "노동쟁의가 발생한 때에는 성의를 가지고 자주적으로 이를 해결하려는 특별한 노력(노동관계조정법 제2조)"을 하여야 하며, 필요하다면 노동관계조정법에 의한 노동위원회의 중재를 요청하는 것도 가능하다.2)

4. 프라이버시의 침해인가

채권자는 그 이름과 방 번호를 명기한 본 사건의 전단지 살포행위가 프라이버시의 침해행위라고 주장한다.

그러나 사용자는 노동관계에 관한 한은 근로자에 대하여 사회적 책임을 진다. 그 노동관계에 관한 "근로조건은 근로자가 인간다운 생활을 영위하기 위해 필요한 것을 충족하지 않으면 아니된다(앞의 노동기준법)". 임금 미지급이나 해고는 근로자의 가족에게도 심각한 영향을 끼친다. 이러한 문제를 안고서,

---

2) 센다이(仙台)고등재판소 2011년 제147호, 2012.9.28. 판결에 의하여 지지받은 아오모리(青森)지방재판소 2009년(ワ) 제431호, 동(東)일본 라이후(ライフ) 운송회사사건, 2011.2.23. 판결은, 피고들의 가두선전활동에서 호소한 "부당하게 해고당하였다"는 것은 사실에 반하는 것이라는 주장에 대하여 이를 부정하며 다음과 같이 말하고 있다. "노동조합이 퇴직을 강요하는 사용자의 행위를 해고라고 간주하며 싸우는 것은 일반적인 일이므로……피고들로부터……퇴직을 해고로 표현하여 호소한 것이, 사회적 상당성을 벗어난 부당한 것이라고까지는 말할 수 없다".

이 판결과 같이 사실의 평가·주장 등은 노사가 대립하기 때문에 분쟁이 일어난 것이고, 사용자가 조합측의 사실을 인식하는 것에 차이가 있거나 심지어는 평가와 주장을 손해배상청구로써 위축시키려고 하는 것 자체가 노동조합을 적대시한 탄압의 한 형태일 수 있는 이 아오모리(青森)지방재판소 판결은 이러한 노사관계의 실태를 제대로 통찰한 것으로 노동기본권 보장의 관점에서 평가할 만하다.

더욱이 고등재판소 판결이 회사측의 보충주장에 대하여 다음과 같이 판단하여 서술한 것도 참고할 만하다. "당해 가두(街頭)선전활동의 양태와 목적이 사회적 상당성을 일탈하려는 것이 아니라, 오히려 그 선전내용이 타인의 사회적 평가를 저하하는 것은 아닌가, 혹은 저하하려는 측면이 있다고 하더라도 그 내용이 진실이며, 또는 이를 행한 사람이 진실이라고 믿은 것에 대하여 상당성이 인정되는 한은, 당해 가두선전활동은 표현의 자유의 범위 내에 있다고 말할 수 있으며, 위법성이 없다고 인정할 수 있다".

부언하면, 앞의 제1의2(1)에서 인용한 미국연방대법원 판결이 지적하였던 것처럼, 노동관계의 문제는 더 이상 사적 관계의 문제가 아니다. 최근 원자력발전집단의 어두운 부분(闇)에 대한 기사를 둘러싸고, 그 게재 잡지사가 아닌 기자 개인에게 거액의 손해배상 소송을 당한 원전 슬랩(Slapp=공갈소송, 입막음식 소송)이 우려되고 있지만, 본 사건 재판도 유사한 의미를 가진다. 그리고 가두선전 등은 노사의 대립관계, 사회적 투쟁에서 전환주장을 관철하려는 선전이다. 용어에 엄격성을 요하는 학술 논문이나 전문 감정서가 아니다. 거기에는 상대방의 불성실에 대한 분노도 정치적인 형용사(예를 들면 '파시즘적' 등)이 사용되고 있다고 하더라도, 평가와 주장의 범위 내로 보아야 할 것이다.

그에 비하여 사용자의 저택 따위가 프라이버시로 지켜져야 할 성역처럼 취급하는 것은 공평에 반한다. 노동관계에 관한 한은 사용자는 근로자의 근로권이나 단결권(헌법 제27조·제28조)과 관련하여, 말하자면 공인으로서의 사회적 책임을 진다고 할 수 있다.

또한 이러한 항의활동은 어느 날 갑자기 일어나는 것은 아니다. 상대방의 불성실한 대응, 단체교섭의 거부, 혹은 교착상태를 타개할 필요가 있는 경우에 행하여진다. 예컨대, 국제법에서도 상대국이 부당하거나 위법한 행위를 한 경우에는 이에 대항하기 위한 대등의 행위가 보복 혹은 복수로서 적법, 정당화된다. 동시에 노사의 대립관계에 있어서도 사용자의 불성실, 노동조합 적대시와 같은 부당한 행위에 대하여 근로자 측의 통상보다 강한 행위가 인정되어야 하는 것은 공평의 원칙의 측면에서는 당연한 것이다.

제4 가압류 결정의 편파성

본건 가압류 결정은 다음 이중의 의미에서 잘못이라고 생각한다.

첫째, 앞에서 본 바와 같이 본안의 행위는 정당한 노동조합활동이라고 보아야 함에도 불구하고, 판결은 이를 안이하게 명예훼손, 프라이버시 침해라고 인정한 것이다. 적어도 그러한 결정을 내릴 때에는 최고재판소 판례에 의거하여 본 사건 행위가 정당한가의 여부를 "제반의 정황을 고려해 신중하게 판단" 하였어야 하였다.[3] 종래 의심도 없이 인정되어 온 개인의 자유나 재산권이라

---

3) 예컨대, 노동조합 게시판에 인사이동의 불명료성을 비판하는 문서를 게시하여, 직장 내 및 역 대합실에서 큰 소리로 회사를 비판하는 등 타 근로자의 징계해고 사건에 대하여, 타카마츠(高松)고등재판소, 시코쿠(四国)전력사건, 1956.2.17 판결은 이를 무효라고 하면서 다음과 같이 판시한다.

"회사는, 신청인이 회사의 인사이동에 즈음해, 고의로 사실 무근의 내용을 선전해 종업원의 인심을 현혹하여, 회사의 업무 운영을 방해하기 위하여 위와 같은 게시를 행하였다고 주장한다. 원래, 일반적·추상적으로 말하자면 이러한 행위는 위법한 것이라고 할 수 있을 것이나, 구체적으로는 그 목적, 행위의 양태, 행위에 이른 경위와 그 밖의 제반의 사정을 고려하여, 사회적 통념에 비추어 판단해야 함은 말할 필요도 없는 부분이며, 앞의 인정 사실에 비추어 보면, 신청인은 종업원의 근로조건 개선을 위하여 행한 것이라고 일단 추인할 수 있으며, 게시를 하기에 이른 경위 및 그 표현에 대해 현저하게 타당성을 결여한 것도 아니라는 점을 고려할 때, 비록 위의 게시 내용에 대해 사실과 다른 점이 약간 있고, 또 신청인이 그 사실 여부에 대해 확인할 방법을 강구하지 않았던 점이 있다고 하여도 그것이 전혀 허용할 수 없는 위법행위라

고 해도, 헌법 하에서 현재의 법질서로는 쟁의권과 대항하는 위치에 있고, "어느 정도의 제한을 받는 것은 당연하다"고 여겨지고 있기 때문이다.

그런데 본 사건 가압류 결정은, 쌍방의 사정을 실질적으로 고려하지 않고, 전단지 살포행위가 형식적으로 명예훼손과 프라이버시 침해에 해당한다고 하는 채권자의 신청을 받아들여 일방적으로 "그러한 신청을 상당하다고 인정"하여, 노동조합 계좌를 가압류하게 하였다.

둘째, 그 정당성의 판단은 별론으로 하더라도 가압류 결정은 노동조합 활동의 재정적 기초를 빼앗아 대등한 교섭을 불가능하게 만든다. 가압류에 의하여 노동조합 활동이 재정적으로 곤란하게 되고, 이에 의하여 회복이 불가능할 정도의 노동조합 파괴라는 결과를 낳게 되기도 한다. 그 결과 노동조합이 입게 되는 손해는 금전적으로는 헤아릴 수 없을 정도로 막대하다.

이 결정이 그 손해에 대하여 채권자의 불과 40만 엔의 보증으로 충분하다고 하고, 다른 한편 채권자의 명예훼손과 프라이버시 침해에 대한 채권보전으로서 노동조합 계좌 200만 엔까지 가압류를 인정한 것은, 노동기본권 보장에 반하는 너무도 편파적인 단결권의 경시라고 말하지 않을 수 없다.

이상

고는 할 수 없다(別册労働法律旬報 제297호)"

제17장 (남노회(南労会)사건)의견서 — 노동조합 차별에 의한 손해액(小松千尋외 35명의 손해액을 둘러싸고) (2012년 2월 27일, 오사카(大阪)지방재판소에 제출. 2013년 3월 11일, 화해 성립)

※ 사용자의 일방적인 근로조건 변경에 동의하지 않는 노동조합에 대한 차별적인 손해액이 다투어진 사건

본건은 제9장에서 다룬 남노회의 임금 미지급, 차별 등에 대한 손해배상 청구 사건이다. 본 의견서는 손해액의 산정 있어서도 미지급액뿐만 아니라, 단결권 침해에 대한 손해액을 고려하여야 한다고 지적하였다.

나아가 본건에서는 앞의 고소·고발이나, 항의집회 등의 힘이 있었고, 피고 측에서도 사태 해결을 찾는 움직임이 있어 그 결과, 2012년 3월 11일, 어느 정도 원고들의 요구를 인정하는 형태로의 화해가 성립하여 20년 이상 계속되어 온 쟁의가 해결하기에 이르렀다.

목차생략(역자 주)

제1 시작하며 — 왜 이 의견서를 제출하는가

남노회와 항합동(港合同)노동조합의 쟁의는 20년에 걸쳐 계속 되고 있다. 현재도 또한 13회에 이르는 일시금 미지급에 더하여 5회의 임금인상 미실시에 대한 청구소송이 일어나고 있다. 그 근본원인은 오사카(大阪)고등재판소(2007년 9월 26일 판결)가 "노동법제의 근본을 부정하는 위법, 부당한 행위"라고 단죄하고 있듯이, 남노회가 노동위원회의 명령을 이행하지 않고, 분쟁을 장기화하고 있는 것에 있다.

이는 전후의 헌법이 패전까지의 잘못에 대한 자각에 서서, 이른바 시민적 자유, 평등하게 머물지 않고, 근로자에게 있어서 이것을 실질화하는 불가결의 조건으로서 노동기본권을 보장한 역사를 역행시키는 것으로, 전후 일관해서 노동법의 연구를 계속해 온 사람으로서 간과할 수 없다.

본 사건에 대하여 그 문제성을 단결권 보장의 의의에 비추어 고려해 주셨으면 하여 본 의견서를 제출한다.

제2 의견의 골자

1. 근로조건 결정에 있어서의 근로자의 입장

"근로조건은 근로자가 인간다운 생활을 영위하기 위한 필요를 충족시켜야 하는 것이 아니면 아니된다(노동기준법 제1조)". 특히 임금은(노동기준법 제11조가, "이 법에서 말하는 임금이란, 임금, 급료, 수당, 상여 그 외에 명칭의 여하를 불문하고, 노동의 대상으로서 사용자가 근로자에게 지불하는 모든 것을 말한다"고 규정하고 있듯이, 시금, 퇴직금 등을 포함해 근로자의 생활을 유지시키고 있다), 근로자에게 있어서 그 이외에 방법이 없는, 자신과 그 가족의 생활을 지탱하는 직접적 기초이다. 그러나 근로자는 타인에게 고용되어 생활할 수밖에 없는 상태에 있으므로, 임금과 그 외의 근로조건 결정에 있어서도 사용자에 대하여 지극히 약자의 입장에 있다.

2. 단결권 보장의 필요

따라서 전후의 노동법은 생존권의 이념 하에 근로자의 지위 향상을 도모하기 위하여 근로자가 단결하고, 사용자와 대등한 입장에서 단체교섭을 통하여 근로조건을 결정하여야 한다고 보았다. 그러나 사용자에게 있어서 이는 종래 가능했던 개개 근로자에 대한 통제·지배력이 약화됨을 말한다. 따라서 이를 반기지 않는 사용자는 차별과 그 외의 수단으로 근로자의 단결력을 무너뜨리고 그 약체화를 유도한다. 단결권의 보장은 이러한 사용자의 방책을 배제하여 자유로운 단결을 장려하려는 데에 있다.

3. 단결권 보장의 실효성 확보

사용자의 단결권 와해 행위에 대하여, 단결권 보장의 실효성을 확보하기 위하여 설치된 것이 바로 노동위원회에 의한 구제명령제도이다. 또한 이는 일본이 비준하고 있는 ILO 협약 제98조(단결권 및 단체교섭권에 대한 원칙의 적용에 관한 조약)에 의하여, "단결권의 존중을 확보하기 위하여, 필요한 경우에는 국내 사정에 적합한 기관을 마련하지 않으면 아니된다(제3조)"고 되어 있는, 의무이행을 위한 제도이기도 하다.

4. 사용자의 행위에 의해서 발생한 단결권 침해행위상태의 시정

이러한 노동위원회의 구제명령제도에 대하여 최고재판소는 "단결권 및 당체행동의 보장을 목적"으로 하여, 부당노동행위를 금지한 "규정의 실효성을 담보하기 위하여 설치한 것"으로, "사용자에 의한 노동조합활동 침해행위에 이하여 발생한 상태를 위의 명령에 의하여 직접적으로 시정하는 것으로써, 정상적인 집단적 노사관계 질서의 신속한 회복 및 확보를 도모하는" 취지라고 하고 있다(제2하토(鳩)택시사건, 대법정 1977.2.23 판결, 최고재판소민사판례집 제31권 제1호, 93면). 단결권 보장을 위해서는, 사용자에 의한 그 침해 상태를 제거·시정하는 것이 필요하다는 것이다.

5. 남노회가 한 노동조합 차별에 의한 경제적 손해액

남노회는 타조합원이나 비조합원에게는 승급이나 일시금을 지급하면서, 원고측인 항합동(港合同)노동조합남노회지부 조합원에 대하여는 지급을 거부하고, 그 이유를 협정이 타결하지 않았기 때문이라고 주장하고 있다. 그러나 한편으로 근로계약·취업규칙에서 정하는 근로시간에 대하여는 몇 차례에 걸쳐 일방적으로 변경을 강행하고, 이에 따르지 않는 근로자의 임금을 공제하고 징계처분까지 하고 있다(그 부분은 별개의 문제이긴 하지만). 이 점에서 보더라도, 협정이 타결되지 않았기 때문이라고 하는 것은 남노회가 취업규칙에서 정하고 있는 지급을 하지 않기 위한 구실에 지나지 않는다. 원고들 지부 조합원에 대한 승급이나 일시금 지급의 거부는 남노회 지부 노동조합 약체화를 위한 위법한 단결권침해 및 노동조합차별이라는 것이 분명하다.

그로 인하여 발생한 원고들 지부 조합원의 경제적 손해액은 그 차별이 없었던 경우에 받을 수 있었던 금액과의 차액 상당액이며, 단결권 침해 상태 제거·시정을 위해서 배상이 필요하다고 하여야 한다.

6. 앞의 오사카(大阪)고등재판소 판결(2007.9.26)과의 관련 —"특별한 사정"의 존재

앞서 기술한 오사카(大阪)고등재판소 판결이 노동위원회 명령불이행을 "노동법제의 근본을 부정하는 위법, 부당한 행위"라고 판단한 점은 후술하는 바와 같이 지극히 정당하였다.

그러나 본건의 임금·일시금에 더하여 합의나 단체교섭에 의한 타결이 없으므로 경제적 손해는 인정할 수 없다고 한 점은 채권·채무라고 하는 계약상의 관계만을 보고(이 점에 대해서도, 근로계약이나 취업규칙과의 관계에서 문제가 되지만(후술 12면)), 전술한 단결권침해(조합차별)에 의해서 생긴 손해를 고려하지 않고 있으므로, 단결권 보장에 부족한 점이 있다고 하지 않을 수 없다.

그러나 이러한 오사카(大阪)고등재판소의 관점에서도 원고들의 경제적 손해가 부정된 것은 "향후 본건 임금인상이나 본건 일시금에 대한 개인 항소인 등과 피항소인 사이에서 합의나 단체교섭에 의한 타결이 불가능하거나 현저히 곤란한 등의 특별한 사정이 없는 한" 이었다. 또한 그 후 남노회의 태도는 후술하는 바와 같이 여전히 노동위원회 명령을 계속하여 불이행하고, 단체교섭에서 보다 악질적인 조항을 고집하는 등 "단체교섭에 있어서의 타결이 불가능하거나 현저히 곤란한 등의 특별한 사정"이 존재한다.

이리하여 남노회는 원고들에 대하여 차별이 없었던 경우와의 차액분의 경제적 손해의 책임을 지고 있는 것이 된다.

제3 의견의 이유

이하, 앞의 "의견의 골자"에 부연하여 말한다.

1. 본건의 중요성

첫째, 본건은 남노회가 13회에 걸쳐서 지부 조합원에게 일시금을 지급하지 않고, 5회의 임금인상 미실시로 인하여 원고 및 그 가족의 생활에 심대한 손해를 끼쳤다.

그 미지급 총액은 타조합원 및 비조합원과 비교하여 2배인 수천만 엔에 이른다고 한다. 근로자의 생존권의 관점에 의하여 가볍게 판단하여야 할 문제는 아니다.

둘째, 본건은 그 차별이 원고 노동조합에 대한 혐오와 적대시부터 궤멸 내지 약체화를 노려 행하여진 단결권 침해행위였다. 이 남노회가 일관하여 철저하게 노동조합 차별을 한 의노는 유효한 노동위원회 명령에도 따르지 않고, 긴급명령 위반으로서 과태료의 제재를 받거나 판결에 의하여 그것이 최종적으로 확정되었음에도 불구하고 명령불이행을 계속하였다. 그 때문에 현재, 오사카(大阪)지방검찰청 공안부에 대하여 형사사건으로서의 검토가 진행되는 사태에 있다. 이 정도의 악질적인 노동조합 차별은 단결권 보장의 관점으로부터 강하게 그 책임을 묻지 않으면 아니된다.

2. 근로자 생존의 관점 — 근로조건 결정의 원칙과 남노회의 행위

(1) 근로조건 결정의 원칙

① 전후의 헌법은 노동기본권을 보장하였다. 근로자도 "개인으로서 존중(헌법 제13조)" 받지 않으면 아니되며, 최고재판소에 의하면 "이 노동기본권 보장의 목적은 헌법 제25조에서 보장하고 있는 생존권의 보장을 기본이념으로 하여 근로자의 인간다운 생활을 보장하는 것이라는 견지에서, 한편으로는 헌법 제27조에서 정하고 있는 바에 의하여 근로의 권리 및 근로조건을 보장하는

것과 동시에(이하 생략)"라고 되어 있다(도쿄(東京)중앙우체국사건, 대법정 1966.10. 26 판결, 최고재판소형사판례집 제20권 제8호, 901면).

이 헌법 제27조를 기반으로 하는 노동기본법 제1조 제1항은 근로조건의 원칙으로서 "근로조건은 근로자가 인간다운 생활을 영위하기 위하여 필요한 요건을 충족시켜야 한다"고 규정하였다. 동법 제2조 제1항은 "근로조건은 근로자와 사용자가 대등한 입장에서 결정하여야 한다"고 정하고 있다.

② 또한 "근로자란, 직업의 종류를 불문하고 임금, 급료 그 밖에 이에 준하는 수입에 의존하여 생활하는 사람을 말한다(노동조합법 제3조)". 즉, 근로자는 타인에게 고용되어 근로의 대가를 얻는 것 이외에는 생활의 기반을 가지지 않는다. 그러므로 임금(일시금, 퇴직금 등을 포함)은 근로자 본인 및 그 가족의 생활에 있어서 유일한 버팀목이다. 이는 사용자가 일방적으로 결정하는 것이 아니라, 노사가 대등한 입장에서 교섭하여 "근로자가 인간다운 생활을 영위하기 위하여 필요한 요건을 충족시켜야 할 것"이라는 것이 헌법 하에서의 노동법의 입장이다.

(2) 남노회의 행위

그럼에도 불구하고, 근로조건의 결정에 있어서 남노회는 무엇을 하였는가.

1991년 이후 몇 회에 걸쳐서 근로시간을 일방적으로 변경하여, 종래부터 계약대로의 노무 제공에 대하여 임금을 공제하고, 그 변경에 따르지 않는 경우에는 징계처분까지 하였다.

또한 승급이나 일시금에 대하여는 노동조합이 도저히 받아들일 수 없는 조항을 제안하여, 노동조합이 이에 합의하지 않는다는 것을 구실로 지급을 거부하였다. 이는 법과 신의칙에 반하고 원고들의 생존권을 위협하는 위법한 차별이며, 평등한 취급을 받을 권리를 침해하는 것이라고 밖에 볼 수 없다.

3. 단결권 보장의 관점

(1) 노동조합 차별은 단결권의 침해

게다가 원고들의 생존권을 위협하는 위법한 차별은 무엇 때문에 행하여졌는가. 그것은 원고들의 노동조합의 붕괴 내지 약체화를 유도하는 것 이외에는 생각할 수 없다. 재판소의 긴급명령을 받아도 구제명령을 이행하지 않고, 확정판결이 있어도 불이행을 계속한다는 것은 노동조합 무력화라는 의도가 강고함을 나타내는 것이다. 그것은 진정으로 "노동법제의 근본을 부정하는" 단결권의 침해이다. 다음으로, 이 노동위원회에 의한 구제제도와 사용자의 명령이행의무의 중요성에 대하여 말하여 둔다.

(2) 노동위원회의 구제명령과 남노회의 명령불이행

① 노사관계는 사용자의 단결파괴행위에 의하여 변동된다. 그 행위에 의하여 노동조합이 붕괴 또는 약체화되고, 그 때에 가서 차별행위는 위법이라고 주장하더라도 그 회복은 불가능하거나 어려워진다. 예컨대, 스포츠의 시합 중에 반칙이 있을 때에는 즉시 심판이 시합을 중단하고, 그 자리에서 제재를 과해 시합을 재개시키는 것과 같은 신속한 조치가 필요하다. 노동위원회의 구제명령도 이와 같이 "사용자에 의한 노동조합활동 침해행위에 의하여 발생한 상태를 위의 명령에 의하여 직접 시정함으로써, 정상적인 노사관계 질서의 신속한 회복과 확보를 도모(앞의 최고재판소 제2하토(鳩)택시사건 판결)"하기 위한 것이다.

따라서 노동위원회의 구제명령은 그 확정 전이라도 사용자는 이를 이행해야 할 의무가 있다. 이것은 노동조합법 제27조이12 제4항, 노동위원회 규칙 제45조, 행정사건소송법 제25조 제1항에 명문의 규정이 있을 뿐만 아니라, 카와다 에츠코(川田悦子) 중의원 의원의 질문에 대한 코이즈미 준이치(小泉純一) 명의의 정부 답변서(內閣衆質 156 제86호, 2003년 6월 6일)에서도 확인되고 있다. 이것은 단결권 보장의 실효성 담보를 위한 중요한 규정이며, 그것이 지켜지지 않으면 악질적인 사용자가 재심 및 행정소송을 지연시켜, 그 사이에 노동조합 파괴를 실현하게 될 수도 있다. ILO 결사의 자유 위원회보고에서도, 구제의 지연은 "사회정의의 부정이며, 그 결과 관계자의 조합격이 부정되게 되는 것"이라고 지적하고 있다(1999년 11월 18일, 국철노동조합의 제기에 의한 1991호 사건, 제270항). 노동위원회 구제명령의 이행의무는 단결권보장의 핵심이라고도 할 수 있다. 그렇지 않으면 사용자는 분쟁을 지연시킴으로써 "단결파괴, 부당노동행위로 인한 이득"이라는 결과를 얻기 때문이다. 그 의무의 이행이 "노동법제의 근본"이라고 말하는 근거이다.

② 그러나 남노회는 구제명령 불이행을 계속하여 노동위원회 구제명령에 따를 것을 명하는 재판소의 긴급명령에도 위반하여 과태료의 제재를 받았다. 그뿐만 아니라, 명령이 확정되어도 이에 따르지 않고, 형사사건으로의 절차마저 진행되고 있다.

헌법은 재산권과 함께 노동기본권을 보장하고 있다. 헌법상 재산권 등의 "일반적 기본적 인권과 근로자권의 조화(야마다(山田)광업사건, 최고재판소대법정 1950년 11월 15일 판결)"가 필요한 이상, 재산권의 침해가 절도죄, 강도죄 등으로 처벌된다면, 본래 단결권 침해도 범죄로서 처벌되어야 한다. 하지만 노동조합법은 구제명령이 확정판결에 의하여 지지를 받았을 경우, 그 명령 위반만 처벌하는 것으로 하였다. 이는 노동위원회의 심리에는 사용자단체의 추천에 근거하여 임명되는 사용자위원도 참여하여, 개개의 사건의 당사자인 개별 사용자에 대하여 윤리적 권위를 가져, 그 명령에는 자발적 이행이 기대되는 것을 전제로 한 것이다. 하지만 남노회와 같이 그 전제를 뒤집는 사회윤리가 부족한 사용자의 존재를 볼 때, 이 점은 법의 결함이라고 말하지 않을 수 없다. 그러나 수백 건의 부당노동행위를 하고, 명령불이행만으로는 벌칙이 없다는 것을 이용하여 그 불이행을 계속하여 부당노동행위의 백화점이라고 불리기도 한 JR사 조차도 확정판결이 나왔을 때는 이를 따랐었다. 과태료의 제재금을 지불하고 확정판결이 나와도 차별을 고치려고 하지 않는 남노회는 법령준수(compliance)와 기업윤리, 사용자의 사회적 책임이 부족한 전대미문의 반노동조합 사용자라고 말하지 않을 수 없다.

(3) 고의에 의한 새로운 전제조건 제안—타결 방해

단체교섭에 있어서의 남노회의 제안은 2010년 2월의 일시금 미지급 사건의 판결 후에 바뀌었다. 위법으로 여겨진 지각·조퇴 감액조항, 기장착용 반액 감액조항, 경고서 등 감액 조항은 철회하였다. 그러나 함께 금지되고 있는 타결월(妥結月) 실시조항은 그대로이며, 원고들에 대하여 철회한 조항을 웃도는 불이익을 주는 사정(査定)조항을 제안하여, 원고들이 이를 받아들일 수 없는 것을 예측하여 이를 고집하였던 것이다(오사카(大阪)고등재판소 판결과 관련하여

"특별한 사정의 존재"로 상술).

하지만 최고재판소 판례에 대하여도, 연말 일시금 교섭에 임하여 노동조합 분회의 "받아들일 수 없을만한 전제조건을 분회가 수락하지 않을 것을 예측할 수 있었음에도 불구하고, 굳이 이것을 제안하여 고집"하여 단체교섭을 결렬시킨 것을 부당노동행위로 보고 있다(일본 멜 오더(mail order, メール·オーダ) 사건, 1984년 5월 29일 판결, 부당노동행위명령집 구제편(1) 3584, 19면). 남노회의 교섭태도는, 외형상은 명령에 의하여 금지된 조항의 일부를 철회해 양보한 것처럼 보이게 하면서도, 실질적으로는 타결 방해의 탈법행위였다고 말하지 않을 수 없다.

4. 원고들의 경제적 손해

(1) 남노회 지부 조합원 개인이 받은 손해

단결권 보장의 관점에서 보면, 남노회의 반노동조합적 차별적 행위에 의하여 남노회 지부 조합원은 그 정신적 손해는 별개로 하더라도 임금인상분이나 일시금에 대하여 불이익하게 다루어져 경제적 손해를 입었다. 그 금액은 차별이 없었으면 지불되었을 것이 명확한 금액 상당액이다.

(2) 노동조합이 받은 손해

동시에 남노회의 지부 조합원에 대한 차별적 행위에 의하여 원고 노동조합 등도 또한 손해를 입었다. 거기에 따른 정신적 손해는 별개로 하더라도, 임금 상승분이나 일시금에 대하여 불이익하게 다루어진 조합원의 생활지원과 남노회의 책임추궁운동을 위한 시간적, 금전적 지출을 할 수밖에 없었다. 그 금액도 또한 남노회의 불법행위에 의하여 발생한 손해이다.

5. 오사카(大阪)고등재판소 판결과의 관련 — "특별한 사정"의 존재

본건에 대해서는 기본적으로 이상과 같이 생각하지만, 나아가 앞에서 인용한 오사카(大阪)고등재판소 판결(2007.9.26)과 관련하여도 같은 결론에 도달한다.

(1) 고의에 의한 타결 방해

위 판결은 임금인상이나 일시금에 대하여 단체교섭에 의한 타결이 없으므로 이에 대한 "청구권의 침해는 원칙적으로 생각(觀念)할 수 없다. 그렇다면 이후 본건 임금인상분이나 본건 일시금에 대한 개인 항소인 등과 피항소인 간의 합의나 피항소인 노동조합 간의 단체교섭에 있어서의 타결이 불가능하거나 현저히 곤란한 등의 특별한 사정이 없는 한은 개인 항소인 등에 대하여 ①의 손해가 아직 발생하고 있지 않다고 해석하는 수밖에 없다(판결서 17~18면)"고 하였다. 하지만 본건에 있어서의 이 "특별한 사정"은 다음 두 가지 점에서 그 존재가 인정된다.

① 남노회는 그 후의 단체교섭에서 지각·조퇴감액조항, 기장착용 반액 감액조항 및 경고서등 감액조항의 3조항은 철회하였지만, 타결월(妥結月) 실시조항은 그대로이며, 또한 양보하였다고 하는 조항 대신에 사용자에 의한 사정(査定) 조항이나, 채권·채무 등의 청산조항의 삽입을 주장하고 있다. 게다가 그 사정의 기준은 사용자의 재량이라 할 뿐 아무 것도 분명히 하지 않았다.

나아가 타결월(妥結月) 실시조항은 오사카(大阪)고등재판소 판결에 의하여 "피항소인 측에 일방적으로 유리한 일이 되는 것임과 동시에 항소인 등에 있어서는 도저히 수락하기 어려운 조항이었던 것(판결서 10면)"이라고 인정되었다.

사정조항에 대해서는 본래 근로조건은 근로자의 인간다운 생존과 관계되는 것이므로 사용자는 근로계약의 체결에 즈음해, 근로자에게 이를 명시하여야 한다(노동기준법 제15조).

그런데 남노회는 이 사정조항을 삽입하면서 사정이라 하고, 철회한 조항과 실질적으로 동일한 감액을 실시하는 것을 가능하게 한 것뿐만이 아니다. 감액의 기준이 전혀 없을 뿐만 아니라, 한층 더 많은 감액마저 염려된다. 근로자는 자신이 어느 정도의 임금을 얻을 수 있는지, 부당노동행위를 반복하여 온 사용자의 자의(恣意)에 백지위임할 수밖에 없었던 것이다. 이 남노회가 새롭게 제안하여 집착하고 있는 조항은 철회한 조항에 대신하는, 보다 악질적인 탈법행위라고 하여야 하는 것이다. 이 점은 남노회의 재심사 신청을 기각한 중앙노동위원회 명령(2011년 11월 16일)에 의하여 "긴급명령이 금지한 타결 조건을 잠탈하는 것"이다.

또한 청산조항은 20년에 걸쳐 부당노동행위를 계속하여 오면서 이것을 모두 소멸시키려는 것이며, 노동조합으로서 도저히 받아들일 수 있는 것이 아니다.

어떻든 고의로 교섭 타결을 곤란하게 하여 지연시켜, 지불의 회피를 도모하는 것과 다름이 없다.

그리고 남노회는 본래 원고들 근로자에게 지불하여야 할 금액을 "확정하고 있지 않다"는 것을 구실로 하여, 결산서에도 계상하지 않고 방대한 금액을 누적시켜 왔기 때문이기도 하다.

② 남노회는 유효한 노동위원회의 구제명령을 이행하지 않고, 위 고등재판소 판결에서 "명령을 받은 당사자가 그 명령에 따라야 한다는 것은, 명령에 관한 이행확보 규정이나 명령위반에 대한 제재규정의 유무와 관계없이, 부당노동행위 구제제도로서 정하여진 노동조합법상의 의무라고 하지 않으면 안된다. 그럼에도 불구하고 피항소인(남노회)은 일관적으로 부(府)노동위원회에 의한 본건 구제명령이나 중앙노동위원회의 이행권고에 따르지 않고, 이것을 계속 무시하고 있는 것인데, 이러한 피항소인의 태도는 노동법제의 근본을 부정하는 위법, 부당한 것이라고 할 수밖에 없다(판결서 16~17면)"고 단죄되었다.

이러한 판결을 받으면서, 남노회는 구제명령 불이행을 계속하고 그리고 앞에서 서술한 바와 같이 재심사를 신청한 중앙노동위원회로부터 신청이 기각되었다. 그 뿐만 아니라, 재판소의 긴급명령에도 따르지 않고, 2010년 5월에는 일시금미지급 사건(과태료 400만엔)과 별건의 임금삭감 사건(과태료 100만엔)으로, 합계 500만 엔의 과태료의 제재를 받고 있다. 게다가 판결에 의하여 확정된 구제명령도 위반하여, 오사카(大阪)지방검찰청에서 형사사건으로서 절차가 진행된다고 하는, 철저한 원고 노동조합 파괴의 확신범이라고도 할 수 있는 행동을 계속하고 있다.

이러한 상황을 볼 때 본건에 대하여 남노회는 원고(조합측)가 타결할 수 없는 조항을 고집하면서 단체교섭을 타결시키지 않으려 하고 있다고 밖에 볼 수 없다. 그것은 단체교섭의 형해화, 실질적인 단체교섭 거부이며, "본건 임금인상이나 본건 일시금에 대한 개인 항소인 등과 피항소인 간의 합의나 피항소인 노동조합의 간의 단체교섭에 있어서의 타결이 불가능하거나 현저히 곤란한 특별한 사정"이 있다고 하지 않으면 안된다.

(2) 근로계약 위반

부언하면, 남노회는 원고들에게 임금인상 및 일시금 지급을 하지 않았지만, 그 취업규칙에 근거하는 임금규정에서는, "승급은 매년 4월에 실시한다(제7조)", "진료소는 매년 7월 및 12월에 진료소의 실적, 직원의 근무성적 등을 감안하여 상여금을 지급한다(제11조①)"고 명시되어 있었다.

그리고 노동계약법 제4조(노동기준법 구법 제93조)에서는 "취업규칙으로 정하는 기준에 이르지 않는 근로조건을 정하는 근로계약은 그 부분에 대하여 무효로 한다. 이 경우에 무효가 된 부분은 취업규칙으로 정하는 기준에 의한다"고 규정한다.

이러한 점에서 보면, 원고측은 종래부터 정기승급이나 일시금의 지급을 받는 근로계약을 체결하고 있었고(본래 남노회는 노동기준법 제15조 및 동법 시행령 제5조에 의해 서면으로 이를 교부하고 명시하지 않으면 안 되었다), 만일 그렇지 않다고 하더라도 최소한 취업규칙의 기준에 이르지 않는 근로계약의 효력을 인정하지 않는다고 하는 법률상의 규정에 의하여, 계약상 타조합원 및 비조합원과 같은 임금규정의 기준에 의한 매년 승급 및 상여에 대한 채권을 가지고 있다고 볼 수 있다. 따라서 남노회의 채무불이행에 의하여 그 금액에 상당하는 손해가 생겼다고 해석하는 것이 타당하다.

제4 결말

이상과 같이 본건으로 원고들은 생존권과 단결권에 관련되는, 14년 동안에서부터 21년 동안에 걸친 오랜 세월 동안의 악질적인 차별에 의하여 심대한 손해를 입고 있다. 이것을 사법이 방치하는 것은 강자의 무법(無法)에 가세하는 것이며, 법과 재판에 대한 신뢰를 근본으로부터 뒤엎는 것이 될 것이다.

C. 단결교섭권 외의 것에 관한 것

第18장 (노동조합·반(反)구조조정(リストラ)·매스컴(マスコミ) 근로자 회의·산케이(産経)위원회, 마츠자와(松沢)사건) — 단체교섭은 노동조합이 아니면 불가능한 것인가(중앙노동위원회 2008년 4월 16일 명령 비판)

Ⅰ. 단체교섭은 노동조합이 아니면 불가능한 것인가

2010년 3월 5일, 도쿄(東京)지방재판소에 제출. 패소한 "산케이(産経)노동조합사건"은 기존의 기업내 조직의 노사 유착에 대하여 비판한 마츠자와(松沢)씨가 새로운 조합을 설립하여 단체교섭을 요구하였으나 사용자가 노동조합의 요건을 충족하고 있는지 미확인이라는 이유로 이를 거부하는 등의 차별행위를 한 사건이다. 단체교섭의 상대는 노동조합에 한정되는지 아닌지가 문제이다. 노동조합법은 근로자의 대표자의 교섭권한을 규정하고 있다. 법문을 무시하고 법문에 없는 제약을 가하는 것에 대한 시비(是非)를 묻고 있다.

의견서의 Ⅰ은 중앙노동위원회 명령을 비판하고 도쿄(東京)지방재판소에 제출한 것이며, 의견서 Ⅱ는 도쿄(東京)지방재판소 판결을 한층 더 비판하고 도쿄(東京)고등재판소에 제출한 것이다.

목차생략(역자 주)

제1 시작하며

1. 비판의 골자

표기(標記) 명령에는 단결권 침해에 대한 신속한 원상회복이라고 하는 부당노동행위 구제제도의 취지를 위하여 설치된 것이 노동위원회의 역할이라는 점에서 볼 때 간과할 수 없는 잘못이 있다.

첫째, 재판소와는 다른 노동위원회제도라는 독자적인 행정구제제도의 의의를 상실하고 있다는 점이며, 둘째, 내용적으로도 역사적으로 그 필요성이 강조되어 온 단결권 침해의 배제라고 하는 부당노동행위제도의 취지에 반하고 있다는 것이다.

둘째의 문제는 후술하기로 하고, 여기에서는 우선 첫째 문제에 대하여 서술한다.

2. 노동위원회의 역할

(1) 근로자의 권리구제기관으로서 재판소와는 다른 노동위원회제도가 왜 설치되었는가. 이는 통상의 재판소가 개인의 정적인 권리의무관계의 판단, 그 권리침해의 구제기관으로서는 적합하다고 하더라도, 동적이고 집단적인 노사관계에 있어서의 권리침해의 회복이라고 하는 점에 대하여는 불충분하기 때문이다.

(2) 일본이 비준하고 있는 ILO(국제노동기구) 제87호 조약 및 제98호 조약에서는, 가맹국은 단결권 존중의 확보를 위하여 모든 조치를 취할 것과 그것을 위해 국내 사정에 적절한 기관을 마련하는 것을 약속하고 있다(제87호 제11조, 제98호 제3조). 노동위원회제도는 이 국제적 의무에 대응하는 것으로서의 단결권 침해에 대한 구제의 전문기관이다.

따라서 최고재판소도 노동위원회의 구제명령제도의 의의에 대하여는 동 제도가 단결권 침해를 부당노동행위로서 금지하는 노동조합법 제7조의 "실효성을 담보하기 위하여 사용자에 의한 노동조합활동 침해행위로 생긴 상태를 위의 명령에 의하여 직접 시정함으로써, 정상적인 집단적 노사관계 질서의 신속한 회복을 도모하는" 것에 있다는 것을 명시하고 있다(제2하토(鳩)택시사건, 대법정 1977.2.23 판결, 労働判例 제269호).

(3) 그런데 위의 명령취소소송의 소장에 의하면, 도(都)노동위원회는 13년 가까이 심리를 지연시켜, 원고의 지위확인소송의 패소확정을 기다려 구제기각명령을 내리고, 중앙노동위원회도 재심 신청을 기각하였다는 것이다(13면).

도(都)노동위원회의 신청기각이 의도적으로 신청인의 패소를 기다린 것인지 어떠하였는지는 별론으로 하더라도, 13년의 심리지연이나 신청기각이 "원상에의 신속한 회복"이라는 제도의 취지에 반하는 것임은 분명하다.

(4) 집단적 노사관계에 있어서 단결권 침해의 신속한 회복이 필요한 이유는 무엇인가. 노사관계는 상대방과의 대응관계에 있어서 동적으로 전개하여 나가는 것이다. 예컨대, 스포츠 시합의 도중에 한 쪽이 반칙을 행하는 경우에는 그 자리에서 심판이 시합을 중단시키고 시정조치를 강구해야 할 것이지 시합이 끝나고 나서 위반이 있었다고 해 보아야 그 때는 이미 늦는 것이다. 이와 같이, 사용자의 단결권 침해가 방치되면 그 축적으로 인해 근로자는 단결이 괴멸 또는 약체화되는 등 회복하기 어려운 손해를 입게 된다. 이를 피하기 위해서는 적시의 신속한 회복이 필요하다. 그렇기 때문에 재심이나 행정소송의 길을 열어두면서도 노동위원회에 의하여 우선적으로 구제하여 명령확정 전에도 사용자에게 이행의 의무를 지게 하는 것이 본 제도의 취지라고 할 수 있다.

(5) 또한 앞의 소장에 의하면 본건 명령은 피고 중앙노동위위원회가 내린 명령에도 불구하고, 징계해고 무효소송에 있어서의 재판소의 판단에 따라 노동위원회에 있어서의 행정구제의 역할을 스스로 눈감는 것이 되고 말았다(14면).

그 내용의 검토는 후술하겠으나, 적어도 구제를 요청하는 당사자에 대하여 그 요청을 무시하는 것은 노동위원회의 권위를 스스로 실추시키는 일이다. 도(道)노동위원회는 일찍이 앞의 제2하토(鳩)택시사건의 상고에 의하여 중간수입의 공제 문제에 대하여 최고재판소 판례를 변경시켰다. 이러한 역사를 상기할 필요가 있을 것이다.

제2 단체교섭거부의 부당노동행위

1. 노동조합법 제7조 제2호의 취지

중앙노동위원회는 본건에서 반복된 단체교섭 거부에 대하여 부당노동행위의 성립을 부정한 이유로서,

(1) 2006년 1월 28일부터 2월 3일까지의 시기의 수차례 단체교섭 신청에 대하여는 그 조직이 "통상의 노동조합이 사용하는 명칭이나 조직이 아니었으므로, 회사는 동 위원회가 노동조합의 실태를 가지는 조직인가 여부를 확인하기 위하여 노동조합 규약 등을 요구한 것이었다고 생각된다", "회사가 노동조합의 법적 적합성에 대하여 의문을 가지고 노동조합에 대하여 노동조합 규약 등 그 실태를 파악하는 자료의 제출을 요구하고, 그 제출이 있을 때까지 교섭을 하지 않는 태도를 취하였다고 하더라도 이는 불가피한 것이라고 생각된다(70~71면)"고 하였다.

그러나 이러한 이유를 읽으면, 중앙노동위원회는 명령을 내리면서 법률론으로서 가장 기초적인, 법률의 조문을 확인하였는지 아닌지 묻고 싶어진다. 노동조합법 제7조 제2호가 사용자에게 금지하는 것은 "법에 적합한 노동조합"과의 단체교섭 거부가 아니고, "고용한 근로자의 대표자"와의 단체교섭 거부이다. 마츠자와(松沢)가 회사가 "고용한 근로자"이며, 또한 "고용한 근로자의 대표자"인 것은 그 요구사항에서도 분명하다. 그러한 신청을 회사가 "노동조합의 실태"나 "노동조합의 법적 적합성"을 운운하거나 마츠자와(松沢)가 새로이 노동조합을 결성하였는데도 마츠자와(松沢)에게 조합원의 자격이 없었다는 점 등을 문제삼는 것은 확실한 트집이며, 단체교섭 거부의 정당한 이유가 될 수 없다.

(2) 미조직 근로자가 노동조합의 형식을 정비하거나 그러한 노동조합이 노동위원회에 의한 자격증명을 얻으려면 어느 정도의 시간을 필요로 한다. 그러나 미조직의 근로자가 부당한 취급을 받거나 혹은 본건도 그 예에 속하지

만, 기존의 노동조합을 어용조합화 하여 그렇지 않아도 사용자의 사상적 영향을 받아 조합원의 이익을 지키려고 하지 않는 경우에는, 긴급하게 새로운 노동조합 내지 그룹으로서 단체교섭을 요구하는 일도 그렇게 드문 경우는 아니다. 예컨대, 기존의 노동조합이 부당한 인원정리안 내지 근로조건의 저하를 용인했을 경우를 생각할 수 있다. 그 경우, 사용자가 노동조합 자격을 운운해 자주적인 그룹의 단체교섭을 거부할 수 있다고 하면, 그것은 근로자가 스스로 바라는 노동조합을 선택·결성하는 자유가 부정되어, "단결권의 자유로운 행사의 확보(제89호 제11조)"에 반하게 된다. 즉 노동조합법은 "근로자가 그 근로조건에 대하여 교섭하기 위하여 스스로 대표자를 선출하는 것과 그 밖의 단체행동을 실시하기 위하여 자주적으로 노동조합을 조직하여 단결을 옹호하는 것" 및 "사용자와 근로자와의 관계를 규제하는 단체협약을 체결하기 위한 단체교섭을 하는 것 및 그 절차를 조성하는 것"이라는 법목적(동법 제1조)을 정하고, 제7조 제2호가 사용자에 대하여 "법으로 적합한 노동조합"뿐만 아니라 "고용한 근로자의 대표자"와의 단체교섭 거부를 금지하였던 것도 여기에 그 의미가 있다.

(3) 그 새로운 조합 내지 그룹이 형식적인 자격증명을 얻을지 어떨지 하는 것은 별개의 문제이다. 본건에서는 이후에 노동위원회의 자격증명을 얻고 있지만, 만일 그 증명을 얻지 못한 경우에도, 사용자의 "고용한 근로자의 대표자"와의 단체교섭 거부가 제7조 제2호 위반이라는 사실에는 변함이 없다. 그리고 부당노동행위에 대한 구제신청이 가능한 것은 자격을 인정받은 노동조합만이 아니다. 최고재판소 판례는, "노동조합법 제27조에서 정하는 노동위원회의 구제명령제도는, 부당노동행위에 대해 일정한 구제이익을 가진다고 인정되는 노동조합 및 근로자에 대해, 각각 독립의 구제신청권을 보장하는 것이다(국철노동조합채용차별(본주)(国労組合員採用差別(本州))사건 소송참가신청사건, 제1소법정 2002.9.26 결정, 判例時報 제1807호)"라고 명시하고 있다.

(4) 부언하면, 노동조합법 제6조는 "노동조합의 대표자 또는 노동조합의 위임을 받은 사람"의 교섭권한을 정하고 있다. 이는 노동조합의 단체교섭에 그 대표자가 적임자인 것은 당연하지만, 그 뿐만이 아니라 노동조합이 교섭력

의 강화를 위하여 상부조직 혹은 지역조직의 담당자 등에게 교섭권한을 위임하는 일이 있다. 그러한 경우 조합의 위임을 받은 사람은 교섭권한이 있다고 하는 당연한 일을 재차 조문에 명기하여, 사용자가 교섭에 임하는 것이 조합원이 아니라는 것을 구실로 하여 단체교섭을 거부하는 것을 봉쇄하기 위한 규정이다. "법적합의 노동조합"이 아니면 단체교섭을 할 수 없다고 하는 규정은 아니다.

(5) 또한 하카다(博多)남우체국사건(도쿄(東京)고등재판소 1990.4.25 판결)에서는, 새롭게 결성된 조합의 단체교섭 신청에 대하여, 우정대신(郵政大臣)이 교섭위원을 지명하지 않고 예비 절충을 신청한 것이 단체교섭거부에 해당하지 않는다고 하였다. 그러나 그 판결 자체의 당부의 문제는 별론으로 하더라도, 당시의 공공기업체노동관계법(公共企業体等労働関係法) 제3조 제1항은 노동조합법과의 관계에 대하여 노동조합법 "제7조 제2호 중, "사용자가 고용한 근로자의 대표자"라는 것은 "노동조합을 대표하는 교섭위원"으로……한다"고 규정하고 있었다. 즉 이 판결은 본건과는 적용법규를 달리하고 있어 같은 선상에서 논할 수 없다.

2. 단결권 보장과 사용자의 중립유지의무

같은 달 8일 이후의 단체교섭 신청에 대하여, 중앙노동위원회는 회사가 "단체교섭의 사내에서의 개최"나 "의사록의 작성"은 "회사에는 부적합"하다고 하여 이를 거부한 것은 정당하다고 하는 회사의 주장을 시인하고 있다(72~73면).

그러나 소장 91면에서 지적하고 있듯이, 이러한 회사의 태도는 산케이(産経)노동조합에 대하여는 인정하고 있는 것을 마츠자와(松沢)의 노동조합에 대하여 부정하는 것이며, 복수노동조합에 대한 사용자의 중립유지의무(최고재판소 닛산(日産)자동차사건, 1985.2.23 판결)의 위반이다. 이것을 거부의 정당한 이유로 인정하는 것은 노동조합 차별의 공인과도 같다. 그러한 판단은 특정한 노동조합 보호의 기관이 아니고, 모든 자주적 단결의 권리보장의 실효성을 담보하는 기관으로서의 노동위원회의 의무에 반한다.

또한 회사의 입장에서 실질적으로 생각하여도, 이러한 조건을 인정하는 것은, 이후에 단체교섭의 경과에 대하여 상호의 이해의 차이를 막는데 도움이 되는 장점이 있을 것이다. 만약 야기누마(柳沼)상무가 그 조건을 "회사에 있어서 부적당(명령서 72~73면)" 하다고 주장하는(다만 그 이유의 설명은 없다) 것이라면, 이는 마츠자와(松沢) 등의 노동조합을 산케이(産経)노동조합과 대등한 것으로 회사가 공인하였다는 예측효과를 기업 내에 미치게 하는 것이고, 그 자체로 법의 보호를 받게 된다.

제3 노동조합 기관지(機關誌) 회수는 정당한 조합활동에 대한 지배개입

1. 근로자의 인간다운 생활의 부정은 기업시설관리권의 한계를 넘는다

(1) 중앙노동위원회 명령은 마츠자와(松沢) 등의 기관지의 배포도 "회사가 가지는 시설관리권에 의한 일정한 제약을 면하지 못하고(74면)", 사전의 허가제를 취하는 취업규칙에 위반하는 것이므로 그 회수행위는 지배개입에 해당하지 않는다고 한다. 그러나 이 또한 노동관계에 있어서의 근로자의 이익을 무시하여 취업규칙이나 시설관리권을 절대시하는 잘못된 판단이다.

(2) 우선, 직장시설관리권은 시설의 관리이지 근로자를 관리할 권리는 아니다. 시설관리로서 안전보장·유지를 위한 화기의 취급 또는 위생상의 문제로서 흡연장소의 지정 등은 시설의 관리상 필요한 사항으로서 그 합리적 권한의 행사의 범위 내에 있을 것이다.

하지만 기업시설은 근로자가 하루 중에 많은 시간을 보내는 장소이다. "근로자가 인간다운 생활을 영위하기 위한 필요를 충족시켜야 할 것(노동기준법 제1조)"으로서의 근로조건은, 그 근로자의 인간으로서의 생활의 필요성에 가능한 한 적합한 것이 아니면 안된다. 휴식시간의 자유이용의 원칙(노동기준법 제34조 제3항)에서 보아도, 인쇄물 배포에 허가제를 취하는 것은 근로자의 표현의 자유에 대한 사전검열이며 허용될 수 없다.

(3) 나아가 그것이 노동조합활동의 일환으로서 행하여지는 기관지의 배

포이면, 그에 대해 허가제를 취하는 것은 단결권의 자유로운 행사를 방해하는 것으로서 위법한 지배개입이라고 할 수 있다. 실제로 일본과 같이 기업내 조직이 일반적인 경우에, 기업시설 내에서의 근로자 사이의 자유로운 커뮤니케이션을 방해하는 것은 결정적인 단결 방해이다.

판례에서도, 소장 101면에서 지적하는 메구로(目黒)전보전화국사건 외에, 메이지(明治)유업사건(최고재판소 1983.11.1 판결, 労働法律旬報 제1083·4호)에서도, 전단지 배포 등에 대하여 허가제를 규정한 취업규칙 등과 관련하여 "형식적으로 말하면 앞의 취업규칙 제14조 및 단체협약 제57조에 위반하는 것이지만, 위의 각 규정은 공장 내의 질서유지를 목적으로 한 것이 분명하므로, 형식적으로 위 규정에 위반하는 것처럼 보이는 경우에도, 전단지의 배포가 공장 내의 질서를 어지럽힐 우려가 없는 특별한 사정이 인정될 때는 위의 각 규정의 위반이 된다고는 할 수 없다고 해석된다"고 하여, 징계처분을 무효로 하고 있다.

또한 현실에서 일반적으로 "전단지의 배포가 공장 내의 질서를 어지럽히는" 일이라는 것 등은 생각할 수 없고, 오히려 만일 그러한 일이 있다고 한다면 그야말로 "특별한 사정"에 해당한다고 보아야 한다.

2. 편의(便宜)제공은 단결권 존중의무에 수반하는 것

일본의 사용자의 시설관리권을 구실로 한 근로자의 단결활동 방해는 국제적 기준에서도 허락되지 않는다. ILO 결사의 자유위원회는, 전일본국립의료노동조합(全日本国立医療労働組合)의 신청에 대하여, 전단지 배포는 적법한 노동조합활동이며, 오히려 그러한 노동조합활동에 대한 편의제공이 이루어져야 한다는 점을 지적하고 있다. 즉, 동(同)위원회 1897호 사건(일본)에 관한 제308차 보고(1997년 11월) 제480항은 "(a) 본위원회는 일본정부에 대해 향후 전일본국립의료노동조합의 대표자가 그 직무를 신속하고 효율적으로 수행할 수 있게 하기 위하여, 직장시설에 있어서의 적절한 편의가 제공되는 것 및 풀타임의 노동조합 임원이 직장에 정당한 출입이 승인되는 것을 보장할 것을 요청한다. (b) 직장 집회에서의 조합기(旗) 게시, 조합게시판의 설치, 조합뉴스나 광고지의 배포, 청원서명, 조합집회 참가는 적법한(legitimate) 조합활동인 것을 상기하여, 본위원회는 일본 정부에 대하여 관할 당국이 향후 전국의 국립의료기관에서 일하는 전일본국립의료노동조합 조합원 및 임원에 의한, 이러한 권리의 합리적인(reasonable) 행사를 제한하는 조치를 강구하는 일이 없도록 보장할 것을 요청한다"고 하고 있다(나카야마 카즈히사(中山和久) 편저, "교재국제노동법(教材国際労働法)", 1998, 三省堂, 175면).

제4 해고는 부당노동행위의 집대성

1. 중앙노동위원회의 판단의 방법과 부당노동행위 인정에 있어 고려하여야 할 사정

(1) 중앙노동위원회는 해고에 대하여도 부당노동행위의 성립을 부정하였다. 그러나 이에 대하여 원고는, "결정적 동기의 결정적 무시(소장 15면)"가 있어, 본건 해고에 이르는 일련의 흐름(단체교섭 거부, 그 계속 중에 본건 배치전환, 그 후의 본건 해고) 속에서의 판단을 피하고 본건 해고만을 문제삼아 판단한 잘못 등을 비판하고 있다(소장 16~17면).

앞에서 서술한 난체교십 거부, 배포 기관지의 회수에 관한 중앙노동위원회 판단의 개개의 잘못 외에 해고에 대하여도 중앙노동위원회는 확실히 사건의 경위를 무시하여 해고 합리화의 구실만을 찾고 있다는 느낌을 부정할 수 없다. 예컨대, "마츠자와(松沢)의 위와 같은 월요일회의 결성과 그 활동이나 대의원·직장위원 등의 취임에 대하여 회사가 주목·혐오하고 있던 것을 인정할 수 있는 증거는 없다. 나아가 이러한 마츠자와(松沢)의 활동은 마츠자와(松沢)가 논설위원이 되어 조합원적을 잃은 1992년부터 계산하더라도 본건 배치전환의 2년 이상 전의 사건이며, 마츠자와(松沢)의 월요일회에 관한 활동이 본건 배치전환으로 연결되어 있다고 인정하는 것은 더욱 곤란하다(59면)"고 한다.

그러나 회사의 뜻에 반하는 근로자 배제의 의도는 일관적이어서 2년 정도로 볼 것은 아니다. 오히려 오랜 세월 그 시기를 엿보고 있었다고 보는 것이 노사관계의 실정에 합치할 것이다. 중앙노동위원회의 위원이 정말로 2년 지났기 때문에 이전과의 관련이 없다고 생각하고 있는 것이라고 하면, 노사관계를 잘 알고 있는 학식의 경험자로서의 노동위원회 위원의 이름이 아깝고, 실정을 알면서 이와 같이 말한 것이라면, 이미 "위원에 적합하지 않다(노동조합법 제19조의7)"고 하여야 할 것일 것이다. 해고의 부당노동행위성에 대하여도 원고의 주장이 훨씬 더 설득력 있다고 생각된다.

이하 부당노동행위의 성질과 거기에 대응하는 부당노동행위 성립 여부를 인정할 수 있는 방법이라고 하는 점에서 그 이유를 서술하여 두고자 한다.

(2) 노동조합법 제7조의 부당노동행위 유형은, 역사적으로 사용자에 의하여 행하여진 단결파괴공작이다. 근로자가 고립되고, 또한 일자리를 얻기 위해서 상호 경쟁을 하는 한, 사용자(자본) 측은 그 경제적 우위에 의하여 노동관계에 있어서의 전제적 지배를 자신의 뜻에 맞게 할 수 있다. 근로자가 이것에 대항할 수 있는 것은 그 수의 힘인 단결에 의할 수밖에 없다. 그리고 인건비와 이윤이 상반관계에 있는 한, 이윤의 증대를 바라는 사용자가 스스로의 이익을 지키려고 하는 근로자의 단결을 혐오하는 것은 자연스러운 일이다(후술 도쿄(東京)고등재판소 판결 참조). 그러나 국가가 근로자의 단결을 개인적 거래의 자유를 위협하는 것으로서 직접 억압하는 때에는 사용자가 스스로 직접 이에 관여할 필요는 없었다.

하지만 결국 단결이 노동력의 집단적 거래의 자유로서 인정받게 되면서(형사 면책·민사 면책의 승인) 사용자는 계약의 자유를 이용하여 스스로의 손으로 근로자의 단결을 무너뜨리려고 한다. 그것은 역사적으로 다음과 같은 형태를 취하여 나타났다.

(3) 첫째, 단결을 기업 내에 허락하지 않는다는 것이다. 조합원은 고용하지 않거나 노동조합으로부터의 탈퇴를 맹세하게 한다(고용의 자유).

그리고 둘째, 사실상 노동조합의 존재를 부정할 수 없게 되었을 경우에도, 단체교섭을 거부하여(계약의 상대방 선택의 자유) 단결의 기능을 무력화한다. 단체교섭을 할 수 없으면 노동조합에 의한 근로조건의 향상도 할 수 없게 되기 때문이다. 그 의미로 단체교섭 거부는 노동조합을 부인하는 것과 같다.

하지만 셋째, 노동조합의 세력이 증대하여 노동조합의 부인이 불가능한 상태가 되면, 그 노동조합 자체의 비용을 부담하여, 사용자측에 우호적인 것으로 바꾸어 가려고 한다(거래의 자유, 계약의 자유를 이용한 지배개입).

2. 노동기본권의 내용

(1) 사용자의 이러한 방책은 결국 근로자의 단결활동을 실질적으로 위협하는 것으로서 국제적으로도 억제되기에 이른다. 헌법이 보장하는 기본적 인권은, "인류의 다년간에 걸친 자유 획득의 노력의 성과(헌법 제97조)"이다. 따라서 헌법 제28조의 단결권 보장의 내용은 적어도 ILO 등의 국제적 기준으로부터 판단하지 않으면 안된다.

그리고 앞에서 본 바와 같이 ILO 제87호, 제98호 조약은 근로자가 "단결권을 자유롭게 행사할 수 있는 것을 확보하기 위해서 모든 조치를 취할 것 (제87호 제11조)", 구체적으로는 역사적으로 사용자의 무기인 반노동조합적 차별대우, 조합에 대한 지배·간섭을 금지하여(제98호 제1조, 제2조) 국내 사정에 적절한 구세기관의 설치 의무의 부여(제98호 제3조), 나아가 자주적 교섭절차의 발달·촉진을 위한 "국내사정에 적절한 조치를 취하지 않으면 안된다(제98호 제4조)"는 점도 규정한 것이다. 일본의 노동조합법도 이에 대응하여, 그 목적으로 하고 있는 "자주적으로 노동조합을 결성하여, 단결하는 것을 옹호하는 것" 및 "단체협약을 체결하기 위한 단체교섭을 하는 것 및 그 절차를 조성하는 것"을 규정(제1조)하고, 부당노동행위 금지나 노동위원회 제도는 그것을 위한 기능을 완수하는 것으로서 기대되는 것이다.

본건에서는 단체교섭 거부가 분쟁의 직접적인 발단이 되었지만, 사용자는 단체교섭에 응하는 것에 의하여 오히려 자기의 주장의 합리성, 공명성을(만약 진실 그렇다면) 근로자에게 분명히 알리는 이익이 있으므로 부적합성이 존재한다고는 생각할 수 없다. 그리고 단체교섭 촉진을 위해서는 사용자의 대응가능한 사항의 교섭은 모두 이를 거부하는 것은 허용될 수 없으며, 또한 그것이 정상적인 집단적 노사관계 질서형성의 기초라는 것을 인식할 필요가 있을 것이다.

(2) 이렇게 하여 경제적 열위에 있는 근로자가, "단결권을 자유롭게 행사

할 수 있기" 위하여 사용자의 형식적인 계약의 자유, 재산권 행사의 자유를 무제한적인 것으로 둘 수 없다. 최고재판소도, "사용자의 자유권이나 재산권도 절대 무제한의 것이 아니라, 근로자의 단체행동권 등을 위하여 어느 정도의 제한을 받는 것은 당연하다"고 하여 단결권 행사에 대한 형사·민사의 면책과 부당노동행위의 금지는 헌법 제28조의 노동기본권 보장의 당연한 결과라는 것을 인정하고 있다(야마다(山田)강업사건, 1950.11.15 판결, 도쿄(東京)중앙우체국사건, 1966.10.26 판결).

(3) 하지만 이 단계가 되면, 사용자는 그 금지를 피하기 위하여 개개의 형식을 맞추면서 위의 각종 수단을 조합하여 이용하기에 이른다. 즉 부당노동행위의 인정·배제를 위해서는 사용자가 실시하는 개개의 형식을 독립적으로 판단하는 것은 도움이 되지 않는다. 그 판단의 방법에 대하여는, 앞에서 인용한 최고재판소 닛산(日産)자동차 사건의 원심(도쿄(東京)고등재판소 1977.12.20 판결, 노동관계민사판례집 제28권 제5·6호)에서도 다음과 같이 서술하고 있는 것에 주의할 필요가 있다.

"일반적으로 사용자와 노동조합은 각각 자기에게 유리한 근로조건의 획득을 둘러싸고 상호 이해가 대립하는 관계에 있기 때문에 사용자는 자기의 이익의 추구나 노동조합의 교섭력이 강화되는 것을 경계하여, 많든 적든 그 약체화를 바라는 경향을 내재하고 있어, 노동조합법 제7조가 사용자의 일정한 반노동조합적 행위를 부당노동행위로서 금지하고 있는 것도 그 때문이라고 생각할 수 있지만, ……이러한 경우에 있어서도 판정기준으로서 자주 중요한 역할을 하는 것은 사용자측에 의한 반노동조합적 의도 내지는 목적의 존부이지만, 이러한 사용자의 의도나 목적도 사용자의 부당노동행위를 금지하는 법제 하에서는 그 존재를 명백하게 구분할 수 있는 형태로는 나타나지 않고, 일견 정당한 이유에 근거하는 행위의 형태를 취하여 나타나는 것이 많으므로, 이러한 경우에 있어서의 의도, 목적의 존부를 판단함에는 특별히 곤란함과 미묘함이 있을 수 있다". "사용자의 특정의 행위가 본래 사용자의 자유에 속하는 범위의 행위인지, 그렇지 않으면 노동조합 활동에 대하여 부당한 저지 내지는 왜곡적 영향력을 행사하는 것으로서 부당노동행위로 보아야 할 것인가를 판단하는 경우에는, 당해 행위의 외형이나 표면상의 이유만을 보아 이것을 표면적, 추상적으로 관찰하는 것만으로는 부족하고, 사용자가 종래 취해 온 태도, 당해 행위가 되기에 이른 경위, 그것을 둘러싼 사용자와 근로자 내지는 노동조합과의 절충의 내용 및 형태, 그 행위가 당해 기업 내지 전장에서의 노사관계에서 지니는 의미, 이것이 노동조합 활동에 미칠 영향 등 제반의 사정을 고려하여, 이것들과의 관련성에 대하여 당해 행위가 가지는 의미나 성격을 정확하게 통찰, 파악한 다음 판단을 내리는 것이 필요하다는 것은 반복하여 말할 필요도 없는 부분이다".

이 고등재판소의 견해는 부당노동행위의 인정, 판단의 마음가짐으로 최고재판소에 의하여 그 취지가 긍정적으로 인용되고 있다. 그리고 최고재판소 스스로의 판단이라고 하여도, "단체교섭의 장면에 대하여 본다면, 합리적, 합목적적인 거래 활동이라고 보이는 사용자의 태도라고 하여도, 당해 교섭사항에 대하여는 이미 당해 노동조합에 대한 단결권의 부인 내지는 노동조합에 대한 혐오의 의도가 결정적 동기가 되어 행하여진 행위가 있어, 당해 단체교섭이 그러한 기정사실을 유지하기 위하여 형식적으로 행하여지고 있는 것이라고 인정되는 특별한 사정이 있는 경우에는, 이러한 단체교섭의 결과로서 행하여지고 있는 사용자의 행위에 대하여도 노동조합법 제7조 제3호의 부당노동행위가 성립하는 것으로 해석하는 것이 상당하다. 그리고 이과 같은 부당노동행위의 성립 여부를 판단함에 있어서는, 던지 단체교섭에서 제시된 타결 조건의 내용이나 그 조건과 교섭사항과의 관련성 내지 그 조건을 고집하는 것의 합리성에 대한 것을 검토하는 것이 아니라, 당해 단체교섭 사항이 어떠한 경위로 발생한 것인지 과거의 원인 및 배경 사정 내지는 이것이 당해 노사관계에 대하여 가지는 의미, 교섭사항과 관련되는 문제가 발생한 후에 이것을 둘러싸고 쌍방이 취하여 온 태도 등의 모든 사정을 종합 감안하여, 당해 단체교섭에 있어서의 사용자의 태도에 대하여 부당노동행위 의사의 유무를 판정하지 않으면 안된다"고 명시하고 있는 것이다.

(4) 본건에서의 일련의 행위에 대하여도, 이러한 관점에서 소장(訴狀)에 상세하게 기술되어 있는 여러 가지 사정에 비추어 보면, 부당노동행위의 성립은 분명하다고 생각한다.

일례로 이노우에(井上)이사가 마츠자와(松沢) 본인에 대하여, "과격한 언동을 즉각 취소하고 이성적인 대응을 해 달라"는 내용의 편지를 송부한 것(명령서 28면)에서도, 회사가 마츠자와(松沢)의 활동·노동조합에 대하여 가지는 혐오·개입의 의도를 분명히 하는 것이다. 명령은 이것을 "이노우에(井上)이사와 마츠자와(松沢)와의 개인적 관계로부터 비롯된 것"(67면)이라고 옹호하지만, 회사의 이사가 회사의 의사결정에 그 "개인적 의사"를 반영하는 것은 당연하고, 개입의 효과를 가져오는 것은 분명하다. "개인적 관계"라는 변명에는, 후술하는 "부당노동행위를 하지 않는 시점에서 라고 하는 것은 잘 하고 있다는 것"이라는 사용자의 상투적인 수단을 생각하여야 하는 것이다.

또한 마츠자와(松沢)가 "오테마치(大手町)의 음식점에서 월요일회의 멤버도 섞어 직장의 동료와 산케이(産経)노조 집행부를 비판하는 이야기를 하고 있었는데, 다음날에는 데스크에 불려가 "너는 과격한 일을 하고 있으니 조심하라"며 주의 받았던 일(소장 78면)", 마츠자와(松沢) 등이 노동조합결성을 통고한 후, "마츠자와(松沢)를 지지하고 있다고 간주한 회사 및 산케이(産経)신문사의 종업원에 대하여 심문(査問)적 조사를 실시하여, 반(反)구조조정 산케이(産経)노조에 참가하고 있는가를 묻고, 마츠자와(松沢)와의 관계를 끊도록 강요한 것(소장 42면)" 등도 마츠자와(松沢)의 활동에 대한 회사의 명확한 적의를 나타내고 있지만, 마츠자와(松沢) 본인의 증언 외에 그 구체적 입증은 할 수 없다. 증언을 하면 그 사람이 다른 이유를 들어 불이익 취급을 당할 것이 분명하므로, 그 정보원(情報源)을 은닉할 수밖에 없다. 이러한 사실 내지 그에 가까운 사실은 주위의 사정으로부터 "정확하게 통찰", 추인하여야 할 성질의 것이다.

(5) 중앙노동위원회 명령에서는 해고의 발단이 된 마츠자와(松沢)의 치바(千葉) 지국으로의 배치전환에 대하여, "업무상의 필요성이 인정되지 않는다고는 할 수 없다(58면)"고 하고 있지만, 경영이나 인사의 자료는 사용자가 거의 독점하고 있다. 부당노동행위 사건에서 사용자의 입증은 "인정되지 않는다고는 할 수 없다"고 하는 정도로는 부족하고, 지금까지의 경위나, 마츠자와(松沢)에 대한 불이익과의 비교를 통해 반노동조합적 의도의 의문을 지울 정도의 필요성, 합리성을 명확하게 입증하여야 할 것이다. 부당노동행위의 인정에 관련하여 다음과 같은 부분을 지적해 두고자 한다.

① 부당노동행위는 전후 당초의 노동조합법에서는 범죄로 규정되어 있었

으나, 1949년의 개정으로 처벌주의에서 행정구제주의로 전환되었다. 이에 대하여는, 재산권의 침해가 범죄로 여겨지는데 단결권에 대한 침해가 범죄가 아니라고 하는 것은 편파적이라는 비판이 있었다(처벌주의와 행정구제주의를 병용하여야 한다는 비판). 하지만 그 문제와는 별도로, 현재 부당노동행위는 범죄로 여겨지지 않기 때문에 무죄추정의 원칙은 적용되지 않는다. 오히려 부당노동행위에 대하여는 추정성립(사용자가 합리적 혐의가 없는 정도까지 부당노동행위에 해당되지 않는다는 것의 입증을 필요로 한다)의 사고가 더 현실에 적합하다.

② 왜냐하면, 앞에서 본 바와 같이 사용자는 자주적 단결을 무너뜨리기 위하여 역사적으로 여러 가지 방책을 이용해 왔다. 도쿄(東京)고등재판소의 판시와 같이, 부당노동행위가 금지되었다고는 하더라도 이러한 사정에 변화는 없다. 그러니까 예컨대, 국철분할민영화를 강행한 당시의 수상 나카소네 야스히로(中曽根康弘)는, 10년 후가 되어 시효가 지난 뒤에야 국철노동조합이나 총평(総評)을 와해하여 사회당에 타격을 주기 위하여 분할민영화를 실시하였다고 종종 공언하였다(특히 NHK라고 하는 공적 기구를 이용한 2005.11.20. 일요일 토론에서의 발언. 이 발언을 한 것은 나카소네(中曽根) 등에 대한 부당노동행위 구세 세기 사건(오사카부(大阪府) 노동위원회)에서의 나카소네(中曽根)측 대리인의 답변서(2003.12.27)에서 자인(自認)하고 있다). 또 당시의 국유철도의 직원국(職員局) 차장 카사이 요시유키(葛西敬之)는 개소별 소장(所長)을 모은 훈시(訓示)에서 "부당노동행위를 하지 않은 시점에라고 하는 것은, 잘 하고 있다는 것이 되겠지만"이라고 하여 본심을 말하고 있다.

이것이 노사관계의 실태를 전형적으로 나타내는 것이다. 기업 내에서의 소수 노동조합 혹은 근로자가 노동위원회에 구제를 요구하는 것은 직장에 있어서의 여러 가지 괴롭힘(harassment)을 감수하여야 한다. 또한 부당노동행위에 관하여는 종종 실질 5심제라고 일컫는 장기적인 분쟁과도 참고 싸우는 것이 필요하다(본건도 그 일례). 그것을 근로자가 굳이 노동위원회에서 싸운다는 것은, "근로자의 생존권에 직결되고, 이를 보장하기 위한 중요한 수단 (앞의 도쿄(東京)중앙우체국사건)"인 노동기본권의 침해로서 사용자의 처사를 참을 수 없었기 때문이다. 그리고 앞에서 본 바와 같이, 인사나 경영에 관한 자료는 오로지 사용자가 독점하고 있다고 해도 좋다. 이러한 상황에서 부당노동행위에 관하여는 추정 성립의 마음가짐으로 임하는 것이 단결권보장의 실효성을 확보하는 길이며 공평성에 합치한다고 할 수 있다.

3. 상벌위원회의 문제

(1) 중앙노동위원회의 판단

마츠자와(松沢)의 해고에 대하여는, 지위확인소송 1심의 도쿄(東京) 지방재판소가, "마츠자와(松沢)의 제재와 관련되는 상벌위원회의 위원으로서 심의에 참가하고 있던 야기누마(柳沼)상무 및 카미야(神谷) 판매·개발 국장은 상벌위원회 규정 제14조의 "사안의 직접적인 관계자"에 해당하므로, 동 위원회의 심의에는 중대한 절차 위반이 있었으므로, 회사가 실시한 마츠자와(松沢)에 대한 징계 해고는 무효"라고 판단하였다(명령서 54면). 원고는 중앙노동위원회에서도 이 점을 주장하였으나, 중앙노동위원회 명령은 1심 판결을 취소한 고등재판소 판결의 문언 그대로 본건 위원회는 "사용자의 회사의 징계권 등의 행사를 적절하게 이행하기 위하여 설치된 회사의 내부적인 기관"이므로 문제가 없다고 하였다.

(2) "내부기관"과 근로자의 권리 보장

가. 그러나 소장(訴状)이 지적하고 있듯이, 상벌 위원회가 "회사의 내부기관"인지 아닌지를 불문하고, 취업규칙 제71조에는 "표창 및 제재는 상벌위원회의 의논을 거쳐서 결정한다"고 규정하고 있어, 상벌위원회 규정은 취업규칙의 필수기재사항(노동기준법 제89조의9 제10호)으로서 그 일부이다(141면 이하). 그럼에도 불구하고 근로자에게 주지되지 않았고(노동기준법 제106조의 주지의무 위반), 따라서 제재는 적법하게 실시할 수 없는 상태에 있었다.

나. 나아가 취업규칙의 내용은 최저의 근로조건을 보장하는 계약의 내용이 된다(노동기준법 제93조). 그리고 "근로조건은 근로자가 인간다운 생활을 영위하기 위한 필요를 충족시키는 것이어야 한다(동법 제1조)". 이러한 취지를 두고 보아도 징계절차는 공정하여야 하며, 공정한 취급을 받는 근로자의 권리를 보장하는 것이지 않으면 안되고, 이에 반하는 사용자의 행위는 효력을 가지지 않는다.

다. 경영자 측에 있어 오랜 세월 노무정책에 종사해 온 미야케 후미오(三宅文雄)의 의견서(노위갑 160)가 "상벌위원회 설치의 의의에서 보면 그 위원 구성은, 적어도 기업의 인사권자의 자의(恣意)를 허용하지 않는 중립·공정한 것이 아니면 안된다. 일본 공업신문사의 경우, 마츠자와(松沢)씨의 징계해고를 기획·집행한 관리 담당(인사를 포함)상무 야기누마(柳沼)씨와 마츠자와(松沢)씨에게 업무 지시를 하고 그 위반을 문책하여 징벌을 제기한 카미야(神谷)씨를 위원으로 하여 개최된 마츠자와(松沢)씨의 상벌위원회가, 공정성이 부족하여 무효라고 도쿄(東京)지방재판소에서 판결한 것은 타당하다고 생각된다"라고 판시하고 있다(소장 136면에 인용). 이는 개별 기업의 이기적·반노동조합적 자의를 억제하여 노사관계를 안정시키려고 하는 경영자 진영의 양식을 나타내는 것이라고 할 수 있다. 이마저 부정하는 중앙노동위원회는 근로자의 단결권 옹호 기관이 아니라 개별 기업이 가진 이기심을 옹호하는 기관으로 전락하였다고 할 수 있다.

라. 그리고 사실, 상벌위원회에 있어서의 야기누마(柳沼)상무의 태도는 불공정함에 눈살을 찌푸리게 한 것이었다. 동 위원회의 위원장인 야기누마(柳沼)상무는, "마츠자와(松沢)에 대하여, 비밀을 지킬 의무를 이유로 녹음을 중지하도록 지시하고", 그렇다면 상벌위원회 규정을 보여달라라고 하는 요구에도 응하지 않고, "마츠자와(松沢)가 의견서를 읽는 중, 야기누마(柳沼)상부는 "산략하게 말해 주세요, 간략하게. (생략) 간략하게 대답하여 주세요. (생략) 변명이 되지 않는다"라고 발언하였다. 그리고 이 상무는 "변명이 되지 않는다. 이것으로 끝냅니다"라고 말하고는 마츠자와(松沢)에게 퇴출을 명하였다(명령서 51면)"고 하는 것이다. 이는 독단적인 밀실 재판으로, 그 적법성에 대한 의문을 풀려고도 하지 않고 유죄를 선고하는 것과 동일한 것이 아닌가.

4. 마츠자와(松沢)의 노동조합활동에 대한 억압의 에스컬레이트(escalate)와 클린핸드(clean hands)의 원칙

(1) 나아가 문제는 이러한 규정 위반이 왜 행하여졌는가 하는 것이다. 지금까지의 마츠자와(松沢)의 단결 활동에 대한 회사의 혐오와 여러 가지 구실

을 만든 그 방해 행위는 소장에 상세하게 기록되어 있다. 이에 비추어 본건 상벌위원회 문제를 보면, 그 위반은 단순한 내부규칙 위반이 아니다. 마츠자와(松沢)의 산케이(産経)노동조합의 자주성 회복 운동에 대한 방해와 동 노동조합의 조합원지위를 빼앗는 배치전환에서 시작되어 결과적으로는 마츠자와(松沢) 배제를 목적으로 하는 부당노동행위의 집대성으로서의 의미를 가진다.

(2) 이것을 증명하는 것으로서 위법한 단체교섭거부가 있다. 단체교섭에 의하여 해결의 길을 찾으려 하지 않고, 스스로 손을 더럽힌 채로 마츠자와(松沢)를 몰아넣어 마침내 해고에 이르렀다고 하는 것이다. 마츠자와(松沢)의 행위가 업무거부에 해당하는지 아닌지에 대하여는 당사자 사이에 다툼이 있다. 하지만 그것은 별론으로 하더라도, 마츠자와(松沢)는 "단체교섭에 응하여 합의하면, 원고(原稿)는 작성하겠다"고 말하고 있다(명령서 38면). 마츠자와(松沢)의 태도는 단체교섭을 거부하는 회사의 행위에 대한 항의의 의미도 가지고 있어, 말하자면 부분적 항의 파업, 태업이라고도 평가할 수 있는 것이다. 이러한 상호의 대항 관계, 경위를 무시하고 마츠자와(松沢)를 일방적으로 비난하는 것은 용서할 수 없다.

제6 결어 — 구제기관의 설명책임

(1) "정상적인 집단적 노사관계 질서"의 형성에는 상호의 납득이 필요하다. 따라서 노동위원회는 공익위원 외에, 노동조합 추천의 근로자위원, 사용자단체 추천의 사용자위원의 삼자 구성으로 조직되고(부당노동행위 사건에도 참여위원 제도가 채택되어 있다), 개별기업의 노사 간의 이해뿐만이 아니라, 노사 진영 상호의 이성을 반영하여 각각을 납득시킬 만한 권위를 가질 수 있도록 고려하고 있다.

이러한 노동위원회가 그 기능을 완수하기 위해서는 신청인의 주장을 충분히 고려하여, 그것을 부정하는 경우에도 생각은 달라도 그 판단이 일리 있다고 생각하게 할 만한 설명이 없으면 안된다.

그러나 최근의 근로자위원의 선임에 대기업의 주류파를 대표하는 위원이 대부분 선택되고, 그 동의를 얻어 선임되는 공익위원도 이에 동조하여 공평성을 요구하는 소리까지 무시하는 소수파 노동조합의 활동에 냉담한 판단을 많이 하고 있다는 것은 부정할 수 없는 사실이다. 본건도 그 일례라고 생각된다.

(2) 그만큼 노동위원회의 판단의 정당성이 추궁당하는 취소소송에 대하여는, "종합적으로 말하여" 등을 말하면서, 그 '종합적인 방법'에 대한 설명도 없이 만연히 신청을 기각한 노동위원회의 판단을 모방하는 것으로는 불충분하다. 앞에서 본 최고재판소 판례에서도 나타난 노사관계의 경위, 사용자가 취한 행위가 노사관계에 미치는 영향 및 그것이 가지는 의미, "결정적 동기"가 어떠한 것이었는지 등, 신청인의 주장에 대하여 충분한 설명을 가지고 응할 책임이 있다.

이상

Ⅱ. 도쿄(東京)지방재판소 민사 19부, 2010년 9월 30일 판결 비판

목차생략(역자 주)

제1 비판의 골자

1. 잘못된 재판이 왜 행하여지는 것인가

현재 형사사건에 대하여는, 후생노동성(厚生労働省)의 무라키(村木)국장 사건과 관련하여 검찰의 진술 유도 강제, 게다가 증거의 조작까지 문제가 되고 있다. 하지만 유사한 구조는 민사에서도, 오히려 재판관의 주도에 의하여 행하여지기도 한다. 재판관이 유도한 구도에 맞춘 일방적인 증거와 주장을 배합한 판결을 내리고, 그에 반하는 증거나 주장에는 입을 닫는 방식이다. 이하에서 지적하듯이, 본건 원판결에도 그 경향은 현저하다.

2. 원판결의 잘못, 이유미비(설명책임의 포기)

(1) 나는 먼저, 본건 원심 재판소에 대하여 중앙노동위원회 명령의 잘못을 지적하는 의견을 제출하였다(갑 55호, 원심의견서라 함). 하지만 원판결은 그 지적에 대답하지 않고 비판한 명령과 같은 잘못을 반복하고 있다.

기본적인 잘못은 노사의 대항관계 내에서의 일련의 경위에서 일어난 사용자의 부당노동행위를 판단함에 있어서 앞에서 서술한 의견서에서 인용한 최고재판소의 견해에도 반하며, 의도를 숨길 구실을 만든 각각의 행위를 독립적으로 평가하는 수법을 통해(그 평가 자체에도 잘못이 있지만), 일관되게 존재하는 부당노동행위 의사의 "통찰과 추인"을 포기하고 있다는 점이다.

그러나 이 점에 대하여는 항소인의 항소이유서에서도 주장되고 있는 바이므로, 본의견서에서는 원심 의견서를 모두 원용한 다음, 보완적으로 다음의 세 가지 점에 대하여 설명하기로 한다.

(2) 첫째, 노동조합법 제7조 제2호에서 금지하는 단체교섭거부는 "고용한 근로자의 대표자"와의 단체교섭거부이다. 그런데 원판결은 중앙노동위원회 명령과 같이 이 명백한 조문을 마음대로 "노동조합"과의 단체교섭거부로 바꾸어, 회사(보조 참가인)가 한 단체교섭요구 거부를 "불가피한 대응(91면)"이라고 하거나 단체교섭을 개최할 수 없었던 이유는 항소인 노동조합이 일방적으로 개최 조건에 대하여 "강경한 태도를 고집했던 것에 있다(94면)"고 함으로써 타 노동조합과의 차별을 시인 하는 등, 그 거부를 사용자에 유리하게 정당화하는 잘못을 범하고 있는 것이다.

(3) 둘째, 원판결이 항소인 노동조합의 전단지를 회수한 행위에 대하여, 당시의 노사대항 관계를 빼고, "시설관리권의 행사로서 허용된다(98면)"고 하여 "시설관리권"을 고정적으로 절대시하고 있다는 점이다.

역사적으로 사용자의 소유권이나 자유권은 이전에는 절대적이었다. 그리고 근로자의 단결은 그러한 권리를 위협하는 것으로서 범죄로 여겨져 왔다. 하지만 오늘날, 단결권(단체교섭권, 단체행동권을 포함한다)은 "인류의 다년간에 걸친 자유 획득의 노력의 성과(헌법 제97조)"인 노동기본권(헌법 제28조)으로서 국제적으로 확립되어 왔다. 그것은 사용자의 소유권이나 자유권을 제약하는 것에 의하여 성립한 권리이다. 따라서 "노동기본권이 시설관리권에 의하여 제약되는" 것이 아니라 "시설관리권도 노동기본권에 의하여 일정한 제약을 받는다"고 하는 원칙에서 출발하여야 한다. 원판결은 이런 것으로서의 단결권에 대한 이해를 근본적으로 결여하는 잘못을 범하고 있다.

(4) 셋째, 사용자는 근로자의 과거 노동조합활동에 대하여 불이익 취급을 통하여 보복·활동 저해(지배개입)를 할 뿐만 아니라, 그러한 근로자를 위험인물로 낙인찍어 배제하려고 한다. 원판결은 부당노동행위 제도를 필요로 하는 현실의 노사관계에 대하여 몰이해적이고, 사용자의 이러한 부당노동행위 의사를 간과하고 있다는 점이다.

(5) 나아가 원판결은 사실인정에 있어서도 항소인의 주장에 대하여 "인정할 수 있는 정확한 증거는 없다(84면)", "그 외에 동 사실을 인정할 수 있는 증거도 없다(78면, 82면)"는 등으로 간단하게 묵살하였다.

그러나 사용자에 의한 차별에 대한 우려와 파업을 포기하고 해고를 인정하여 사용자측에 협력하는 기존 노동조합의 압력 하에서, 마치 대등한 힘을 가진 기업 간의 거래에나 있을 것 같은 "입증"은 거의 불가능한 것을 강요하는 것이다. 그렇기 때문에 부당노동행위 의사는 지금까지의 경위나, 주위의 사정으로부터 "통찰" 및 "추인"하지 않으면 안된다. 원판결은 이러한 점에서도 부당노동행위의 판단에 잘못을 범하고 있다(구체적으로는, 항소이유서의 주장 참조).

그러나 나아가 원판결은 사실인정을 전제로 한다고 하여도 법률해석을 잘못하고 있다. 이하에서는 그 점을 지적한다.

제2 본건 단체교섭거부에 정당한 이유는 없다.

1. 노조법 제7조 제2호가 금지하고 있는 것은 "고용한 근로자의 대표자"와의 단체교섭거부이며, 적법한 노동조합과의 단체교섭은 아니다.

원판결은 항소인의 규약 제출 전의 교섭거부가 부당노동행위가 되지 않는 이유로서 "원고의 노동조합으로서의 실태의 확인을 할 수 있을 때까지는 단체교섭에 응하지 않는다는 태도를 취한 것은……상기 4회의 단체교섭 신청 모두에 대하여 불가피한 대응이었다(91면)"고 하였다.

그러나 노동조합법 제7조 제2호가 명문으로써 금지하는 것은 노동조합인가 아닌가를 불문하고 "고용한 근로자의 대표자"와의 단체교섭거부이다. 그리고 그것이 단체교섭권 보장의 취지에서 적절한 근거를 가지는 것은 원심의견서 4~5면에서 지적하였다. 항소인이 적법한 노동조합인가 아닌가를 운운하는 것은 단체교섭거부의 정당한 이유가 될 수 없다. 본건에 있어서 항소인이 적어도 회사의 "고용한 근로자"인 마츠자와(松沢)가 대표자인 것은 회사도 부정하고 있지 않다. 그럼에도 불구하고 원판결은 명문의 규정을 아무런 근거도 설명도 없이 마음대로 해석하여 부당노동행위의 성립을 부정하였던 것이다. 그것이 회사측을 감싸고 근로자의 권리를 부정하는 법률위반인 것은 분명하다.

원심 의견서에서도 지적하였지만, 최고재판소 판례도 "노동조합법 제27조에서 정하는 노동위원회의 구제명령 제도는 부당노동행위에 대하여 일정한 구제이익을 갖는다고 인정되는 노동조합 및 근로자에 대하여, 각각 독립적인 구제신청권을 보장하는 것이다(국철노동조합원채용차별(国労組合員採用差別(本州)) 사건 소송참가신청사건, 제1소법정 2002.9.26 결정, 判例時報 제1807호, 152면)"라고 판시하고 있다.

2. 단체교섭 장소와 단체교섭 의사록에 관한 사용자의 중립유지 의무 위반

항소인이 노동조합규약과 노동조합임원 명부의 제출을 약속한 후의 단체교섭거부에 대하여는, 항소인에 의하여 원판결의 사실 인정의 잘못이 지적되고 있다. 하지만 만일 원판결이 말하듯이 항소인이 단체교섭 장소와 의사록 작성의 두 사항을 개최 조건으로 하는 "강경한 태도를 고집한다(94면)"고 하여도, 그것은 단체교섭거부의 정당한 이유는 될 수 없다.

소외 산케이(産経)노동조합에 대하여 인정하고 있는 것을 마츠자와(松沢)

등의 노동조합에 대하여는 부정하는 것은, 오히려 복수노동조합에 대한 사용자의 중립유지의무(최고재판소 닛산(日産)자동차사건, 1985.2.23 판결)의 위반이다. 이것을 거부의 정당한 이유라고 인정하는 것은 노동조합 차별을 공인한 것과도 같다. 그러한 판단은 특정 노동조합 보호의 기관이 아닌, 모든 자주적 단결의 권리 보장의 실효성 담보라는 노동위원회의 책무에 반한다.

이 점에 대하여 원판결은 "회사와 산케이(産経)노동조합 사이의 근로조건 등에 관한 교섭은 본건 단체협약에 근거하는 노사협의회에서 행하여지고 있는 것이라고 인정된다. 그리고 원고와 회사 간에 본건 단체협약과 같은 노사협정이 체결되어 있지 않은 것에 대하여, 회사 측에 일방적인 원인이 있는 것이라고 짐작케 하는 증거도 없다. 그렇다면 근로조건 등에 관한 원고와 회사와의 사이의 교섭상황이 다른 것을 갖고 곧바로 회사의 중립의무위반이라고는 할 수 없고, 노동조합법 제7조 제3호의 부당노동행위에 해당된다고도 말할 수 없다(97면)"고 한다.

그러나 산케이(産経)노동조합이 협약으로 노사협의회를 마련하여 그에 따른 근로조건의 교섭을 실시하고 있었다고 하더라도 그것을 항소인과의 단체교섭 상황의 차이라는 이유는 될 수 없다. 협약이 어찌되었든 근로조건 등의 교섭에 대하여 차별하는 것은 실질적으로 불평등한 취급이다. 그것이 노동조합 차별이 아니라고 어떻게 말할 수 있는 것인가. 명칭은 "경영협의회"이지만, 본건의 "노사협의회"와 같은 근로조건 교섭기관인 협의회를 마련하고 있는 노동조합과 그것을 마련하지 않은 노동조합이 병존하는 것으로, 단체교섭에 대하여 차별적 취급을 하였던 것이 노동조합법 제7조 제2호의 부당노동행위가 되는 것은, 도쿄(東京)고등재판소의 국가·중앙노동위원회(NTT서일본)(国·中労委)(NTT西日本)사건 판결(2011.9.28, 労働判例 제1017호, 37면)도 인정하고 있다.

더욱이 회사의 입장에서 실질적으로 생각해 보아도, 항소인이 요구한 이들 조건을 인정하는 것은 회사에 중립유지의무라는 공정성을 나타내는 것과 동시에, 이후에 단체교섭의 경과에 관하여 상호의 견해 차이를 막는데도 도움이 되어, 오히려 이점이 있다고 할 것이다. 야기누마(柳沼) 상무는 그 조건을 "회사에 있어서 부적절하다(명령서 72~73면)"고 주장하였지만(다만 그 이유의 설명은 없다), 그 "부적절"은 마츠자와(松沢) 등의 노동조합을 산케이(産経) 노조와 대등한 것으로 회사가 공인하였다는 것을 알리는 효과를 기업 내에 미친다는 것 이외에는 생각할 수 없고, 그 자체로 법의 보호를 받기에 적합하지 않다.

원판결은 "원고에 대하여 같은 방식으로 단체교섭을 실시하는 것이 적합하지 않다는 것에 대한 합리적인 이유는 보이지 않는다(94면)"고 하지만, 이것은 회사의 중립유지 의무에 대한 완전한 몰이해를 나타내고 있는 것이다. 회사의 발언을 인정하는 것은 항소인이 노동조합 차별을 용인하는 것으로 "지극히 부적절"한 것은 분명하지 않은가.

제3 노동조합 기관지 회수를 부당노동행위가 아니라고 하는 "시설관리권" 론의 잘못

1. 원판결의 판단

원판결은, 사용자의 허락 없이 그 시설을 이용하는 노동조합활동은 "이용을 허락하지 않는 것이 당해 시설에 대하여 사용자가 가지는 권리의 남용이라고 인정되는 특수한 사정이 있는 경우를 제외하고, 해당 시설을 관리·이용하는 사용자의 권한의 실효성, 기업 질서의 유지와의 관계에 의하여 일정한 합리적 내용의 제약을 받는다"고 하였다. 그리고 본건의 경우 마츠자와(松沢) 등은 "회사의 취업규칙에 따른 절차를 밟지 않고, 회사의 허가를 얻지 않았으며, 다수의 종업원이 취업중인 회사 내에서 본건 노동조합기관지 배포를 실시하였으며, 또한 배포된 노동조합기관지는 바닥에 떨어져 있는 것도 있었다"고 하는 것으로부터, 본건 기관지 배포의 제한, 회수는, "시설관리권의 행사로서 허용되는 범위의 대응"이라고 하였다. 나아가, 마츠자와(松沢) 등이 "본건 기관지 배포를 실시한 것은, 원고가 회사에 대하여 아직도 회사와의 사이에 노동조합활동에 관한 기본규칙을 정하는 절차가 진행되지 않는 상황이었을 뿐, 회사에 있어서는……원고가 법적합성이 있는 노동조합인가 아닌가에 대하여 의문을 갖고 있었던 시기의 사건인 것도 함께 고려하면, 야기누마(柳沼) 등 회사 임원에 의한 본건 기관지 회수를 원고에 대한 지배 개입에 해당한다고 단언할 수 없다"고 한다(98~99면).

2. 단체협약의 일반적 구속력과 산케이(産経)노동조합과의 차별

그러나 이것은 단체협약의 일반적 구속력이라는 노동조합법의 규정을 무시하고 산케이(産経)노동조합과의 차별을 용인한다고 하는 이중의 잘못을 범하는 것이다.

(1) 첫째, 항소인이 회사와의 사이에 "노동조합활동에 관한 기본 룰을 정하는" 협약을 맺지 않아도, 단체협약의 일반적 구속력의 규정(노동조합법 제17조)에 의하여, 동종의 근로자인 마츠자와(松沢)에도 산케이(産経)노동조합의 협약에 의한 대우에 관한 기준(시설이용의 권리)이 인정된다(노동조합법 제17조는, 개개의 근로자를 대상으로 하는 근로자 보호의 규정이며, 소수 노동조합의 존재는 동조 적용에 대하여 제외 사유가 되지 않는 것이다. 홍콩(香港)상해은행사건(오사카(大阪)고등재판소 1985.2.6 판결, 노동관계민사판례집 제36권 제1호).[1] 또한 산케이(産経)노동조합의 기관지는, 개별적으로 회사의 허가를 얻지 않고도 각 작업장의 조합원에게 배포되고 있었던 것이다(원판결 43면). 마츠자와(松沢) 등이 "본건 기관지 배포를 실시한 것은, 원고가 회사에 내하여 이직도 회사와의 사이에 노동조합활동에 관한 기본원칙을 정하는 절차가 진행되지 않은 상황이었다"는 것은, 시설이용에 있어서 차별을 용인하는 이유로 되지 않는다.

조문상 적용되는 것은 "당해 난체협약"이지민, 이것을 "근로조건 그 외의 근로자의 대우에 관한 기준(동법 제16조의 "기준의 효력"참조)"으로 해석하여도, 회사와 산케이(産経)노동조합과의 단체협약은, "조합원이 노동조합활동을 하는 자유를 인정한다(제57조)"고 규정하고 있었다. 회사는 "조합원(근로자)"에 대한 대우의 일부로서 회사 시설의 이용(직장내의 전단지 배포라고 하는 "노동조합활동을 하는 자유")을 인정하고 있었던 것이다.

또한 일반적 구속력의 규정이 병존하는 소수 노동조합이 있는 경우에 그 조합원에게 적용되는지 아닌지에 대하여는 판례나 학설에 견해의 대립이 있다. 부정설의 주된 근거는 소수 조합원에게도 적용하게 되면 소수 노동조합은

---

1) 노동조합법 제17조는, "하나의 공장 사업장에 상시 사용되는 동종의 근로자의 4분의 3 이상의 수에 해당하는 근로자가 하나의 단체협약의 적용을 받기에 이르렀을 때는, 당해 공장·사업장에 사용되는 다른 동종의 근로자에 관하여도, 당해 단체협약이 적용되는 것으로 한다"고 규정한다.

다수 노동조합의 교섭의 성과를 얻으면서, 나아가 스스로의 단체교섭권에 의하여 근로조건의 향상을 목표로 할 수 있다고 하는, 다수 노동조합보다 유리한 법적 지위가 보장되므로 불합리하고, 사용자가 소수 노동조합에 불이익을 강요하는 경우에는 부당노동행위로 다툴 수 있다는 것에 있는 것 같다(예컨대 스게노 가즈오(菅野和夫), “노동법(労働法)”(2008, 弘文堂, 568면)).

그러나 위의 홍콩(香港)상해은행사건(오사카(大阪)고등재판소 1985.2.6) 판결이 밝힌 이유(노동조합법 제17조의 규정은, 개개의 근로자를 대상으로 하는 근로자 보호 규정이며, 소수 노동조합의 존부는 직접적인 관계가 없고, 동조의 문언에서 보더라도 소수 노동조합의 존재는 동조 적용에 대하여 제외 사유가 되지 않는 것이다. 이를 실질적으로 고찰하여도, 만일 소수 노동조합이 존재한다고 하여도 같은 노동조합이 후기(後記)와 같은 사정에 의하여 단체협약을 체결하지 않거나 과거에 체결한 적이 있지만 이미 효력을 잃은 경우에는, 다수노동조합이 체결한 협약에 의하여 소수 근로자를 보호하고, 적어도 규범적 부분에 대하여는 최소한의 보장을 해 주어야 한다는 실제상의 절실한 필요성이 존재한다. 그 뿐만 아니라 소수 노동조합이 약체이거나 교섭 능력이 충분하지 않아 협약 체결이 곤란한 경우에는, 이것으로 협약 체결의 기초를 부여하는 것이 되기 때문에, 피항소인의 주장과 같이 단결권이 제약되는 것이 아니라, 오히려 이를 기회로 다수 노동조합이 체결한 협약보다 한층 유리한 내용의 협약의 체결을 목표로 하여 단체교섭 및 단체행동을 하는 자유와 가능성을 갖는 것으로, 소수 노동조합의 자주성을 전혀 해할 우려가 없고 대항 관계에서 약자의 입장에 서는 경우가 많다고 볼 수 있는 소수 노동조합에게 다수 노동조합의 협약의 한도까지의 이익을 항상 보장함으로써 실질적으로 소수 노동조합의 자주성을 지지하여 단결권의 행사에 도움이 된다고 해석할 수 있기 때문이다)는, 근로자의 실질적인 자유와 평등 실현의 관점으로 볼 때 지극히 설득력이 있다.

부언하면 다수 노동조합의 협약의 적용을 인정함으로써, 관념적으로 소수 노동조합이 이득을 취하게 되는 것을 생각할 수 있다고 하여도, 현실적으로 사용자가 소수 노동조합에게만 유리한 조건을 인정하는 것은, 통상적으로는 생각할 수 없다. 만약 그러한 일이 있다면 그것은 소수 노동조합이 어용 노동조합이거나 아니면 소수 노동조합이 큰 희생을 불사한 투쟁의 성과이다. 그리고 그러한 경우에는 다수 노동조합도 소수 노동조합의 성과를 기회로, 사용자에 대하여 협약의 개정을 요구하는 것이 가능하다. 말하자면 다수 노동조합과 소수 노동조합 사이의 동종 근로자의 이익을 위한 상호 지원 내지 경쟁이며, 자주적인 노동조합의 병존을 인정하는 한 이를 부정할 이유는 없다.

또한 소수 노동조합을 차별하는 경우에는, 부당노동행위로 다투면 좋다고 하는 것은, 노동조합법 제17조의 명문을 작위적으로 한정하여, 소수 노동조합에 무의미한 부담을 지게 하는 것에 지나지 않는다.

(2) 둘째, 산케이(産経)노동조합의 기관지 배포에는 개별적인 허가를 필요로 하지 않는다고 하면서, 마츠자와(松沢) 등의 기관지 배포를 제지하는 것은 노동조합 차별이며, 원판결의 입장에서도 본 판결은, "이러한 사람에 대하여 그 이용을 허락하지 않는 것이 당해 시설에 관하여 사용자가 갖는 권리의 남용이라고 인정되는 특별한 사정이 있는 경우"로서, 그 제지·회수는 "지배 개입에 해당한다고 단정"하지 않으면 안된다.

3. 분쟁시의 법 이익의 비교 교량

보다 더 중요한 문제로서 기관지 배포에 사용자의 허락을 필요로 한다고 하는 원판결의 견해는, 만일 평상시의 노사관계에서는 타당하다고 하더라도, 본건과 같은 분쟁 시의 노사관계에 있어서는 도저히 나낭하다고 힐 수 없다.

(1) 본건에 대하여는, 사용자의 단체교섭거부라는 부당노동행위가 있어(이 점은 앞에서 서술하였음), 항소인은 파업권 확립을 위하여 투쟁하고 있었다("1995년 1월 31일, 마츠자와(松沢)와 야마구치는 도쿄 본사에서 야기누마(柳沼)에 대항하여 본건 배치전환에 관하여 파업으로써 싸우는 취지가 기재된 반(反)구조조정·매스컴 근로자 회의·산케이(産経)위원회 명의의 "파업권 확립 통고서"를 건네주려고 하였으나, 야기누마(柳沼)는 이것을 받지 않았다(원판결 41 면)". 그리고 이러한 경우에 대하여는 최고재판소도 이전부터 "사용자의 자유권이나 재산권은 절대 무제한적인 것이 아니라, 근로자의 단체행동권 등을 위하여 어느 정도의 제한을 받는 것은 당연하다"고 하여, "이와 같은 여러 가지 일반적·기본적 인권과 근로자의 권리와의 조화를 이루는 것이야말로 기대하고 있으며 …… 그 조화점을 어디에서 찾을 것인가 하는 것은 법률 제도의 정신을 전반적으로 고찰해

결정하여야 한다(야마다(山田)강업사건, 1950.11.15 대법정 판결, 최고재판소형사판례집 제4권 제11호, 2257면)".

구체적인 례를 들면 안자이(安西)우체국사건의 최고재판소 판결(1967.2.7, 최고재판소형사판례집 제21권 제1호, 19면)은, 우체국장이 국사(局舍)사무실의 "입구 근처에서 양손을 펼치고 서서 당해 피고인들의 출입을 저지하였는데, 피고인들은 그 손을 치우고 가슴을 부딪치며 원고를 밀치면서 입실한" 행위에 대하여 "헌법 제28조는, 근로자의 단결할 권리 및 단체교섭 그 외의 단체행동을 할 권리를 보장하고 있다. 동조의 노동기본권 보장의 목적은, 헌법 제27조가 정하는 바에 따라 근로의 권리 및 근로조건을 보장하는 것과 상호 맞물려, 경제적으로 열위에 서는 근로자를 위하여 사용자와의 사이에 실질적인 자유와 평등을 확보하는 것에 있다는 것은, 1964년 제296호 1966년 10월 26일 대법정 판결이 분명히 한 부분이다" "이른바 점검 활동과 헌법 제28조와의 관계, 그리고 위 판결의 취지에 비추어 보면 서론의 점검 활동은 근로조건에 관한 사항에 대하여 법규나 협약의 위반 그 외 취급상 불비의 점이 있었는가의 여부, 부당노동행위가 있었는가 여부에 대하여 조사·점검하여 당해 직장 관리자와의 교섭을 통하여 그 시정을 구하는 것을 목적으로 하는 것이기 때문에, 그 범위에서는 헌법 제28조의 노동기본권의 범위를 일탈하는 것이라고는 할 수 없다" "생각건대 점검 활동을 목적으로 한다고 하여도, 어떠한 사정 하에서도 항상 출입 행위가 허용되는 것이 아니고, 또한 관리자가 거부한다고 하여 일체의 출입 행위가 허용되지 않는 것도 아닌 바", "들어가는 측과 그것을 거부하는 측과의 쌍방에 관하여, 각각의 구체적 동기와 그 행위의 태양을 비교 교량을 할 필요가 있다"고 하고 있다.

(2) 이러한 견해에 따르면, 사용자의 부당노동행위에 대항하여 새로운 노동조합 결성을 호소하는 기관지 배포의 중요성과 거기에 따른 사용자의 법 이익 침해를 비교 교량할 필요가 있다.

본건과 같은 사용자에게 위법한 부당노동행위가 있고, 노동쟁의(노동관계조정법은, "노동조합법과 대조적으로, 노동관계의 공정한 조정을 도모하여 노동쟁의를 예방 또는 해결하고, 산업의 평화를 유지하여 경제의 융성에 기여하는 것을 목적으로(제1조)"하고 있으나, 동법 제6조에서는 "노동쟁의란, 노동관계의 당사자 간에 있어서 노동관계에 관한 주장이 일치하지 않고, 그 때문에 쟁의 행위가 발생하고 있는 상태 또는 발생할 우려가 있는 상태를 말한다"고 규정한다)가 발생하고 있는 경우에는, 취업규칙의 적용 등은 이미 의미가 없다(쟁의행위란, "노동관계의 당사자가, 그 주장을 관철하는 것을 목적으로 하여 행하는 행위 및 이에 대항하는 행위이며, 업무의 정상적인 운영을 저해하는 것을 말한다(노동관계조정법 제7조)").

이러한 상황에서 상대가 부당한 행위를 하는 경우, 이것에 대항하여 강한 행위로 대응하는 것은, 공평의 원칙으로부터 당연하다(국제법에 있어서의 복수 혹은 보복의 원칙). 최고재판소의 가나자와(金沢)우체국 사건(1971.3.16 판결, 노동관계최고재판례집, 1203면)도, 취급규정에 반하는 "4개의 표준중량초과 우편물 포대의 표찰을 때어낸" 행위를 "정당행위"라고 하고 있다.

또한, 만일 백보 양보하여 노동조합 기관지가 바닥에 떨어져 있었다고 하더라도, 그것을 주우면 끝나는 것이며, 단체교섭거부라고 하는 부당노동행위를 하고 있던 "시기에 일어난 사건인 것도 함께 고려하면" 사용자의 시설관리권을 신성불가침으로서 그 전제적 지배 "질서"를 절대시하고 있는 것이 아닌 한 전단지 배포에 의한 피해라고하기에는 부족하다.

부언하면 전단지 배포보다 더 강한 시설관리권과 충돌하는 행위라고 할 수 있는 전단지를 붙이는 행위에 대하여도, 최고재판소의 국철노동조합 히로시마(国労広島)지방본부 오부(小部)지부 사건(1963.11. 24 판결, 최고재판소형사판례집 제18권 제9호, 610면)은, 춘계 임금협상 투쟁에 대하여 역장실의 판자 벽, 유리창 등에 전단지 합계 64장을 붙인 행위를, "형법 제260조의 건조물손괴죄 내지 동법 제261조의 기물손괴를 내용으로 하는 "폭력행위 등 처벌에 관한 법률(暴力行爲等処罰に関する法律)" 제1조 제1항의 죄를 구성하는 것은 아니"라고 한 원판시는 상당하여 시인할 수 있다"고 하였다.

제4 결어 — 부당노동행위 의사의 추인

1. 현실의 노동관계의 몰이해

이와 같이 단체교섭거부와 노동조합 기관지 회수는 개별적으로 보더라도 그 자체가 부당노동행위였다. 그리고 이러한 행위가 집요하게 행하여진 이유는, 그 내면에 일관적인 부당노동행위 의사가 있었기 때문이라고 보는 것에서 비로소 합리적으로 이해할 수 있을 것이다.

원판결은, 이러한 점의 부당노동행위에 관한 판단을 잘못하였고, 나아가 전체 경과의 "통찰"에 있어서도, 현실의 노동관계나 현행 노동법의 이해부족으로부터 단결권 보장의 취지를 부정하는 결과로 되었다. 이에 대하여, 이하 몇 가지 특징적인 점을 언급하고자 한다.

2. 부당노동행위 의사를 추인하게 하는 사정

회사는 왜 본 사건의 노동관계를 악화시켰는가.

① 노동조합법은, "노동관계의 당사자는 노동쟁의가 발생하였을 때에는, 성의를 가지고 자주적으로 이것을 해결하도록 특히 노력하지 않으면 안된다(제2조)"고 규정한다.

본건에서는, 우선 마츠자와(松沢)의 배치전환에 대하여 분쟁이 발생하였다. 이 쟁의를 해결하기 위해서는, 만약 오해가 있다면 어떻던 단체교섭에 의하여 그 오해를 푸는 것이 선결일 것이다. 그것은 상대가 적법한 노동조합인가의 여부와는 관계가 없다. 그럼도 불구하고 회사는 노동조합법의 취지에도 위반하여 왜 단체교섭을 계속 거부하였는가.

② 원판결은, "마츠자와(松沢)는 1992년 2월에 논설위원회부 논설위원이 되어 산케이(産経) 노동조합의 조합원 자격을 상실하여, 이후 산케이(産経)노동조합의 비조합원이었던 것과 그 기간 동안 산케이(産経)노동조합의 활동에는 관계되지 않은 것을 알 수 있는 것으로부터, 회사가 본 사건 배치전환의 내시(內示)를 할 때에, 마츠자와(松沢)의 산케이(産経)노동조합의 조합원이었던 시기의 활동에 관하여 마츠자와(松沢)를 좋지 않게 생각하였다거나 마츠자와(松沢)에게 보복하려는 의도를 가져 이 사건 배치전환을 하였다고는 생각하기 어렵고, 이 점을 인정하기에 충분한 증거도 없다. 또한, ……회사가 본건 내시(內示)에 앞서, 마츠자와(松沢)가 노동조합(원고)의 결성 준비를 하고 있다는 사실을 인식하고 있었다는 점도 인정되지 않고, 그 밖에 이 사실을 인정할 수 있는

증거도 없다(78면)"고 한다.

그러나 마츠자와(松沢)에 대하여는, 그 "산케이(産経)노동조합의 조합원 시대의 활동에 관하여"에 그치지 않고, "좋지 않다고 생각하는" 사실은 그 밖에도 있었다. 예컨대 원판결에 의하면 야기누마(柳沼)는 1994년 1월 7일, "마츠자와(松沢)에게 타카하시(高橋)의 중공(重工)기자클럽 재적을 문제삼지 않도록 의뢰"하였지만, "마츠자와(松沢)는 당연히 문제를 삼는다는 등의 대답을 하였다(36면)".

또, 이노우에(井上)이사가 마츠자와(松沢)에 대하여, 1994년 2월 8일자의 편지에서, "자네는 우수한 두뇌의 소유자인데 터무니없는 짓을 하였다. 같은 회사에서 오랫동안 일을 해 온 사람의 한 명으로서 정말로 유감이다. 자네가 앞으로도 회사와 현체제에 계속 도전한다면, 이노우에(井上) 개인으로서 결의하여 대처하게 될 것이다. 과격한 언동을 즉각 중지하여 이성적으로 대응을 해 주었으면 한다. 그것을 간절히 바란다(원판결 48 면)"고 서술하고 있었다.

이에 대하여, 호소타니(細谷)사장은 같은 달 25일자의 문서에서, 이노우에(井上)의 편지는 "사적인 서신이며, 완전히 개인적인 입장에서 이루어진 것으로 타의는 없다"라고 변명하고 있다(동 면). 그러나 최고재판소 판례는 조역(助役)이 노사협조 노선을 취하는 노동조합으로의 잔류를 유도한 발언에 대하여, "사용자 이익의 대표자에게 근접하는 직제상의 지위에 있는 사람이 사용자의 생각을 받들어 노동조합에 대한 지배·개입한 경우에는, 사용자와의 사이에 구체적인 의사연락이 없더라도, 당해 지배·개입을 갖고 사용자의 부당노동행위라고 평가할 수 있다"라고 한다(JR東海사건, 최고재판소 2006.12.8 판결, 労働判例 제929호, 5면). 이노우에(井上)는 마츠자와(松沢)의 전 상사이며, 이사로서 그야말로 회사의 "이익 대표자"이다. 그 편지는 "개인적 입장"을 이용하여, 마츠자와(松沢)들의 노동조합의 결성을 싫어하는 회사의 "생각을 받들어" 나온 것이라고 생각하는 것이 노사관계의 상식일 것이다. "타의는 없다"고 하는 사장의 변명이 진실하다는 것은 "인정할 수 있는 증거는 없다"고 하는 것이지 아니겠는가.

③ 앞에서 본 바와 같이 원판결은 회사가 배치전환의 "내시(内示)에 앞서, 마츠자와(松沢)가 노동조합(원고)의 결성 준비를 하고 있다는 사실을 인식하고

있었다는 점은 인정되지 않는다(78면)"고 하여, 그것을 배치전환 명령이 부당노동행위임을 부정하는 이유로 보았다.

하지만 만일 이 인정을 전제로 하여, 회사가 마츠자와(松沢)의 구체적인 신노동조합 결성 준비의 사실을 몰랐다고 하더라도, 회사는 마츠자와(松沢)의 회사나 산케이(産経)노동조합에 대한 비판적인 입장을 알고 있었다. 게다가 마츠자와(松沢)는 1월 7일의 야기누마(柳沼)와의 이야기에서 "현재의 산케이(産経)노동조합 집행부로는 종업원의 이익을 지킬 수 없는 것"이라거나, "부당한 배치전환을 강행하면, 재판 외에 중대한 결의로 임할 것" 등을 야기누마(柳沼)에게 말하고 있었다(36~37면).

이렇게 하여 당시의 마츠자와(松沢)와 회사의 관계는, 이전부터 마츠자와(松沢)가 회사에 "좋지 않다"고 생각되어 부당배치전환을 명할 정도의 것이었다. 또한 당시의 노동운동이 기업의 영역을 초과하는 움직임이 있었다는 것은 경영자로서 오히려 상식의 범위에 속하는 것이다. 그렇기 때문에 마츠자와(松沢)의 "중대한 결의"가 무엇을 의미하는지는, 비록 노동조합 결성의 구체적인 준비 상황을 알지 못하였다고 하더라도, 회사로서 당연히 알 수 있었을 것이다. 그 때문에 회사는 마츠자와(松沢)의 과거의 운동에 대한 보복에 그치지 않고, 그 배치전환에 의하여 마츠자와(松沢)의 노동조합 결성에 대한 선수를 치는 식의 방해·개입을 감행하였다(노동조합법 제7조 제1호·제3호). 즉, "회사와 현 체제"에 대한 비판 분자인 마츠자와(松沢)의 운동의 발판을 빼앗고, 나아가 회사로부터 배제하여 현체제를 안정시키려고 생각하였다는 것, 그리고 본 사건 배치전환을 비롯한 일련의 행위가 나오게 되었다는 것은 용이하게 추인되는 바라고 말하지 않으면 안된다.

이상

제19장 나카마 유니온(なかま Union)(파나소닉(パナソニック) 사건) — 모회사의 단체교섭 거부의 정당한 이유의 유무(오사카후(大阪府)노동위원회 2012년 5월 14일 명령 비판)(2012년 11월, 중앙노동위원회에 제출. 화해로 종결)

본 사건은, 기업 내 노동조합이 근로자를 지키려고 하지 않고, 근로자 개인이 사용자의 위법행위에 대하여 스스로의 권리를 주장한 사건이다.

목차생략(역자 주)

시작하며 — 의견서의 골자

1. 단체교섭에서 "사법 판단에 의한 해결"이라고 하는 것은 거부의 정당한 이유가 되지 않는다 — 노동위원회 제도와 재판소에 의한 구제의 제도적 차이

본 사건은 나카마 유니온(이하 "조합"이라 함)이 파나소닉 플라즈마 디스플레이 주식회사(이하 "회사"라 함) 및 파나소닉(주)를 피신청인으로 하여 단체교섭 거부에 대한 구제를 구한 사건이다.

표기(標記) 오사카후(大阪府)노동위원회 명령(이하 "명령"이라 함)은, 전자에 대하여는 본건에서 교섭이 "평행선" 상태가 되어 있다고 하는 이유로 기각, 후자에 대하여는 파나소닉은 노동조합법상의 "사용자"에 해당되지 않는다고 하여 각하하였다.

명령이 단체교섭은 평행선 상태가 되었다고 판단한 근거는, 선행된 단체교섭에서 회사가 "사법판단 이외의 해결방법은 생각할 수 없다"고 회답하였고, 그 후 새로운 사정이 발생하였다고도 인정되지 않는다는 것이다(17면). 그러나 단체교섭 거부 이유로, 협의에서의 견해의 평행선이라고 하는 것은 사용자측의 주관이 아니라 교섭과정으로부터 판단하여야 한다. 회사가 "사법판단 이외의 해결방법은 생각할 수 없다"고 하여 그 이후의 단체교섭을 거부하는 것 자체가 이미 부당한 단체교섭 거부이며, 그 상태를 전제로 단체교섭의 "평행선" 상태라고 하는 것은 이하에서 보는 바와 같이 노동위원회에 의한 구제제도의 취지를 부정하는 것이다.

노동위원회는 부당노동행위에 대하여 노사관계의 지식과 경험을 갖는 자에 의한 신속한 행정구제를 실시하기 위한 전문적 기관으로서 설치되었다. 단결권 보장의 실효성 확보에는 사법적 구제만으로는 불충분하기 때문이다. 노사 간의 의견의 대립은 대등한 입장에서의 성의를 가지고 단체교섭을 통한 자주적 해결이 기본이다(노동관계조정법 제2조, 당사자의 책무). 노동위원회는 단체교섭 거부에 관하여도, 재판절차와는 별개로 노사의 자주적 조정에 조력하여 그 해결을 가능하게 하는 조건을 만들어야 한다(동법 제3조, 정부의 책무). 사용자가 단체교섭에 의한 자주적 해결을 포기하고, 사법판단에 의존하는 것을 시인하여 구제를 거부하는 것은 노동위원회 제도의 취지에 반하며, 이러한 명령은 위법한다고 하여 취소하지 않으면 안된다.

2. 단체교섭은 요구사항에 영향을 주는 사람을 상대로 하지 않으면 해결할 수 없다 — 노사관계의 현실과 구제의 필요

단체교섭은 근로자의 요구실현을 목적으로 하여 행하여진다. 따라서 교섭사항(요구)에 영향력을 가진 자가 상대방이 되지 않으면 그 목적을 달성할 수 없다. 명령이 "본 사건 공장에서의 요시오카(吉岡) 조합원의 업무내용의 결정이나 고용계약의 체결에 대하여 파나소닉이 <u>구체적이고도 직접적인</u> 영향력 내지 지배력을 미쳤다고 인정하기 위한 소명은 충분하지 않다(20면, 밑줄은 인용자)"고 하여 동 회사를 피신청인으로 하는 조합의 구제신청을 각하한 부분은, 단체교섭의 상대방으로서 필요한 노동조합법상의 사용자를 판단함에 있어서 잘못을 범하고 있는 것이다.

제1 단체교섭권 보장과 단체교섭 거부 이유의 판단

1. 단체교섭과 그 촉진의 필요성

(1) "노사 간의 협의가 평행선이 되어 있다"는 명령의 판단

앞에서 서술한 바와 같이 명령은, 2009년 12월 10일의 단체교섭에 응하지 않았던 것에 대하여, 선행하는 제2회 단체교섭(2008.7.30)에서 "회사는 본 사건 지위확인소송에 대하여, 현재 상태로서는 사법판단 이외의 해결방법은 생각할 수 없다는 취지로 말한 것" 등에서, "이 단계에서, 노사 간의 협의는 평행선이 되어 있다"고 하는 이유(16면)로, 조합의 신청을 기각하였다. 이 사실의 인정에 대하여는, 조합측의 보충신청서(2012.9.6)가 그 잘못을 구체적으로 지적하고 있으므로 이를 참조하길 바란다.

여기에서는 그 가운데 교섭 경과에 있어서 회사가 "사법판단 이외의 해결방법은 생각할 수 없다"라고 한 것을 거부의 정당한 이유로 인정한 점을 언급한다. 그것은 단결권 보장의 실효성을 담보하는 행정구제기관으로서 설지된 노동위원회 제도의 취지에 비추어 법률론으로서도 매우 불합리하다고 생각되기 때문이다.

(2) 근로조건 결정에서의 근로자의 입장과 전후의 헌법

"모두 국민은 개인으로서 존중된다(헌법 제13조)". 그렇기 때문에 "근로조건은 근로자가 인간다운 생활을 영위하기 위한 필요를 충족시켜야 하는 것이 아니면 안된다(노동기준법 제1조 제1항)".

이 근로조건 결정에 대하여 근대 자본주의법은 법 앞의 평등과 계약의 자유를 주창하였다. 그러나 사용자에 대하여 근로자 개인은 결코 실질적으로 자유롭지도 평등하지도 않다. "이 법률에서 말하는 근로자란 직업의 종류를 불문하고, 임금, 급료 그 밖에 이에 준하는 수입에 의존하여 생활하는 자를 말한다(노동조합법 제3조)". 즉 근로자는 타인에게 고용되어 노동의 대가를 얻는 것 이외에는 자신과 그 가족의 생활을 지탱하는 수단을 가지지 않는다. 그리고 자본주의에는 경기의 흐름이 있어, 해고로 인하여 그 수단을 잃는 것에 대한 두려움에 노출되어 있고, 이를 피하기 위하여 근로자 간의 경쟁이 강요된다. 다른 한편 사용자는 그 경제적 우위를 이유로 근로조건을 일방적으로 결정하고 해고의 자유도 가지고 있기 때문이다.

이에 대하여 전후(戰後)의 헌법은, 부국강병의 슬로건에 의하여 근로자에게 열악한 근로조건을 강요하여 온 점을 반성하고, 노동기본권은 보장하였다. 그 취지를 최고재판소는 다음과 같이 판시하고 있다.

"이 노동기본권보장의 목적은 헌법 제25조에서 정하는 이른바 생존권의 보장을 기본이념으로 하여, 근로자에 대하여 인간다운 생존을 보장하여야 한다는 견지에서, 헌법 제27조가 정하는 바에 따라 근로의 권리 및 근로조건을 보장함과 동시에 헌법 제28조가 정하는 바에 따라 경제상 열위에 있는 근로자에 대하여 실질적 자유와 평등을 확보하기 위한 수단으로서 그 단결권, 단체교섭권, 쟁의권 등을 보장하려고 하는 것이다(도쿄(東京)중앙우체국사건, 대법정 1966.10.26 판결, 최고재판소형사판례집 제20권 제8호, 901면)".

(3) 대등한 입장에서의 단체교섭의 필요

근로조건은 노사의 합의에 의하여 정하여진다. 따라서 인간다운 생활에 적합한 근로조건의 실현 및 그 유지·개선, 근로자의 지위향상을 위해서는 대등한 입장에서의 자주적인 단체교섭에 의존하는 수밖에 없다. 따라서 노동기준법은 "근로조건은 근로자와 사용자가 대등한 입장에서 결정하여야 한다(제2조 제1항)"고 하고, 노동조합법도 그 목적으로 하는 노사의 교섭에서의 대등한 입장을 촉진하기 위한 근로자의 지위향상과 단체교섭의 조성 등을 규정하고 있다(제1조 제1항).

그러나 사용자에게 있어서 단체교섭은 종래 근로자 개인에 대하여 가지고 있던 지배력을 제약하는 것을 의미한다. 그렇기 때문에 사용자는 때로는 없는 말을 꾸며 이를 거부하려고 한다. 본 사건에서는 "사법판단 이외의 해결방법은 생각할 수 없다"고 하여 단체교섭을 거부한 것이 이에 해당한다. 이는 재판소 이외에 새로운 노동위원회라는 행정구제기관이 설치된 취지를 묵살하는 것이다.

2. 재판소에 의한 사법판단과 노동위원회에 의한 단체교섭의 촉진

(1) 노동위원회제도의 필요

국민의 권리 침해에 대한 구제기관으로는 재판소가 존재한다. 하지만 사용자는 부당노동행위가 금지되어도 정황에 따라 다양한 수단으로 근로자의 단결을 무너뜨려 자신의 우위성을 유지하려고 한다. 이에 대하여 재판소의 구제만으로는 단결권 보장의 실효성을 담보할 수 없다. 이로 인하여 일본도 비준하고 있는 "단결권 및 단체교섭권에 대한 원칙의 적용에 관한 조약(ILO 제98호)"은 "앞의 각 조에서 정하는 단결권의 존중을 확보하기 위하여 필요한 경우에는 국내 사정에 적절한 기관을 마련하지 않으면 아니된다(제3조)"고 하고, 나아가 "단체협약에 의하여 고용조건을 규제하는 목적을 가지고 실시하는 사용자 또는 사용자 단체와 근로자 단체 간의 자주적 교섭을 위한 절차의 충분한 발달 및 이용을 장려하고 촉진하기 위하여 필요한 경우에는, 국내 사정에 적절한 조치를 하지 않으면 아니된다(제4조)"고 하고 있다. 노동위원회의 구제제도는 헌법에서 규정하는 단결권 보장에서 파생된 것임과 동시에, 이러한 조약상의 의무에 대응하는 것이다.

(2) 단결권 보장의 실효성의 담보

노사관계는 상호 대응에 따라 유동적이다. 노동조합의 조직화를 방해하는 조합원 혹은 활동가에 대한 차별대우, 조합을 무시하는 단체교섭 거부, 그리고 문제를 일으켜 경찰권력을 도입하는 등, 그럼에도 불구하고 조합의 존재를 부정할 수 없게 되면, 조합의 결성·운영에 대한 지배·개입에 의하여 조합을 사용자의 사정에 맞게 바꾸어 가는 것 등은 모두 사용자가 역사적으로 조합 운동에 대하여 취하여 온 방법이다. 하지만 이러한 것들은 노사의 대등한 입장에 의한 교섭을 방해한다. 따라서 이러한 행위는 단결권 보장 하에서는 계약의 자유를 남용하는 위법한 행위이며 부당노동행위로서 금지된다.

그러나 아무리 그 행위가 위법하다고 하더라도, 그 판단이 확정되기 전에 조합이 사용자에 의하여 약체화되거나 괴멸되면 이는 돌이킬 수 없는 일이 된다. 마치 스포츠 경기에서 경기가 끝난 후에 경지 중의 룰 위반의 반칙에 대하여 이야기 한다고 하더라도 이미 때 늦은 것과 같다. 스포츠에서 위반행위가 발각되는 즉시 시합을 중단하고 위반자에게 일정한 제재를 가하여 시합을 속행하는 것과 같이, 부당노동행위에 대하여도 적절하고 신속한 구제와 원상회복이 요구된다. 이를 위하여 설치된 것이 노동위원회 제도이다. 제2하토(鳩)택시사건에서 최고재판소는 이 노동위원회의 구제명령제도에 대하여 "단결권 및 단체행동권의 보호를 목적으로" 하여, 부당노동행위를 금지한 "규정의 실효성을 확보하기 위하여 설치된 것"이며, "사용자에 의한 조합 활동 침해행위에 의하여 발생한 상태를 위의 명령에 의하여 직접 시정하여, 정상적인 집단적 노사관계 질서의 신속한 회복과 확보를 도모하는" 취지라고 설명하고 있다(대법정 1977.2. 23 판결, 최고재판소민사판례집 제31권 제1호, 93면). 이러한 노동위원회의 설치는 단체교섭의 촉진을 위한 앞의 ILO 제98호 조약의 의무 이행이기도 하다.

(3) 노동위원회의 현상(現狀)

가. 그러나 현재 그 취지대로 노동위원회가 기능하고 있는가 하는 것은 별개의 문제이다. 기껏 노동위원회의 구제명령이 결정된 경우에도 사용자가 이를 이행하지 않고 중앙노동위원회에 재심하거나 행정소송을 제기하는 경우에는 최고재판소까지 실질적으로 5심제도가 된다.

본래 노동위원회의 구제명령은 행정처분으로 그 확정 전이라도 사용자가 이행할 의무가 있다. 이는 노동조합법, 노동위원회규칙, 행정사건소송법에 명문의 규정이 있을 뿐만 아니라, 카와다 에츠코(川田悦子) 중의원 의원의 질문에 대한 코이즈미 준이치로(小泉純一朗) 수상 명의의 답변서(내각중의원질문(内閣衆質) 156 제86호, 2003년 6월 6일), 하토리 료이치(服部良一)의원의 질문에 대한 노다 요시히코(野田佳彦)수상 명의의 답변서(내각중의원질문(内閣衆質) 180 제301호, 2012년 6월 29일)에서도 여러 번 확인되고 있다.

다만 노동조합법에는 재판소의 긴급명령이 결정된 경우(제32조)를 제외하고는 확정 전의 명령 위반에 대한 제재에 대한 규정은 없다. 헌법은 재산권과 함께 노동기본권을 보장하고 있다. 헌법상 재산권 등의 "일반적 기본적 인권과 근로권의 조화(야마다(山田)강업사건, 최고재판소대법정 1950년 11월 15일 판결)"가 필요한 이상, 재산권의 침해가 절도죄나 강도죄 등등으로 처벌된다면 본래 단결권 침해도 즉시 범죄로서 처벌하여야 함이 적절하다. 그러나 노동조합법이 부당노동행위에 대한 직접적인 제재규정을 두지 않는 것은, 노동위원회의 심리에는 사용자 단체의 추천에 의한 사용자 위원도 참석하게 되어 있으므로, 그 도덕적 권위에 의한 명령에는 개별 사용자의 자발적 이행을 기대할 수 있다고 보았기 때문이다.

나. 그러나 윤리의식이 부족한 악질적인 사용자가 구제명령을 이행하지 않은 상태로 싸우는 경우를 보면 이는 분명히 현실에 적합하지 못한 입법의 부족이라고 하여야 한다. 직접적인 제재 규정이 없는 것을 좋은 것으로 여기고 사용자가 그 전제를 붕괴시켜 명령을 이행하지 않은 채 재심이나 행정소송으로 절차를 지연시키고, 그 사이에 조합파괴를 실현하는 이른바 "단결파괴, 부당노동행위를 통한 이득"이라는 결과로도 될 수 있다. ILO 결사의 자유위원회의 보고에서도, 구제의 지연은 "사회정의의 부정이며, 그 결과 관계자의 노동조합권이 부정되게 된다"고 지적하고 있다(1999년 11월 18일, 국철노동조합의 신청에 의한 제1991호 사건, 270면).

(4) 근로자에게는 "재판을 받을 수 있는 권리"도 상실되지 않았다

가. 그러나 원래 "재판소에서 재판을 받을 수 있는 권리"는 누구에게나 보장되는 헌법상의 권리이다(헌법 제32조). 따라서 노동위원회 제도가 충분히 기능하고 있지 않는 현실에서는 노동위원회에 구제를 구하거나, 재판소에 구제를 요청할 수도 있고, 아니면 양자를 동시에 택할 수도 있는데, 이는 근로자의 사정이나 사안의 성질에 따라 제도 각각의 특징을 고려하여, 침해를 받은 근로자가 자유로이 선택할 수 있는 것이라고 할 수 있다.

나. 사용자의 상소세도를 이용한 해결 지연에 의하여 사건이 재판소에 계쟁중이라 하더라도, 근로자가 단체교섭에 의한 자주적인 해결을 요구하고, 그것이 거부당하였다면 노동위원회의 구제를 요청하는 것을 방해받을 이유는 없다. 또한 구제명령 신청을 받은 각 기관도 단결권 보장의 취지에 따라 그 각각의 기관으로서 가능한 구제조치를 강구하여야 할 것이다.

(5) 사용자의 단체교섭 회피는 용서될 수 없다

가. 단체교섭에서 성실히 교섭에 응하여도 막다른 골목에 봉착하여 객관

적으로 그 이상 설명이나 진전의 여지가 없다면 단체교섭의 중단도 인정될 수 있을 것이다. 그러나 이러한 경우에 해당하는가의 여부는 단체교섭의 전체적 과정을 포함한 제반사정에 의하여 결정될 것이다(최고재판소의 코토부키(寿)건축연구소사건, 1978.12.8 판결, 労働判例 제312호, 54면; 이케다(池田)전기사건, 1992.2.14 판결, 労働判例 제614호, 6면에서는 단체교섭거부의 정당한 이유가 있다고 하였으나 모두 상세하게 사실들을 근거로 한 판단이었다). 이미 1970년에 도쿄(東京)고등재판소는 지방재판소가 노동위원회의 구제명령을 취소한 사건에 대하여 중앙노동위원회의 항소를 인정하여 다음과 같이 판시하고 있다.

"사용자의 특정한 행위가 사용자의 자유에 속하는 범위의 행위인지, 그렇지 않으면 노동조합 활동에 대하여 부당한 저지적 내지 왜곡적 영향력을 행사하는 부당노동행위로 보아야하는 것인가를 판단할 때에는, 당해 행위의 외형이나 표면상의 이유만으로 이를 표면적, 추상적으로 관찰하는 것만으로는 부족하고, 사용자가 종래 취하여 온 태도, 당해 행위에 이른 경위, 그를 둘러싼 사용자와 근로자 내지는 노동조합과의 절충 내용 및 태양, 위의 행위가 당해 기업 내지 직장에 있어서 노사관계상 가지는 의미, 이것이 노동조합 활동에 미치는 영향 등 제반의 사정을 고려하여, 이와 관련하여 당해 행위가 가지는 의미나 성격을 정확하게 통찰, 파악한 후에 판단을 내리는 것이 필요하다는 것은, 재차 말할 필요도 없다"(닛산(日産)자동차사건, 1977.12.20 판결, 부당노동행위명령집 구제편, 2702면).

최고재판소도 또한 이 도쿄(東京)고등재판소 판결에 위법성은 없다고 하면서 이를 지지하여, 회사의 상고를 기각하였다(동사건, 1985.4.28 판결, 최고재판소민사판례집 제39권 제3호, 730면). 그 판결에서 최고재판소는 다음과 같은 견해를 나타내었다.

"부당노동행위의 성립 여부를 판단할 때에는, 단지 단체교섭에서 제시된 타결 조건의 내용이나 그 조건과 교섭사항과의 관련성 내지는 그 조건을 고집하는 것에 대한 합리성만을 검토할 것이 아니라, 당해 단체교섭사항이 어떠한 경위로 발생한 것인지에 관한 과거의 원인 및 배경, 상황 및 이것이 당해 노사관계에서 가지는 의미, 위의 교섭사항과 관련된 문제가 발생한 후에 쌍방이 이를 둘러싸고 취하여 온 태도 등 일체의 사정을 종합하여 고려하여 당해 단체교섭에서의 사용자의 태도에 대한 부당노동행위 의사의 유무를 판단하여야 한다"

나. 본 사건의 경우에는 앞선 2회의 단체교섭(2008.7.30)에서 회사가 사법판단 이외의 해결방안은 생각할 수 없다고 회답하였다고 하여 그로 인하여 협의가 평행선 상태가 되었는데 그 이후의 단체교섭 거부가 정당화되는 것은 아니다. 사용자가 왜 문제를 단체교섭을 통하여 자주적으로 해결하려고 하지 않고, 그러한 태도를 취하였는지에 대한 합리성이 인정되지 않으면 안된다.

다. "사법판단 이외의 해결방법은 생각할 수 없다"고 하여 단체교섭을 거부하는 것은, 이 안건이 재판소와 관련되어 있는 한은 단체교섭에 의한 자주적 해결을 거부하는 것이다. 그러나 판례에서 재판소 혹은 노동위원회와 같은 국가기관에서 사건이 계속하여서 진행 중이라고 하여 단체교섭 거부의 정당한 이유로 인정되는 것은 아니다. 재판의 도중에도 자주적 해결은 가능하고, 그것이 단결권 보장의 취지에 맞는 것이기 때문이다. 예컨대 일본 코칸츠루미(鋼管鶴見)조선소사건의 도쿄(東京)고등재판소 판결(1982.10.7 労働判例 제406호, 69면)은 그 이유를 다음과 같이 설명하고 있다.[1)]

1) 같은 판례로는 다음과 같은 것이 있다.

① 신세이(新星)택시사건, 도쿄(東京)지방재판소 1969.2.28(노동관계민사판례집 제20권 제1호, 213면)은, "피고(중앙노동위원회)는 『단체교섭에 의한 해결도 불가능하지 않다』는 이유"를 들고 있지만, "위의 견해는, 해고의 정당성에 대하여 재판소의 법적 판단에 의하여 사태의 해결을 도모하려고 하는 원고(회사)의 의사의 자유를 무시하고 있다고 할 수밖에 없다"는 회사 측의 주장에 대하여, 재판소는, "사용자가 해고 처분을 철회할 의사가 전혀 없다고 하더라도, 이것이 즉각 교섭에 응하는 것을 무의미하다고 단정할 수는 없으며, 요점은 먼저 노사 쌍방이 교섭에서 논의를 주고받는 것이며, 사용자가 교섭에 참가함으로써 해고를 재판에 호소하는 길이 닫히는 것도 아니기 때문에 원고에게 해고 철회의 의사가 없다는 것을 이유로 하여 히가시지코(東自交)에 구제제기의 이익이 없다고 볼 수 없으며, 원고의 주장은 이유가 없다"고 하여 이를 배척하였다.

② 히메지(姫路)적십자병원사건, 고베(神戸)지방재판소 1981.2.9(노동관계민사판례집 제32권 제1호, 44면)는, "본 사건 구제명령은, 보조 참가인(조합)이 단체교섭권에 근거하여 원고(사용자)와의 사이에 타츠타 토시코(龍田敏子)의 해고 문제 및 각 협정서에 관한 분쟁을 단체교섭에 의하여 자주적으로 해결하려고 하였으나, 원고에 의하여 부당하게 위의 단체교섭을 거부당하여 단체교섭권을 침해하였다며 원고에게 위의 단체교섭권 침해에 대한 구제를 명하였던 것이 분명하므로 타츠타 토시코(龍田敏子)에 대하여 그 종업원으로서 지위를 보전하는 가처분 결정이 있어, 이에 대한 본 사건 소송이 계속 되고 있다고 하더라도, 본 사건 구제명령의 구제 이익이 결핍하다고 할 수는 없다"는 것을 이유로 병원 측의 주장을 받아들이지 않았다. 오사카(大阪)고등재판소 1982.3.17(노동관계민사판례집 제33권 제2호, 321면)도 이를 유지하여, 1심을 확정하였다.

③ 이시츠카(石塚)증권사건, 도쿄(東京)지방재판소 1993.1.21(노동관계민사판례집 제44권 제1

"사용자측과 근로자측 간에 근로조건에 대한 의견 불일치를 협의·결정하기 위한 단체교섭이지만, 해고에 관한 문제는 근로자에게 있어 최종적이고 가장 중대한 사항이므로, 그 해결 방법으로서 단체교섭뿐만이 아니라 고충처리 절차, 노동위원회 제소, 재판소에 대한 소송제기 등을 생각할 수 있으며, 이것이 각각 목적과 기능을 달리하고 있기 때문에 근로자가 모든 수단을 이용하려고 하는 것은 필연적이며, 그 중 한 가지를 선택하였다고 하여 다른 방법을 선택할 수 없게 되는 것은 아니다. 분명히 소송은 공정을 기할 수 있고 최종적인 것이긴 하나, 당사자 간의 현재의 권리에 관계없이 법률 상태를 확정하는 것만을 목적으로 하여 기능하는 것인데 반하여, 단체교섭은 근로조건 등의 분쟁을 단체의 단결권·쟁의권과 같은 힘을 배경으로 하여 교섭 기술을 다하여, 정책적인 고려도 하면서 장래의 권리관계 내지 법률 상태를 형성하려 하는 목적과 기능을 가지므로, 이를 통하여 분쟁 해결을 도모하는 것은 노사관계에 있

호, 1면)은, "원고(회사)와 소와(曽和)분회장과의 사이에 별건 소송이 계쟁 중에 있으나, 소송은 공권력에 의하여 당사자 간의 권리관계가 아닌 법률 상태를 확정하는 것임에 비하여, 단체교섭은 사용자와 노동조합이 교섭에 의하여 장래에 미치는 권리관계 내지는 법률 상태를 형성하여 나가는 것으로, 양자는 그 목적과 기능을 달리하므로 별건 소송이 계쟁 중에 있더라도 소와(曽和) 문제에 대하여 원고와 참가인이 단체교섭을 실시할 의의는 충분히 있다고 보아야 한다"고 하여, 단체교섭에 응하도록 원고에게 명한 노동위원회의 명령에 위법성은 없다고 하여, 원고의 청구를 기각하였다. 도쿄(東京)고등재판소 1995.2.22(노동관계 민사판례집 제46권 제2호, 655면)도, "원판결은 상당하다"고 하여 항소를 기각하였다.

④ 시무라(シムラ)사건, 도쿄(東京)지방재판소 1997.3.27.(労働判例 제720호, 85면, 확정)도, "원고 회사는, 본 사건에서는 원고 회사와 피고 보조참가인 조합과의 사이에 기본적인 견해의 차이가 있어 강제적으로 해결을 도모하려 하면 재판 절차에 의한 각종 증거의 수집이 필요하고 사법 판단을 바랄 수밖에 없으므로, 이러한 상황에서 단체교섭에 응하지 않아도 부당노동행위에는 해당되지 않는다고 주장하고 있으나, 항상 자주적 해결의 여지가 남아 있는 이상은 재판소 등의 판정기관의 절차를 밟고 있다는 것이 단체교섭을 거부하는 정당한 이유로 해석될 수는 없다".

⑤ 산코(三交)택시사건, 도쿄(東京)지방재판소2012.2.16.(労働判例 제1053호, 86면)은, "보조 참가인 등은……G조합원의 고용보험 미가입문제를 회의의 의제로 한다는 취지를 통지하였는데, 원고는 이 문제를 해결하였다고 주장하지만, 가령 사법상(私法上) 해결완료가 되었다고 하더라도 보조참가인들이 단체교섭에서 설명을 요구하였던 것에 대하여 원고가 이에 응하지 않고, 단체교섭에서 설명을 하지 않는 이상, 이에 대하여 단체교섭에 응할 것을 명한 본 사건 명령이 재량권의 남용이나 일탈에 해당한다고 평가할 수는 없다"고 하였다.

⑥ 나아가 최근 중앙노동위원회 명령도, "요시오카(吉岡) 조합원은, 본 사건 고용해지 당시에 재판소에 대한 본 사건의 지위확인소송의 제기와 병행하여 노동위원회에 구제 신청을 할 수 있기 때문에, 이를 행하지 않았던 것은 같은 조합원의 선택에 의한 것이라고 생각하지 않을 수 없다. 재판소에 대한 소송제기와 부당노동행위의 구제 신청은 별개의 제도이며, 한 쪽을 선택하는 사이에는 다른 한 쪽은 선택할 수 없다고 하는 규정은 아니다"(2011년(不再) 제42호 사건, 2012년 10월 17일 명령서 25~26면).

어서도 바람직한 것이고, 전자를 선택한 외에도 후자를 통한 해결 방법을 모색하는 의미는 충분히 존재하는 것이다" "단체교섭의 목적과 기능이 앞에서 살펴 본 바와 같은 것을 고려하면, 위의 해고에 관한 문제에 대하여 소송에 의한 해결밖에 생각하지 못하고 자주적 교섭의 여지가 없는 한계 상태라고 보는 것은 타당하지 않다"(이 판결은, 상고심의 최고재판소 1986.7.15 労働判例 제484호, 21면에서 유지되고 있다).

라. 본 사건 2009.12.10 신청에 대한 단체교섭 거부의 전제가 된 "사법판단 이외의 해결방법은 생각할 수 없다"고 하는 선행 단체교섭에서의 회사의 태도는, 자주적 교섭에 의한 해결을 회피하는 것이다. 그러면, 사용자가 성실하게 단체교섭에 임하였다고는 할 수는 없다. 단체교섭을 평행선 상태로 만든 것은 성실교섭의 의무를 위반한 사용자의 태도에 있다(사실관계에 대하여, 보충신청서 참조).

나아가 결정 사실인정에 의하면, 회사는 2005년 8월 19일부로 요시오카(吉岡) 조합원과 기간의 정함이 있는 근로계약을 체결하고 있었다. 이에 대하여 요시오카 조합원은 2005년 11월 11일, 기간의 정함이 없는 근로계약이라 주장하며 오사카(大阪)지방재판소에 제소하였다. 그런데 회사는 이때에는 본건과 달리 재판의 결과를 기다리지 않고, 계약갱신도 행하지 않고, 2006년 1월 31일자로 요시오카 조합원의 근로계약을 해지하였다(2면).

이러한 경과를 볼 때, "당해 행위의 외형이나 표면상의 이유만을 취하여 이것을 표면적, 추상적으로 관찰할" 것이 아니라, "사용자가 종래 취하여 온 태도, 당해 행위가 되기에 이른 경위, 그것을 둘러싼 사용자와 근로자 내지는 노동조합과의 절충의 내용 및 양태, 위의 행위가 당해 기업 내지 직장에서의 노사관계상 가지는 의미, 이것이 노동조합 활동에 미치게 될 영향 등 제반의 사정을 고려하여, 이것들과의 관련에 대하여 당해 행위가 가지는 의미나 성격을 정확하게 통찰, 파악"하여 판단한다면, 노동위원회가 사용자의 변명을 인정하여, 자기의 직책인 구제를 하지 않을 어떠한 합리적 이유도 없다. 회사는 고등재판소에서의 패소에 대하여 상고하여 교섭이나 해결을 지연시켰다. 단체교섭을 촉진시켜야 할 노동위원회로서는 회사의 태도를 시인 할 것이 아니라, 평행상태로 만든 그 책임임을 명확하게 하여야 하였던 것이 아닌가.

마. 부언하면 본건의 단체교섭 거부는 재판소의 판결 확정 전에 행하여진 것이지만, 이것이 확정 후라 하더라도 단체교섭 거부가 허락되지 않는다는 것은 같다. 판결 확정 후에는 거부에 정당한 이유가 있다고 하는 판례가 있는데(교세라(京セラ)사건, 도쿄(東京)고등재판소 1986.11.13 労働判例 제487호, 66면; 동사건 최고재판소 1988.9.8 労働判例 제530호, 13면), 이는 이상한 판결이다. 판결 확정은 그 기판력에 의하여 동일 사항에 대하여는 더 이상 재판소에서는 부정할 수 없게 된다. 그러나 그 판결이 근로자에게 납득할 수 없는 것인 경우에는, 현실에서의 분쟁은 계속된다. 그리고 판례도 인정하고 있는 것처럼, 당사자 사이의 현재의 권리관계를 판단하는 재판과 단체교섭은 그 목적과 기능을 달리한다.

예컨대 근로자가 소비세의 증세에 의하여 생활이 어려워졌다고 하여서, 그 만큼을 계약에 의한 임금액에 추가하여 청구하더라도 재판소는 이를 인정하지 않을 것이다. 따라서 근로자는 임금인상 요구를 한다. 현재의 권리 관계에 불만이기 때문이야말로 이를 바꾸기 위하여 단체교섭이나 노동쟁의를 실시한다. 혹은 최고재판소의 확정 판결과 유사한 사건에 대하여도 운동으로서 헌법이나 ILO 조약 위반을 호소하여 여론의 비판 등에 의하여, 판례의 변경을 요구하는 것 역시 주권자인 국민으로서 당연한 권리행사이다. 확정판결의 유무에 관계없이, 보다 나은 자주적 해결을 도모하려는 것은 “행복추구에 대한 국민의 권리(헌법 제13조)”이고, 단체교섭권, 쟁의권의 보장은 이를 위한 것이라고 말하지 않으면 안된다.

실제로 최고재판소에서 해고 유효라고 판결한 이후에도 계속하여서 싸워 사용자에게 해고와 직장폐쇄를 철회시켜, 32년 만에 직장으로 돌아온 예도 있다(젠킨모토야마(全金本山)노동조합 “모토야마투쟁기록간행위원회(本山闘争の記録刊行委員會)” 편, “모토야마투쟁(本山闘争) 12000日”, 2006, 七つ森書館, 참조).

앞에서 본 교세라(京セラ) 판결에 대한 비판으로는, 도코 테츠나리(道幸哲也), “노동관계법에서의 성실과 공정(労使関係法における誠実と公正)”, 2006, 旬報社, 66면 등. 그 외의 학설도, 판결 전후를 불문하고 단체교섭 거부의 정당한 이유라는 것은 있을 수 없다고 한다. 니시타니 사토시(西谷敏), “노동조합법(労動組合法)”, 1998, 142면 등 참조.

바. 특히 단체교섭 거부에 대한 구제는 현재의 재판소 취급에서는, 겨우 노동조합이 단체교섭을 요구하는 지위에 있다는 것의 확인에 불과하며(코구테츠(国鉄)사건, 도쿄(東京)고등재판소 1987.1.27, 労働判例 제505호, 92면; 동 사건 최고재판소 1991.4.23, 労働判例 제589호, 6면), 사용자에 단체교섭 거부를 금지하는 것은 곤란하다. 단체교섭 거부에 의한 노동조합 무시의 배제와 단체교섭의 촉진은, 확실히 사용자에게 단체교섭에 응할 것과 성실한 교섭을 명할 수 있는 노동위원회의 독점적 권한이다. 재판소를 이용한 자주적 해결을 회피하는 사용자의 변명을 이유로 노동위원회가 구제를 거부할 수 없다. 이러한 경우 노동위원회가 구제를 부정하게 되면 이는 노동조합 운동에 의한 분쟁의 자주적 해결을 저해하여 그 후의 노사관계에도 불공정한 악영향을 미치게 된다.

제2 교섭 당사자로서의 "사용자"

1. 누가 교섭해결능력을 갖는가.

(1) 최고재판소 판례를 왜곡한 파나소닉에 관한 명령의 판단

가. 명령은 파나소닉에 대한 구제에 관하여 동 회사가 단체교섭 신청 사항에 대하여 "구체적이고 직접적인 영향력 내지 지배력을 미쳤다고 인정하기에 충분한 소명이 없다(20면)"는 것을 이유로, 노동조합법상의 사용자가 아니라며 구제신청을 각하하였다. 사용자 개념은 판결 명을 들고 있지는 않지만, 아사히(朝日)방송사건의 최고재판소 판결(1995.2.28 労働判例 제668호, 11면)의 문언의 일부를 차용한 것으로 생각된다.

나. 이 점에 대하여 조합 측의 보충 신청서는, 앞의 최고재판소 판결은 본건과 사안이 다르고, 파견을 받은 근로자에 대한 것으로, 모·자회사 관계나 전속적인 하청관계 또는 수주관계에 있는 거래기업 등의 상황에 맞지 않을 뿐만 아니라, 차용한 부분의 바로 앞에 있는 "고용주로부터 근로자의 파견을 받아 자기의 업무에 종사시키고, 그 근로자의 기본적인 근로조건 등에 대하여 고용주<u>와 부분적이기는 하나</u> 동일시 할 수 있을 정도로 현실적이고 구체적으로 지배·결정할 수 있는 지위에 있는 경우(밑줄은 필자)"라는 중요한 밑줄 부

분을 빠뜨려, 이것을 근로자에게 불리하도록 왜곡하는 것이며, 또한 본 사건은 위의 최고재판소 판례에 의하여도 피신청인 적격을 갖는 다는 것을, 사실에 근거하여 지적하고 있다.

본 의견서에서는 이 주장을 부연하여 노동위원회에서의 피신청인 적격에 대하여 언급해 두고자 한다.

(2) 계약법상의 사용자(고용주)와 노동조합법상의 "사용자"

가. 근로계약에 근거한 권리의무의 분쟁에서 근로자에 대한 분쟁의 당사자는 고용주(사용자)이다. 근로조건의 최저기준을 정하여 그 보호를 목적으로 하는 노동기준법에서는, 사용자에 대하여, "이 법률에서 말하는 사용자는, 사업주 또는 사업경영담당자 그 외에 그 사업의 근로자에 관한 사항에 대하여, 사업주를 위하여서 행위를 하는 모든 자를 말한다(제10조)"는 정의 규정을 두고 있다.

그러나 노동조합법은 사용자에 대하여 부당노동행위의 금지규정을 두고 있으면서, "사용자"의 정의규정은 두고 있지 않다. 이것은 노동위원회가 현실의 노동관계에 비추어 구제의 효과를 얻기 위하여, 가장 적절한 사람을 명령의 상대방(사용자)으로 하는 재량이 주어져 있는 것으로 해석하여야 할 것이다. 제2하토(鳩)택시사건 최고재판소 판결도, 노동위원회에 의한 구제명령 제도에 대하여 "노사관계에 대한 지식과 경험을 지닌 노동위원회의 재량에 의하여, 개개의 사안에 대하여 적절한 시정조치를 결정하여 이를 명하는 권한을 위임하는 취지에서 나온 것으로 해석된다"고 하고 있다.

나. 단체교섭에 대하여 말하면, 근로자의 근로조건의 유지·개선을 목표로 하는 노동조합의 요구 사항에 관하여, 노사의 의견의 대립을 해결하기 위하여서 필요한 것이다. 따라서 그에 대한 처분권한을 가지는 고용주가, "사용자"로서 단체교섭에 응할 의무를 지는 것은 당연하다.

하지만 이번과 같은 자본관계나 거래관계 등 노동관계의 복잡화를 수반하여, 계약당사자로서의 고용주(사용자)를 상대로 하는 것만으로는 해결이 되지 않는 경우가 점차 증대하고 있다. 현실의 노동관계의 현실이나 근로조건에 대하여 독단적인 고용주의 의사만으로 결정하는 것이 아니라, 자본관계나 거래관계 등에 의하여 "고용주"가 영향을 받고(이전에는 목재회사가 거래처의 압력에 의하여 근로자를 해고한 것이 부당노동행위로 여겨진 산케이(山惠)목재사건 최고재판소 1971.6.15 최고재판소민사판례집 제25권 제4호, 516면)이 있다), 또는 고용주가 요구사항의 결정에 어떤 권한도 없는 경우(고용주와 실질적으로 지휘명령을 하는 사람이 다른 파견 등의 경우)도 있다. 따라서 교섭의 상대는 그 해결에 영향력을 가지는 사람을 상대로 하여, 그 영향력에 의하여 해결을 도모하도록 하지 않으면 납득이 가는 해결책으로 이어지지 않는다.

따라서 학설에서는 일찍이 부당노동행위 피신청인 적격에 대하여 사용자를 근로계약의 상대방으로 한정하지 않고, "근로자의 노동관계상의 이익에 영향력 내지 지배력을 미칠 수 있는 모든 사람"을 말한다고 하는 견해가 유력하게 주장되어 왔다(카타오카 노보루(片岡昇), 노동법(労働法(1)) 제3판보정, 320면, 니시타니 사토시(西谷敏) "노동조합법(労働組合法)", 142면 등 참조).

그리고 노동위원회의 실무에 있어서도 이와 같은 경향이 나타난다.

"부당노동행위제도는 시민법적 원리에 의하여 사인 간의 권리의무 관계를 확정하는 것이 아니라, 단결권의 침해를 배제한 원상태로의 회복을 그 취지와 목적으로 하는 것이기 때문에, 당해 노동관계상의 노동조합 내지는 조합원의 이익을 좌우하는 지배력, 영향력을 가지는 사람을 당사자로 하여야 한다" "토미타키키(富田機器)가 그 실체에 있어서 완전한 주체성, 자주성, 독립성이 부족한 것은 기술한 그대로이지만, 현재 스미토모(住友)중기가 단지 법인격이 별도라는 주장으로 당해 부당노동행위의 책임을 면한다고 하면, 결과적으로는 헌법상의 단결권 보장의 규정 및 노동조합법 제7조는 결국 사문화될 것이다(토미타(富田)중기제작소사건·스미토모(住友)중기계공업사건, 미에(三重)지방노동위원회 1976.2.17, 부당노동행위명령집 일부구제편 10,428면).

이와 같이 제도의 취지로부터 현실에 비추어, 근로계약 관계에 얽매이지 않고 그 적용범위를 넓혀 왔다(이른바 사용자 개념의 확대). 그리고 중앙노동위원회의 상고이유를 인정하여 계약관계에 없는 회사의 노동조합법 제7조 제2호의 사용자성을 긍정한 앞의 최고재판소의 아사히(朝日)방송사건도 이러한 흐름에 서는 것이다.

다. 명령은 아사히(朝日)방송사건의 최고재판소 판결에서와 같은 문구를 사용하고 있지만, 원래 판례는 구체적인 당해 사건의 분쟁을 해결하기 위한 판단이다. 아사히(朝日)방송 사건에 대하여는, 동 회사가 하청을 받은 제3사와의 도급계약에 의하여 파견된 근로자의 "근무시간의 할당, 노무 제공의 태양, 작업환경 등을 결정하고 있었다" 따라서 판결은, 아사히(朝日)방송이 그러한 근로자와 근로계약관계가 없고, 그 근로자의 임금 등의 기본적인 근로조건을 결정하는 것은 아니라고 하더라도, 단체교섭의 요구사항에 대하여는 아사히(朝日)방송이 정하고 있었던 것에서, "고용주와 부분적이라고는 하더라도 동일시할 수 있을 정도로 현실적이고 구체적으로 지배, 결정할 수 있는 지위에 있다"고 인정하여 동 회사가 "노동조합법 제7조에서 말하는 "사용자"에 해당된다"고 하여 단체교섭을 거부할 수 없다는 판단을 내렸다.

그 판단은 노동조합법상의 사용자는 근로계약상의 당사자인 사용자에 한정되지 않는다는 것을 명시적으로 밝혔다고 하는 점에서 일반적인 의미도 가진다. 그러나 보충신청서에서 지적하고 있는 바와 같이 그것은 본 사건과 같은 자본관계에서 비롯되는 영향력을 어떻게 평가할 것인가 하는 문제에 관한 판단은 아니다. 이 부분에 관하여서는 실질적인 자유와 평등을 실현하는 수단인 단체교섭권의 보장의 취지에서, 현실적으로 노동조합의 요구사항의 해결을 위하여서 누구를 상대방으로 하는 것이 필요한가 하는 사실에 비추어 판단하지 않으면 안된다. 현장에 밀착한 노동위원회나 하급 재판소의 구체적 타당성을 목표로 하는 그러한 판단의 축적이 있어야만 최고재판소 판례도 진화할 수 있는 것이다.

라. 최고재판소 아사히(朝日)방송사건(1995.2.28) 이후의 판례를 보면, 야나이(柳井)상점사건(고베(神戸)지방재판소 1995.4.18 労働判例 제684호, 79면)는, 당해 회사가 근로계약관계에 있지 않은 근로자를 "지배 종속하"에 두고 있었다는 점에서 그 사용자성을 인정하였다. 나아가 오사카(大阪)고등재판소의 혼시(本四)해협사건(2003.12.24 판결, 労働法律旬報 제1577호, 48면)은, "구체적 혹은 직접적"이라고 하는 것을 요건으로 하는 본 사건 명령과는 달리, "발행한 주식 총수의 54.9%를 보유하는" 최대주주인 보조참가인이, "주주총회의 결의를 통하여" 당해 회사에 "실질적인 영향력 및 지배력을 행사할 수 있다"고 하고, 그 외의 사정도 고려하여 원심(고베(神戸)지방재판소 2002.12.26. 労働法律旬報 제1577

호, 55면)과 같이, 사용자성을 인정하였다.

이에 반하여 오사카(大阪)증권거래소사건의 도쿄(東京)지방재판소 판결(2004.5.17 労働判例 제876호, 5면)는, 본 사건 명령과 같이, 아사히(朝日)방송사건 최고재판소 판결의 문언으로부터 “부분적이라고 하더라도”라고 하는 구절을 빠뜨림으로써는 사용자성을 부정하여, 구제명령을 취소하였다. 그러나 이렇게 하여서는 사안의 차이를 고려하지 않았다고 하는 것만은 아니다. 계약상의 사용자와 완전히 동일한 권한을 행사할 수 있는 사람이 아니면, 노동법상에서도 사용자로 인정할 수 없게 된다. 단체교섭 요구사항과의 관련을 무시하여, 최고재판소가 인정한 “부분적이라고 하더라도”라는 사용자의 중첩성(단체교섭에서의 요구사항과 관련한 근로계약상의 사용자=고용주 이 외에도, 단체교섭의 상대가 되는 노동조합법상의 사용자가 있으며, 그 의미에서 사용자는 다양(重量)하게 존재한다)을 실질상 부정하는 것이며, 단결권 보장의 의의에 비추어 매우 비판받고 있다(도코 테츠나리(道幸哲也), “(노동관계법에서의 성실과 공정(労使関係法おける誠実と公正)”, 66면 등).

마. 본 건에서 파나소닉은 그룹 기업에 대하여 이러한 의미의 영향력, 지배력을 가지고 있었던 것뿐만은 아니다. 최고재판소 아사히(朝日)방송 사건의 판단 구조로부터 보더라도, 같은 결론에 이를 가능성이 큰 것은 보충신청서에서 보는 바 그대로이다.

2. 교섭사항과의 관련

이 점에 대하여 명령도 “파나소닉은 그룹 회사로서 회사와 밀접한 관계에 있다는 것”, “파나소닉이 본 건 공장의 인원배치에 관하여, 일정한 영향력을 가지고 있다고 볼 수 있다”고 하고 있다(19~20면). 하지만 “일정한 영향력”이란 무엇인가. 예컨대 “본 건 지위확인소송의 오사카(大阪)고등재판소 판결에 대하여, 매스컴이 파나소닉에게 문의하였을 때에, 파나소닉이 판결에 대한 견해나 상고 예정이라는 등의 대답을 한 것(19면)” 등은 파나소닉이 가지는 조합의 요구사항에 대한 대응으로의 결정력을 강하게 추인시킨다. 요구사항에 대한 영향력을 가진다면, 단체교섭을 촉진시키기 위해서는 그 사람을 교섭의 상대방으로 할 필요가 있다. 단체교섭권 보장의 실효성 확보라고 하는 노동위원회의 임무에 비추어, 파나소닉에 대해서도 단체교섭 응낙을 명할 필요가 있다.

이상

제20장 일자리개발취업자노동조합(しごと開發就労者労働組合)사건 — 효고(兵庫)현의 일자리개발취업자조합에 대한 사용자성(2005년 5월 11일 중앙노동위원회에 제출. 기각)

칸사이 아와지(関西淡路)대지진으로 실직한 근로자가, 일자리개발노동조합을 결성하여, 효고(兵庫)현에 단체교섭을 신청하였으나 현은 이를 거부하였다. 본 의견서는 이를 비판하여 중앙노동위원회에 제출한 것이다.

목차생략(역자 주)

시작하며

효고(兵庫)현 지방노동위원회는 일자리개발취업자노동조합이 제기한 2002년 (마) 제2호 사건의 결정에 대하여 효고(兵庫)현의 사용자성을 부정하여 신청을 각하하였다.

이 결정은 그 이유에 잘못된 점이 있어, 사용자성의 판단을 잘못한 것으로서 도저히 지지할 수 없다.

이하 그 점을 지적하는 함과 동시에 노동조합법 제7조에서의 사용자에 대하여 나의 견해를 밝힌다.

제1 효고(兵庫)현 지방노동위원회 결정의 잘못

1. 결정이유

동결정은 사용자의 의의에 대하여,

"노동조합법 제7조에서 말하는 사용자란 본래 근로계약상의 고용주를 의미하지만, 그 이외의 자라도 실질적으로 고용주와 동일시할 수 있을 정도로 근로조건에 관하여서 현실적이고 구체적인 지배력을 가지는 자에 대하여는, 이를 동조에서 말하는 사용자에 포함된다고 볼 수 있다"고 한다.

그런데 피신청인 사용자성의 구체적 판단을 하면,

"효고(兵庫)현은……취업자와의 사이에는 직접적인 근로관계가 없다는 것은, 원래 실질적으로 취업자로부터 노무의 제공을 받아 이것을 지휘감독하는 관계도 없었던 것이라고 할 수 있다. 따라서 효고(兵庫)현은 노동조합법 제7조에서 말하는 사용자에는 해당하지 않는다"라고 하였다.

2. 이유의 잘못된 점

이 결정은 사용자의 의의에 관하여, "실질적으로 고용주와 동일시할 수 있을 정도로 근로조건에 관하여서 현실적이고 구체적인 지배력을 가진다"고 하는 것을 요건으로 하면서, 효고(兵庫)현의 사용자성의 구체적 판단에 있어서는 그 요건을 기준으로 하지 않고 "취업자로부터 노무의 제공을 받아 이것을 지휘감독하는 관계"의 유무라고 하는 별개의 판단기준을 내놓고 있다.

그러나 "취업자로부터 노무의 제공을 받아 이것을 지휘감독하는 관계"가 없더라도, 사용자의 의의로서 이 결정이 스스로 내건, "고용주와 동시할 수 있을 정도로 근로조건에 관하여서 현실적이고 구체적인 지배력을 가진다"는 요건에 해당하는 사람도 존재할 수 있다. 이하 서술하는 바와 같이, 신청인인 "일자리개발취업자노동조합"에 대하여, 효고(兵庫)현은 그러한 의미에서 사용자에 해당된다고 보아야 한다.

따라서 동 결정은 이유에 잘못된 점이 있어, 신속히 취소되지 않으면 안 된다.

3. 효고(兵庫)현의 "일자리개발취업자노동조합"에 대한 관계

(1) 지방노동위원회 결정의 인정

동 결정은, 효고(兵庫)현이 ① 본 사건 사업의 취지, 개요, 예산액 등의 골자를 정하여 본 사건 사업을 기획한 것, ② 그 기획에 근거하여 근로복지협회가 사업주체가 되어, 부흥기금의 보조금을 재원으로 하여 본 사건의 사업을 실시한 것, ③ 근로복지협회가 협력기업과 본 사건 사업의 위탁계약을 체결하여 사업을 발주하고, 이에 대하여 1개월 마다 위탁료를 지급한 것, ④ 협력기업은 취업자와의 사이에서, 종사하는 업무에 대하여 1개월 마다 계약을 체결하고 근로일수에 따른 보수를 지급하고 있던 것 등을 인정하고 있다.

(2) 효고(兵庫)현과 취업자의 근로조건의 결정

이러한 사업의 개략을 보면, ① 본 사건 사업에 의한 취업자의 근로일수 그 외의 근로조건은, 근로복지협회(이것도 주로 현의 출자에 의하여 설립되어 실질적으로 현이 지배하고 있다)와 협력기업과의 위탁계약에 의하여 결정된다. ② 그 위탁계약은, 효고(兵庫)현이 주로 출연하여 설립, 대출, 보조하고 있는 부흥기금으로부터의 보조금을 재원으로 하고 있으므로, 실질적으로 부흥기금으로부터의 보조금 액수에 의하여 좌우된다. ③ 그 부흥기금의 예산액 등은 효고(兵庫)현이 정하고 있었다(현이 정하는 지진재해 부흥 예산에는, 부흥기금 예산도 포함되어 있었다). 따라서 결국 취업자의 근로일수나 임금 그 외의 근로조건은 실질적으로 효고(兵庫)현에 의하여 결정되고 있었다.

즉 효고(兵庫)현은 취업자의 근로조건을 현실적, 구체적으로 지배하고 있었던 것이다.

(3) 효고(兵庫)현의 사용자성

본 사건 사업이 중지되어 근로복지협회에 대한 부흥기금에서 출자한 보조금이 폐지되면, 근로복지협회는 협력기업과의 위탁계약도 계속할 수 없게 되어, 협력기업은 그 취업자와의 근로계약을 중지하게 된다. 즉 효고(兵庫)현이 본 사건 사업의 중단(=사업 연장의 거부)을 결정함으로써, 취업자는 협력기업에 의한 고용을 상실하였다. 본 사건 사업에서 취업자의 고용의 계속이라고 하는 가장 중요한 근로조건을 지배하고 있던 것은 효고(兵庫)현이며, "고용주와 동일시할 수 있는 정도로 근로조건에 관하여서 현실적이고 구체적인 지배권을 가진다"고 하는 지방노동위원회 결정의 요건에 비추어 보더라도, 효고(兵庫)현은 취업자의 사용자라고 할 수 있다.

그리고 "일자리개발취업자노동조합"은 그 취업자가 가입하는 노동조합이기 때문에, 효고(兵庫)현은 같은 조합에 대하여 노동조합법 제7조에 말하는 사용자로서의 지위에 있다고 하지 않으면 안된다.

(4) 신청인의 주장·입증이라고 하는 판단의 필요

나아가 신청인의 주장·입증에 의하면 효고(兵庫)현의 부흥기금 및 근로복지협회에 대한 실질적 지배 관계가 구조적으로 지적되고 있고(특히 2003.4.3 코메무라(米村) 진술서, 동 증언에 있어서 상세하고 명확함), 효고(兵庫)현은 이러한 관계를 통하여 취업자의 근로조건을 세부까지 현실적이고 구체적으로 지배하고 있었던 것을 알 수 있다.

무엇보다도 이에 대하여는 피신청인 측으로부터 반론도 있지만, 어쨌든 그 지배 관계의 인정·판단 없이 효고(兵庫)현의 사용자성을 부정한 지방노동위원회 결정은 스스로 내건 요건에 비추어 보더라도 부당하고 이유가 없다.

제2 최고재판소 아사히(朝日)방송 사건(1995.2.28, 제3 소법정 판결) 외에 의한 “사용자성”의 판단에 대하여

1. 사건의 내용과 최고재판소의 판단

아사히(朝日)방송사건은, 도급계약의 상대방이 파견한 파견근로자를 사용하여 프로그램을 만들고 있던 방송회사(아사히방송)가, 파견근로자의 노동조합이 신청한 단체교섭을 거부하였던 것을 부당노동행위로 다툰 사건이다.

최고재판소는 다음과 같이 판시하면서 조합의 주장을 인정하였다.

“일반적으로 사용자라 함은 근로계약상의 고용주를 말하는 것이지만, 동조(노동조합법 제7조)가 단결권의 침해에 해당하는 일정한 행위를 부당노동행위로서 배제, 시정하여 정상적인 노사관계를 회복하는 것을 목적으로 하고 있는 것에 비추어 보면, 고용주 이외의 사업주라고 하더라도 고용주로부터 근로자의 파견을 받아 자기의 업무에 종사시켜, 그 근로자의 기본적인 근로조건 등에 대하여, 고용주와 부분적이라고 하더라도 동일시 할 수 있을 정도로 현실적이고 구체적으로 지배, 결정할 수 있는 지위에 있는 경우에는, 그 한도 내에서 위의 사업주는 동조의 “사용자”에 해당된다고 보는 것이 상당하다”.

“피상고인(아사히방송)은 독자적으로 근무시간을 결정할 수 있었으며, 노무제공의 형태, 작업환경 등에 관계하는 이상, 상당한 이유가 없다면 도급관계에서의 제3자의 종업원이 조직한 위의 조합 참가인과의 단체교섭을 거부할 수 없다고 보아야 한다”.

2 단체교섭과 사용자

노동조합법 제7조 제2호는 사용자의 정당한 이유가 없는 단체교섭의 거부를 부당노동행위로서 금지한다. 그런데 단체교섭이 무엇을 위하여서 요구하는 것인가를 보면, 근로자의 지위향상을 위하여 그 상대에게 일정한 요구를 하고 상대방이 이를 실현하여 주기를 기대하기 때문이다. 따라서 상대가 그 요구에 응할 수 있는 지위에 있으면서 교섭하지 않는다는 것은, 단체교섭권을 기본권으로 한 취지에 반하는 것이다. 이는 상대와 법률적인 고용관계에 있는지의 여부와는 관계가 없다

아사히(朝日)방송 사건에 대하여 보면, 회사는 파견근로자를 자기의 업무에 종사시키고 있었다. 따라서 조합이 요구한 휴게실의 설치 등을 포함한 요구사항에 대하여 응할 수 있었다. 그러한 경우에는 계약관계의 유무에 관계없이 교섭에 응하지 않으면 안된다고 하는 것이다.

판결이라는 것은 재판의 원인이 되는 구체적 사건을 해결하기 위한 판단이다. 아사히(朝日)방송 사건은 파견근로자의 업무에 있어서 그 근로조건의 개선이 단체교섭에서 요구된 사항이었다. 그리고 회사가 그 요구에 “현실적이고 구체적으로 지배, 결정할 수 있는 지위에 있었기” 때문에, 그 단체교섭 거부가 부당노동행위로 된 것이다.

또한 피신청인 효고(兵庫)현이 최종 진술서에서 원용하고 있는 유켄(油研)공업사건(최고재판소 1976.5.6 제1소법정 판결)에서는, 하청근로자에 대하여 회사의 “취업규칙이 적용되지 않더라도, 양자 간에는 노동조합법의 적용을 받아야 할 고용관계가 성립하고 있던 것으로, 참가인 회사는 피상고인(하청근로자)과의 관계에 있어서 동법 제7조에서 말하는 사용자에 해당한다고 보는 것이 상

당하다"고 판시하였다. 이는 근로계약관계에 있지 않은 하청근로자에 대한 관계에서도, 노동조합법 제7조의 사용자로서 책임을 져야 한다는 판단을 한 것이며, 결코 피신청인이 자의적으로 요약하고 있는 "『사실상의 고용관계에 준하는 지배·종속 관계』를 가지고 있었는가 아닌가"가, 하청근로자와는 다른 사실관계에 있어서까지 사용자성 판단의 일반적 징표가 된다고 한 것은 아니다.

따라서 하청근로자나 파견근로자의 문제가 아닌 본건과 같은 경우에, 효고(兵庫)현 지방노동위원회가 구체적 판단으로 들고 있는 "지휘감독"이라고 하는 것은 중요한 문제는 아니다. "기본적인 근로조건 등에 대하여" 그 요구에 대응할 수 있는 지위에 있으면서, 즉 "부분적이라고 하더라도 동일시할 수 있을 정도로 현실적이고 구체적으로 지배, 결정할 수 있는 지위"에 있으면서 단체교섭을 거부하는 것은 부당노동행위가 된다. 효고(兵庫)현 지방노동위원회 결정이, "효고(兵庫)현은 취업자로부터 노무의 제공을 받아 이것을 지휘·감독하는 관계도 아니었다"고 함으로써 그 사용자성을 판단하는 데에 오류가 있었던 것은, 이러한 최고재판소 판례에 비추어 보아도 타당한 이유가 아니다.

일자리개발취업자노동조합사건에서의 요구는, 일자리개발사업의 계속(취업자가 직을 상실하는 것 아닌가 하는 그야말로 근로자의 "기본적인 근로조건"의 유지)이라고 하는 것이었다. 이는 원래 이 사업을 기획하고 운영에 임한 효고(兵庫)현의 권한으로 대응이 가능한 사항이다. 따라서 그 사항에 관하여서는 당해 현은 "고용주와 동일시 할 수 있을 정도로 현실적이고 구체적으로 지배, 결정할 수 있는 지위"에 있으며, 단체교섭에 응할 의무가 있는 사용자였다고 하지 않으면 안된다.

제3 노동조합법 제7조에서의 "사용자"의 의의에 대하여

1. 불이익 취급, 지배개입에서의 사용자

최고재판소 판결에 의하면, 부분적이더라도 근로자의 근로조건에 대하여 결정, 지배 할 수 있는 지위에 있는 사람이 그 문제에 대한 단체교섭을 거부하는 것은 부당노동행위에 해당한다. 그 뿐만이 아니라, 그러한 지위에 있는 사람은 그 지위를 이용하여 근로자에게 불이익 취급을 하거나, 조합의 결성·운영에 지배개입 할 수도 있다. 따라서 "노동조합법 제7조가 단결권의 침해에 해당되는 일정한 행위를 부당노동행위로서 배제, 시정하여 정상적인 노사관계를 회복하는 것을 목적으로 하고 있는 것에 비추어 보면", 그러한 입장에 있는 사람은, 제7조 제1호·제3호의 사용자에 해당하는 것도 당연하다고 보아야 하는 것이다.

본건 일자리개발사업의 중단은 일자리개발취업자노동조합의 근로자에 대하여 고용기회의 상실이라고 하는 중대한 불이익을 가져와, 조합의 운영에도 막대한 곤란을 일으키게 한다. 따라서 효고(兵庫)현은 취업자와 직접적인 근로관계에 없다고 하더라도, 노동조합법 제7조 제1호·제3호의 부당노동행위 금지의 적용을 받는 사용자라고 할 것이다.

2. 근로자의 단결은 기업 내 노동조합만이 아니다

(1) 부당노동행위 금지규정의 문언

상기의 결론은 법률의 문언 자체에 따르더라도 분명하다.

노동조합법 제7조 제1호는, "사용자"가, "근로자"가 "노동조합의 조합원인 것" 등의 "이유로", "그 근로자"에게 "불이익한 취급을 하는 것", 그리고 제3호는 "사용자"가 "근로자가 노동조합을" 결성, 운영하는 것을 "지배 혹은 개입하는 것"을 금지하고 있다.

이 "근로자"의 의의에 대하여는, 노동조합법 제3조에서 "이 법률에서 말하는 "근로자"란, 직업의 종류를 불문하고, 임금, 급료 그 밖에 이에 준하는 수입에 의하여 생활하는 사람을 말한다"고 규정하고 있다. 본 사건 일자리개발취어업자노동조합의 취업자가 "근로자"인 것은, 효고(兵庫)현 지방노동위원회도 부정하지 않을 것이다.

다음으로 "노동조합"에 대하여는, 노동조합법 제2조에서 "이 법률에서 말하는 "노동조합"이란, 근로자가 주체가 되어 자주적으로 근로조건의 유지·개선 및 경제적 지위의 향상을 도모하는 것을 주된 목적으로서 조직하는 단체 또는 그 연합 단체를 말한다"고 규정하고 있다. 그리고 효고(兵庫)현 지방노동위원회의 결정서도 일자리개발취업자노동조합이 “노동조합”이라고 인정하고 있다.

나아가 노동조합법에 “사용자”의 정의 규정은 없지만, 최고재판소는 “일반적으로 사용자란 근로계약상의 고용주를 말하는 것”이라고 하였다. 또한 노동조합법 제7조의 “사용자”는 그보다 더 넓은 의미를 가지는 것으로 규정하고 있었던 것이다. 그리고 효고(兵庫)현은 “보통 지방공공단체”로서 다수의 현 직원의 “고용주”이기 때문에, 일반적인 좁은 의미로의 “사용자”에 해당하고, 하물며 노동조합법 제7조의 “사용자”인 것은 더욱 명백하다.

그렇다면 노동조합법상의 “사용자”인 효고(兵庫)현은, “근로자”인 취업자에 대한 불이익 취급이나 “노동조합”인 일자리개발취업자노동조합의 운영에 “개입” 하여서는 안된다는 것은 법률의 명문규정 그 자체에서 보아도 분명하지 않은가.

노동조합법은 사용자가 고용하는 근로자나, 그 근로자의 조합에 대한 관계에 한하여서만, 부당노동행위를 금지하고 있는 것은 아니다. 그리고 이는 “노동조합법 제7조가 단결권의 침해에 당해하는 일정한 행위를 부당노동행위로서 배제, 시정하여 정상적인 노사관계를 회복하는 것을 목적으로 하고 있는 것에 비추어 보면” 더욱 당연한 일이다.

(2) 근로자의 단결권보장

헌법 제28조는 “근로자의 단결할 권리”를 보장한다. 현재 일본에는 기업 내 노동조합이 주류를 이루고 있지만, 결코 “기업 내 노동조합”의 단결권만 보장하는 것은 아니다.

단결은 일찍이 외부를 향하여서 이를 확대하고, 내부에서는 그것을 강화함으로써 보다 쉽게 그 목적을 달성할 수 있다. 그렇기 때문에 근로자가 “직업의 종류를 불문하고” 근로자를 단결시키는 것이 필요하다. 일반노동조합, 합동노동조합, 지역유니온 등으로 칭하여지는 조합의 발전이 이를 나타내고 있다. 헌법 제28조의 보장은 이러한 단결에도 미치고 있는 것이다.

사용자로서의 정부나 지방공공단체와 “대등한 입장”에 서기 위해서는 근로자 측에서 보아도 넓은, 전국적인 근로자의 단결이 유리하다. 따라서 효고

(兵庫)현에 있어도 그러한 효과적인 단결이 되기 위하여 일자리개발취업자노동조합이 현(県)직원노동조합과 연합단체를 만드는 일도 충분히 가능하다. 그러한 경우 현이 취업자와 법률적인 근로계약관계가 없다고 하더라도 이에 대하여 불이익한 취급을 하거나 일자리개발취업자노동조합에 개입하면, 근로자의 자유로운 단결이 파괴된다. 단결권 보장의 취지로부터 그것이 금지되지 않으면 안된다는 것은 두 말할 필요도 없을 것이다.

이러한 것은 현재의 조직 형태가 거기까지 발전되어 있지 않았다고 하여도 다를 것이 없다. 취업자에게 불이익을 주거나 일자리개발취업자노동조합에 개입하는 것은, 그러한 근로자의 단결의 형성·성장을 방해하는 것이기 때문이다.

사용자가 근로자의 단결의 약화를 도모하여 그러한 행위를 하는 경우, 그것을 단결권의 침해인 부당노동행위로 취급하여야 하는 합리적 근거는 충분하며, 노동조합법 제7조는 거기에 대응하기 위한 것이다.

이상

제21장 젠칸도(全関東)단일노동조합사건 — 관례에 반하는 일시금 지급거부가 인정되는가(도쿄(東京)지방재판소 2013년 1월 22일 판결 비판) (2013년 4월, 도쿄(東京)고등재판소 제출. 화해로 종결)

본 의견서는 종래의 관행에 반하는 사용자의 일방적 제안을 노동조합이 거부하였다는 것을 이유로 일시금지급에 있어서 차별을 한 것을 적법하다고 한 1심 판결에 대한 비판이다.

목차 생략(역자 주)

제1 원판결의 판단과 의견서의 골자

1. 원판결의 판단

본 건은 2010년도의 하계 및 동계 일시금(상여금)이 지급되지 않았던 항소인 등이 지급청구 등을 구 한 사건이다. 이에 대하여 원판결은, "일시금에 대하여는 사내 규정에 정함이 없고, 그 때마다 단체협약에 의하여 기준이 정하여지고, 그 기준에 따라서 지급되고 있었던 것이며," "단체협약이 체결되지 않았던 경우의 일시금 취급에 대하여 협의되었다는 사정은 보이지 않고, 이에 더하여 단체협약이 체결되지 않았던 경우의 일시금의 지급기준에 대하여 합의가 형성되었다고 하는 사정도 보이지 않는다"고 하여 "단체협약이 체결되지 않았던 경우에도 일시금의 청구권이 발생한다고 하는 노사관행의 존재는 인정할 수 없다(원판결 8~9면)"며 항소인들의 청구를 기각하였다.

2. 의견서의 골자

그러나 이 판단은 노동관행의 존재에 관한 원고들의 주장·입증을 전혀 고려하지 않았을 뿐만 아니라(노동관행에 대하여는, 후술하는 노스웨스트항공사건 참조), 근로계약의 내용이었던, 그리고 피고도 그 존재를 인정하고 있는 "인사임금제도(이행조정금을 일시금의 산정기초에 포함한다)"를 무시하는 것이다. "사내규정에서 정하고 있지 않다"고 하는 것도, 본래 피고가 정비하여 두어야 할 취업규칙 등의 규정작성을 게을리 하고 있었기 때문이다.

원판결은 또한 그 이전에는 오랜 세월 동안, 매 분기마다 반드시 일시금이 지급되고 있었다고 하는 관행이나, 교섭 과정에서의 부당노동행위(불법행위)의 존재나 그것이 미치는 영향에 대하여도 판단을 회피하는 잘못을 범하고 있다.

즉 원판결은 2010년도에는 노사협정이 체결되지 않았으므로 원고들에게 일시금 청구권이 없다고 하지만, 일시금은 중요한 근로조건의 일부이며, "근로조건은 근로자가 인간다운 생활을 영위하기 위한 필요를 충족시켜야 하는 것이 아니면 안된다(노동기준법 제1조 제1항)". 그리고, "근로조건은 근로자와 사용자가, 대등한 입장에서 결정하여야 할 것이다(동법 제2조 제1항)". 따라서 근로계약이라고 하는 계속적 계약관계에 있어서, 근로자의 생활을 지지하는 매 분기의 일시금 결정을 위한 교섭은, 일시금의 지급을 전제로서 전년의 기준을 변경할 것인지 아닌지를 둘러싼 교섭이며, 사용자의 독단적인 생각으로 지급의 유무를 결정할 수 있는 것은 아니다. 그 변경이 합의되어 있지 않는 이상 전년의 기준이 답습된다고 생각하는 것이 합리적이다. 일시금 협약은 기간의 정함이 있는 단체협약의 일종이며, 기간만료 후에도 근로계약의 내용으로 되어 있다고 생각할 수 있기 때문이다.

이하 이러한 문제점에 대하여 서술한다.

제2 중요한 근로조건의 일부로서의 일시금

일시금은 "상여금" 그 외의 어떠한 명칭으로든 근로자에게 있어서는 생활을 지탱하기 위하여서 제공한 근로의 대가이며 중요한 근로조건의 일부이다. "상여금"이라고 하여서 사용자의 독단적 생각으로 좌우되는 "포상"은 아닌 것이다.

1. 노동조합법 및 노동기준법의 규정

노동조합법 제3조는, "이 법률에서 말하는 "근로자"란, 직업의 종류를 불문하고, 임금, 급료 그 밖에 이에 준하는 수입에 의존하여 생활하는 사람을 말한다"고 규정한다. 그리고 노동기준법 제11조는, "이 법률에서 말하는 임금이란, 임금, 급료, 수당, 상여 그 외에 명칭의 여하를 불문하고, 근로의 대상으로서 사용자가 근로자에게 지급하는 모든 금품을 말한다"고 규정하고 있다.

본건의 일시금(피고는 이것을 "상여"라고 주장하지만)은, 그 "명칭의 여하를 불문하고", 하계, 동계의 년 2회, 사용자로부터 일정한 기준에 의하여 근로자에게 지급되었고, 원고들은 그 일시금을 포함한 수입에 의존하여 생활하고 있다. 따라서 그것이 근로의 대가(代償)으로서 성격을 가진 노동기준법상의 임금이라는 것은, 본건 원고들을 포함한 근로자의 생활에서의 경험적 사실에 의거하여 분명하다고 할 수 있다.

피고는 일시금이 "상여"이며, "포상"이어서 "월 임금"과는 달라, 지급하지 않는 것도 가능하다고 주장하지만, 만약 피고에 의한 "상여"의 지출이 그러한 자의적인 것이라면 그 지출은 회사에 대한 이사의 수임책임에도 반하는 것이 된다.

2. 근로의 대가로서의 일시금

(1) 일시금의 성격

일시금이 이러한 것이기 때문에 노동기준법 제89조 제4호는, "임시의 임금 등……의 규정을 하는 경우에 대하여는 이에 관한 사항"을, 취업규칙의 필수 기재사항이라고 정하고 있다. 그리고 동법 시행규칙 제5조 제1항 제5호는 "상여"를, "법 제15조 제1항 전단의 규정에 의하여 근로자에 대하여 명시하여야 하는 근로조건"으로 규정하고 있다.

이러한 규정에 의하여 일시금은 사용자가 일방적으로 주는 "포상"이 아니고, 법률상 중요한 근로조건의 일부로 정하여져 있는 것이다. 이는 노사의 대등한 교섭에 의하여 결정되는 근로계약의 내용이 되는 것이다.

(2) 본 사건의 경우

"피고 전철(電鉄)은 2009년 11월 젠칸도(全関東)단일노동조합과의 연말일시금에 대한 단체교섭에서, 이행조정급의 폐지를 포함한 인사임금제도의 수정에 대하여 설명하였다(원판결 4면)"

이것이 의미하는 바는 무엇인가. 이전부터 노사 간에 "이행조정급을 포함한 인사임금제도"가 존재하였기 때문에, 그 "수정"이 제안되었던 것이 아닌가. 즉 피고가 근로계약의 내용으로서 존재한 "이행조정급을 포함한 인사임금제도"의 변경을 하고자 단체교섭에서 설명을 하였다는 것이다. 따라서 이 점에 관한 새로운 합의가 이루어지지 않는 이상 종래의 계약내용인 "이행조정급을 포함한 인사임금제도"를 변경할 수 없다.[1)]

제3 근로조건 결정의 원칙과 일시금

1. 일시금에 관한 노동관행

앞에서 본 바와 같이 근로조건은 노사가 대등한 입장에서 결정하여야할 것이다. 일시금에 관하여도 이와 같다. 그리고 본 사건에서는 종래 매 분기마다 그 기준이 단체협약에서 정하여지고, 그 기준에 따라서 반드시 지급되고

---

1) 아사히(朝日)자동차(미지급임금)사건(도쿄(東京)지방재판소, 2011.11.11, 労働判例 제1061호, 94면)은, 가산(할증)임금의 기초가 되는 각 수당의 폐지를 둘러싸고 다툰 사건이다. 피고 회사와 원고 소속 노동조합 간의 협약으로 각 수당 감액의 협정이 이루어졌지만, 판결은 동 협정이 조합규약에 반하여 체결된 것이라며 무효로 판단하여, 다음과 같이 판시하면서 원고들의 임금청구권을 인정하였다(밑줄은 인용자).

"본 건 협정은 본 건 각 수당을 폐지 또는 감액하는 것으로서, 폐지 또는 감면 대상이 되는 본 건 각 수당의 지급이 원고들과 피고 간의 고용조건이 되어 있다는 것을 전제로 하는 것이므로 본 건 협정 성립 시에 본 건 각 수당 지급이 X들과 피고인 간의 고용 조건이었던 것으로 인정하는 것이 상당하다. 따라서 피고가 원고들의 동의 등 임금 감액의 근거가 될 수 있는 정당한 이유 없이 일방적으로 변경할 수 없다".

"원고들은 본 사건 청구기간의 노무제공에 의하여 본 건 각 수당에 상당하는 정도의 임금지급을 요구하는 임금청구권을 취득한 것이다"(이상 밑줄은 인용자).

젠칸도(全関東)단일노동조합의 본 건에서도, 인사임금제도의 "수정"은 수정 이전의 산정기준에 의한 일시금의 지급이 원고들과 피고와의 사이의 고용조건이 되어 있는 것을 전제로 하는 것이므로, 원고들은 본 건 청구기간 중의 노무제공에 의하여, 본건의 각 수당에 상당한 임금의 지급을 요구하는 임금청구권을 취득하였다고 해석하는 것이 상당할 것이다.

있었다. 그러한 노동관행이 있기 때문이야말로, "단체협약이 체결되지 않았던 경우의 일시금 취급에 관하여 협의되었다고 하는 사정은 없었다"는 것이다. "더욱이 단체협약이 체결되지 않은 경우의 일시금 지급기준에 대하여 합의가 형성되었다고 하는 사정도 보이지 않는다"는 것은 그럴 필요가 없었기 때문에 당연한 것이다.

2. 본 건에서 일시금에 관한 단체협약이 체결되지 않았던 사정

본 건에서 일시금에 관한 단체협약이 체결되지 않았던 이유는 무엇인가. 이는 피고가 젠칸도(全関東)단일노동조합의 조합원에게 차별적으로 불이익을 주기 위하여 지급기준의 변경을 강행하려고 하였기 때문이다.[2)]

사용자가 조합이 도저히 받아들일 수 없는, 합리성이 없는 전제조건을 고집하는 것은 부당노동행위에 해당한다(최고재판소, 일본 멜 오더(mail order, メール·オーダ)사건, 1984년 5월 29일, 최고재판소민사판례집 제38권 제7호, 802면). 그리고 사용자가 부당한 전제조건을 첨부하여 합의에 이르렀을 경우, 그 합의는 전제조건이 없었던 것으로 보아야 한다(후술, 노스·웨스트항공사건).

즉 본건의 경우, 조합은 이행조정급을 일시금 지급기준으로부터 제외하는 것에 반대하고 있었다는 것이며, 지급 월수에 반대하고 있었던 것은 아니다. 따라서 전술한 바와 같이 2009년도의 협정을 답습하거나 조합이 인정한다면, 이행조정급을 일시금 지급기준에 포함한 2010년도의 회사 제안 월수의 일시금협정의 합의가 있었던 것으로 보아야 하는 것이다.

3. 부당노동행위의 존부의 인정 방법

가. 나아가 부당노동행위의 존부는 그 외형만으로 판단하여서는 안된다. 닛산(日産)자동차사건에서 도쿄(東京)고등재판소 판결(1977년 12월 20일, 노동관

---

2) 이행조정급의 피고 전철(電鉄) 종업원의 평균은, 9,210엔(乙 7)이지만, 젠칸도(全関東)단일노동조합 조합원인 원고 키시타(木下)의 경우는 118,000엔(甲 5의 1－2), 마츠시마(松島)의 경우는 51,500엔(甲 7의 1－2)으로, 평균의 5~10배 이상이다. 그 외에 부당노동행위를 추인할 수 있는 사실에 대하여는 원고 최종준비서면 5면 이하 참조.

계민사판례집 제28권 제5호, 6면)은 다음 같이 판시하고 있다.

"사용자의 특정 행위가 본래 사용자의 자유에 속하는 범위의 행위인지, 그렇지 않으면 노동조합 활동에 대하여 부당한 저지 내지는 왜곡적인 영향력을 행사하는 것으로서 부당노동행위에 당해하는지를 판단할 경우에는, 당해 행위의 외형이나 표면상의 이유만을 취하여 이것을 표면적, 추상적으로 관찰하는 것만으로는 부족하고, 사용자가 종래 취하여 온 태도, 당해 행위에 이른 경위, 그것을 둘러싼 사용자와 근로자 내지는 노동조합과의 절충의 내용 및 태양, 위의 행위가 당해 기업 내지 직장에서의 노사관계상 가지는 의미, 이것이 노동조합 활동에 미치는 영향 등 제반의 사정을 고려하여, 이들과의 관련성에 대하여 당해 행위가 가지는 의미나 성격을 적확하게 통찰, 파악하여 상기(上記)의 판단을 내는 것이 필요하다는 것은, 두 말할 필요도 없다".

그리고 이와 같은 입장에서의 검토에 의하여, 노동위원회의 구제명령의 취소를 구하는 회사의 청구를 기각하였던 것이다.

나. 상고심인 최고재판소 판결(1985년 4월 28일, 최고재판소민사판례집 제39권 제3호, 730면) 또한 위 도쿄(東京)고등재판소 판결에 위법은 없다고 지지하면서 회사의 상고를 기각하였다. 판결은 병존하는 복수의 조합에 대한 사용자의 중립의무를 지적한 후,

"단체교섭의 장면만을 두고 본다면 합리적, 합목적인 거래활동이라고 생각되는 사용자의 태도라고 하더라도, 당해 교섭조항에 대하여는 이미 당해 조합에 대한 단결권의 부인 내지 그 조합에 대한 악의적인 의도가 결정적 동기가 되어 행하여진 행위가 있고, 당해 단체교섭이 그러한 기성사실을 유지하기 위하여서 형식적으로 행하여지고 있는 것이라고 인정되는 특별한 사정이 있는 경우에는, 위의 단체교섭의 결과로서 행하고 있는 사용자의 행위에 대하여도 노동조합법 제7조 제3호의 부당노동행위가 성립하는 것이라고 보는 것이 상당하다. 그리고 위와 같은 부당노동행위의 성립 여부를 판단할 때에는, 단지 단체교섭에서 제시된 타결 조건의 내용이나 그 조건과 교섭사항과의 관련성 내지는 그 조건을 고집하는 것에 대한 합리성에 대한 검토뿐만이 아니라, 당해 단체교섭 사항이 어떠한 경위로 발생한 것인지 과거의 원인 및 배경 사정, 이것이 당해 노사관계에 대하여 가지는 의미, 위의 교섭사항과 관련되는

문제가 발생한 후에 이를 둘러싸고 쌍방이 취하여 온 태도 등의 여러 사정을 종합하여 감안하여, 당해 단체교섭에서의 사용자의 태도에 대하여 부당노동행위 의사의 유무를 판정하지 않으면 안된다"는 원심의 판단을 시인하였던 것이다.

이러한 배경사정을 포함하여 여러 사정을 종합하여 감안한다고 하는 최고재판소의 견해에 따라 본 사건을 검토한다면, 피고의 부당노동행위 의사는 용이하게 추인할 수 있다. 그리고 일시금에 대하여 타결할 수 없는 것이 피고의 부당노동행위가 원인인 이상, 그러한 조건 없이 합의가 있었다고 간주하는 것이 신의칙상 요구된다. 그러한 고려 없이 협정이 없다는 것을 이유로 청구를 기각한 원판결은, 판단의 방법을 잘못 채택하고 있으므로 원고들의 요구가 인정되어야 하는 것이다.

제4 임시지급 및 판례에 대한 몰이해의 문제

상기의 점은 별론으로 하더라도, 원판결에는 다음과 같은 문제가 있다.

1. 분쟁이 없는 부분에 대한 지급의 거부

(1) 임시지급 문제에 대한 경과

가. 원판결은 2010년 하계 일시금에 대하여 "일시금의 산정기초에서 이행조정금을 제외한 것을 제시하고", 그 "산정기준에 근거한 금액을 잠정적으로 지급한 후, 단체교섭을 계속할 것을 제안을 하였으나 젠칸도(全関東)단일노동조합은 이에 응하지 않았다(甲 22. 23)"고 인정하고 있다(5면). 젠칸도(全関東)단일노동조합이 이 제안에 응하지 않았던 이유는 판결문에서는 분명하지 않지만, 적어도 일시금의 임시지급이 이루어지지 않았던 책임은 젠칸도(全関東)단일노동조합에 있다는 것같이 해석될 수 있다. 그러나 그 후 다음과 같은 경과가 있던 것을 간과하여서는 안된다.

나. 즉 젠칸도(全関東)단일노동조합은 피고가 내놓은 일시금 회답서의 액면에 대하여는 다투지 않고, 2011년 6월에 "2010년도 하계 및 동계 일시금 임

시지급 신청(甲 51, 甲 52)"을 하였다(원고최종준비서면 16면). 이것은 아마도 하계 및 동계의 일시금 지급이 이루어지지 않은 상태로는 원고들의 생활에 현저한 곤란이 생기기 때문이었을 것이다. 그러나 원판결은 이 신청에 대하여는 아무런 언급이 없다.

하지만 실제로는 피고 전철(電鉄)은 이 신청에 대하여 "① 조합이, 일시금 산정기본급으로부터 이행조정급을 감한 것에 이의를 제기하여 아직 다툼 중에 있다는 점. ② 회사는 조합과 일시금 전체에 대한 합의·타결이 이루어지지 않으면 지급할 수 없음. ③ 임시지급의 근거도 불분명하고, 임시지급을 의제로 하는 단체교섭에는 응할 수 없음" 등을 내용으로 한 회답서를 조합사무소에 보냈다(甲 46, 53)(앞과 동일).

젠칸도(全関東)단일노동조합은 이를 지극히 부당하다고 하면서 재차 임시지급 청구와 단체교섭의 개최를 요구하였지만(甲 36), 피고는 "회답이 끝난 상태"라며 단체교섭을 거부하여 왔다(앞과 동일).

(2) 분쟁이 있는 경우의 임시지급의 합리성

가. 이상의 과정에서 피고는 원고들이 이의를 보류하면서 피고의 제안의 범위 내에서 일시금의 임시지급을 요구하였는데도 이를 거부하였다. 그러나 임금지급에 대하여 분쟁이 있는 경우에 관하여 노동기준법 제23조 제2항은, 근로자의 사망 또는 퇴직의 경우에서의 임금지급 등에 관하여 다음 같이 규정하고 있다.

"전항의 임금……에 관하여서 분쟁이 있는 경우, 사용자는 이의가 없는 부분을, 동항의 기간 중(주, 7일 이내)에 지급……하여야 한다".

나. 본 건에서도 지급하여야 할 일시금의 액수에 관하여서 분쟁이 있으므로 이 노동기준법의 규정을 준용하는 것이 합리적이다. 전술한 바와 같이 일시금도 근로자의 생활을 지탱하는 중요한 일부이므로, 근로자의 사망 또는 퇴직의 경우처럼, 부당노동행위를 당하고 있는 소수 근로자에게는 사용자에 대하여 지급을 강요할 단결이 약하기 때문이다.

다. 임시지급을 사용자가 거부한 것도, 원고들의 소속 조합 혹은 그 조합활동을 혐오 한 것이라고 추인할 수 있다. 그리고 이 부당노동행위에 관하여서는 전술한 원고들의 주장을 보다 더 조사하면 피고의 일련의 부당노동행위 의사를 강하게 추인시킬 수 있을 것이라고 말할 수 있다.

2. 판례에 대하여

원판결은 원고가 제출한 판례에 대하여, "모두 본 사건과 사안을 달리한다(9면)"고 하여 그 원용을 거부고 있다. 그러나 사실유형으로서 보는 한 이러한 판례는 본건과 공통되는 사안이므로 그 논리는 실질적으로 활용되어야 할 것이다. 이하에서 코멘트를 하기로 한다.

① 홍콩(香港)상해은행사건(최고재판소 1989년 9월 7일, 労働判例 제546호, 6면)

원판결은 "퇴직금 지급기준이 취업규칙의 일부였던 점"이 본건과 다르다고 한다.

그러나 전술과 같이 본 사건에서는 일시금의 기준이 취업규칙에 정하여지지는 않았지만, 이행조정급을 포함한 "인사임금제도"가 존재하고 있었다. 이것이 취업규칙에 정하여지지 않았던 것은 단지 피고의 태만이 원인이다. 실질적으로 본건도 상기 사건과 다를 것은 없다고 할 것이다.

② 아카시(明石)운수사건(고베(神戸)지방재판소 2002년 10월 25일, 労働判例 제843호, 39면)

원판결은 급여규정에 "임금액의 구체적인 기준이 없고, 비조합원에게도 임금협정에 의하여 일률적으로 임금액이 산정되어 임금협정의 내용이 근로계약의 내용으로 정하여진 점"이, 본건과 다르다고 한다.

그러나 본건에서는 도큐(東急)노조와 도큐(東急)전철 사이에 유니온숍 협정이 체결되어 있어 젠칸도(全関東)단일노동조합과 같은 소수 노동조합은 존재하지만, 비조합원은 없고, 종래 전종업원이 일시금협약에 의하여 일률적으로 임금액이 산정되어 지급되고 있던 점에 있어서 실질적으로 본건도 위 사건과 다를 것은 없다.

③ 의봉회(毅峰会)(요시다(吉田)은행)사건(오사카(大阪)지방재판소 1999년 10월 29일, 労働判例 제777호, 54면)

원판결은 "급여규정에 상여의 규정이 있어, 채용 시에 상여의 구체적 기준이 표기되어 그것이 근로계약의 내용으로 정하여진 점"이 본건과 다르다고 한다.

그러나 앞에서 본 바와 같이 본 건에서 급여규정에 일시금의 규정이 없었던 것이나, 채용 시에 상여의 구체적 기준이 명시되지 않았다고 하면, 그것은 피고의 태만에 의한 것이다. 그리고 본 사건에서도 2009년도 이전에는 이행조정급을 포함한 "인사임금제도"가 존재하고 있었다는 점은 피고도 인정하고 있어 그것이 묵시적으로 근로계약의 내용이 되어 있었던 점에 있어서 실질적으로 의봉회(毅峰会)(요시다(吉田)은행) 사건과 다를 것이 없다.

④ 노스웨스트(ノースウェス)항공사건(치바(千葉)지방노동위원회 결정 2002년 11월 19일, 労働判例 제841호, 15면)

원판결은 일시금의 분쟁이 있던 이 사건에 대하여, "지급금액에 대하여 합의가 성립하였다고 인정할 수 있는 사정이 있던 점"에서 본건과 사정을 달리 한다고 하였다.

그러나 이 사건에 대한 결정은 다음과 같이 판시하고 있다.

"회사가 제의한 전제조건을 조합이 승낙하지 않는 한 합의는 성립하지 않고, 그 성립이 절대 인정될 수 없다고 해석하여야 하는 것이 아니라, 종전에 지급된 경위, 지급 금액, 기타 종업원에 대한 지급 상황, 회사 경영 내용, 종전에 지급된 성과급의 성격 등 여러 사정을 고려하며 지급하지 않는 것이 종전의 노사관계에 비추어 합리성을 가지지 못하고, 지급하지 않는 상태를 시인함으로써 근로자에게 경제적으로 현저하게 불이익을 주는 경우에는 전제조건의 존재를 주장하는 것 자체가 신의칙을 위반한 것이며, 무조건으로 상여금음 지급하겠다는 제안이었다고 해석하여야 하며, 이를 조합이 승낙하였을 경우에는 합의가 이루어진 것과 똑같이 취급하여, 일시금(성과급)청구권의 발생을 인정하여야 한다고 해석하는 것이 상당하다"

그리고 동 사건의 일시금 산정 기초액으로써 "1974년 이후,……기본 월급, 주택수당, 부양가족수당 및 운전수당의 4가지 요소를 항상 기본으로 하고 있어, 이러한 요소를 할애된 연도에는 한 번도 없었다는 것", 일시금 지급에 대하여는 조합과 회사 간의 "합의에 근거하는 것을 기본으로 하지만, 28여년 사이 합의 불성립으로 지급이 되지 않은 사례가 지금까지 한 번도 없고, 채권자들에게 있어서 하계 및 동계 일시금이 예년대로 지급될 것이라는 기대를 갖는 것은 당연한 일"이라는 것, "종전부터 하계 및 동계 일시금이 지급되어 온 노동관행, 일시금이 임금인 성격을 같이 갖고 있다는 것" 등의 사정을 종합하여 보면, 정기승급 및 임금인상 불실시의 "조건을 제시하여 지사 조합이 수락하지 않는다는 것을 이유로 하계 일시금의 지급을 거절하는 것은 신의칙에 위반하는 것이라고 할 것이며, 서면에 의한 무조건의 상여금 지급신청이라고 해석할 수 있다"고 하여, 회사가 제시한 조건 없는 일시금 청구권을 인정하였던 것이다.

본건에서 사용자는 일시금의 산정 기초에서 이행조정급을 제외하는 조건을 제시하여 왔다. 그것도 종래에는 없었던 것이며 또한 협정 불성립, 일시금 부지급도 이전에는 없었던 일이다. 노스웨스트항공사건과 같이 그러한 조건이 없이 합의가 성립한 것과 같이 취급하여야 하는 것이 아닌가.

나아가 준비서면이나 판결에서는 다루지 않지만, 똑같이 협정 불성립의 경우에 일시금청구권의 성립을 인정한 다음과 같은 판례도 있다.

④-2 아키우(秋保)온천택시사건(센다이(仙台)지방재판소 2003년 6월 19일, 労働判例 제854호, 19면) 판결은 다음 같이 판시하고 있다.

"노사관계에는 고도의 신의칙을 필요로 한다. 그런데 피고는 1999년의 연말일시금을 일방적으로 지급하지 않았다. 이러한 피고의 행위는……원고들 및 그 가족의 생활의 근원을 일방적으로 박탈하여, 그 생존권을 직접 위협하는 것이다. 원고들은 원래 저임금이었기 때문에 한층 더 어려운 상황에 내몰리고 있다. 이러한 행위는 1975년 이후 24년간에 걸쳐서 일시금에 관한 사항을 노사교섭 의하여 합의하여 왔던 신뢰를 현저하게 저버리는 것이다"

④-3 리츠메이칸(立命館)대학사건(교토(京都)지방재판소 2012년 3월 29일)

이 사건에서도 판결은 "피고가 14년 동안 본 사건 조합과의 사이에 일시금을 본 건 기준금액으로 정하는 단체협약을 체결하여, 원고들 교직원에 대하여 동액을 지급하여" 온 것에 의하여 노동관행의 성립을 인정하여, "적어도 연 6개월의 일시금을 지급하는 것이 근로계약의 내용으로 정하여진 것으로 인정하는 것이 상당하다"라고 하였다. 나아가 "노동관행의 변경이 인정되는 경우"에 관하여 다음 같이 서술하고 있다.

“그 필요성 및 내용의 양면에서 보고, 그에 따라 근로자가 얻게 되는 불이익의 정도를 고려하더라도, 더 나아가 당해 노사관계에서의 당해 변경의 법적 규범성을 시인 가능할 정도의 합리성을 가질 필요가 있다. 특히, 임금, 퇴직금 등 근로자에게 있어서 중요한 권리, 근로조건에 관계되어 실질적인 불이익을 미치는 노사 관행의 변경에 대하여는, 당해 변경이 그러한 불이익을 근로자에게 법적으로 감수할 것을 허용 하는 것이 가능할 정도의 고도의 필요성에 근거한 합리적인 내용의 것인 경우에 한하여 그 효력을 생기는 것이라고 하여야 한다”고 한다.

이상의 사안에 대한 고려는 본 사건에도 그대로 적용할 수 있을 것이다.

제5 결론

본건에 대하여 요약을 하면 다음과 같다.

1. 원판결은 단체협약이 체결되어 있지 않다는 것을 이유로 원고들의 일시금청구권을 부정하였다. 그러나 일시금 미지급은 피고도 그 존재를 인정하고 있을 정도로 근로계약의 내용으로 정하여져 있었던 “인사임금제도”에 반한다.

2. 원판결은 일시금협약이 체결되지 않은 경우에는 그 처리방법은 결정할 수 없다는 이유로 노동관행의 성립도 부정하였다. 그러나 이는 종래 반드시 매분기 일시금이 지급되어 왔다는 관행의 존재와, 그 관행에 반하는 내용의 협정이 성립하지 않았던 것은 피고가 근로계약에 반하여 일방적으로 기준의 변경을 고집하는 신의에 반하는 태도에 있었다고 하는 책임을 간과하는 것이다.

3. 게다가 그 기준의 변경은 원고 조합원들에게 큰 불이익을 강요하는 부당노동행위로서 무효이고, 따라서 그 조건 없이 단체협약이 체결된 것으로 취급하여 원고들의 청구권을 인정하여야 할 것이었다.

4. 피고가 일시금의 임시지급 요구를 거부한 것도 합리성이 없으며, 피고의 일련의 부당노동행위 의사를 강하게 추인시키는 것이었다.

5. 원판결의 이러한 잘못은 임금이 근로자에게 있어서 생활을 지탱하는

중요한 수단이며, 신의칙에 좇아 노사대등의 교섭에 의하여 결정되는 것으로 하는 헌법이나 노동조합법, 노동기준법에 대한 몰이해로 인하여 발생하였다고 할 것이다. 그리고 그러한 태도는 이러한 점을 고려하는 판례의 실질을 보지 않고, 사안이 다르다고 배척하는 편파적인 논리에도 나타나고 있다.

이상

D. 소결

재판관을 경험한 몇몇 사람의 저서에서 사법계의 실정도 점차 드러나고 있다. 최근에는 세기 히로시(瀬木比呂志)의 "절망의 재판소(絶望の裁判所)"(2014년 4월, 講談社現代新書)가 그 으뜸일 것이다. 내가 의견서를 보낸 재판에서도 그 재판관의 "양심"을 의심하게 하는 일이 많다. 오오이(大飯)원자력발전소의 운전 금지를 명한 후쿠이(福井)지방재판소 판결(2014년 5월 21일)은, 인격권을 "최고의 가치"라는 것을 "해석상의 지침"이라고 명시하였지만, 근로자의 권리나 아픔을 해결하지 않고, 재산권을 우위에 두는 판단을 거듭되고 있기 때문이다.

그러나 새벽하늘의 별과 같은 것이라고 할까 제14장 신산업별운전자노동조합(新産別運転者労組)서기장사건의 도쿄(東京)지방재판소 판결과 같은 예도 있다. 또한 다툼이 없는 한 사태는 더 악화될 것이다. 포기하지 않고 계속하여 싸우는 것, 이것이 할 수 있는 최선이라고 생각한다.

종장 지금 무엇이 필요한가(총괄) — 역사의 교훈을 살리는 주권자로서의 행동

목차생략(약자 주)

1. 과거를 잊지 말아라

"시작하며"에서 서술한 바와 같이 미수(米壽, 88세)를 맞이하여 전쟁 전, 전시 중을 포함한 지금까지의 세월을 되돌아보면서 생각나는 것은, 전쟁의 참화가 왜 발생하였는가, 그 희생을 없는 것으로 하여도 좋은 것인가 라는 것이다. 잘못을 반복하지 않기 위해서는 과거의 사실을 정면으로 마주보는 것, 그리고 패전 후의 반성과 이념을 자각적으로 상기하여 그것이 오늘날 어떠한 위험에 노출되고 있는가, 그것에 어떻게 대처하여야 할 것인가를 세대를 초월하여 생각하고 행동할 필요가 있을 것이다.

그러기 위해서는 이러한 역사와 그것을 허용한 여러 조건들, 현상황 등에 대한 참된 사회과학적인 분석이 필요한 것은 두 말할 필요가 없다. 그리고 이 점에서는 전후 많은 자료나 연구가 공표되어 있고, 또한 리차드 본 바이츠제카(Richard von Weizsäcker) 서독 대통령(당시)은 "과거에 눈을 감는 자는 결국 현재에도 맹목적이게 된다. 비인도적인 행위를 마음에 새기려고 하지 않는 자는 또 다시 그러한 위험에 빠지기 쉽다"고 한다. 그것이야말로 마음에 새겨야 할 경고로 울리고 있었다. 그러나 그럼에도 불구하고, 있었던 사실을 없었던 것으로 하는 언동(言說)이 권력이나 그것을 지지하는 세력으로부터 뿌리 깊게 반복되고 있다는 것도 주지의 사실이다.

본서는 그 상황에 대한 비판으로서 내가 지금까지 쓴 소논문을 모은 것이다. 하지만 본서의 준비 중에도 아베(安倍) 내각에 의한 헌법 파괴는 급속하게 진행되고 있다. 그는 헌법개정의 발의에 중의원·참의원 각각의 총의원의 3분의 2 이상의 찬성을 필요로 하는 절차요건(헌법 제96조)을 과반수로 완화하려고 하고, 반대여론의 고조로 그것도 곤란한 것으로 보이자, 헌법해석에 의하여 실질적 헌법파괴를 추진하였다. 2014년 7월 1일에는 헌법 제9조에 관한 지금까지의 정부해석을 변경하여 다른 국가와 공동의 전쟁·무력행사도 법적으로 가능(집단적 자위권이라고 칭하여)하게 하는 각의결정이나, 예상문답집을 작성하였다.[3] 그것은 2013년 12월 6일의 특정비밀보호법(特定秘密保護法)의 강행 성립과 함께, 주권자인 국민의 의사에 의하지 아니하고 (국민의 눈으로부터 숨긴 채로) 정부의 행위에 의하여 국민을 다른 국가의 전쟁에 끌어들이는 것을 가능하게 하려고 하는 것이다. 하지만 그러한 것이 헌법 하에서 허용되는 것인가.

여기서 본장에서는 우선 법의 해석이란 어떠한 행위인가, 그리고 이번 정부에 의한 헌법 제9조의 해석변경이 어떠한 의미를 갖는가(거짓말을 100회 반복하여 적을 만들어 내고, 아소 우타로(麻生太郎) 부총리의, 바이마르(Weimar)헌법도 어느 사이에 나치스헌법으로 변하였다, 그 수법을 배우면 어떨까라는 것의 실행)에 관하여 서술하고, 그 후에 문제의 총괄을 하고자 한다.

2. 법의 해석

(1) "법의 해석"이란

① "법의 해석"으로서 행하여지는 인간의 행위는 어떠한 작업인가. 그것은 법의 "언어"가 과거의 어느 시점(그 제정 시 혹은 그 후의 일정한 시기)에 어떠한 의미를 가지고 있었는지를 확정하는 작업(인식의 문제, 문헌학적 해석)은 아니다. 그런 것이 아니라 그 "언어"를 현재 이후에 어떠한 의미를 가지는 것으로서 통용시킬 것인가 하는 주장이며, 의욕, 실천의 문제(실천적 해석)이다.[4]

---

3) 2014년 7월 1일의 각의결정에서는, ①"일본과 밀접한 관계에 있는 다른 국가에 대한 무력공격이 발생하고, 이에 의하여 일본의 존립이 위협받고 국민의 생명, 자유 및 행복추구의 권리가 근저로부터 뒤집어지는 명백한 위험이 있는 경우에", ②이를 배제하여 일본의 존립을 다하고, 국민을 지키기 위하여 그 외의 적당한 수단이 없을 때에", ③"필요최소한도의 실력을 행사하는 것"은 "자위를 위하여 헌법상 허용된다고 하였다. 그리고 이 3요건으로 무력행사에 대하여는 엄중한 제동을 걸었다고 주장한다. 하지만 위 3요건의 내용을 판단하는 것은 정부이다. 헌법조차 자기가 바라는 대로 "해석"하는 정부가 각의결정을 어떻게 해석하고 변경할 것인가하는 것도 그가 바라는 대로일 것이다.

4) 법의 해석에 관하여는 사토 아키오(佐藤昭夫), 『노동법학의 과제(労働法学の課題)』(1967, 日本評論社), 25면 이하 참조.

② 그러므로 이번과 같이 독재적 수상이 제멋대로 "해석"을 주장하는 것도 현실적으로 발생하고 있다. 그러나 삼권분립의 제도에서는 "헌법"이란 수상이 아니라 최고재판소(혹은 확정판결)가 "이것이 헌법이다"라고 하는 것이 헌법이 된다(유권해석).

그러나 헌법 하에서 법의 해석을 자의적으로 하는 것이 아니라 전체적으로 통일성을 유지하기 위해서는 그것이 헌법이 기초하는 가치체계에 맞는 것이지 않으면 안된다(어느 가치가 보다 소중한가, 가치상호 간의 비교 교량. 예컨대 노동기본권은 재산권을 어느 정도 제약하는 것에 의하여 성립하여 왔다). 그리고 헌법은 다른 가치체계를 가지는 정치세력 사이의 다툼의, 그 시점에서의 결착으로서 제정된다. 일본에 관하여 말하면 전쟁 전의 지배세력의 패배에 의하여 국민주권, 기본적 인권존중, 비무장평화를 기본원리로 하는 가치체계 아래에서 전후의 헌법이 만들어졌다.

따라서 그 법의 해석이 법적으로 옳은 것이 되기 위해서는 이 헌법의 기본원리를 기초로 하여 그것을 보다 발전시키는 것이지 않으면 안된다. 그러므로 최고재판소의 판결이라고 하더라도 국민주권의 헌법의 아래에서는 그것이 이러한 기준에 비추어, 주권자인 국민이 납득할 수 없는 것은 그 변경이 요구되는 것이 당연하다. 그러한 의미에서 궁극적으로는 헌법은 주권자인 국민이 "이것이 헌법이다"라고 하는 것이 되지 않으면 안된다.

최고재판소는 종종 "고도로 정치적인" 문제는 사법심사에 어울리지 않는다고 하여 사법판단을 피하려고 한다. 그러나 원래 헌법은 행정부는 물론, 입법권으로써도 침범하여서는 안되는 규범을 규정하는 것이다. 정치적 문제라고 하더라도 그것이 헌법의 구속을 일탈하는지 아닌지의 판단이야말로 재판소에 주어진 임무일 것이다. 그리고 그 기준으로서 헌법제정 시의 제안자인 정부의 설명은 이러한 내용을 가지는 것으로서 헌법을 지킨다는 정부나 의회의 국민에 대한 약속이다. 주권자인 국민은 그러한 것으로서 헌법을 성립시킨 것이며, 그것에 위반하는 것은 용서되지 않는다.

④ 하지만 헌법이 서로 다투는 정치세력의 일정한 시점에서의 결착인 한, 패한 측은 시기를 노린 헌법개정, 그리고 그것이 실현 불가능한 동안에는 해석이나 개별입법을 통한 헌법의 형해화(形骸化)를 꾀하려고 할 것이다.

그러나 그것이 헌법 하에서의 법의 해석으로서 법적인 정당성을 가질 수 없다는 것은 앞에서 본 바와 같다. 또한 그것이 역사의 교훈을 없는 것으로 한다는 입장에서 볼 때 실천적으로도 잘못된 것이라고 하여야 할 것이다.

(2) 법의 해석과 법적 안정

그리고 만약 그 해석에 따라 법의 내용을 권력자가 자유롭게 변경한다면, 그것을 인치(人治)가 아니라 법치(法治)라고 말하더라도 사람들이 권력에 의하여 장래 어떻게 취급될 것인가 하는 것은 가늠할 수가 없게 된다. 그러한 상태는 법의 외형을 걸친 인치(人治) 그 자체와 다를 바 없다. 그러므로 사람들의 생활의 안정을 위해서는 권력의 자의에 의하여 법의 내용이 변경되지 않는다는 것, 법적 안정이 요구된다. 그것은 말의 짜맞춤(辻褄合わせ)이 아니라 실제의 취급이 어떻게 될 것인가의 문제이다.

3. 정부의 "헌법 제9조" 해석

(1) 헌법 제성 시의 성부해석과 해식번겅

① 전후 헌법의 역사적 의의에 관하여는 제1부에서 서술하였다. 그것은 평화의 미명 아래 숨겨진, 정부가 행한 침략전쟁에 의한 모든 희생, 슬픔의 대가(代償), 얻을 수 있었던 교훈이라고도 하여야 할 것이었다. 그러므로 헌법세정 시 의회에서 당시의 수상 요시다 시게루(吉田茂)는 헌법 제9조는 자위(自衛)의 이름에 의한 전쟁도 부정하는 것이라는 것을 명언하였다.[5)]

그 후 동서관계의 냉전격화에 수반하는 미국의 점령정책의 변경(이른바 역행)이 있었고, 정부의 국회에서의 답변에 자국이 무력공격을 받은 경우의 자위권의 행사는 인정된다고 하여 그 해석을 바꾸었다. 하지만, 아베(安倍) 수상에 이르기까지는 그것이 한계라는 답변을 계속하여서 거듭하여 하여 왔다. 그러한 의미에서는 그것은 적어도 헌법 제9조의 내용으로서 정부가 반복하여 오

5) "근래 전쟁의 대부분이 자위권의 이름으로 치러졌다. 만주사변도 그러하고 태평양전쟁(大東亞戰爭)도 역시 그러하다" "일본에서는 어떠한 면분으로도 교전권은 무엇보다 먼저, 스스로 자진하여 포기한다. 포기하는 것에 의하여 전세계의 평화의 확립의 기초를 이룬다"(1946년 6월 26일, 중의원 본회의)고 한 것이다.

로지 방어를 하는 것(專守防衛) 이외는 허용되지 않는다고 하는 약속을 확인하여 왔지만, 국민측에서 보면 "부단한 노력에 의하여 이것을 유지"(제12조)하여 온 성과와 다름없다.6)

(2) 정부해석 변경의 한계

① 헌법 제9조의 내용을 "집단적 자위권의 행사도 허용되지 않는다"라고 반복하여 온 약속의 당사자이며, 게다가 "이 헌법을 존중하고 옹호할 의무를 지는"(헌법 제99조) 정부가 마음대로 변경하는 것은 주권자인 국민과의 약속을 파기하는 헌법파괴행위라고 할 수밖에 없다.

② 게다가 그것을 위한 이유로서 말하는 국제환경이 바뀌었다, 국민의 생명과 재산을 지키는 것은 정부의 역할이다, 적극적 평화주의라고 하는 것에는 아무 합리성도 없다. "방위"라는 이름에 의한 군비증강이 다른 국가의 경계심을 강하게 하여 군비확장경쟁에 치닫게 하는 것, 특히 일본의 권력이 침략전쟁의 과거가 피해국민에게 어떠한 아픔을 계속 주고 있는가를 느끼지 않고 있는 상태로는 그러한 두려움을 배가시킨다. 그렇기 때문에 헌법 제9조는 전쟁이나 무력에 의한 위협 또는 무력의 행사를 영구히 포기하고, 그 물질적 기초인 육해공군 그 외의 전력의 불소유를 규정하였다. 그리고 전세계의 국민이 동일하게 공포와 결핍으로부터 벗어나서 평화 속에서 생존할 권리를 가지는

---

6) 헌법 제9조에 관련되는 재판을 들면, 주둔미군을 위헌이라고 한 도쿄(東京)지방재판소 1959.3.30.의 다테(伊達) 판결(스나가와(砂川)사건)을 비롯하여, 햐쿠리(百里)기지소송) (정부가 이바라키현(茨城県) 햐쿠리(百里)의 토지매수에 착수한 것에 대하여, 항공자위대의 기지로 하기 위한 토지매수는 헌법 제9조 위반으로 무효라고 주장하여 다툰 사건. 소송은 1958년부터 31년간 계속 되었지만, 최고재판소는 1989년 6월 20일, 헌법판단을 회피하고, 私人과 대등한 입장에서 행하여진 私法상의 행위라고 하여 그 효력을 인정하였다). 에니와(恵庭)재판(삿포로(札幌)지방재판소 1967.3.29. 판결. 삿포로(札幌)지방재판소는 헌법판단을 회피하였지만, 자위대의 통신선절단은 자위대법이 정하는 벌칙의 요건에 해당되지 않는다고 하여 무죄), 자위대를 위헌이라고 한 삿포로(札幌)지방재판소 1973.9.7.의 나가누마(長沼)판결(나이키(ナイキ)기지사건), 그리고 이라크파병위헌재판(나고야(名古屋)고등재판소 2008.4.17. 아오야마(青山)판결) 등. 이 사건에서는 항공자위대의 다국적군 무장병사의 공수는 "타국에 의한 무력행사와 일체화된 행동이며, 스스로도 무력의 행사를 하였다는 평가를 받지 않을 수 없는 행동"이어서, "헌법 제9조 제1항 위반"이라는 판결이 확정되었다.

다테(伊達) 판결을 도약상고(跳躍上告, 항소를 생략)에 의하여 파기한 1959년 12월 25일의 최고재판소 판결은 다나카 고타로(田中耕太郎) 최고재판소 장관이 재판내용에 관하여 사전에 미국의 맥아더(Douglas MacArthur)대사와 밀담한 것이 드러나 "공평한 재판소"에 의한 재판은 아니었다고 하여 2014년 6월 17일 재심청구를 신청하였다.

것을 확인하고, 일본국민은 국가의 명예를 걸고 전력을 다하여 이 숭고한 이상과 목적을 달성할 것을 맹세한 것이다.

이리하여 국민의 생존에 관하여도 "평화를 사랑하는 제국민의 공정과 신의를 신뢰하고, 우리들의 안전과 생존을 유지하려고 결의하였다"라고 그 각오를 표명하였다(전문). 단기적인 시야에서 패권다툼을 이어가는 다른 국가의 정부가 아니라 장기적인 제국민의 힘을 신뢰하였을 때의 것이다.[7] 정부 간의 패권다툼은 냉전시대부터 계속되고 있고, 현재 시작된 것은 아니다. 그 동안에 안전과 생존을 유지하려고 하려면 스스로가 무력에 의존하지 않고 공정과 신의에 기초하는 관계를 요구하는 외교에 의하여, 타국민의 신뢰를 얻는 것이 선결일 것이다. 그리고 전세계의 국민이 공포와 결핍(핵병기를 포함한 무력축적, 무력행사의 공포, 빈곤·격차)에서 벗어나는 조건을 만들어 내는 것이야말로 적극적 평화주의의 이름에 맞는 것일 것이다.

(3) 집단적 자위권은 현실적으로 무엇을 의미하는가

① 이번 각의결정은 그 내용이 추상적으로, 그 자체 법적 안정성의 요청에 반하고 있다. 하지만 어떻든 집단적 자위권을 허용하는 각의결정을 근거로 한다면, 일본이나 일본국민의 대외관계는 크게 바뀐다. 그 요건에 관하여 정부가 임의로 사실과 평가를 적용시키면 일본은 타국 간의 분쟁에 중립의 입장을 져버리고 무력개입을 하는 것으로도 되기 때문이다.

그것은 자위대원에게 사람을 죽이고 살해하는 것을 강제하는 것만이 아니다. 전후 70년 동안에 쌓아올린 제국민 사이의 신뢰는 무너져 버리고(일부 국가의 정부에게는 환영받더라도) 평화로의 중개자로서의 자격을 잃게 된다. 그리고 대립하는 국가의 적의에 노출되어 보복공격으로 일본괴멸의 사태로도 이어질 수밖에 없다(해안선에 설치된 수많은 원자력발전소의 존재).

② 또한 집단적 자위권에 관하여 일본과 밀접한 관계가 있는 타국으로의

---

7) 걸프 전쟁 때, 미국의 전 사법장관인 위리엄 람세이 클라크(William Ramsey Clark)의 방일 기자회견(나도 방청하였다)에서, 일본은 돈만 내고 사람을 보내지 않은 것을 각 국가로부터 비판받았다. 이것을 어떻게 생각할까. 어떻게 하면 좋았겠는가라는 질문에 대하여, "비판한 것은 각 국가의 정부뿐이다. 각 국가의 인민은 기뻐하고 있다"라고 대답하였다. 그는 『피고 조지부시(George Walker Bush)유죄—국제전쟁범죄법정에의 고발장(被告ジョージーブッシュ有罪ー国際戦争犯罪法廷への告発状)』(1991, 柏書房)이라는 저서도 출판하였다.

무력공격에 의하여 일본의 존립이 위협받는 경우라고 하더라도, 일찍이 일본은 유조호(柳条湖)에서의 철도 폭파,[8] 장작림(張作霖) 폭살[9](1928년, 만주모중대사건(満洲某重大事件)으로서 국민에게 진상은 숨긴 채)을 자작극으로 만주사변을 일으킨 것(1931년), 미국도 미구축함이 통킹만[10]에서 북베트남의 어뢰정에 공격받았다는 통킹만사건(1964년)을 구실로 베트남 북쪽에 폭격을 개시하고, 존재하지 않는 대량파괴병기를 없앤다고 하면서 이라크 침공·파괴에 손을 더럽힌(1993년) 것 등 모략의 역사를 잊어서는 안된다.

③ 현재의 센카쿠(尖閣)열도(釣魚島)의 긴장만 하더라도, 일본과 중국의 주장이 대립은 하고 있었다고는 하지만 거론하지 않는 상태로 있던 것을 일본이 현상을 변경하여 국유화한 것에서 긴장이 높아진 것이 아니던가. 그것도 냉정한 사고가 아니라 편협한 내셔널리즘(nationalism)을 부추겨서 군사예산 등의 증대의 구실로 삼고 현재에도 계속되는 원자력발전사고의 피해로부터 국민의 눈을 돌리려고 하는 것으로 밖에 생각되지 않는다(국민의 안전을 확보한다는 등의 말을 늘어놓으면서 그 구실로).

④ 자민당은 지금까지 강요헌법론을 주창하고,[11] 아베(安倍)도 "헌법 제9

---

8) 역자 주: 유조호(柳条湖)사건(Liutiaohu Incident)은 관동군의 모략에 의하여 일어난 만주사변의 발단이 된 철도폭파사건을 말한다. 1931년 9월 18일 만주(현재의 중국 북동부)의 봉천(奉天, 현재의 瀋陽市) 근교의 유조호(柳条湖) 부근에서 일본이 소유하는 남만주철도 노선이 폭파된 사건이다. 관동군은 이것을 중국군에 의한 범행이라고 발표하고, 만주에서의 군사전개 및 점령의 구실로 삼았다.

9) 역자 주: 1928년 6월 4일 국민당과의 전쟁에서 패하여 봉천으로 향하는 도중에 장작림(張作霖)이 탑승한 특별열차가 만철선(滿鐵線)과 경봉선(京奉線)이 교차하는 지점을 통과할 때 열차가 폭파하여 張作霖이 중상을 입고 그날 오후 사망하였다. 관동군 고급참모 가와모토(河本) 대작(大作)이 계획한 사건이다.

10) 역자 주: 통킹만(Gulf of Tonking). 베트남 북부와 중국의 레이저우(雷州)반도·하이난(海南) 섬에 둘러싸인 만으로, 남중국해로 통하고 만내에 하이퐁(Haiphong)항이 있음.

11) 현재의 헌법은 미국점령군에게 "강요"받은 것이라고 하여, 아베(安倍)도 "헌법의 개정이야말로 『독립회복의 상징』이라고 한다(앞의 책, 29면). 분명히 그것은 이전부터 내려오고 있는 지배체제를 가능한 한 남기려고 한 일본의 권력자 층의 입장에서는 정말로 "강요당하였다"고 느끼는 것일 것이다. 하지만 패전에 이르기까지 천황정부에 의하여 정신적, 물질적으로 "국체론"을 강요당하고 있던 국민으로서는 인간적 해방을 의미하였다(그 동안의 사정에 관하여는, 본서 1~4장).

그 내용도 패전까지 억압된 메이지기(明治期)의 자유민권운동 이래의 요구와 중복되며—나아가 철저한 것이지만—, 또한 전후의 스즈키 야스조(鈴木安蔵) 등 헌법연구회가 작성한 헌법초안을 참고로 한 것이라고 한다. 그리고 전쟁포기의 규정으로도 당시의 시데하라 키쥬로(幣原喜重郎)수상의 제의라고도 전하여지고 있지만, 그것은 어떻든 전쟁을 하지 않는다는 입장(非戰論)은 러일전쟁시대에도 일본에서 주창되었고, 핵병기 출현이라는 역사적 상황에 대응하

조의 규정은 한편으로 독립국으로서의 요건을 결하게 되었다"(아베 신조(安倍晋三), 『아름다운 나라로(美しい国へ)』, 2006, 文芸春秋, 123면)고 하여 일본을 되찾는다는 등을 주장하여 왔다. 하지만 이번 집단적 자위권 행사의 용인의 각의결정에서는 조속히 미국의 정부관계자에게 보고하여 하여, 헤겔(Chuck Hagel)국방장관 등으로부터 환영을 받았고, 강하게 지지한다는 등의 찬사를 받았다(『도쿄신문(東京新聞)』, 7월 2일 조간, 3일 석간, 12일 석간). 일본정부는 여당협의만으로 국민의 소리는 듣지 않고 미국에서 요구받은[12] 환영받는 길을 선택하였다고 할 것이다.

⑤ "억제력"이라고 하여 군비를 증강한다고 하더라도 그것이 군비확장경쟁을 부추겨 전쟁을 막을 수 없었다는 것은 지금까지의 전쟁의 역사가 증명하고 있다. 일본국민의 생명·재산을 지킨다고 하면서 무력행사를 하는 것의 시비는 비무장으로 이전의 전쟁의 참화(惨禍) 이상의 참화를 입는 일이 일어날지 아닐지, 사실에 근거하여 판단하여야 할 것이다.

4. 헌법을 둘러싼 대항

(1) 헌법개편을 거절한 국민과 그 후의 상황

헌법제정 당시 전쟁의 참화를 뼈저리노독 느낀 많은 국민은 이 헌법을 기쁘게 맞이하였다. 그러나 다른 한편 남아 있는 천황의 권위를 점령정책에 이용하려고 한 미국의 의도로 극동국제군사재판(도쿄재판(東京裁判))에서 천황의

는 것이었다. 쇼와(昭和)천황의 종전의 조칙(詔勅)(1945.8.15.)에서도 다음과 같이 말하였다.

"적은 또다시 잔학한 폭탄을 사용하여 빈번하게 무고(無辜)한 살상을 하여, 그 참상과 해를 헤아릴 수가 없는 지경에 이르렀다. 게다가 지금도 교전을 계속하게 되면 결국 우리 민족의 멸망을 초래하게 될 뿐만 아니라 그것은 인류 문명을 파괴하여 사라지게 할 것이다" "짐은 시운(時運)에 따르는 바, 감내하기 어려운 것을 감내하고, 참기 어려운 것을 참고, 이로써 만 세대를 위하여 태평을 열고자 한다".

이것은 천황의 전쟁책임을 정세에 전가하는 것이기도 하였을 것이지만, 역사에 강요된 올바른 시대인식이 아닌가.

12) 미국국방부의 스미스(Smith) 국방차관보대리는 2001년 5월 16일, NHK의 인터뷰에서 "일본의 헌법이 제정되고 나서 50년 이상이 지났고 지역의 정세는 변화하여 오고 있다. 만약 일본이 집단적 자위권의 행사를 둘러싼 해석을 재검토한다면, 미국은 환영하고 이를 지지한다"라고 언명(NHK가 17일 보도한 것. 『신문아카하타(しんぶん赤旗)』, 2001년 5월 18일)하였다. "외압"이라고 하지 않은 것 같은 표현을 하면서, 미국과 일본 정부가 서로 공감하면서 오랜 세월 동안, 국민에게 "강요해석"을 노렸다고 할 것이다.

책임을 묻지 않은 채 끝내고,[13] 또한 미국의 원자폭탄투하나 무차별폭격, 그리고 항복 직전에, 그리고 항복 후에도 행하여진 만주에서의 소련군의 폭행이나 시베리아(Siberia) 억류·강제노동 등은 불문에 붙이는 등의 불공정한 사태도 있었다. 그러한 의미에서는 참으로 전쟁의 책임과 해악에 대한 반성이 이루어졌다고는 말하기 어렵다. 그리고 그 후 이른바 역행(逆コース)[14]라는 정치정세 속에서 헌법을 둘러싼 대립도 계속되게 된다.

1955년, 민주당의 하토야마 이치로(鳩山一郎) 수상이 헌법개정 정책을 내걸고 중의원 선거를 실시하였을 때, 국민은 그들에게 헌법개정의 실현에 필요한 의석을 주지 않았다(이 때의 선거로 좌파 사회당이 성장하여 우파와 합동. 민주당도 자유당과 합동하여 자유민주당이 되었고, 이른바 55년 체제가 성립). 그 이후 권력 측은 규제완화나 민영화에 의한 근로조건의 열악화와 단결파괴, 교육기본법의 개악과 교육에의 권력적 개입 등 실질적인 헌법의 붕괴를 도모하여 왔다. 그리고 현재의 사태에 이르고 있다. 집단적 자위권 행사를 용인하는 각의결정 등은 지금까지 정부가 가까스로 선을 지켜온 평화헌법의 근간을 부정하려는 것이다. 나치스의 폭압을 경험한 니메라(Friedrich Gustav Emil Martin Niemöller)스승의 "단서에 주의하라. 결과를 상기하라"라는 말을 되씹어 보아야 할 것이다. 이러한 상황 속에서 이른바 헌법을 지키려는 호헌세력은 어떠한 상황에 있는가.

(2) 근로자와 노동조합의 상황

우선 과거의 전쟁에서 징병이나 "산업전사"로서 직접 그 담당자가 된 근로자는 어떠한 태도를 취하고 있는가.

---

13) 그렇기 때문에 당시의 헌법의회 논의에서 담당 대신(大臣)인 가나모리 도쿠지로(金森德次郎)가 천황은 옛날부터 일본국민의 "동경의 중심"이었으므로, 이 헌법에 따라 국체는 변하지 않는다고 강변하였다. 그리고 쇼와(昭和)천황의 현행헌법 공포문에서는 "짐은 일본국민의 총의에 근거하여 신일본건설의 주춧돌이 정하여지기에 이른 것을 매우 기쁘고……제국의회의 의결을 거친 제국헌법의 개정을 재가하여 여기에 이를 공포하노라"라고 한다. 천황을 우러러보는 태도를 취하면서, 이 헌법을 비방하는 자는 "천황의 마음(大御心)"(천황의 마음(おおみこころ(天皇の心))을 거역하는 것이라고 생각하지는 않는 것인가.

14) 역자 주: 전후 일본에서의 "일본의 민주화·비군사화"에 역행하는 정치·경제·사회의 움직임을 총칭한다.

① 전후 노동조합의 발전

전후 근로자들의 생활은 곤궁해지고 그때까지 자주적 운동을 억압하여 온 많은 치안법이 철폐됨으로써 노동조합운동이 자연발생적으로 퍼져 나갔다. 그리고 이러한 속에서 전쟁 직후의 개혁에 있어서는 법적으로도 종래의 근로자의 혹사에 의한 "부국강병"이 부정되기에 이르고 근로자의 지위향상을 전제로 하는 경제의 모습이 목표로 되었다. 패전 다음 해인 1946년 3월 시행의 최초의 노동조합법 제1조 제1항에서 "본법은 단결권의 보장 및 단체교섭권의 보호조성에 의하여 근로자의 지위향상을 도모하여 경제의 융성에 기여하는 것을 목적으로 한다"고 규정하였다.

그리고 그것은 또한 노동조합운동의 촉진에 평화를 위한 방파제로서의 역할을 기대하는 것이기도 하였다. 이 점을 연합국최고사령부(GHQ)의 노동자문위원회 최종보고(1946.7.6)는 다음과 같이 서술하고 있다. "종래는 자기의 주장을 표명하는 것이 허용되지 않았던 근로자 및 그 외의 제계급의 향상이야말로 군국주의와 침략이 장래 부활하는 것을 방지하기 위한 최선의 보장의 하나이다"라고.

② 노동조합의 기능변화의 위험

a. 하지만 노동조합이 어떠한 역할을 수행하는가 하는 것은 그 때의 주체적·객관적 제조건에 따라서 모두 같은 것은 아니다. 1937년 7월에 노구교(盧溝橋)사건이 일어나 중국에 대한 전쟁이 시작되자, 당시의 유력한 내셔널 센터(national center)인 전일본노동총동맹(全日本労働総同盟)은 1937년 10월 17, 18일의 연도대회에서 오늘의 시국은 비상시국이며, "근로자계급도 시국의 담당자라는 긍지를 가지고, ……우리 앞에 놓인 희생과 인고에 대하여 스스로 자진하여 굳세게 참을 마음(用意)이 필요하다"고 하고, "나아가 전산업에 걸쳐 동맹파업의 근절을 기대한다"라는 선언을 결의하였다. 그렇게 하여 1938년 4월에는 국가총동원법이 만들어지고, 1939년 7월에는 국민징용령이 나왔다. 1940년 7월 8일에는 전일본노동총동맹의 자발적 해산결의, 11월 23일에 대일본산업보국회로 이어졌다.

b. 이와 같이 된 것은 국책에 이론(異論)을 허용하지 않는 암묵적 힘의 억

압이 있었다는 것은 두 말할 필요도 없다. 그러므로 전후의 헌법은 사상·신조의 자유, 언론, 표현의 자유와 함께 근로자의 단결권, 단체행동권 보장을 규정하였다. 그리고 1960년의 미일안보조약개정 시에는 이에 반대하는 일본노동조합총평의회(日本労働組合総評議会),[15] 중립노동조합연락회의(中立労働組合連絡会議),[16] 사회당 등이 안보개정저지국민회의를 만들어(공산당은 옵서버(observer), 파업을 포함한 수백만명의 행동통일과, 학생, 교원, 문화인 등 수십만명이 국회를 둘러싸는 데모 등을 전개하였다(정치파업도, 권력에서 멀리 떨어진 지위에 있는 근로자가 실질적으로 정치에 참가하는 수단이며, 헌법이 보장하는 쟁의권의 행사라는 것에 관하여, 사토 아키오(佐藤昭夫), 『정치파업론 — 단체행동권 보장을 위하여(政治スト論—団体行動権の保障のために)』, 1971년, 一粒社).

c. 하지만 오늘날 일본의 최대의 내셔널 센터(national center)인 일본노동조합총연합회(日本労働組合総連合会(連合))는 2014년의 근로자의 날 집회를 5월 1일이 아니라 4월 26일(토)에 개최하고, "내빈"으로 아베 신조(安倍晋三) 수상이 "디플레 탈피를 위해서는 정부나 야당도 없다"는 등의 인사를 하였다고 보도되었다. 하지만 본래 노동조합이 근로자를 지키는 조직이라면, 단결권이나 생존권보장을 포함한 평화헌법의 개편에 집념을 불태우고, 특정비밀보호법을 강행하여 제정한 권력은 내빈으로서 초대될 대상이 아니라 대립·저항의 의사를 나타내야할 상대방이 아닌가.

또한 어떠한 경제를 목표로 하는가는 입장에 따라 다르고, 만일 디플레 탈피를 목표로 한다고 하더라도 그 탈피의 방법에는 여러 가지가 있을 수 있을 것이다. 그런데도 노동조합이 이러한 수상의 인사를 받는 것은 국책에 설득당하는 것이 아니겠는가.

---

15) 역자 주: 1950년 7월, 전일본산업별노동조합회의(全日本産業別労働組合会議)·전국노동조합총연합(全国労働組合総連合)에 대항하여 조합주의의 입장에서 결성된 노동조합인 전국적 중앙조직. 그 후 전투성을 강화하여 노동운동의 중심적 존재였으나, 1989년에 일본노동조합총연합회(連合)의 발족에 의하여 해산됨.

16) 역자 주: 1956년 일본노동조합총평의회(日本労働組合総評議会)·전일본노동총동맹(全日本労働総同盟)·전국산업별노동조합연합(全国産業別労働組合連合) 어느 것에도 가맹하지 않은 전국조합으로 결성된 연락조직. 1987년 11월 전일본민간노동조합협의회(全日本民間労働組合協議会)가 전일본민간노동조합연합회(全日本民間労働組合連合会)로 개조되면서 해산되었음.

③ 규모가 큰 노동조합의 윤리감각 상실과 새로운 저항

a. 여기에 도달하는 데는 일본노동조합총연합회 등 많은 유력한 큰 규모의 노동조합이 타성에 빠져 사회적인 윤리감각의 상실이 증대하여 왔기 때문이 아니겠는가. 독일에서는 에너지 공급에 관한 윤리위원회의 제언을 정부가 받아들여 22년까지의 원자력발전소의 완전폐기를 결정하였다고 한다. 일본에서도 2014년 5월 22일의 후쿠이(福井)지방재판소의 판결은 헌법적 가치에 있어서 가장 중요한 인격권을 위협하는 것으로서 오오이(大飯)원자력발전소의 운전금지를 명하였다. 그런데 전국전력관련노동조합총연합(全国電力関連産業労働組合総連合) 등의 노동조합은 원자력발전소 폐지를 주장하는 국회의원에 대하여 선거로 응징하겠다고 하는 태도를 취하였다고 한다. 그러나 노동조합은 편협한 이기적인 운동이 아니라 "짓밟힌 만인을 위하여"(마르크스)라는 이념과 목표 아래에서 행동하지 않는 한, 결코 민중의 공감과 지지를 얻을 수 없을 것이다.

b. 그리고 그것은 일본노동조합총연합회 가맹조합만의 문제는 아니다. 국철노동조합(国鉄労働組合) 본부는 국철분할민영화, 반대하는 노동조합에 대한 개입·차별(당시의 수상 나카소네 야스히로(中曽根康弘)는 그 후에 "국철노동조합이라는 것은 일본노동조합통평의회(日本労働組合総評議会의 약칭)의 중심이므로 조만간 이것을 붕괴시키지 않으면 안 되고", "그리하여 총리대신이 되었을 때에 이번은 국철의 민영화라는 것을 진지하게 행하였다"라고 공언하고 있는(사토아키오(佐藤昭夫), 『국가적 부당노동행위론Ⅱ(国家的不当労働行為論Ⅱ)』, 212면))에 대한 투쟁 도중에 "JR에 책임 없음"이라고 하는 4당 합의를 받아들여 투쟁을 포기하려고 하였다. 그리고 그 방침변경에 반대한 조합원에게 통제처분을 가하고, 임시대회개최를 둘러싸고 스스로 도발한 약간의 트러블을 이유로 권력에게 조합원의 처벌까지 요구하였다. 그리고 그 형사사건의 피고인으로서 재판투쟁에 초당파의 지원을 받으면서, 당파내의 조직문제에서 발단하여 중앙이 개입한 채로 재판투쟁을 분열시킨 중핵심파(中核心派) 피고인(이 점에 관하여는 앞의 책 197면 이하, 국철노동조합5·27임시노동조합대회투쟁탄압재판변호단(臨大闘争弾圧裁判弁護団)(변호단장 사토 아키오(佐藤昭夫))『5·27재판의 승리를 목표로 하여—노동운동탄압·단결권 침해와 투쟁하는 변호단 성명(5·27裁判の勝利をめざして—労働運動弾圧·

団結権侵害と闘う弁護団声明)』, 2008년 8월 15일자 팜플렛 등 참조).

c. 게다가 4당 합의 반대를 관철시켜 일본철도건설공단소송(日本鉄道建設公団訴訟)을 일으킨 투쟁하는 투쟁단도 지원자들이 국철노동조합을 파괴하려고 하는 의도를 공언한 위 나카소네(中曽根) 발언을 부당노동행위로서 노동위원회에 구제를 신청하였을 때 어떠한 태도를 취하였는가. 지방노동위원회에서는 투쟁단원도 신청인에 참가하면서, 각하결정에 대한 중앙노동위원회에서의 재심사신청에서는 이름을 빼버렸다. 또한 분할민영화에 앞선 6000명의 임시고용원의 해고를 함께 싸우려고 하지도 않았다(앞의 책, 그리고 와다 히로코(和田弘子), 『또 하나의 국철투쟁—비정규차별, 여성차별과 투쟁하여(もう一つの国鉄闘争——非正規差別´ 女性差別と闘って)』, 2013, 三一書房 참조). 그것은 스스로의 요구의 실현에 관한 정세판단에 따른 것일 것이다. 그러나 화해에 의한 재판종결 후, 지원자들과 함께 이러한 점을 포함하여 총괄은 이루어지지 않았다. 이것은 향후에 위 투쟁단의 국철투쟁의 교훈을 살리기 위한 화룡점정을 결여하는 것이 아니었겠는가(현재, JR동일본의 시나노가와(信濃川) 위법한 취수(取水)에 대한 이사와 감사의 책임을 묻는 주주대표소송을 지지하고는 있지만).

d. 다른 한편 "단결이야말로 생명, 투쟁이야말로 힘(団結こそ命´ 闘いこそ力)』, (항합동(港合同)노동조합 다나카(田中)기계지부) 오오와다(大和田)위원장추도집), 2012, 三一書房)이라고 하는 합동노조(기업의 테두리를 넘은 지역거점으로서 와다(和田)투쟁도 지지하였다)도 존재하고, 또한 사용자에게 동조하는 조합의 내부에도 저항의 움직임이 싹트기 시작하고 있고, 근로자나 시민개인의 투쟁이나 새로운 조합의 결성도 일어나고 있다(이 점에 관하여는 제2부와 제3부에서 언급한 재판투쟁 등에서도 볼 수 있다. 나아가 후술 참조).

(2) 재판투쟁 등과의 관계

① 그렇다면 이러한 운동과 재판투쟁 등과의 관계는 어떠한가

헌법은 재판관의 독립을 보장하고, 양심과 헌법 및 법률에만 구속된다고 규정한다(제76조 제2항). 그것은 국민에게 헌법의 보루, 인권의 옹호자로서의 기대를 갖게 하는 것이다. 하지만 그 내실은 어떠한가. 『절망의 재판소(絶望の裁判所)』(세기 히로시(瀨木比呂志), 201년, 講談社現代新書)라는 전 엘리트 재판관

의 저서에 있는 것처럼, 최고재판소의 통제가 미쳐, 정부에 대한 추종·약자 져버림이 일상화되고 있는 것이 현실이 아닌가. 최고재판소는 종종 재판관이 공정할 것을 강조한다. 그러나 그것은 분명히 처럼(らしさ)이라는 외관뿐이고, 내실은 정부의 정책에 보증수표를 주는 역할을 수행하는 것이 대부분이 아니겠는가. 오히려 처럼(らしさ)조차 없는 소송지휘나 원죄사건 등 현실적으로 재판을 체험한 자에게는 사법의 실체에 대하여 공통의 인식이 형성되고 있다고 할 수 있을 것이다.

② 그러나 최근에도 새벽하늘의 별(暁天の星)과 같이 드물지만 반짝이는 판결도 존재한다(앞에서 본 오오이(大飯)원자력발전재가동금지의 후쿠이(福井)지방재판소 2014년 5월 21일 판결). 이 또한 소송을 일으켜 싸우는 운동이 있었던 것에 의한 것이다. 인류의 다년간에 걸치는 자유획득의 노력의 성과인 헌법이나 법률은 이러한 투쟁의 발판이 될 수 있다. 적어도 그것에 의하여 문제점을 공공연히 알리고 싸워야 할 상대를 정할 수 있다. 그리고 수는 적지만 그 투쟁으로 얻은 진보의 싹을 소중하게 지키고 길러 가는 것이 필요할 것이다.

(3) 이른바 좌익정당

그렇다면 주권자로서의 국민의 소리, 특히 권력에서 떨어진 근로자 등의 소리를 직접 국회에 반영시키고 정부에 헌법존중옹호의 의무를 완수하게 하여야 할 대항정당(이른바 좌익정당)의 상황은 어떠한가. 원래 나는 그러한 사정에 밝은 것은 아니지만 관계를 맺으면서 기억나는 몇 가지 점에 관하여 서술하여 둔다.

① 사회민주당(구사회당. 사민당으로 약칭)

a. 사민당에 관하여 우선 떠오르는 것은 노동위원회의 구제명령이 나왔음에도 불구하고, 그것을 부정하는 자민당 등과의 4당 합의([JR 불채용 문제 타개에 관하여(JR不採用問題の打開について)] 2000년 5월 30일. 국철노동조합이 JR에 법적 책임이 없다는 것을 인정하고, 노동조합대회에서 결정하는 것을 전제로 한 것)의 당사자로서 국철분할민영화, 부당노동행위(차별과 지배개입)에 의한 국철노동조합탄압(潰し)에 대한 국철노동조합의 투쟁을 수습하려고 한 것이었다. 그것은 노동위원회 명령불이행의 책임도 불문에 붙이고, 단결권보장의 실효성을 담보

하는 부당노동행위구제제도를 부정하는 것을 의미한다. 비록 그것이 국철노동조합 본부의 의뢰에 의한 것이라고 하더라도, 오히려 헌법을 존중하고 옹호하여야 할 공무원으로서 잘못을 지적하고 국철노동조합 본부의 반성을 요구하여야 하였던 것이 아니었는가(앞의 『국가적 부당노동행위론Ⅱ(国家的不当労働行為論Ⅱ)』, 11면 이하 참조).

b. 또한 그 이전의 일이지만 위원장인 무라야마 도미이치(村山富市)가 당시의 자민·사회·정당이탈(さきがけ)의원 연립정권의 수상으로서 과거의 국책의 잘못을 인정한 이른바 무라야마(村山)담화를[17] 표명하는 등 평가할만한 일을 남겼다. 그러나 한편 안보견지, 자위대 합헌이라고 한 것(자민당 등과의 연립정권으로서 종래의 안보정책을 변경하지 않는다고 함에 그치지 않고), 또한 사회당이 전쟁 전·전시 중에 군국주의 침략의 상징인 일장기(日の丸)·국가(君が代)의 국기·국가화(국기 및 국가에 관한 법률(国旗及び国歌に関する法律), 1999년)를 용인한 것은 사회당 지지자에게 당의 영혼을 포기한 것으로 받아들여졌던 것은 아니었겠는가.

c. 이러한 문제의 자기비판이 공표되지 않는 한 그 당의 신뢰의 상실은 쉽게 회복할 수 있는 것은 아니다. 그리고 이전에는 호헌세력이 국회의 "헌법개정"발의를 저지하는 의석을 가지고 있었는데, 앞에서 본 나카소네(中曽根) 발언에서 "국철노동조합은 일본노동조합총평의회의 핵심에 있었다. 그것이 붕괴하였으므로 일본노동조합총평의회가 붕괴하였다. 일본노동조합총평의회가 붕괴하면 사회당이 붕괴하고, 현재와 같은 사회당이 되었다"라고 말하게 하는 상황에 있다(앞의 책, 212면).

② 일본 공산당(공산당이라 함)

a. 공산당 또한 앞에서 본 국철투쟁에 관하여 다음과 같은 사실이 있다. 국철노동조합이 분할민영화 때의 JR의 채용차별에 관하여 ILO조약 제98호 위반으로서 ILO(국제노동기관)의 결사의 자유위원회에 시정을 신청한 것에 대하여, 동위원회의 제2차 권고(2000.11.17)가 국철노동조합과 전국철동력차노동조

17) 전후 50년에 즈음한 담화(1995.8.15.). "일본은 멀지 않은 과거의 한 시기에, 국책을 잘못하여 전쟁에의 길을 걸어 국민을 존망의 위기에 빠뜨리고, 식민지지배와 침략에 의하여 많은 국가들, 특히 아시아제국의 사람들에 대하여 막대한 손해와 고통을 준" 것을 반성하고 "마음으로부터의 사죄"를 표명한 것이다.

합(全国鉄動力車労働組合)의 조합원의 채용율이 낮은 것은 그 조합원이 "신회사에 의한 현지의 현직의 재고용을 주장하였으므로 반노동조합적 차별의 문제가 발생한다고는 할 수 없다"라고 하여 4당 합의의 수용을 권유하였다. 그런데도 "신문아카하타(しんぶん赤旗)"(2000.12.20), "무어라(何だっけ)"난(欄)에서는 "불채용이 조약위반이라고 하는 조합의 신청을 지지하였다"고 사태를 반대로 썼다. 그리고 내가 편집부에 전화로 그 잘못을 지적하고 시급한 정정을 요구한 것에 대하여, 국민운동부의 사와무라(沢村)씨는 잘못을 인정하고 정정한다고 대답하면서도 결국 정정기사는 볼 수 없었다.

그리고 같은 달 국철노동조합의 도쿄(東京)지방본부는 ILO권고에 의하여 사회의 주목을 받고 있는 지금, 4당 합의에 의한 해결을 도모하여야 하고, "반대세력에 대하여는 의연한 태도를 취한다"라는 결정("속개대회의 성공을 위한 견해(続開大会の成功に向けた見解)". 앞의 책 26면 이하. 그 내용은 노동조합대회에서의 조합의 의사결정을 경찰이 지켜주는 상황에서 하겠다는 의미)을 하고, 현실적으로 2001년 1월 27일의 임시대회는 경찰에 의하여 저지되어 조합원이 대회대의원에게 접근하지 못한 상태로 4당 합의를 승인하였다. 그런데 아카하타(赤旗)(2001.2.2.의 해설 "JR채용차별문제와 국철노동조합대회(JR採用差別問題と国鉄労働組合大会)")는 도쿄(東京)지방본부의 결정에 대하여 "단결을 회복하는 구체적인 방향을 낳고 이 방향이 큰 흐름이 되어", 27일의 속개대회가 있었다고 긍정적으로 보도하였다.

국철노동조합 중앙집행위원회에서는 공산당의 당원도 상당한 영향력을 갖고 있었을 것이지만, 앞에서 본 4당 합의에 의한 투쟁포기의 방침을 취하고, 일본철도건설공단소송(日本鉄道建設公団訴訟)의 원고단 간부를 조합의 결정위반으로서 통제처분을 하였다.[18] 하지만 그 소송에서 국철의 부당노동행위를 인정하게 하고 화해로 일정한 성과를 얻자, 국철노동조합본부는 자기비판 없이 손바닥을 뒤집어 원고들의 투쟁을 칭찬하였다(물론 성실하게 운동에 전념한 개별 지방본부와 조합원도 있었지만). 공산당도 그 동안의 스스로의 태도에 관하여 총괄도 반성도 공표하지 않았다.

b. 나아가 맑고, 올바르고, 아름답게 라는 것인가, "정당조성금은 당해 정

18) 이러한 처분이 통제권의 합리적 한계를 넘는 것이라는 것에 관하여는 앞의 책 102면 이하.

당을 지지하지 않는 국민에게도 그것을 부담시키므로, 헌법위반. 그러므로 공산당은 그것을 받지 않는다"라고 한다. 하지만 그 결과는 공산당 지지자를 포함하여 그 부분만큼 자민당 등의 조성금수령액수를 늘려 보다 심한 헌법위반을 초래하고 있다. 그리고 『아카하타(赤旗)』 등의 설명에서도 이러한 지적은 묵살되었고 변함없이 자신이 대답하기 쉬운 헌법 위반설을 되풀이할 뿐이다(나는 지구의 모당원에게 정당조성금을 수령하여 그것을 "정당조성금폐지운동기금"으로만 사용하면 어떠한가라는 제안을 하였지만).

c. 또한 당간부인 후와 테츠조(不破哲三)는 후쿠시마(福島)의 원자력발전사고(2011년 3월 11일) 후에도 "원자력평화적 이용의 과학적 연구는 필요하다"라는 취지의 발언을 하고 있었던 것으로 기억한다. 또한 2011년 6월의 일본 공산당의 제언(提言)에서도 즉시 원자력발전 제로의 실현을 요구하는 한편, "원자력발전에서의 철수 이후에도 인류의 미래를 긴 안목으로 원자력의 평화적 이용을 향한 기초적인 연구는 계속 발전시켜야 한다"고 하였다(『신문아카하타(しんぶん赤旗)』, 2011년 6월 14일. 나가시마이사오(長島功), "일본공산당의 원자력정책의 비판(日本共産党の原子力政策の批判)", 『노동운동연구복간 제30호(労働運動研究復刊第30号)』, 2011년 12월의 교시(教示)에 의함).

하지만 이러한 제언을 실현한다고 하더라도 그러한 연구를 위한 자금은 누가, 어느 정도의 액수를 부담할 것인가. 핵과 인류는 공존할 수 있는가 라는 비판에 답하는 과학적 근거는 있는가. 과학은 중립이라고 하더라도 과학자는 그렇지 않다. 그러한 인간이 행하는 과학의 한계에 대한 성찰은 있는가. 자금을 사용하는 집단만을 기쁘게 하는 것은 아닌가.

d. 또한 소선거구제라는 선거제도의 제약이 있다고 하더라도, 당선의 전망이 없는 후보자를 내세워 자민당을 당선시키는 결과를 초래하거나 한다(2012년말의 중의원선거에서는 예컨대 내가 거주하는 코가네이(小金井)지구에서 그 때문에 칸 나오토(管直人)씨 낙선, 자민당후보자 당선으로 자민당에 소선거구 전원 당선을 하게 하였다). 최악의 후보를 떨어뜨리고, 다음으로 나쁜 후보의 당선으로 좋다는 선택은 할 수 없는 것인가.

선거란 악함의 가감(加減)을 선택하는 것이라고 하는 것은 실로 현실을 잘 파악한 명언이라고 생각하지만.

원래 2104년 12월 14일 중의원선거의 오키나와(沖繩)지구에서는 모든 4개의 지구에서 기지건설반대 전(all) 오키나와라는 것으로 공산당은 1지구에만 후보를 내세워 모든 4개지구에서 자민당후보를 패하게 하는 성과를 내었다. 공산당은 그것이 가능하였던 것은 기지반대의 건백서(建白書)에서 일치하였기 때문이다. 오키나와 이 외에서는 그와 같은 조건이 없었기 때문에 할 수 없었다고 한다. 그러나 일치하여 다른 정당후보를 지지하게 하는 것은 아니다. 공산당이 후보를 내세우지 않는 것만으로 최악의 후보를 떨어뜨리는 조건이 있는 곳에서는 그러한 것을 고려하면 어떻겠는가 하는 것이다.

일본공산당은 마르크스, 엥겔스의 공산당선언의 "공산주의자는 다른 근로자 정당들에 대립하는 특별한 당은 아니다"(『마르크스=엥겔스전집 제4권(マルクス=エンゲルス全集第4巻)』 1960, 大月書店, 487면), "프랑스에서는 공산주의자는 보수적이고 급진적인 부르조아에 반대하고, 사회=민수당과 제휴한다., "폴란드인 사이에는 부르조아와 공동으로" 절대군주제, 봉건적 토지소유, 소상인층(小町人層)과 투쟁한다., "끝으로 공산주의자는 어디에서도 모두 국가의 민주적 정당들과 연락과 이해(了解)를 달성하기 위하여 노력한다(506~508면)고 하는 견해를 어떻게 이해하고 있는가. 일본공산당 하에 모두(皆)를 결집하는 것만을 구하고, 권력에 대항하는 여러 세력과 공동하지 않으면서 공산당의 정치적 승리가 가능하다고 생각하고 있는 것인가.

e. 정당조성금 문제도 그러하지만, 정치는 자기의 심정만의 문제가 아니라 결과가 중요하다. 결과적으로 최악의 정당후보자를 당선시키는 방침이 현명하다고 말할 수 있는 것인가. 당의 방침에 의문이나 비판을 하는 것에 대하여 정면에서 대처하지 않는 것은 당의 지원·동조자에게도 상부가 결정한 문제라면 아무리 말하여도 헛수고라는 기분을 자아내게 한다. 그것으로 당의 방침이나 잘못을 없앨 수 있다고 기대할 수 있겠는가.

f. 나는 공산당의 개개의 정책이나 활동, 일반당원을 비롯한 노력에 대하여 경의를 표하는 경우는 많다. 또한 공산당의 몇몇 의원들에게는 대학문제, 연금문제 등 구체적인 문제에 있어서 많은 도움을 받고 있다. 그러나 총체적으로 적에게 악용되지 않도록 하기 위하여 시기나 방법에 관한 배려는 필요하겠지만 잘못에 대한 자기비판이나 문제의 지적에 대한 진지한 고려는 정당으

로서 불가결한 것이라고 생각한다. 그렇지 않고서는 독선적 인상을 불식시켜 당에 대한 신뢰와 운동의 확산을 구할 수 없을 것이다.

5. 어떻게 투쟁할 것인가—상대를 놓치지 말고 지혜와 힘을 모으자

① 여러 번 말한 바와 같이 패전까지 국체론이라는 가치관을 강요당한 것을 포함하여, 국민을 지배하고 있던 권력 측은 신헌법을 강요된 것이라고 하지만, 강요하여 괴멸시키는 정도로는 이르지 아니 하였다. 그로 인하여 헌법을 실현시키고자 하는 국민 측과 저항에 직면하면서도 서서히 부활을 하여 온 것이다. 그리고 여러 이권공동체(집단사화=이권공동체)를 만들어 권역의 유지, 이단자 배제를 도모한다. 그것은 매스컴(공공방송인 NHK회장에 임명된 모미이 아츠토(籾井勝人)는 2014년 1월의 취임회견에서 정부가 오른쪽이라고 말하면 왼쪽이라고는 말하지 않는다고 하였다고 한다)이나 재판소뿐만 아니라 교육계·학자연구자에게도, 그리고 이를 통하여 국민의 의식을 현상유지하거나 나아가 편협한 내셔널리즘, 국가에 대한 귀속의식을 선동하여(역사와 현실의 위조. 사회적 의식만이 아니라 역사도 지배자에 의하여 그려진다), 근거가 없는 희망을 믿게 하려고 한다. 또한 사람들의 생활의 불안정은 오늘날 내일의 생활도 힘겨워, 무엇이 이러한 상황을 초래하였는가를 생각할 여유조차 빼앗게 한다.

② 이점에 관하여도 전쟁의 정당함에 대하여 의문 조차 갖는 것도 알지 못하였던 체험자로서의 반성을 제1부에서 서술하였다. 권력 측은 자신이 만들어 낸 현상에 대한 비판을, 국익을 훼손하는 것처럼 그려내고 이에 동조하지 않는 자에 대하여 위압을 하는 발언을 넓히고, 반대론의 봉쇄, 적어도 위축·자숙하도록 강요하려고 한다. 그러나 그러한 분위기에 휩쓸려 비판의 목소리를 내지 않는다고 한다면 그 결과는 국책을 추인하는 것을 의미한다.

제2차 세계대전도 그러한 국책의 추진·이용을 유리한 정책으로 본 세력만 있었던 것은 아니다. 국민의 측에서의 상부의 아름다운 말을 믿었던 자이든, 믿지 않았던 자이든 오랜 세월 길러져 온 권력에 거역할 수 없다는 체념이나 복종의 습성이 정부의 잘못을 바로잡지 못하고 갈 때까지 가게 하여 버렸던 것이다. 그러나 오늘날 주권자로서의 국민은 스스로 생각하고, 그 실현을 목표로 하는 다른 선택도 가능할 것이다. 그러한 조건이 있는 한, 각각의 장소에서 자신의 주변에서의 모순에 소리를 낸 것, 그리고 그 모순의 뿌리가 국책과 연결되어 있다면 많은 개별적 투쟁의 연대를 실현시킬 필요가 있을 것이다.

③ 나는 제3장과 앞의 저서(『국가적 부당노동행위론Ⅱ(国家的不当労働行為論Ⅱ)』)에서 "그들이 옳아서 이기는 것은 아니다. 우리들이 연대할 수 없어서 지는 것이다"라고 하는 한국근로자의 말을 인용하였는데 그 중요성은 오늘날 더욱 더 절실하다고 생각한다. 그리고 노동조합이나 정당이 가지는 그것을 저해하는 요인에 관하여도 앞에서 서술하였다. 그 곤란을 극복하는 첫걸음은 상대를 오인하지 않는 개인의 투쟁에 있다. 또한 그 투쟁에서 아무리 패배하더라도 결코 포기하지 않고 투쟁을 계속하는 것이 최악의 결과를 피하는 방법일 것이다.

마지막으로 전쟁에 끌려들어간 역사의 경험을 잊지 않음과 동시에 희생을 거듭하면서 실천하여 온 경험과 성과(앞에서 본 헌법 제9조나 원자력발전 저지 그 외의 투쟁. 현재 국제적으로도 36개국의 4000명 이상을 원고로 하는 원자력발전 메이커의 책임 추궁소송도 일어나고 있다)를 살리는 것, 그것을 위하여 지혜와 힘을 결집하기를 바라며, 이 책도 이에 조금이나마 도움이 될 수 있다면 다행이다.

《여록》 연하장에서 — 2001-2014년(처음(冒頭)과 말미의 인사는 제외하다)

2001년 신춘(新春)

작년 연말 가까이 내가 소속하는 일본변호사연합회 총회(2000년 11월 1일)에서 "사법개혁"에 관한 이사회 제안의 "강행 채결(强行採結)"을 경험하였다.

비판, 이론(異論)을 허락하지 않고 회원 총의를 사칭하는 다수의 전제(專制). 이러한 상황을 전세기(前世紀)의 유물이라고 할 수 있을 것인가, 아닌가.

2002년 신춘

전년에 이어 작년은 국철노동조합도 1월 27일의 임시대회에서 "4당합의" 수용이 강행 채결되었다. 그리고 올해 또한 "동시다발"적으로 정부에 의한 헌법의 파괴가 강행된 해였다. 야스쿠니(靖国) 문제에서는 소집영장(赤紙) 한 장으로 죽게 한 사람들에 대한 "사죄"가 아니라, 그 찬미(경의와 감사)!에 의하여 "전전(戰前)의 상식"으로의 회귀가 도모되었다. 그리고 "자위대"의 출동이다.

사실을 속이는 정보와 교육의 컨트롤의 무서움은 역사의 교훈으로서 마음에 새기지 않으면, 하고 생각한다. 무엇을 하여야 할 것인가도 함께.

2003년 신춘

요즈음 권력의 방식을 보면 이런 나라는 멸망하는 것이 당연하고, 그것이 정의라고조차 생각하게 됩니다.

그러나 사람들이 희생을 거듭하여 낳고, 만들어 온 전후 헌법의 역사를 생각하면, 역시 그렇게 하지 않도록 하기 위하여, 할 수 있는 것을 하지 않으면 안 될 것이다.

2004년 신춘

정부나 재판소가 아무리 "이것이 국가를 위한 것이다, 국제공헌이다, 개혁이다, 시민참가의 사법(司法)이다"라고 하더라도, 그것으로 타민족에 대한 침략과 억압, 인권침해, 원죄(寃罪)의 사실이 바뀌는 것은 아니다.

"그것은 거짓말이다, 사실과 다르다, 옳지 않다"라고 하는 소리를 계속하여야 한다.

2005년 신춘

전쟁의 어리석음을 알고 난 후 60년, "정부의 행위에 의한 참화"는 잊혀질 무렵에 나타납니다. "꿈이여, 다시 한번"의 시도가 강화되었을 때, 전쟁으로 죽은 사람, 부상당하고 괴로워한 사람을 생각하며, 장래의 사람의 희망을 잊어서는 아니된다고 생각한다.

올해도 후회 없는 해(年)로 만들어 갑시다.

2006년 신춘

이 사람들 신념도, 이상도 없고(此人等信念もなく理想なし)

그저 혈기만 있는 패거리일 뿐(唯熱に附するの徒輩なるのみ)

이것은 A급 전범으로서 옥중 사망한 도고 시게노리(東郷茂徳)씨(개전·패전시의 외무대신)가 다른 A급 전범을 보고 읊은 것이라고 한다. "자위(自衛)"라든가 "개혁"이라는 열기에 마음이 들떠서는 안 됩니다. 과거의 잘못을 마음에 새기려고 하지 않는 자는, 다시 같은 잘못을 범할 위험이 있다.

명심합시다.

2007년 신춘

전시 중의 것입니다만, 나는 육군장교생도로서 교육을 받고 특공요원이 되는 것에 대하여 어떠한 의문도 가지지 않았다. "천황폐하를 위하여"라는 주문(呪文), 굳은 믿음 때문이었다.

일본의 전통과 문화라고 말하면서, 전후 60년의 평화국가의 그것(메이지(明治)헌법 시대보다 긴)을 태연하게 파괴하고, 자기희생을 미화하는 아베(安倍)수상의 "아름다운 국가(美しい国)"도 아마 이것과 닮은 마인드 컨트롤(mind control)의 상태일 것이다.

타인을 희생하여 역사에 대한 아픔도 없는 권력자의 말·행동을 방치하여 두어도 좋은 것인가, 라는 생각이 강하게 든다.

2008년 신춘

작년은 아무 권한도 없는 수상의 경솔한 한마디가 "국제공약"이라든가 "국제공헌"이라는 것으로 선전되었다. 그러나 무엇보다 무거운 일본의 "국제공약", 주권자로서의 맹세는 전후 1946년 헌법밖에 없다. 천황을 원수(元首)로 하고 싶어 하는 사람은 그 공포문에 "짐은 일본국민의 총의에 기초하여 신일본건설의 기초가 정하여지기에 이른 것을 깊게 기뻐하고"라고 하고 있었던 것을 상기하여야 할 것이다.

1991년의 걸프 전쟁 때, 일본을 방문한 미국의 전사법부장관인 위리엄 람세이 클락(William Ramsey Clark)씨는 일본은 돈만 내고 사람을 보내지 않은 것을 각국으로부터 비판받고 있는데 이를 어떻게 생각하는가라는 기자의 질문에 대하여, 비판하고 있는 것은 각국의 정부뿐이다, 각국의 민중은 기뻐하고 있다, 라고 대답한 것을 생각하게 됩니다.

헌법은 전세계 국민이 평화 속에서 생존할 권리를 확인하고, 그러기 위하여 필요한 조건으로서 일본의 전력 불소유, 단결권을 포함한 기본적 인권의 보장을 규정하였다. 올해도 그 맹세를 실현시키기 위하여 힘을 합하여 나아가고자 한다.

2009년 1월

연시(年始)에는 상중(服喪中)으로 실례하였다만, 유행성 독감에도 걸리지 않고, 무사히 해를 넘겼다.

작년에 알았지만, 야스쿠니(靖国)신사에는 침략전쟁의 지도자로서 사형된 도죠(東条) 수상(당시)들 뿐만이 아니라, 사쿠라다몬(桜田門) 밖에서 개국파인 에도시대 장군보좌직에 있었던(大老) 이에 나오스케(井伊直弼)를 암살한 자들도 모시고 있다는 것이다.

"존왕양이(尊王攘夷)"(천황의 이름으로 배외(排外)주의의 성화)가 모습을 바꾸면서도 메이지(明治) 이후 계승되고, 쇼와(昭和) 전쟁으로까지 치달은 것이 아니겠습니까. 전시 중, "국가를 위하여"라고들 하였다지만, 그 "국가"가 희생자를 위하여 준비한 것은 "야스쿠니신사(靖国神社)"와 살아남은 자에게는 져버림(姥捨て山)[19]이

19) 역자 주: 전설을 소재로 한 민화(民話). 식구를 줄이기 위한 것 등으로 고령의 부모를 산에 버

었다. 그리고 지금 젊은이들에게도 희망을 잃게 하고 있다.

전쟁이 얼마나 잔학한 것인가(피해자에게 뿐만 아니라 그 전쟁에 가담하게 된 자에게도), 그럼에도 불하고 국가를 지킨다는 등의 구실로 군사력 신앙을 고취하거나 그것에 저항할 수 없는 환경을 어떻게 만들어 갔는지, 전시 중의 체험을 한 자가 줄어든 지금, 타모가미(田母神)들과 같이 사실을 왜곡시키지 않고, 한 사람이라도 많은 사람에게 알리는 것이 전쟁의 희생자, 사망자들에 대한 진혼의 길이기도 하다고 생각한다.

2010년 신춘

작년은 민주당 중심의 정부로 정권이 교체되었다만, 후텐마(普天間)기지문제에 관하여, 하토야마(鳩山)수상이 스와브 켐프(Camp Schwab)로의 이전을 전제로 하지 않다는 생각을 피력한 것에 대하여, 자민당은 아직도 "미국측에 대한 배신행위다(이시바 시게루(石破茂) 정조(正調)회장) 등의 비난하고 있는 것 같다.

정부·정치방침 등 기본적인 사정이 바뀌면 그것에 좇아 미국과 새로운 교섭을 하지 않는 것이 이상할 것이다. 그들은 이전의 자민당 정부의 방침이 "만고불변(万古不易)"이라고도 생각하고 있는 것인가.

전후의 헌법은 "정부의 행위에 의하여 다시 전쟁의 참화가 일어나지 않도록 할 것을 결의하여" 전력을 갖지 아니하고, 또한 미국의 무력에 의하지도 아니하며, "평화를 사랑하는 제국민의 공정과 신의를 신뢰하여, 우리들의 안전과 생존을 유지하려고 결의하였다", 그리고 평화적 생존권을 내세워 "일본국민은 국가의 명예를 걸고 전력을 다하여 이 숭고한 이상과 목적을 달성하는 것을 맹세한다(헌법 전문)고 선언하였다. 이 맹세에 어긋나는 것이야말로 전쟁의 희생자, 새로운 헌법에 희망을 찾은 사람들에 대한 "배신"이라고 말하지 않으면 안된다.

2011년 신춘

"국익", "자위"라든가 "억제력"이라는 것을 구실로 하는 무력 신앙은 언젠가 온 길.

역사를 되돌아보고, 비무장과 인권확립이라는 평화헌법을 실현하여, 이전

리게 된 자식과 그 부모의 이야기이다.

의 비참함을 반복하지 않도록 올해도 끈질긴 노력이 필요하다고 생각한다.

2011년 12월

상중이어서 신년인사를 사양한다는 말씀을 드린다.

배우자의 여동생 부부가 도쿄전력(東京電力) 제2 원자력발전소 가까이(토미오카쵸(富岡町))에 살고 있었다만, 3월 11일에 행방불명이 되었다(후쿠시마(福島) 제1원자력발전소 대재해, 토호쿠(東北)대지진). 부근은 방사능 오염 때문에 출입이 금지되었고, 아이들이 찾으러 갈 수도 없어, 50일 이상 지난 5월 3일에 간신히 유해(遺體)의 신원확인을 하고 유해를 인수할 수 있었다.

여동생은 이전부터 도쿄전력(東京電力)들(원자력집단)의 안전선전과 현지를 돈으로 꾀는 방식에 분개하고 있었는데, 슬픈 이별이 하게 되었다.

많은 사람의 생명, 고향과 생활을 빼앗으면서, 피해자의 아픔을 생각(想像)하지 않고, "국책"의 잘못에 대한 반성도 하지 않은 채, 그것을 계속하게 하려고 하는 무책임함을 용서할 수가 없다. 원자력발전소를 없애는 것이 그나마 보상일 될 것이다.

2013년 신춘

헛된 죽음으로, 없는 증거, 신헌법의 어디엔가 그 아이가 피가 흐른다.

이것은 신헌법의 제정과정에 있었던 당시에 만들어진 속요(都々逸)라고 한다. 후쿠시마(福島)의 수십만의 사람들의 고향이나 생활, 생명을 빼앗고, 국토를 사실상 상실해가면서, 무인의 외로운 섬에 대하여, "주권"이라든가 "고유의 영토"라고 목청을 올리는 무력신앙은 언젠가 온 길.

2014년 신춘

작년은 사회적으로도(12월 6일, "특정비밀보호법가결"), 기상(氣象)도 비정상인 해였다. 국민에게 비밀에 붙여진 상황에서 정치를 한다면, 국민 또한 정부가 하는 것은 모두 신용할 수 없다고 할 것이다.

게다가 동시다발 테러와 같이, 대응할 틈이 없을 정도로, 헌법을 무너뜨리는 악법이나 정부의 행동이 계속되는 상태였다. 올해는 그 정부의 의도를 빗나가게 하도록 투쟁을 계속하고자 한다.

후기(後記)

원고를 쓴 이후에 아베(安部)내각의 속이는 수법(手口)은 늘어나고 있다. 작년 말(2014.12.14) 중의원 선거에서 스가 요시히데(菅義偉)관방장관은 이번 선거가 아베노믹스의 시비를 묻는 선거라고 호소하면서, 선거기간 중에도 아베수상은 오로지 아베노믹스를 쟁점으로 하여 강조하고, 집단적 자위권에 대한 언급은 없었다.

그러나 선거가 여당이 3분의 2 이상 의석을 확보하자, 헌법 개정까지 언급하면서 이 길 외에는 없다는 자신감(見得)을 보이기 시작하였다. 그의 수법에 이제와 새삼스럽게 놀랄 일도 아니지만. 민중의 비판·의견을 무시한 이 길은 과거의 잘못된 꿈을 쫓는 독재자의 집념을 나타내는 것이다. 아베수상은 일본을 원래대로 되돌린다, 전후 70년을 맞아 새로운 담화를 발표한다는 등을 많이 선전하고 있다. 따라서 이전의 사토 이에사쿠(佐藤栄作)수상은 오키나와(沖縄)에서 행한 연설내용까지 미국의 압력으로 변경하였다고 한다(도쿄(東京)신문 2015.1.15.일자). 그리고 아베수상은 더욱 나쁜 것이, 전전의 지배체제로의 복귀와 큰 틀(大筋)에서 미국의 세계전략과 합치하는 것을, 스스로의 손으로 계속하여 추진하는 것이 자신의 사명이라고 굳게 믿고 있다는 것이다. 그렇지만 이는 망국의 길 외의 그 어느 것도 아니다. 주권자인 국민의 선택권을 부정하는 것은 권력자라고 하더라도 용서되지 않는다.

예컨대 이슬람국가(IS)에 의하여 일본인 고토 캔지(後藤健二)씨가 살해된 사건만 하더라도 아름다운 말로 장식된 아배수상의 선택이 얼마나 모순되고 공허한 것이었던가. 전체적으로 문제가 있었다고는 하지만 이슬람국가 측의 메시지(2015.1.31)가 아베수상의 선택은 뜻을 같이하는 반테러연합(有志連合, Coalition of the willing) 측에 서는 것으로서, 금후 일본국민도 살해의 대상이 된다고 하는 것이 보다 더 설득력이 있다고 생각한다.

뜻을 같이하는 반테러연합이 무인기로 민중을 끌어들여(巻き添え) 살인한 것이 얼마나 많은 증오를 불러일으키는 것인지. 뜻을 같이하는 반테러연합의 상과 벌(アメとムチ)의 정책에서 상을 받더라도 상대방 입장에서는 적으로 보

인다고 하는 것을 전혀 예상하지 않고 있다. 포로교환의 문제가 시작되지도 않은 사이에, 왜 재빨리 인질몸값 2억 달러를 지불하지 않았는지.

본서의 주제의 하나는 국민에게는 권력자와 다른 선택지가 있다는 것이며, 그것을 실현하기 위하여 무엇이 필요한가 하는 것이었다.

출판에 있어서 유유사(悠々社)의 스도 타다노미(須藤忠臣) 사장에게 큰 도움을 받았다. 지면을 빌어 감사의 뜻을 표한다.

2015년 2월 3일

케이오기죽(慶應義塾)대학병원 병실에서

사토 아키오(佐藤昭夫)

[저자소개(著者紹介)]

佐藤昭夫(さとう あきお)

1928년 삿포로시 출생(札幌市に生まれる)
1951년 와세다대학 제1법학부 졸업(早稲田大学第一法学部卒業)
1953년 와세다대학 조수, 이후 강사, 조교수(早稲田大学助手、のち講師、助教授)
1962년 법학박사(와세다대학)(法学博士(早稲田大学))
1967년 와세다대학 교수(早稲田大学教授)
1999년 3월 와세다대학 퇴직, 명예교수(早稲田大学退職、名誉教授)
4월 변호사등록(제2동경변호사회)(弁護士登録第二東京弁護士会)

주저서(主著)

피켓권의 연구(ピケット権の研究)(1961年, 勁草書房)
노동법학의 과제(労働法学の課題)(1967年, 日本評論社)
정치파업론(政治スト論)(1971년, 一粒社)
노동기본권·문헌선집일본국헌법9(労働基本権·文献選集日本国憲法９)(1977年, 編著, 三省堂)
국가적 부당노동행위론—국유철도민영화비판의 법리(国家的不当労働行為論—国鉄民営化批判の法理)(1990年, 早稲田大学出版部)
노동법학의 방법—역사의 인식과 법의 이해(労働法学の方法—歴史の認識と法の理解)(1998年, 悠々社)
희수를 맞이하여—메이지헌법 하의 60년과 신헌법 하의 17년(喜寿を迎えて—明治憲法下の60年と新憲法下の17年(2005年, 悠々社)
국유철도투쟁에 있어서 ILO권고의 경위와 문제점—「4당 합의」를 미화한 ILO권고의 죄(国鉄闘争におけるILO勧告の経緯と問題点—「4党合意」を美化したILO勧告の罪)(2006年, 国鉄民営化問題研究会)
와세다대학기업연금재판—「연락회」운동과 함께(早稲田大学企業年金裁判—「連絡会」運動とともに(2010年, 悠々社)

주요담당사건(主要担当事件)

일본철도건설공단소송(日本鉄道建設公団訴訟) / ILO에의 허위보고국가배상청구사건(ILOへの虚偽報告国家賠償請求事件) / 국철노동조합5·27임시노동조합대회투쟁탄압사건(国労5·27臨大闘争弾圧裁判弁護団事件) / 와세다대학연금수급자지위확인사건(早稲田大学年金受給者地位確認事件) / 항합동남로회사건(港合同南労会事件), 여자노동조합(간사이)사건(おんな労働組合(関西)事件 / 텐트광장사건(テントひろば事件)

번역 대상 저서

무력신앙과 악몽의 재현 우려—2차 세계대전 후 노동법을 공부한 육군장교생도가 미수를 맞이하여(「武力信仰」悪夢再現を憂える—戦後労働法を学んだ陸軍将校生徒(米寿の記))
2015년 3월 10일 초판 제1쇄 발행 / 저자 佐藤昭夫 / 발행자 須藤忠臣 / 출판사 悠々社

[역자 약력]

송 강 직

1986년 2월 동아대학교 법과대학 졸업
1989년 3월 와세다(早稲田)대학 대학원 법학연구과 석사과정수료(석사)
1995년 3월 와세다대학 대학원 법학연구과 박사과정 수료
1996년 3월 호세이(法政)대학 대학원 법학연구과 박사(박사)
1997년 3월 ~ 2005년 2월 대구가톨릭대학교 법학과 교수
2005년 3월 ~ 2006년 3월 동아대학교 법과대학 교수
2007년 4월 ~ 2007년 8월 경북대학교 법과대학 교수
2007년 9월 ~ 현재 동아대학교 법학전문대학원 교수
한국비교노동법학회 회장 역임(2015.2~2016.1)
서울대학교노동법연구회 편집위원 역임
한국노동법학회 부회장
노동법이론실무학회 부회장
한국고용노사관계학회 부회장

주요 저서 및 논문

송강직(저), 『단결권』, 삼지원, 1992
송강직(역), 『노동법』, 삼지원, 1995
송강직(편), 『集團的勞動關係法의 法理(佐藤昭夫先生停年退任記念)』, 삼지원, 1999
宋剛直(저), 『韓国労働法』, 悠々社, 2001
송강직(정재길(외)공저), 『법과 생활』, 도서출판 오래, 2010
송강직(정재길(외),공저), 『생활법률』, 도서출판오래, 2014
송강직, "노동분쟁해소기능의 실효성 제고 방안", 노동법포럼 제16호, (사)노동법이론실무학회, 2015
송강직, "지방공기업의 노사관계 특징—도시(개발)공사 집단적 노사관계의 실증적 고찰", 동아법학 제68호, 동아대학교 법학연구소, 2015
송강직, "노동기본권의 본질과 쟁의행위", 법학논문집 제39권 제1호, 중앙대학교 법학연구소, 2015
송강직, "북한 사회주의노동법의 특징", 강원법학 제44권(I), 강원대학교 법학연구소, 2015
송강직, "일본의 가산임금제도", 노동법논총 제33집, 한국비교노동법학회, 2015
송강직, "일본의 통근재해 법리", 노동법포럼 제14호, (사)노동법이론실무학회, 2015

무력신앙과 악몽의 재현
- 2차 세계대전 후 노동법을 공부한 육군장교생도가 미수를 맞이하여 -

초판인쇄 2016년 2월 25일
초판발행 2016년 2월 29일

지은이 佐藤昭夫
옮긴이 송강직
펴낸이 박노일

총괄기획 김중용
편 집 심성보 · 김인숙

펴낸곳 pnc publishing and culture 피앤씨미디어
경기도 고양시 일산동구 강송로 153 310-1501
등록 제396-2012-000203호
전 화 070)7550-3758 팩 스 02)718-8554
홈페이지 www.pncmedia.co.kr 이메일 pnc@pncmedia.co.kr
ISBN 979-11-5730-278-9 93340

정 가 20,000원